初中学科强基丛书

丛书主编　方鸿辉

物理兴趣讲座

Physics interest lecture

张大同　胡正明　编著

上海教育出版社
SHANGHAI EDUCATIONAL PUBLISHING HOUSE

图书在版编目（CIP）数据

物理兴趣讲座 / 张大同编著. -- 上海 : 上海教育出版社, 2023.8
（初中强基学科丛书 / 方鸿辉主编）
ISBN 978-7-5720-2256-2

Ⅰ. ①物… Ⅱ. ①张… Ⅲ. ①中学物理课－初中－教学参考资料 Ⅳ. ①G634.73

中国国家版本馆CIP数据核字(2023)第166695号

责任编辑　方鸿辉　徐建飞
封面设计　陈　芸　周　吉

初中强基学科丛书
物理兴趣讲座
张大同　胡正明　编著

出版发行　上海教育出版社有限公司
官　　网　www.seph.com.cn
地　　址　上海市闵行区号景路159弄C座
邮　　编　201101
印　　刷　上海商务联西印刷有限公司
开　　本　787 × 1092　1/16　印张 16
字　　数　379 千字
版　　次　2023年9月第1版
印　　次　2023年9月第1次印刷
印　　数　1–5000
书　　号　ISBN 978-7-5720-2256-2/G·2004
定　　价　60.00 元

如发现质量问题，读者可向本社调换　电话：021-64373213

激发兴趣　夯实基础

（代前言）

初中学科强基丛书是一套有助于初中同学们开阔视野、陶冶情操、启迪智慧、培育兴趣、提高学科素养并塑造良好品质的课外读本。毕竟有不少同学对某一学科特别感兴趣，也有向这方面发展的潜能。若将有潜力的同学们引入为获奖、为考入重点高中而去题海搏杀，最终会导致他们对各门学科的兴趣减弱，甚至荡然无存。

为此，我们一直在寻找怎样从保护和引导同学们对某一学科的学习兴趣出发，编一些夯实学科基础、启迪聪明才智并能拓展学科知识与能力的课外读本，尤其是将一些受课时或课程要求所限制，教师没法在课堂上向所有同学们讲授的知识与方法，通过课外自学或教师开设的讲座得以弥补。毕竟通过自学激发了潜能，陶冶了情操，也培育了同学们对某一学科的兴趣，又拓宽了学科的视野。对初中同学们来说，不少课程（如物理、化学、生物、信息等）是人生第一次系统学习，“吃好第一口奶”十分重要。再说，社会需要的是真正有知识有能力的人才。

孔子说：“知之者不如好之者，好之者不如乐之者。”

爱因斯坦则强调“兴趣是最好的老师”。

古今中外，大凡成功人士对人才的培育达成了一种共识：兴趣是学生能持久性钻研的不竭动力，激发兴趣是成功育人的一项基本策略。

本着这种愿望，我们策划的这套初中学科强基丛书，就想配合并培育初中阶段学有余力同学对某一学科的学习兴趣，以离散性学科知识（专题）的讲座形态呈现，努力提高同学们的学科站位，拓宽视野。因此，本丛书对每一门学科所选择的各个专题的内容尽可能覆盖面广些，拓展得深些，旨在培育较强的学科素养。也就是说，讲授的内容会比课堂教学略微详细些，学科视野也略微拓宽些，且由浅入深，并与现行课堂中常规教学活动相辅相成，以呈现较丰满的学科架构。各门学科讲座所补充的知识和能力目标会成为让有兴致的同学跳一跳就可摘到的“果子”。我们也期望在不过多增加负担的情况下，通过“听”讲座的方式，同学们自己来开发潜能，激发某一学科的兴趣，夯实学科基础，以期成为日后学术发展的推动力。

经过反复调研，在获得初中师生广泛信息反馈的基础上，我们选编了这套包括初中各门学科的系列讲座读本，供有兴趣、有余力的同学们选用。各学科一册，内容尽可能覆盖初中三个学年（其实有的学科在初中阶段仅学了两个学年，甚至一个学年）。

这套系列读本约请了从事初中学科教学并有造诣的骨干教师撰稿。既然旨在激发兴趣，每一讲的课题就力求选得巧、选得精，选得有趣，并能配合现行的课程目标；讲座的题材与行文尽可能妙趣横生，还能充分领悟学科间的互通，以努力克服单一的"为升学而学"或"为考什么学什么"的功利目标。当然，我们也期望能让初中的学科教学吹进一股新风——培养兴趣，夯实基础，激发潜能，提高素养，塑造品格，助力发展，并期望本应在学校第二课堂完成的学科拓展讲座得以回归校园。这套读本既可供同学们课外自修选读，也可供学校作为第二课堂选修读本。

《物理兴趣讲座》共 18 讲，涵盖初中阶段物理课程的重要知识点，并作了适当拓展或与其他课程的融通，旨在激发同学们钻研物理的兴趣。例如，在物理讲座中融入人文知识，以离散性的专题形式来设计等，既增进同学们的逻辑判断能力、应用数学的能力、动手实验的能力和学科贯通的能力，也提高了自学和独立思考的能力。例如，在"物理学是什么"一讲中，告诉同学们：物理学是一门高度融合数学、理论和实验的学科；而在"怎样学好物理学"一讲中，又让同学们站位较高地认知中学物理课程建构的框架，作为一门以实验为基础的学科，在初中阶段该如何学好这门课程，并初识"赏天地之美，析万物之理"的愉悦。在"追逐与相遇""神奇的万花筒""生活中无处不在的透镜"以及"魔力是什么"等讲，能让同学们感受物理学的"威力"，领会生活中处处充满物理学原理的事实。至于"巧选参照物""功和机械能""物体的平衡""欧姆定律的应用"，以及"电流做功"等讲，则让同学们的物理视野大大拓宽，物理思维能力大大加强。压轴的"天宫课堂讲授物理"和"中国空间站首次授课"这两讲，则将同学们物理思考的触角延伸至航天科学，了解在失重情况下物理世界的奇妙。我们相信，讲座所安排的这些内容，对擅长逻辑思维和动手操作的同学们来说，一定会有较大的收获。

作为一本拓展型的课外读本，阅读本书的同学们就相当于收到了一系列参加物理兴趣讲座的邀请函。严格地说，它与参加"奥林匹克物理竞赛"或"中考物理"确实没有直接的关联，也不是传统意义上的初中物理"一课一练"，它仅是一本期望在初中阶段通过"课外讲座"来激发同学们对物理学能有更强烈的爱好，并有助于提高逻辑思维能力、空间想象能力和动手动脑解决实际问题能力的课外读本。剖析本书所收入的这 18 个专题，也只是对课堂或教材中已学过知识稍加拓宽，或对暂时还没有被初中物理课程所选入的知识点略作引介而已。由于是以讲座形式编写的，同学们完全可以凭自己的兴趣与喜好，有选择地自学其中若干个有兴趣的专题(或者说是“选听”若干次讲座)。假如学校能将本书用作选修课或活动课的参考材料,以适当的教师讲解和讨论的方法来使用,相信其效果会更好。

考虑到知识的系统性和学科知识拓展的必要性,其中有几讲的内容是较厚实的,并不可能在“一堂课”中得以完成,同学们完全可以将“一讲”分拆成几个部分来自学,以不增添阅读与思考的麻烦。为了不加重同学们的负担,凡讲座后设置的“想想练练”栏目的巩固性或拓展性问题,编者均在每讲的末尾提供了“解题参考”。

我们希望对物理学有兴趣的同学们能通过阅读本书,进一步领略物理学之美,欣赏物理学之奇趣与严谨,从而进一步加深对物理学的兴趣,更主动地去探索物理学之奥秘。因此,自学本书也就有了为日后人生的学术方向作导引之可能。若能在抽象与具象间建立起联想,那么同学们的初等物理学素养必然会有较大提高。再进一步,若能通过思考而触类旁通,并助推其他学科学习效率的提高,那就更理想了。

限于我们的学识,书中可能会有错漏,恳请同学们不吝指正。

方鸿辉

2023 年 1 月

目　录

第一讲

物理学是什么

物理学是什么

物理学(Physics)是一门自然科学。它主要研究物质、能量、空间、时间，尤其是它们各自的性质与彼此间的相互关系。

对这样的解释，同学们会觉得有点玄，也太抽象了。为此，我们可以说得更直白一点。也许下面的说法可能较容易理解：

物理学是探究大自然规律的学问。也就是说，物理学是要探察大自然所产生的现象，解析并找出现象背后的规则。因此，(1) 探索物理现象；(2) 了解物质结构；(3) 弄明白物体间的相互作用；(4) 把握物体运动的规律。这四项也就成了物理学研究所承担的主要任务。

“物理”这个术语是引进的。也许有人会不同意，不是早在两千多年前战国中期的哲学家庄子(约前 369—前 286)在其《庄子·外篇·知北游》中就有“圣人者，原天地之美而达万物之理”的话语？其意不就是指：圣哲的人，该努力探究天地壮观的美，且通晓万物运行的道理？庄子的话语中不是已经出现了“万物之理”的词汇？

其实，同学们在学了物理课程以后，就会明白，庄子的“万物之理”话语兴许对一百多年前刚从西方引进物理学教科书的翻译者来说，可能会有点启示，但庄子当年所述的“万物之理”与当今作为自然科学中特指的“物理”，还是有很大区别的。

我国唐代著名诗人杜甫《曲江二首》中前一首有下述四联：

一片花飞减却春，风飘万点正愁人。
且看欲尽花经眼，莫厌伤多酒入唇。
江上小堂巢翡翠，苑边高冢卧麒麟。
细推物理须行乐，何用浮名绊此身。

诺贝尔物理学奖获得者、美籍华裔物理学家李政道教授对上述诗篇的第四联特别留意。“细推物理须行乐，何用浮名绊此身”意指：要仔细推究事物盛衰变化的道理，那就该及时行乐，何必让虚浮的荣誉束缚自身呢？

确实，“细推物理”是人类理所当然的，至于“须行乐”倒显得有点消极，这与李先生一生孜孜矻矻探求物理学奥秘的行为似乎并不一致。

也由此可见，我国古诗词中的“万物之理”“细推物理”所涉及的“物理”两字，与我们所要探讨的自然科学文化范畴的“物理”还是有很大区别的。

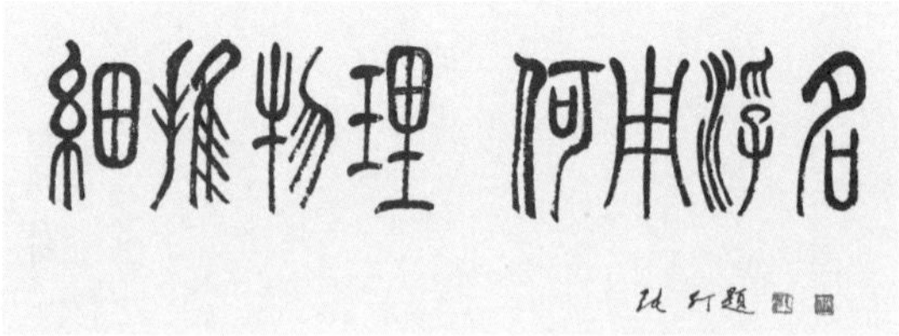

画家张仃为祝贺中国高等科学技术中心成立10周年并成功举办多次学术研讨会而题的“细推物理，何用浮名”（方鸿辉摄）

图1-1

我国原子核物理学家沈文庆院士对何谓“物理学”，曾有一段很通俗的话语，也许能让同学们理解“物理是什么”会更容易，其大意如下：

求知欲旺盛的人类，对于大自然都会不断生出许许多多“为什么”。为了寻找答案，有时要去求助医学，有时要贯通生物学，有时又要援引化学……1979年诺贝尔物理学奖得主温伯格教授曾说了一段精妙的话语：物理学与其他学科最大的不同之处在于，如果你对上述所问的“为什么”获得答案后，若继续追问“为什么”，连问几次之后，必然会将问题引入物理学的范畴，因为物理学是一门研究物质基本组构和运动规律的基础学科。从茹毛饮血、刀耕火种到遨游太空、探索宇宙，人类文明进程中的每一个足迹无不深深烙下了物理学演进的印记。

李政道与沈文庆院士在探讨（沈文庆提供）

图1-2

有物理学家曾自嘲，假如你让物理学家去研究鸡的特征，他首先会考虑的是处于真空环境中的球形鸡。这是因为物理学很善于从令人眼花缭乱的现象中抽取其中最核心的部分来入手研究，将复杂的问题转化成简单的“理想模型”来处理。譬如，物理学家又总喜欢将物质不断分割，抽丝剥茧地分析最微小的基本粒子；还会将所观察的世界不断外延，高屋建瓴地研究宏观的宇宙时空。确实，物理学就是采用上述特有的“理想模型”的研究方式，以打掉分叉保留主干的合理思维方式来探究物质的组构及其运动规律的各个层次，从而达到化繁为简的目的。

在物理学家的眼中，所有已知的世界也都可以还原成时间、空间、物质（场、粒子）和能量等几个基本要素；它们之间所有形式的互动也都可以归结为万有引力、电磁力、弱力（在放射性衰变中起作用）和强力（在核反应中起作用）的相互作用。这些基本要素和基本相互作用就如同计算机技术中所采用的“0”与“1”以及几条基本指令，通过将之做千变万化的排列与组合，使它们呈现为固态、液态、气态或等离子态等各种物质形态，当然也可以化作导体、绝缘体、半导体或超导体，还可以从它们发声、发光、发热或发电的现象，甚至可以从生长、繁衍、拥有思想等途径，以及由它们所引申出来的无穷无尽的“为什么”中，试图寻找到“万物之理”。

再说，物理学还是一门高度融合数学、理论和实验的学科，可以把看似无关的现象归结成同一类理论，用抽象的数学语言实现对物理规律高度简洁的描述，从而构建对理论框架的预言，再用严格的观测和实验来检验由理论导出的预言正确与否，期望为人类进一步了解大自然的法则提供真知灼见。譬如，苹果的下落与月亮环绕地球的转动，我们都可以用“万有引力”来描述；根据牛顿的引力定律，人们还确实预言并发现了海王星的存在。由此可见，在物理学中，数学、理论和实验这三个组成部分是相得益彰，缺一不可的。若没有理论和实验，数学就是空中楼阁；若没有数学和实验，理论也就空口无凭；若没有数学和理论，实验就成了无的放矢。因此，只有将这三者结合起来，人类才能运筹于帷幄之中，预言于千里之外。

基础物理学也早已深入人们生活的方方面面乃至每一个角落。可以说，生活中处处充满着物理学的原理。不是吗？经典的热学、电学以及电磁波、流体力学等物理学范畴的研究，使得蒸汽机、各种电器和通信工具、飞机乃至火箭得以发明，成为人类现代文明的柱石，给人类的生存带来极大的便利。而就现代物理来说，只要细细分析诺贝尔物理学奖获奖研究的项目和方向，我们就能发现，运用物理学原理所推动的一系列技术创新还能极大地改善人类的生活方式。诸如运用原子核的放射性和磁共振理论的研究成果，促成了医院里 CT（即 X 射线计算机体层成像）、PET（正电子发射的计算机断层成像）和其他一系列现代医学检测手段和治疗手段的实现。晶体管、巨磁电阻（即 GMR，Giant Magneto Resistance）和光纤的研究，又促成了大规模集成电路、大容量磁盘和互联网的问世。激光、无线电、原子钟和相对论的理论研究，则促成了工业控制、无线通信和卫星定位系统……可以想象，石墨烯、高温超导、量子操控、量子计算和量子通信，这些已初见端倪和正在进行中的前沿物理学的系列探究，更可望对人类的生存方式带来可喜的，甚至是革命性的变化。

但是，应用物理学所发现的原理与规律所推进的技术倒是一把“双刃剑”，既有造福人类的一面，也有损害甚至杀戮人类的可怕一面。对于这种科学伦理的问题已获得理智科学家的充分重视。因此，我们在探讨物理学或者其他各门自然科学的时候，必须反复强调科学家必须要有人文关怀的精神。

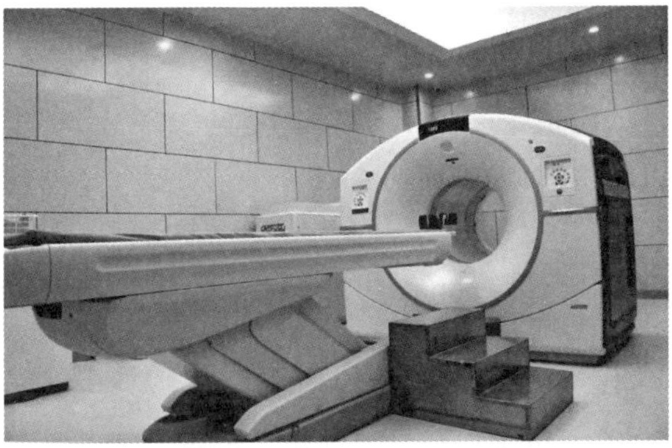

医院里普遍采用的 X 射线计算机体层成像设备（资料图片）

图 1－3

物理学的探究还是永无止境的。因为，我们每解决一个旧问题，往往会引出一系列新问题。尽管按照人类现有的认知能力与技术手段，我们已经初步掌握了世界的基本组构和运动规律，却远远没有穷尽物质所有可能的形态，也远远没有领会其规律的基本内涵，更没有弄明白宇宙中占比很大的“暗物质”和“暗能量”。譬如，我们已经知道了万物由分子、原子构成，原子又由原子核与核外电子构成，进一步研究又发现原子核内是质子与中子，再进一步探究，物理学家又发现了不少“基本”粒子……那么，“基本”粒子是否还可以进一步分割与解析？还譬如，时间和空间是连续的吗？宇宙的终极命运是什么？为什么我们的宇宙是这种样子的？是否还会有另外一个宇宙，拥有另一种样态，甚至服从另一套全新的物理学规律？更本质的问题还有：我们是谁？来自何处？欲往何方……

看来，物理学中的“为什么”确实是无穷无尽的，我们可以永远追问下去……

在 2006 年中央电视台《对话》栏目的一期节目中，主持人请教了中国科学院物理研究所曹则贤研究员：“学物理的人，如果日后不做专门的物理学研究了，那么他们还能做些什么？”

曹则贤则不假思索地反问："这个问题应该换一种问法——一个人，如果他学会了物理，还有什么他不能干的？"

哟，物理学竟然有这么大的能耐！

看来，在回答"学物理能做什么"之前，必须先了解"物理学究竟是什么"，这才有助于回答主持人的所问。为此，曹则贤研究员作了一场精彩又生动的演讲。我们也就把"物理学是什么"作为这本《物理兴趣讲座》的第一讲，作为全书的开场白，想必也能满足同学们的旺盛求知欲，并能收获满满。

中国科学院物理研究所曹则贤研究员（资料图片）
图 1-4

有一本叫《数学是什么》的书，曾影响了一代又一代热爱数学的人们。这本书几乎给出了关于整个数学框架知识的介绍，但它并没有直接回答"数学是什么"，或者说答案就在书中——你读懂了这本书，也就找到了答案。参照上述思路和观点，对"物理学是什么"的回答也就成了：物理学是一种对什么都想理解的渴望，或者说物理学是一门有"勃勃野心"的学问。当然，也只有在达成理解的基础上，才能凭借物理学自身的本领，使人类可以作出无穷无尽的创造。用现代时髦的话语也可表述为：以对物理学基础的理解与能耐去不断创新。

物理学的威力

物理学是一门有关自然的学问，它所研究的对象几乎包括一切事物（即所谓的"万物"），既有具体的，也有抽象的。如今，在物理学与其他各门学科交界处，又衍生出了诸如物理化学、生物物理、技术物理、航天物理、深海物理、地球物理、表面物理、材料物理、运动物理、社会物理、金融物理，等等，它们均已成了推动人类文明演化不可或缺的交叉学科、应用学科或边缘学科。再说，不少学科一旦与物理学联姻，也就上升为理论学科。由此可见，物理学的威力确实大得惊人，其触角已确确实实地伸向了人类学问的方方面面。

从空间上说，物理学研究所涉及的尺度大小从 10^{-15} 米到整个宇宙，其分辨率已高达 10^{-11} 米。

从时间上说，物理学研究所涉及的尺度是宇宙的年龄（据信约为 10^{17} 秒或 138 亿年），其分辨率已经进入 10^{-18} 秒。

由此也可见，物理学的"野心"确实很大。面对这样至微至宏的空间与时间的尺度，面对宇宙中无穷无尽的、众多超出人类理解力与想象力的复杂现象，物理学家们打心眼里早就彻底消除了人类幼稚的"傲慢"，变得十分谨慎、谦逊、平和——敬畏自然。

为了更清晰地理解上述话语，我们认为很有必要先简要地解读一下何谓"宇宙（Universe）"。"宇"指空间，"宙"指古往今来的时间。"宇宙"一词就是指空间与时间，通常也简称"时空"。我们现在所说的"宇宙"还泛指物质与时空。

我们生活的地球是太阳系中的一颗行星。太阳在我们看来非常明亮、十分巨大，但它只是我们头顶许许多多星星中的一颗普通的恒星，它离地球特别近，约 1.5×10^{8} 千米。由于天文距离都十分巨大，因此常用光行走一年所经过的距离来作单位，称作“光年”（请注意：光年并不是时间单位，而是长度单位，通常被用于衡量天体之间的超大距离）。1 光年为 9.6×10^{12} 千米（约 10 万亿千米）。太阳光传到地球约需 8 分钟，若用光年来表达：两地的距离只有 1.6×10^{-5} 光年。

人们能在地球上用裸眼所看到的星星有 2 000 多颗，它们绝大多数只是银河系中的恒星，其实银河系内各类恒星的总数约有 2 000 亿颗。由这么多恒星所组成的银河系展布成一个扁平的圆盘，其形状犹如一块运动会上所投掷的铁饼，中间厚四周薄，直径约 80 000 光年，中间厚度约 6 000 光年。银河系还有一个由恒星组成的直径大约达到 100 000 光年的球状晕，总质量估计为 1 000 亿个太阳的质量。也有天文学家认为，在延伸的云晕中的质量可能要大得多。太阳位于离盘心约 3 000 光年处。这个银河圆盘在不停地旋转，速度竟达到每秒 250 千米。由此可见，整个银河系在星空中是非常雄伟壮丽的。人类常说的宇宙（或者说能够观测到的宇宙），一般只是指我们的银河系。离我们最远的恒星有几百亿光年，在这以外就是一片黑暗的虚无空间了。

约 100 年前，是美国天文学家哈勃（Edwin Powell Hubble，1889—1953）首先打破了银河系的局限，在银河系外找到了一些新的星系。1923 年，他利用在美国洛杉矶附近威尔逊山天文台中那台 100 英寸的天文望远镜，第一次将仙女座星云分解为分离的恒星，发现了在星云旋臂上有几颗明亮的星，它的光度变化跟我们在银河系里早已熟悉的造父变星光度的变化类型相同。哈勃的这一发现很重要，因为这使人类天文观测的视野扩大到银河系之外。这些新发现的星也跟银河系一样，由许多恒星汇集成星系。此后，哈勃甚至还观测到了几十个银河系外（河外）星系并测量了星系间的距离。

哈勃正在操作大望远镜（资料图片）
图 1－5

仙女座中大星云（资料图片）
图 1－6

河外星系的发现和研究，在人类探索宇宙的进程中占有很重要的位置，它极大地扩大了人类对宇宙的认识，从而更清晰地了解了自己在宇宙中所处的位置。迄今，人类用大的天文望远镜（包括光学的和射电的）已经在银河系以外，发现了约 10^{11} 个星系，其中大的星系内包括 10^{13} 颗恒星，连小的星系也有多达 10^{6} 颗恒星。这些星系的形状分别呈球形、椭球形、涡旋状（银河系即此状）、棒旋状，还有许多稀奇古怪的呈不规则形状，这些星系离我们银河系都在百万光年以上。20 世纪 60 年代以来，随着科学与技术的进展，人类观察天体的技能日益高超，天文学家又发现了一批类星体，它们离我们更远，距离都在几十亿至 100 亿光年之间，这是迄今人类所能观测到的最远距离。

在太空中，我们进一步发现：星系单独存在的情形并不多见。据估计单个星系的数目不会超过星系总数的 15%，而绝大多数星系是成团分布的，它们按成员数的多少组成双重星系、多重星系、星系群和星系团。

譬如以我们的银河系和仙女座星系为中心，在 300 万光年范围内，就有一个由 40 多个星系组成的叫“本星系群”的小星系团。而离我们最近的不规则星系团是“室女座星系团”。若干个星系团还会聚集而组成“超星系团”。其中“本超星系团”就是一个长径约为 10^8 光年、厚度约为 6×10^6 光年的扁平状天体系统，它由本星系群、室女座星系团、后发座星系团、大熊座星系团及其他约 50 个较小的星系群或星系团组成，总质量约为 10^{15} 太阳质量。可见，宇宙多么浩瀚！

由此，我们也就会明白，人类在宇宙中是多么渺小，说是“尘粒”可能也是夸大其词。我们又有什么权力去叫嚣“人定胜天”？有什么底气可鼓吹要“挑战宇宙，战胜自然”？人类该遵循的是“尊重自然”并与自然和谐相处，要格外地爱惜我们赖以生存的这颗蓝色星球——地球，同时要努力寻找地外生存的新家园——也许有那么一天，地球资源与环境已“入不敷出”甚至不宜人类居住下去了……

讲到这里，爱思考的同学们会不由自主地寻根思源：那么，宇宙又来自何方？

现代宇宙学中的主流观点认为：宇宙起源于一次“大爆炸”，是由一个密度极大且温度极高的状态演变而来的，经过不断膨胀才达到了如今的状态。这种观点也被称为“宇宙大爆炸”理论或“奇点大爆炸”理论。

我们并不知道究竟是什么原因引起了这次大爆炸。但观察发现，大爆炸发出的光线，至今仍在向外播散；大爆炸产生的气体和云团仍在舞动着、旋转着，聚集成了上述的众多星系、恒星、行星乃至生命体。我们既然能观察到宇宙至今还一直在膨胀，那么逆着时间往上推去以追根溯源，想必早期的宇宙一定处于比现在小得多、密集得多的状态，而且原则上是允许我们一直追溯到它的“初始奇点”——体积无限小、密度无限大的一种状态。因此，天体物理学家们就顺理成章地提出了宇宙起源于“原始火球”的假设。原始火球就是初始奇点。现在宇宙的膨胀也正是大爆炸所开始的空间膨胀的延续。

美籍俄裔物理学家乔治·伽莫夫（资料图片）
图 1－7

大爆炸是空间本身的“爆炸”，即从一开始就是充满整个空间的爆炸，而不是有什么东西在现成的空间中产生的爆炸。目前，比较盛行的是“热大爆炸宇宙学”观点，这一学派的主要观点是：我们的宇宙曾有过一段从密到稀、从热到冷的演化历史。按照这种观点来研究宇宙中物性演化的历史，又被统称为“大爆炸宇宙学”，它已成了现代宇宙学中最有影响的一种学说。

上述理论的主要创始人之一是美籍俄裔物理学家乔治·伽莫夫(George Gamow，1904—1968)。1946 年是他正式明确地提出了“大爆炸理论”，他认为：宇宙是由大约 140 亿年前发生的一次大爆炸所形成的。

20 世纪末，对超新星的观测发现：迄今宇宙确实还在加速膨胀。并推断：宇宙可能大部分是由暗能量组成的。

最新的天体物理学研究认为：宇宙的直径约为 1 560 亿光年。

至今，人类可推测的宇宙的年龄约为 138.2 亿年。

一、物理学的威力在于凭借自身知识而获得预言的能力

下面，试举近代物理学进展历程中的几个例子。

奥地利物理学家、热力学和统计物理学的奠基人——玻尔兹曼(Ludwig Edward Boltzmann，1844—1906)凭借其热力学知识和统计学知识，笃信原子论，并基于原子论的假设，解释了热力学。在他去世后不久，英籍新西兰裔物理学家，著名的“原子核物理学之父”卢瑟福(Ernest Rutherford，1871—1937)于 1909 年给出了原子核模型；1926 年，他的学生——奥地利物理学家、量子力学奠基人之一的薛定谔(Erwin Schrödinger，1887—1961)给出了描述微观世界的量子力学方程，他的女学生莉泽·迈特纳(Lise Meitner，1878—1968)参与发现了原子核的裂变。但自从 1803 年，英国物理学家和化学家约翰·道尔顿(John Dalton，1766—1844)首先提出原子概念之预言起，人类就无时无刻不想一睹它的芳容，然而原子实在太小(我们出汗时从身上淌下的一滴汗水中，就含有大约 5 亿亿个原子)，终于在 200 年后的 21 世纪初，人类用冷冻电镜技术，实现了能“观测”单个原子样貌的愿望。

物理学家玻尔兹曼

核物理学家卢瑟福

物理学家和化学家道尔顿

不能忘却的几位物理学研究进程中的大家

图 1 - 8

1915 年，物理学家阿尔伯特·爱因斯坦(Albert Einstein，1879—1955)在构造广义相对论的基础上，曾预言光线经过太阳附近会因为太阳的引力而弯曲；1919 年对日全食时的观测，证实了这一点。

1926 年，英国理论物理学家保罗·狄拉克(Paul Adrien Maurice Dirac，1902—1984)根

据自己提出的相对论量子力学方程，曾预言了正电子的存在；1932 年正电子果然被发现了。

1930 年，美籍奥地利物理学家泡利（Wolfgang E. Pauli，1900—1958）根据能量守恒定律，又曾预言了中微子的存在；1956 年中微子也被发现了……

近代物理学进展的脚印还在不断往前延展。同学们可以自己继续去搜寻物理学进展的脚印，而且都能显而易见地发现：凭借物理学知识确能获得预言的能力。

物理学家爱因斯坦（资料图片）

物理学家狄拉克（资料图片）

物理学家泡利（资料图片）

对揭示物理学规律提出大胆预言的科学家代表

图 1-9

二、物理学的威力还表现在它有巨大的创造力

对热力学的研究导致了蒸汽机的出现，人类从而有了轮船和火车。对摩擦和闪电的观察，以及对磁铁的理解，开启了物理学分支学科——电磁学的研究，其成果是电动机和发电机的发明，此后一直发展到今天这样一个无处不靠电力支撑着的现代化社会。凭借电子发射的发现，以及物理学家麦克斯韦对电磁波研究的一系列理论成果，人类才有幸发明了广播与电视技术。磁性材料和半导体的研究为我们带来了取代纸张的新型信息载体。随着存储密度的不断提高，现在一个硬盘可以轻松地装下整座图书馆所存图书的所有信息。过去人们夸奖一个人的

从摩擦生电现象的发现演进为电气化时代，物理学让这一切成为可能（资料图片）

图 1-10

学问大，会用“学富五车”来描述。粗略匡算，我们就会明白，其实五牛车的竹简上所刻的文字量，在一个现在常用U盘上所占用的空间几乎可以忽略不计。

人类居住着的地球每天都周而复始地呈现白天与黑夜。由于黑夜让人恐惧，因此人们渴望光明，渴望拥有自己可以操控的光源。如何获得可靠的、有效的、能满足不断增长需求的光源，便成了物理学的一大追求。300多年来，物理学在理解光的本质和制造光明方面创造了一系列奇迹。白炽灯、各种色光的电灯、发光二极管、激光光源等已相继问世，而且它们的功能已远远超出仅用于照明的范畴。20世纪60年代出现的激光，是人类文明史上值得浓墨重彩书写的一项重大发明。激光可以用于加工制造、医疗、测量、诱导核聚变，等等。特别地，激光还可用来传输和读取信息。物理学家对白炽灯发光效率与温度关系的研究，导致了量子力学的建立；而量子力学，作为20世纪两大物理学支柱之一（另一项被公认为相对论），对人类的思想和生产活动所产生的影响也是无法估量的，以至于“量子”这个很不可捉摸的虚幻之词，如今已成了人们很常用的修饰词。发光二极管属于冷光源，可以被设计发出指定的光谱而几乎不发热。冷光源现在已全面承担起普通照明的任务。对光的本质的理解，成了相对论和量子论得以被构造的原动力之一，这些以及建筑在其上的知识，让人类把想象力、把探测器甚至人类自身的足迹送到了宇宙的深处。

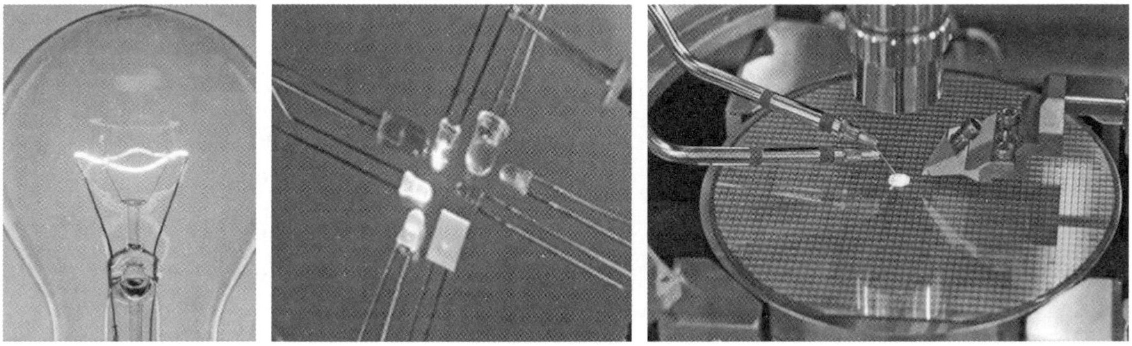

白炽灯、发光二极管和纳米级高精度激光光刻以制造芯片（资料图片）
图1-11

三、物理学能改善人们生命的质量

仅就热力学现象的认识所带来的温度的概念和温度测量技术的实现，就不知道挽救了多少鲜活的生命。光学成像原理的研究让许多人的视力问题得到精确校正。而用X射线透视患者损伤的骨骼、肺结核病灶之类的组织变异，能让医生一目了然。最近几十年来，X射线CT扫描、核磁共振等技术已在日常医学诊断中获得普遍使用，其无损、精确、多维等特点，让发生在患者颅脑部、椎体部（尤其是不易取到活检组织或不可能取到活检组织的部位）等的疾病能快速得到诊断并治疗。此外，分子线度上的药物设计和制造得以实现的关键物理技术，却得益于大质量探测范围的质谱仪。在各种用物理学理论研发的设备更多地进入疾病诊断和治疗领域的时代，对医生进行充分的物理学培训（从设备原理的角度），显然也是必不可少的了，因为物理学能改善人类的生命质量。

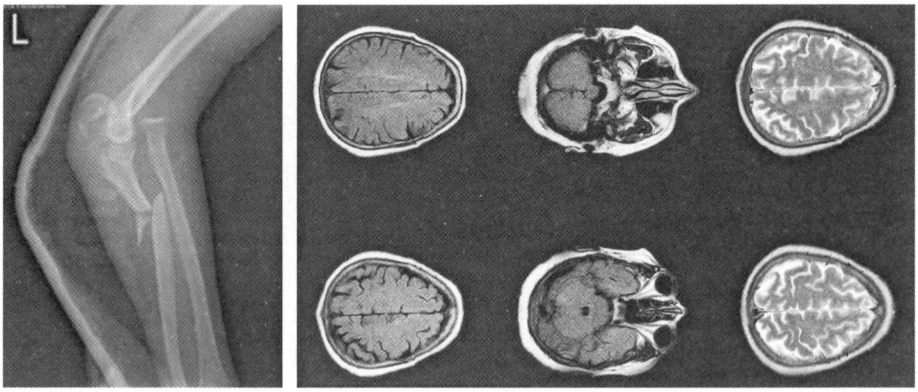

X 射线造影和 CT 扫描技术让患者疾病的诊断达到可视化、定量化和精确化(资料图片)
图 1－12

四、物理学探索成果还成了改变世界形态的主要力量

物理学研究成果已改变了战争的方式、人类生产的方式和生活的方式，并最终改变国家和整个人类社会的组织形态。其中，这种改变得以实现的关键之一是通信技术的发展。循着有线广播、电话、电报、微波通信、光通信、互联网、星链技术等途径，人类的通信能力迅速加强并不断发展，从而使人类的空间距离感迅速缩小，整个地球似乎成了一个小小的“村落”。甚至能使信息的定位变得十分精准，譬如这次新冠疫情暴发，只要通过手机定位，就能精确寻找并甄别出在同一时间段、同一空间范围内的密切接触者，及时实施隔离与核酸检测，从而能及时判断并甄别被传染的人群，避免了疫情的扩散……太多未来的事务将自然而然地呈现其全球性，而不再局限于某个国家和地区，这里面用到的技术几乎清一色地来自于物理学的基础理论研究成果。其中的互联网技术最早是要为核物理、粒子物理实验室之间实现快速数据传递而开发的，其实现的物质基础均来自半导体科学的成果及现代通信技术。2009 年，诺贝尔物理学奖授予了三位在“光纤通信中用到的光在纤维中的传输方面作出突破性进展”的物理学家，其中一位被称作“光纤之父”的美籍华人便是中国科学院外籍院士高锟教授。这些都是对上述论

从电话、互联网到星链技术，物理学带来的通信革命导致人类社会形态的大变化(资料图片)
图 1－13

述的一个有力佐证。其他诸如航天科技、天文学和天体物理学方面的研究，则彻底改变了人类对自然与人类关系的认识。

五、物理学更是攸关人类未来的科学

人类的美好生活伴随着持续增加的能源需求，自然也伴随着不断增加的环境负担。如何为人类的发展提供可靠的能源保障？如何理解人类生活与地球自然环境之间的互动关系，如何理解与探测（甚至预告）自然灾害的发生，以至能有效地避免危害人类之大灾害的发生？……解决这些人与自然关系的重大问题，必然也是物理学研究的应有之义。

以能源问题为例，人类能源问题的解决本质上是如何充分且高效地依靠和利用太阳能的问题。如何操控太阳光谱，如何高效捕获阳光，如何将光子转化成分离的载流子，如何将电荷引导到电极从而形成太阳能电池，如何提高光电的转化效率，如何储存好太阳能电池提供的电力……这一切也都有赖于物理学基础理论研究为其提供最有效的答案。相关产业的发展不仅是要解决人类未来可持续发展的长远问题，在短期内它还是大量技术型、知识型工作岗位的提供者。

太阳能电池阵列与风力发电机组（资料图片）
图 1－14

人工智能 AI（Artificial Intelligence）本质上是物理学与信息学等在学科交界处诞生的一门新技术，它对人类社会的影响是全方位的，甚至是翻天覆地的，也可以说，它是与人类历史上曾经走过的蒸汽时代、电力时代和计算机时代可以相媲美的。还可以这么断语：AI 标志着人类社会已进入了“互联网形态加类人思考”的“第四次工业革命”时代。

从基底上探讨 AI，无非是下述主题：基于自然的学习与优化，基于物理学现象的图像结构的建模与视觉表征，编码混叠成像及计算……这些既受益于物理学的基本现象和机理，也受到脑科学的认知、学习与优化的启示。可以说，AI 得益于物理学原理、数学表征、计算技术，且缺一不可。

AI 的发展，最重要的是机器学习，而机器学习应用最成功的就是深度学习。数据可学，谁来表征？学习能解决所有的优化问题吗？人是怎么做这件事情的？大脑又是如何做的？首先着手处理的还是一个物理问题，物理学界是怎么学习、启示、描述、表征这些问题的，这些问题的物理规律究竟是什么？因此，物理智能才是 AI 的重要基础。不仅要利用物理的先验来解决这类问题，还要利用人的认知推理，把学习、表征、优化等能力有机结合起来，才能实现不同场景的认知、感知、决策与优化。只有用物理学的机制来完善 AI 的认知过程，也只有用物理学理论才能指导 AI 模型和新范式的构造。可见，AI 也只有与物理学结合，才能有效实现其智能，把它与这个世界有机地联系起来，毕竟我们身处于物理世界中。

近年来，已兴起将 AI 与科学相结合——AI＋Science。一方面是 AI for Science，机器学习与其他 AI 技术被用来解决科学研究中的问题，从预测天气和蛋白质结构，到模拟星系碰撞、设计并优化核聚变反应堆……实现像科学家一样进行科学发现的过程，这也被称为是科学发现的“第五范式”。另一方面是 Science for AI，尤其指用物理学中的规律和思想启发机器学习理论，为 AI 的发展提供全新的视角与方法。

譬如，前不久美国卡耐基梅隆大学的几位科学家利用 GPT－4 模型，在化学合成实验上已实现自动合成新的物质；在物理学领域，AI 可以从实验数据中发掘有效信息，发现其背后的物理学定律；在生命科学领域，通过分析海量基因数据和生物学信息，AI 能有助科研人员理解基因、预测疾病，甚至设计出全新的蛋白质……由此可见，期盼 AI 大模型解放科学家大脑的梦想已真的实现了！

AI 大模型能解放科学家大脑已真的实现并日趋成熟了（资料图片）

图 1－15

冷静地思考，AI 技术的进展虽令人目不暇接，但不少科技伦理问题也已摆上了桌面，许多传统工种濒临危机与消失，大量社会问题也伴随着涌现。作为有社会责任感的科研人员和管理工作者已明晰地看到了其“技术双刃剑”的效应。

马斯克曾深沉地说，碳基人类可能是硅基超智能机器人的启动程序。这是否意指：硅基机器人成熟后，我们碳基人类可能被取代甚至遭废弃？多么值得深思啊。

物 理 学 与 人

一、一辈子受用的物理学

仅就日常生活而言，物理学对学物理的同学们的影响，也是很深刻的，而且可以让他们终生受益。我们必须始终保持对自然的好奇心与敬畏心，才能养成观察事物的习惯，才会懂得欣赏日常所见的各种现象，即所谓具备“格物致知”的素养。譬如，看见一只蝴蝶翩翩起舞，在赞美它优雅舞姿的同时，可能会想到凡做飞行运动的这类动物该有的力学要求，其生理结构必然要有严格的镜像对称；而爬行类动物则在形体上的镜像对称要求就可能会含糊一点。同学们还可能会由此想到蝴蝶翅膀上美丽的斑点与颜色是因为翅膀上角质层的特殊结构所致，等等。

再譬如，看到了海边大片的六角石柱，同学们会想起伯纳德不稳定性，知道这是在适当的条件下火热的岩浆倾入冰冷的海水中自发形成的。由此，也就知道为什么它是六边形的，知道这个形状和石头的化学成分与微观结构无关……我们对周围的世界会因理解而赞美，由衷地赞叹造物主的神奇，也会因不理解而充满好奇，为了满足好奇心必然会对之作更深入的探究。或者说，因为理解了一小部分世界而变得从容，因不理解绝大部分世界才愿意花很多的时间去专注于某些感兴趣的事情。即使暂时宅在家里，同学们大多也会有兴致去修理已不会发光的灯管、"罢工"的小闹钟、点不着的煤气灶或者已被损坏了的电动玩具之类。总之，这不仅省钱和方便，更是提高了动手能力，还让我们在心中赢得了一份可贵的尊重。光电子与激光技术专家、中国工程院的范滇元院士如今已是很有造诣的"神光—III"总工程师了，他深有感慨地说："我这是圆了儿童时代由一个小闹钟开始引发的原子梦。"

蝴蝶和六角石柱方阵，在物理学家的眼里，它们有更多的神奇内容

图 1－16

二、文化的最后成果是人的格与道，这已成为共识

物理学与人的交互作用，必然导致对物理学家的人格塑造和处世之道。那些全神贯注投入了物理世界且真正有所创新的物理学家，因为他们有信仰、有追求，因为他们领略了自然的伟大与神奇，所以他们的外部举止风度以及内心世界能不由自主地显示出一份从容、一片深邃，并总是很谦和、兴致盎然与求索不止。这倒不是他们刻意追求的风骨，或故作高雅的风度，而是常年"格物致知"所锻造的风貌与品格。也就是说，物理学让浅薄与他们无缘。做人做事做学问的高雅格调与物理学所探究的"道可道非常道"已物化在身上了。

所以，还是那句话：文化的最后成果是人的格与道。检视一下那些伟大的物理学家之言行，我们常常会为他们的人格魅力所感动和倾倒。因为他们的事业诚如《庄子・天下》所曰："判天地之美，析万物之理"，是不懈地在"问天""问地""问自然"，这是一种对宇宙不懈追寻的使命，旨在为了整个人类的智慧与幸福，这常常让物理学家们的身上有了神性的光芒和非凡的聪悟，他们的作品里也时常会表现"个人对着整个人类的精神与心灵的言说"，达到了一种能对"万物之理"不辞辛劳地赏鉴的意境、追求与道行，并为自己能与之和谐相处而深感欣慰。

三、头顶的星空和内心的道德律令

德国哲学家康德(Immanuel Kant，1724—1804)也是一位伟大的物理学家，是他最先提出了“星云假说”。康德曾说出了思想史上最气势磅礴的名言之一：“有两种东西，我对它们的思考越是经常和持久，它们越是以崭新的、不断增长的惊奇和敬畏充满我的心灵，这就是我头顶的星空和内心的道德律令。”这样的气势，自然源于对事业追求的本质与习惯——仰望苍穹又同时内省。

丹麦天文学家第谷·布拉赫(Tycho Brahe，1546—1601)对行星运动的不断观察，导致了开普勒三定律的发现，也就推动了牛顿力学的出现，这一切成为必然。后人为第谷所塑立的、采“仰望苍穹”姿势的纪念雕像，与其说是对其事业的描摹，毋宁说是对其内心世界的写实。一位真正的物理学家，怀着造福人类的理想不懈地究问自然的奥秘，作为其内心所表现的仰望苍穹的姿态恐怕就成了一种必然。那些把“脸朝上”(Facing Up)理解为仰脸去贴达官贵人屁股者，哪怕他头上也顶了个“物理学家”的名衔，怕也只是一个幌子，千万别当真。

德国哲学家康德(资料图片)
图 1－17

丹麦天文学家第谷·布拉赫(资料图片)
图 1－18

(“物理学的威力”“物理学与人”部分参考了《现代物理知识》2010 年第 1 期相关文章，谨此致谢)

•知识巩固• 想想练练

本讲中“应用物理学所发现的原理与规律所推进的技术是一把‘双刃剑’，既有造福人类的一面，也有损害甚至杀戮人类的可怕一面。对于这种科学伦理的问题已获得理智科学家的充分重视。因此，我们在探讨物理学或者其他各门自然科学的时候，必须反复强调科学家必须要有人文关怀的精神。”这段话，你是怎么理解的？能举出一些实例吗？

•知识巩固• 解题参考

20 世纪科学(包括物理学)与技术的进步，带动了经济的飞速发展，创造了空前的物质文明，然而也引出了不少必须正视的严重问题：资源浪费、环境污染、人与自然不和谐相处……究其原因，皆是对人文关怀精神的忽视。无论是科学家、工程技术人员，还是每一位学生，都应该呼唤科学与技术的发展应该回归到“以人为本”的正道上来，这是责无旁贷的。

作为技术这把“双刃剑”确实极大地造福了人类。但是，假如一味盲目地崇拜技术能赐人以福，而忽视甚至无视其有祸害人类的另一面，其后果将也是不堪设想的。譬如在进行基因工程研究时，得格外小心，严防意外事故。万一具有有害基因的微生物从实验室被传播或泄漏出去，其后果要比放射性泄漏（诸如三里岛、切尔诺贝利核电站等事故）严重千万倍。原因是放射性元素是死物，半衰期再长，其危害性总是随时间以指数率递减的；而有毒的微生物是活物，在适宜条件下会以指数倍率迅速增长，并通过生物载体广泛传播。其他诸如对物理学发现的质能原理 $E=mc^2$ 被技术开发并利用，既能用于制造大规模的杀人武器——原子弹，也可以和平利用核技术来发电，给人类带来电能。还有诸如对基因工程技术，若注重产品的安全性，当然能造福人类，若只顾提高效益而不顾其危害性，尤其是对人类的危害，也是紧系着人类生命的。因此，政府都会“以人为本”地立法管制，像转基因食品上市必须予以明示，让公众能充分了解，以行使明智的选择权。这一切犹如负责任的科学家所形象指出的：技术犹如一艘在雾天行驶于茫茫大海中的大船，技术越先进，船体越大，行驶得也越快，这时就得由导航设备来确定航向，这个导航仪就是“以人为本”的人文精神，倘若失去导航，就会触礁甚至翻船，其后果真的不堪设想。

第二讲

怎样学好初中物理学

为了更好地理解“怎样学好初中物理学”，我们首先要了解：进入课堂的物理教程设计的思路与框架。记得1977年8月，著名物理学家、教育家、中国科学院院士王竹溪教授在中国科学技术协会举办的“科学家与首都中学生大型座谈会”上对物理课程做了很到位的剖析，我们不妨转述如下。

物理学家王竹溪院士
(中国科学院提供)
图2-1

一、物理学的课程结构

物理学是一门基础自然科学。基础科学虽然也常常直接为发展生产改善生活服务，但是它的主要任务是发展基础理论，发现(不是发明)新的科学规律，为将来进一步发展(应用于)生产提供新的理论基础。

所谓“物理规律”是指各种物理现象的规律。

那么，什么是物理现象呢？

这就是机械运动、发声、发热、发光的现象，电和磁的现象，以及原子、原子核和“基本”粒子的现象。物理学就是研究这种种现象，并力图寻找出这些现象背后所隐藏的规律来。

现代的各个工业部门，如机械工程、建筑工程、土木工程、水利工程、电机工程、无线电和电子工程、原子能工程等，都要应用相应的物理规律，还要应用相应的工艺方面的具体知识，这就形成了各种工程学科。工程学科也叫“应用科学”或“技术科学”。而专门研究基本规律的，就称作“基础科学”。物理学就是一门基础科学。

那么，各种物理现象及其规律是怎么得到实际应用的呢？

我们不妨先谈机械运动的规律，这在物理学中称作“力学”。力学是物理学各个门类中最古老的一支，也是其他各门类的基础。一讲到古老，可能会使人产生一种错觉，以为就是陈旧的、落后的，应当抛弃的。这是完全错误的。科学规律根本没有陈旧落后的问题，也绝不会发生用新机器替换旧机器类似的情形。科学的规律是客观存在的，不会随人们的意志而改变。当然，人的认识不会永远停留在一个水准上，随着生产和科学的发展，人们对自然的认识会更加全面，也更加深刻，还不时会有新的发现。但是，原来已经为实践证明了的科学规律，并不会因此而失效。这一点，在机械运动上表现得十分明显。

17世纪以前，人们只认识力学中的“静力学规律”，这就是我们课程中要探讨的力的“平衡规律”。这些规律已经在日常生活和生产中得到了广泛的应用。到17世纪以后，人们才认识到力学中的“动力学规律”。这下，我们的认识就更全面了。但是，以前的“平衡规律”依然是正确的，仍然在起作用，并没有被否定，并没有被新发现的运动规律所代替。譬如怎么使高层建筑在强烈地震时不至于被震得坍塌，怎么使水库的拦水坝能经受得起洪水的猛烈冲击，在设计中就既要用到“静力学规律”，又要用到“动力学规律”。

科学规律本身就属客观真理，是不会陈旧的。人们运用这些规律的方式和作出相应的设计方案，却是日新月异的。这是因为人们运用这些科学规律的时候，总有许多附带的条件。例如，在建筑上用泥土作材料、用木材作材料和用钢筋混凝土作材料，也就会产生不同的工艺，也会有不同的技术指标和要求。又譬如力学中的运动规律，比较早的时候，常用来计算地球和行星绕太阳的运行。这种计算现在仍然有用，表现在编制供航海等应用的天文年历上，而眼下发射人造地球卫星和宇宙飞船，仍然要运用力学的这些运动规律。

第二是发声的规律，在物理学中叫作“声学”。声学古时候被应用在制造乐器方面，但现在声学的应用已很广泛了。只要举两方面实例，同学们就会明白。一个是避免和减少噪声的问题。不管车辆运行、机器运转，还是扩音、收音，都要尽量减少噪声和杂音，这就需要掌握声学的规律。另一个是关于超声理论的探究。超声是一种频率较高的、人的耳朵已听不见的声音，现在用来探测金属物件或其他物件内部的缺陷和伤痕，探测海洋的水深，医学上常用于临床的超声波能检测并及时发现生理变化……其实，发声也是一种机械振动的效应，所以声学的基本原理，也就包括在力学之中。

第三是热现象的规律，在物理学中叫作“热力学和统计物理学”。早在远古时代，人类已能运用钻木来取火，这其实就是利用摩擦生热的现象，这可以说已经在不自觉地运用了热现象的规律。到了18世纪，蒸汽机的发明和应用，推动了产业革命，促进了生产力的大发展，对人类进入资本主义社会的历史进程起了巨大的推动作用。以后，随着生产的不断发展，人们对热现象的研究也相应地发展起来了，到了19世纪中期逐步建立了“热力学理论”。热力学研究的一个重大成就，就是发现了“能量守恒定律”，也就是能量的转化规律。这个规律对推动整个科学的发展，起了不可估量的重要作用。

无论是设计并制造出蒸汽机和内燃机，还是在化学工业生产上，热力学都是重要的理论基础。此外，在生产和生活中，需要有产生高温的技术，如金属冶炼；也需要有产生低温的技术，如食物冷藏；还需要有把温度控制在一定范围内的技术，如细菌培养……所有这一切都需要热力学理论的指导。

第四是发光现象的规律，在物理学中叫作“光学”。人们利用光的折射规律，制造了望远镜和显微镜，大大扩展了人的视力观察范围。精密测定光的波长，为人类提供了长度的基本标准。光谱分析是工业上分析材料成分的一种有力手段。20世纪60年代发展起来的激光技术，已经在各方面获得广泛应用，促进了科学技术的新发展。在对光的本质认识上，19世纪60年代发现了光波是一种电磁波，这又把光的理论纳入了“电磁理论”，后者在实践上促进了无线电和电视技术的发展，以及现在我们广受恩惠的图像处理技术……

第五是电磁现象的规律，在物理学中称作“电磁学”。近代各种科学技术都离不开电。发电机产生的电，通过电线可以传送到祖国各个地方，甚至很远的地方。用电线输送来的电可以点灯，可以开动电动机，使各种机器运转起来；也可以开动电炉，根据需要达到不同的高温来做金属冶炼等。开动制冷机，把温度降到所需要的程度。在无线电方面，可以通过电子线路来发射和接收信号，进行通信和广播，也可以通过地球卫星织成的网络来实现信号传送。再说，各种自动化技术也都要用到电子线路，而半导体元件乃至集成电路都是构成电子线路的重要材料。

第六是原子、原子核和“基本”粒子现象的规律，在物理学中叫作“原子物理学”和“原子核物理学”。还有在基本理论上反映这些规律的理论，叫“量子力学”。量子力学的理论能够说明原子的各种现象，但是对于原子核和“基本”粒子的许多现象还不能完全说明，需要以后的科学家进一步探讨。原子弹、氢弹和原子能的和平利用，都涉及原子核物理的问题，它们都属于“原子核物理学”范围之内。

上述六个方面，基本概括了物理现象的方方面面，也可以说是中学物理课程建构的框架。这些物理现象虽然需要分门别类地进行研究，但是并不是彼此无关，而是密切相关的。相互联系的最根本点，就反映在“能量转化”和“能量守恒定律”上。各种现象归根到底，都通过能量转化和机械运动相互联系。由此可见，“力学”部分是物理学其他各部分的基础。因此，我们学习物理学，应当特别注重力学，但也不能偏废它与其他各部分间的相互联系，尤其不能忽视各种现象之间的相互影响。

物理学也是一门实验性学科。要学好物理学，既需要理性思考、逻辑判断，也需要有动手能力，这就与同学们在小学所学的其他课程相比较而言，确有较大的差异，若没能及时做好思想上的“接口”与准备，适时调整学习方式，一时会觉得很不适应，甚至感到物理课程难懂难学。毕竟靠以一字不差地背诵教材的方式来应付物理课程学习，此路已不通了。

为什么学习物理要特别重视实验呢？因为物理现象的各种规律，几乎都是（也都可以）通过科学实验发现的。没有科学实验，这些规律就不可能被发现，至少不可能很快地被发现。在自然界中，在人类的生产和生活中，各种实际的物理现象都是在非常复杂的条件下产生的。也就是说，影响某一种物理现象的因素是很多的。但做科学实验的时候，我们可以有意地采用适当的安排，突出其中某些因素，使其他因素退居到次要地位，这样才能发现各个因素所起的不同作用，才能发现起关键作用的因素究竟是什么，最后总结出这一现象的规律性。所以研究物理学，就必须反对那种空谈理论忽视实际的学风，在条件许可的情况下，应当亲手去做实验，以求得第一手宝贵的资料。

看来，从物理学的构成（研究范畴）和学习要求（动手动脑）诸方面来看，学这门课程确实不轻松。为了获得物理学科素养，光受初中阶段的训练，显然是远远不够的。好在传统物理学课程的设置与相应的教材编写呈现了多个循环，即在初中、高中、大学、研究生阶段都会学习物理课程。初中阶段的物理学只是定性的、简单的入门课程，尽管简单，却是同学们学习生涯中吃到的物理学的“第一口奶”，一定要予以及时适应和消化，并初步熟悉物理学的学习方法，否则到了高中阶段，物理课程就相应地多了分析与定量的计算，领域拓宽了，内容增加了，还会增加不少动手实验和教师的当堂演示实验，学科的难度与要求自然也就提高了不少。至于到了大学阶段，若选择理、工、医、农等各个专业方向，那么普通物理学课程还是必不可少的，所使用的数学工具也就变成高等数学了(主要是微积分)。至于选择物理学专业的同学,那么除普通物理(力学、热学、电磁学、光学、原子物理学)外,还要学一轮理论物理学(理论力学、热力学与统计物理、电动力学、量子力学、原子核物理学……)。

也许有同学会说,既然物理课程设置像一个一个轮回,以后都要学习,为什么在初中这么早就开设物理课程呢?

这是课程设置的需要,是考虑到这个年龄段青少年的接受心理、知识构成的素养需求,也顾及同学们的理解能力、数学基础与对人才造就、人才分流以及社会需求等角度思考的结果,这也是教育界与科学界长期实践达成的共识。从初中年级起,就必须开设初等物理学课程。也就是说,必须在初中教学阶段,让同学们能构建起初等物理学的知识框架,这是符合科学育人规律的。

那么,在初中阶段该如何学好物理课程呢?

对初中学生来说,不仅要学好物理学,还要学好数学、化学、生物学、语文、历史等众多课程。长期的教学实践表明,按照国家课程标准设置的物理课程及相关的教材,是完全能保证绝大多数同学都能学得下来,并能学得很好的。因此,同学们首先要树立信心。再说,掌握初等物理知识,对同学们日后深造以及一生的健康成长也是休戚相关的,它是人生必不可少的学科知识,这在第一讲介绍的"物理学是什么"中,相信同学们已经有所了解了。

不少同学之所以觉得物理难学,除了这是一门第一次接触的、既要掌握逻辑推理,会运用数学建模,又有动手实验要求的,并以分析与讲理为主线的课程,总觉得有点"异样",有点不适应。归根结底,解开"难学"症结的关键点,是如何掌握正确的学习方法。

做任何事情,都要讲究方法。采用一个好的方法,可以事半功倍,而方法不当,往往就会事倍功半。学物理课程同样如此。

二、掌握方法,激发兴趣

英国化学家约翰·道尔顿(John Dalton, 1766—1844)曾指出:"有的人能够远远超过其他人,其主要原因与其说是天才,不如说他有专心致志坚持学习和不达目的决不罢休的顽强精神。"俄罗斯文学家高尔基(1868—1936)又告诉我们:"世界上最快而又最慢,最长而又最短,最平凡而又最珍贵,最容易被忽视而最令人后悔的就是时间。"

道尔顿指出了要有正确的学习态度、学习韧劲与顽强精神,高尔基则告诫我们要珍惜时间。这两段话对于同学们学习任何一门课程都普遍适用,但对于觉得物理难学、很不适应的同学尤其适用。

那么,怎样化难为易,并激发出喜欢物理的兴趣呢?我们不妨来细细分析一下,物理学科(也适用于其他学科)学习上该怎样把握好的几个主要环节:

制定计划→课前预习→课堂思考→注重实验→及时复习→独立作业→即时解疑→系统总结→课外学习。

当然,其中后五个环节尤其不能忽略。要强调的是,物理学是一门实验性课程,重视教师的当堂演示和自主实验也当引起足够的重视,这其实也是在培育自己有像科学家那样地思考问题的思路和方法。

下面，我们针对物理学科的特点，就“如何学好物理”“如何激发对物理的兴趣”来与同学们就具体策略做一些简单的探讨。

1. 做到“三个基本”。弄清基本概念，熟悉基本规律，熟练基本方法。

关于基本概念，我们可举一个简单的例子来说明。譬如**标量**速率 v（只有大小没有方向的物理量），它有两个基本概念：一是表示速度的大小；二是表示路程与时间的比值。而对于**矢量**速度 $\vec{v}$（又称“向量”，指既有大小又有方向的物理量），它的基本概念就是表示位移（也是矢量）与时间的比值。关于基本规律，譬如说平均速度的物理公式，就可用两个常用的式子来表示：$v=\frac{s}{t}$，$v=\frac{v_o+v_t}{2}$。前者是定义式，适用于任何情况；后者是导出式，只适用于做匀变速直线运动的情况。

再说一下基本方法，比如说研究动力学问题，就常采用“隔离法”，这是一种局部与整体相结合的化繁为简的方法，也是物理学研究问题的一种“取局部以拓整体”的智慧。这种方法在生活中也是很有实用价值的处理问题的思考方法。

最后，再谈一个属于“三个基本”之外的问题，就是在物理学习过程中，应该留心总结出一些简单易记又实用的推论，这对学好物理和解题也是非常有帮助的。譬如，沿着电场线的方向电势是降低的；在同一根轻绳上张力是相等的；在物体加速度为零时要么静止，要么做匀速直线运动；洛仑兹力是不做功的，等等。

2. 学会独立解题。要能独立地（指不依赖他人）且保质保量地解答习题。解题是检验同学们对所学物理规律、定义、公式的掌握程度，不仅要解教材中已配置的少量题目，还要适当地增添解题量。解题量过少，会使知识学得比较肤浅；解题量过多，会形成令人厌倦的“题海”，会使激发的兴趣遭泯灭。再说，所解答的习题要顾及有一定的难易程度和物理情景的分布，就是说要有一定的难易梯度和不同的场景。学习数、理、化不经过适量解题这一关是学不好的。

善于独立解题，前提是吃透概念，把握规律，在此基础上要学会分析，比如解运动学或动力学问题，应该在读透题意的情况下，习惯于自己画出解题草图，诸如物体的运动轨迹、做准确的受力分析等。这样一来，看似解题花费了较多时间，但独立解题的分析能力会提高得很快。即使有时要走些弯路，甚至解决不了，对初学物理的同学们来说都是很正常的。可以说，这也是任何一位初学者走向成功的必经之路，是绕不过去的。同学们不妨多思考，细分析，对照教材的讲解多研读其中的例题解析，总会达到豁然开朗的境地。

3. 重视物理过程。物理事件发生发展都有一个过程，一定要把它分析得一清二楚。过程还没有弄明白就急于解题，必然存在“暗礁”或遇到“隐患”。题目不论难易，都要尽可能画出简图或图线，这会有助于呈现物理过程，将抽象的文字叙述转换成图像，使过程变得具象，思考也就会变得通透。再说，不少物理习题本身也是需要画出精确图像的，这就更要学会使用圆规、三角板、量角器等，以呈现物体（或质点）准确运动的几何径迹与逻辑关系，让它们的运动过程一览无余。也就是说，图线往往能有助于同学们作状态分析或动态分析，前者常是固定的、静止的、间断的，而后者则是移动的、灵活的、连续的。

4. 上课认真听讲，关注老师的演示实验。上课不走神或尽量少走神（开小差）这点很重要。不要自以为我已听懂了，思绪就可以远走高飞，而该紧跟老师授课的节奏和时序，思考老师的板书字眼与条理，还要细致地体味老师话语中的物理内涵。对于已有一定基础的同学，千万不要以为老师讲得太简单了，我已预习并看过课外读本，内容丰富多了，因此自以为是地放弃听讲。假如真的出现这种状况，也不妨当成复习、巩固。至少要尊重老师的劳动，或者作一次换位思考：假如我上讲坛，我会怎么表述这个物理概念、怎么作这道例题的分析？让自我思考与老师的讲授节律保持同步甚至一致，千万不能自搞一套，否则就等于是完全自学了。对初中同学来说，我们不主张刚开始学物理就完全“自学”，只有在学科入门以后，有了一定的基础，才可以在课堂上有自己适当的思考活动空间与行为，譬如当堂做笔记，当堂梳理知识点，但千万不能与周边同学窃窃私语而影响他人的认真听讲，至少该尊师守纪吧。毕竟，学得越多，物理概念思考得会越深刻，物理图景也会呈现得越准确，而不至于凭自己的误解或者一知半解为日后深造埋下“隐患”。

5. 做好课程笔记。上课以听讲为主，但可在听讲的同时适量做些笔记。至于记录什么，完全根据各自学习的习惯及需求而定。一般来说，可适量记录老师反复强调的话语、板书中呈现的知识架构、老师介绍中自认为较有价值的解题思路与方法，以及一时听不明白的或有疑难的地方……这种及时的记录，主要在于方便课后复习或向老师进一步讨教。当然，还应该在课后主动整理笔记，既能有助于“消化”当天的课程目标和物理思想，也能梳理知识脉络。

物理课程笔记本不只是记录老师的课堂讲述，还可摘录课外物理读本或物理学的科普书籍的阅读摘要，甚至自己在作业中发现的好题目或者巧妙的解题方法……这些都可记录在这本课程笔记本上，就是同学们常说的“好题本”或“课程心得本”。对每个学期辛辛苦苦建立起来的笔记本要进行编号，以后可以经常翻阅。许多成功学者都会终生保存他们青少年求学时代的笔记本，日后会爱不释手。

当然，也有不少同学还会将曾经做错的题目也记下来，并自我分析与诊断：错在哪里，是审题错，概念理解错，还是因粗心而演算错……并将正确的解题步骤一步不漏、工工整整地再写一遍。这时，这本物理课程笔记本又成了“纠错本”。只有完成了这一步，以后遇到类似的题目再也不会犯同样的错了。这样，既提高学习效率，也大大激发了学习积极性。分析能力的提高会伴随学习成绩的提高而大踏步进步，并不由自主地感叹：“原来物理学并不很难学呀！”这就让学习兴趣被进一步激发起来了。

6. 建立自己的物理学习资料库。物理课程的学习资料既要保存好，还要做好分类建好库：练习册、考试卷、实验报告，等等。对练习册，一般题目可不做记号，对概念性很强的好题、有价值的难题、易犯错的“陷阱”题，分别做上不同的记号，以备今后阅读，尤其对期末大考或参加中考时的复习，会大有益处，可节省不少复习时间，起到事半功倍的复习效果。

7. 惜时如金。人生苦短，时间宝贵。没有了时间就什么也来不及做了，所以趁年轻时精力旺盛，要特别在意能充分、有效、合理地用好时间。用好时间是一门非常高超的人生艺术。譬如，可以利用“回忆”的学习方法以节省时间，睡觉前、坐车时，甚至走在路上……都可好好利用这些时间的“边角料”，把当天老师讲的课像放电影般一段一段地回忆一遍，这就将思路整理了一次，也相当于温习了新课内容，达到让知识脉络更清晰的目的，这就是古人推荐的“学而时习之”的做法。有的物理题目比较难解，会觉得一时无从下手，但这种留在脑海的疑惑有时在散步时忽然会冒出解题的思路，有一种“柳暗花明又一村”的感觉，这其实就是对百思不得其解问题所冒出的“灵感”。对肯钻研的同学，往往在他们脑子里常会存有几道觉得一时无法解决的难题或对某个概念的疑惑，似乎“山重水复疑无路”而耿耿于怀，不知何时会有所突破——找到问题的答案。但一旦顺畅地获得解决后，确实会有点幸福感，甚至成就感。有了这种体验，学习的兴趣也会被大大激发，从而爱上物理学。这种体验在细心的同学中屡见不鲜。

8. 勇于向别人学习。尤其要虚心向周围的同学们学习，向他们讨教对物理概念理解的思路和学习的方法。千万不要看到人家的长进就妒忌或自卑。其实，每个人的理解力与学习能力都是大同小异的，差异的地方往往只在于学习的习惯与学习的方法。一阵子的走神或畏难，谁都可能发生，并不奇怪。奇怪的是有了问题，不当一回事，不及时地发现并予以从学习习惯或学习方法上去解决，时间一长，随着学习内容的不断增加，会“欠债”过多，有点积重难返的懊丧，从而失去了信心，甚至自暴自弃了。为此，除了老师和家长在发现同学学习物理课程上的困惑时要及时伸出援手，同学们自己也该主动向周围成绩优秀的同学讨教，学会经常与同伴进行“学术上”交流，互教互学，共同提高，让跑得快的同学拖你一把，马上会赶上去的，千万不能垂头丧气。毕竟只是初中物理学，内容还是较少，且难度也并不是很大的。当然，对于暂时成绩优秀的同学千万不能自以为是，也不能对一时学习有点困难的同伴有保守态度，有了好的方法甚至不愿告诉同伴。在一个学习群体中，从小要养成团队观念，既要有你追我赶的激励精神，更要有互帮互学的友爱作风。其实，耐心帮了同伴，对自己也是一种提高和对知识的梳理过程。日后在校友会碰面时，能有机会回忆青少年时代这段美好的时光、这一番互帮互学的“小老师”经历，会是很珍贵很难忘的，这也是人生值得回忆的幸福时光。再说，从小养成的这种团队协作风格，会一辈子受用。毕竟是坐在同一间课堂的同伴，在理解上或方法上产生的问题，沟通起来会感同身受，甚至比讲课老师来解释的效果更好。

9. 把握学科知识结构。平时要重视把握物理学的知识结构，不要以为这只是老师的事。

其实，同学们要重视并系统地掌握好物理学的知识结构，这样才能把零散的知识串联起来。知识脉络清晰了，学科站位就高了，能高屋建瓴地把握整个中学物理学的知识与结构。大到整个物理学的知识结构，小到每一个分学科的知识结构，都能了如指掌，诸如，力学中的运动学、静力学、动力学，从而能理解教材编写者的用心，他们为什么要分这样几章，每章下又为什么要设这么几个小节，为什么要配备这样几道练习题……能做这样的分析，学习的主动性显然就会增强，也就会做学习的自我诊断了。若能这样主动分析教材，何愁学不好物理课程呢？

10. 学会应用数学知识。对于物理课程的学习来说，数学实在太重要了。不仅是物理问题的解算必须使用数学，物理图景的建立，再由图景建立方程，都需要逻辑思考，这些能力都离不开数学。现在通行的“数学建模”思想，物理问题的解析乃是其核心与要义。难怪有人会说，没有数学工具，物理学会变得寸步难行。为什么如今大学物理系的数学课与物理课是并重的，道理也就不言自明了。总之，要学好物理，必须充分利用好数学这个强有力的工具。初中物理题的解算还要留意量纲，弄明白它们各自所包含的物理意义。

11. 重视体育活动。体育与物理怎么扯在一块了呢？健康的身体是学好每一门课程的保证，旺盛的精力是高效率学习的保证。要经常参加体育活动，要学会一两种适合自身的锻炼方法，并能持之以恒。也就是说，要终身参加体育活动，且不能间断。仅由兴趣出发三天打鱼两天晒网地进行体育锻炼，对身体益处不会太大。热爱体育了，也会慢慢体会出，体育中大有物理学问，从而能自觉地、有意识地把身体锻炼得更健康。同时，要保证充足的睡眠，不能以减少睡眠试图增加学习的时间，这种办法是愚蠢且不可取的。不能以透支健康为代价去换取一点好成绩，不能动不动就讲所谓“冲刺”“拼搏”，学习要讲究规律性。也就是说，努力是常态，但不宜搞突击。

12. 多读些相关的物理课外读本。真正的人才，首先应该是一名一辈子爱读书的终身阅读者。毕竟人类精神文明的成果在很大程度上是以书籍形式保存下来的，而读书就是享用这些成果，能将其据为己有并再予以创新的最简洁的过程，既陶冶了情操和品格，又成就了一个文明人。

几本科普读物的封面
图 2－2

因此，多读书、读好书应该成为力求上进同学们从小培养的人生嗜好，久而久之，几天不读书就会手足无措、寝食不安。这种好读的习惯，会使同学们浑身舒坦，也能激发天性中的好奇心与求知欲，开启了日后在事业上能有所创新的顿悟与灵感，这才是多读课外书的最大收获。当然，同学们应该有选择地在书海中获取自己钟爱的书来读。具体读什么当然全凭兴趣，但不该被媒体牵着鼻子走，花大量时间去读那些畅销书或时尚书。而应该挑选一些较有针对性、有品位的物理学的课外读本（*尤其是物理学史之类*）来读。毕竟读书并不全在于批发知识，而在于提高人文精神。对照成功人士的成长轨迹，同学们会明白：一个人在青少年时代若没有养成良好的读书习惯，以后期盼成才就比较困难了。

我们不妨以一个物理学史上的例子来说明。

在对物理学的探索过程中，曾有多少物理学前辈付出了艰辛劳动乃至宝贵的性命，其中献身于宇宙结构探索的物理学前辈们就是最好的例证。

文艺复兴时期的波兰天文学家、数学家尼古拉·哥白尼在40岁时，提出了“日心说”和“地动说”，改变了人类对自然、对自身的看法。经过长年的观察和计算，在1543年临终前公开发表了他的伟大著述《天体运行论》。他当年观测计算所得数值的精确度是惊人的。作为哥白尼“日心说”的热烈拥护者——意大利思想家、自然科学家、哲学家和文学家乔尔丹诺·布鲁诺则积极主张宇宙是无限的，并大胆设想：太阳系只不过是飘浮在无垠空间中的无数同样体系中的一个而已。为此，教会视他为异端，1592年他被捕，最后被宗教裁判所判为“异端”烧死在罗马鲜花广场。

1609年，意大利物理学家、数学家、天文学家伽利略用自行装配的望远镜，对天体作了仔细观察后，取得了对“地动说”毋庸置疑的证据，生动地回答了人们对“地动说”的怀疑——既然地球在绕太阳高速地旋转，为何人们感觉不到呢？

意大利物理学家、数学家、天文学家伽利略(资料图片)

图2-3

伽利略曾深刻地指出：“把你和一些朋友关在一条大船的甲板之下的船舱里，让你们带着几只苍蝇、蝴蝶和其他小飞虫。舱内放一只大罐，罐中有几条鱼。然后，在舱顶挂上一只水瓶，让水一滴一滴地滴到下面这个大口罐里。船停着不动时，你留神观察，小虫都以等速向舱内各个方向飞行，鱼也向各个方向随意游动，水滴滴进下面的罐中。你把任何东西扔给你的朋友时，只要距离相等，向这一方向也不必比向其他任何方向用更多的力。你双脚齐跳，无论向哪个方向跳过的距离都相等。当你仔细观察这些事情之后，再使船以任何速度前行，只要运动是匀速的，也不做或左或右的摆动，你会发现，所有上述现象丝毫也没有任何变化，你也无法从其中任何一个现象来确定，船是在运动还是停着不动。即使船运动得相当快，在跳跃时，你将同以前一样，在船舱地板上跳过相同的距离，你跳向船尾也不会比跳向船头来得远。”

然而，1616年，教会法庭公开宣布禁止“地动说”，并在1633年宣判了伽利略有罪，一直把他软禁在佛罗伦萨郊外。这件冤案在1979年11月10日，由梵蒂冈教皇J·保罗二世代表罗马教廷为他公开平反昭雪，认为教廷在300多年前迫害他是严重的错误。这表明教廷最终承认了伽利略的主张——宗教不应该干预科学，并深有感慨地说：“科学的发展要求我们改变传统的布道方法。”

应该说，了解上述这段物理学史，对同学们学好物理学是很有益处的，不仅是知识视野的拓宽，还能激发同学们的求知欲，至少能更深刻地理解：为什么说“科学的入门处就是地狱的入口处”，也才能更明白为什么自然科学家必须较常人有更充实的人文关怀精神。因此，多读些物理学的课外读本，除了打开眼界增长知识外，更能激发对物理学的钻研兴趣。再说，书读多了，总会有模模糊糊光亮照耀的感受，而且还会在人生之路的跋涉上，伴随着阅读觉得眼前越走越亮堂，天地越走越宽广——这才是真正有心阅读带来的切肤感受。能感受到光亮，心也就不会坠入黑暗。

“学问”两字，须拆开看，学是学，问是问。有学而无问，虽读万卷书，只是一个会走路的书橱。读书还要善问，一问不得，不妨再三问，问一人不得，不妨问数十人，要使疑窦释然，精理并露，方能晶明洞彻。这同《论语》中的“学而不思则罔，思而不学则殆”有异曲同工之妙。学问之道就在于“有学有问”。会学不一定会问，只有会问方能发现问题、解决问题，也才能有所创新、有所突破。学问的着眼点就是“学以致问”，而且做学问不是走小道，玩小技巧，需要有多方面的支撑，要有丰富内涵的气质，否则是断然不行的。那么，该向谁问呢？当然是向上、向下、向里、向外，向专家，向老师，向同学，向书本，也向网络……广泛地问，深刻地问，于广大处、细微处、关键处，刨根究底地问。问且又思，必长学问。若能有这股学以致问的劲头，何愁学不好物理呢？

三、重视动手动脑

物理学特别重视实验。物理现象的各种规律，几乎都是通过科学实验发现的。没有科学实验，这些规律就不可能被发现，至少不可能很快地被发现。

在自然界，人类的生产与生活中，各种实际的物理现象都是在非常复杂的条件下产生的。也就是说，影响某一种物理现象的因素是很多的。而配合教材专门设计的物理实验，往往采用“理想模型”的思路，即有意地排除一些干扰，通过适当安排，突出某些因素，让“本底”或干扰最小甚至退位。这样，才能发现起关键作用的因素究竟是什么，最后才有望找出实验现象的规律性。因此，王竹溪院士告诉我们：“研究物理学，应当反对那种空谈理论忽视实际的学风，在条件许可的情况下，应当亲手做实验，以求得第一手的资料。”

毕竟物理学是一门以实验为基础的学科，特别强调研究物质组构及其运动规律这种实践活动——物理实验。物理实验是认识并寻找科学规律的基础，是判断该规律是否可靠（具有复验性与真理性）的标准，也是理论与实践相互作用的表现形式之一。物理实验可以纯化、简化或强化以及再现物理学研究的对象，延缓或加速自然过程，为概括与推出理论而准备了充分的、可靠的客观依据；物理实验还可以超越现实生产所及的范围，缩短人们的认识周期。由此可见，实验对学好物理是多么重要。

当然，初中物理学课程安排的实验至多是一些经典的验证性实验，并没有有意要求同学们去发现什么，只是要同学们经历一种科研过程，体会当年物理学家是怎样思考、怎样探索的过程。通过自己动手验证，让所学内容变得更直观、更生动。可是，眼下我们的物理教学中确实存在：过度注重培养同学们演绎推理和解题分析能力，而忽略对同学们独立工作能力（尤其是物理实验操作能力、实验方法以及创造性思维能力）的培养。再说，受应试“指挥棒”的影响，有的学校甚至以纸上实验题目的解答技巧来应付考题，所形成的这一局面（教育导向）恐怕还是功利地追求“考分”而将物理实验弃之一边，把实验性学科的物理教学活动异化为单纯的思辨性解题活动。难怪有的同学会把物理课程异化为专做“物理应用题”的数学课的补充。这就成了一种教育悲哀了。

由此，要真正学好物理，老师该把物理实验操作与理论讲授相结合，才有利于每一位同学能深入理解物理学的概念与原理，同时也只有通过同学们自己动手操作，仔细观察实验现象，独立思考实验结论，甚至能提出大胆设想，进一步动手操作，这样所形成的概念才是生动的，所习得的知识才是一辈子不会忘记的。这也是物理教学中“格物致知”思想的体现。尽管在整个初中阶段老师的当堂演示实验与同学们进实验室动手实验的频度并不很高，但真正想学好物理学的同学们，必须对实验引起充分重视，关注老师的每一次当堂演示实验，认真做好每一次自己动手的实验，并真实记录实验数据，写好每一份实验报告……

由于物理学是一门实验学科，除了课内每一次实验要做好，还应该努力创设条件，用手头容易搞到的材料，自己创设一些有趣的自主动手实验。

复旦大学原校长华中一教授曾指出："科学发展到今天，观察世界已经不能单单依靠自然发生的现象，而绝大多数需要用实验的方法来观察。然而，实验是需要一定条件的，有些还要求严格的环境和精密的仪器，这在一般青少年对知识的学习或技能的训练中，并不随处可得。因此，如何尽可能用易于获得的条件来进行实验，以提高青少年物理学习的兴趣，使他们愿意来观察和思考，从而学到科学知识，理解科学概念，提高科学素养，传播科学理念，鼓励科学创新，开发科学潜能，这些都对成才很有意义。"

我国传统教育培养出来的学生或学者往往具有令人叹服的演绎推理能力、解题思维能力和精湛的语言表达能力，但一进入实验室，又往往明显地暴露出动手操作能力和创造性思维能力的欠缺。诺贝尔物理学奖得主丁肇中教授曾深深地感慨：

我是受传统教育长大的。到美国进大学念物理的时候，起先以为只要很"用功"，什么都遵照老师的指导，就可以一帆风顺了。但是，事实并不这样。一开始做研究便马上发现不能光靠老师，需要自己作主张、出主意。当时因为事先没有准备，不知吃了多少苦。最使我彷徨恐慌的是，当时的唯一办法——以埋头读书应付一切，这对于实际的需要毫无帮助。

物理学家丁肇中院士（资料图片）

图 2-4

早在公元前 400 年的《四书》之一的《大学》就曾告诫人们：教育要"格物"和"致知"。也就是说，从探察物体中得到知识。用"格物致知"这个词来描述现代科学技术的发展规律和研究方法仍是很贴切也很到位的。毕竟现代物理学的基础就是探测，当然也包括我们常说的物理实验。真正的"格物"而后"致知"的精神就旨在了解自然界，了解社会，使人类能与自然界、与社会和谐相处。这种精神不但在学术研究中不可或缺，就是应对极具挑战性的知识经济和数字时代的社会生活的方方面面也是不可缺少的。

既然物理实验也是物理教学中极为重要的组成部分，那么只有把物理实验操作与理论讲授相结合，才有利于每一位同学能深入理解物理学的概念与原理；也只有通过同学们自己动手操作，仔细观察实验现象，独立思考实验结论，进一步提出大胆设想，进一步动手操作，这样形成的概念才是生动的，所习得的知识才是一辈子不会忘记的。这也是物理教学中"格物致知"思想的体现。

当前，我们的教育改革已深入，要努力做到培养同学们学会求知、学会生存、学会发展、学会审美、学会创新，其核心乃是造就同学们的质疑求新的创造精神。而同学们具备了良好的实验素养当然也是创新的重要一环。要养成大家有一种"对客观世界怀疑求真"的质疑态度，通过实践来发现事物的真相，以体会两千年前《大学》中所述的"格物致知"的真正意义：寻求真理的最佳途径是对事物的客观探索；而探索的过程不是消极的袖手旁观，而是有想象力的、有计划的、充满创造力的探索。“格物致知”实验素养的造就，应该是我们教育所追求的目标之一，也应该是中华文化的重要组成部分。

“科教兴国”这一重大国策最本质的、最核心的问题是培养人才，要培养具有创新精神的人才，而创造性物理实验恰恰就是直接为培养同学们创造性思维服务的理想途径。同学们能动手动脑，根据已知探索未知，教也好，学也好，做也好，都是为了学会求知；在得到现有结论后继续思考，敢于质疑并努力寻求新思路新方法，以科学求真的精神去学会发展与合作；在实验和整个学习过程中追求一种“青出于蓝而胜于蓝”的创新开拓精神。

为此，我们主张同学们能根据初中物理学的教学要求，自主地创设一些操作简便、取材容易的实验。所用大部分器材可通过同学们自己动手制作，或以“化废为宝”的途径来实现。再说制作实验器材本身也是培养同学们发散思维、联想思维和创新思维的一个理想的过程。不少成功的实验物理学家都曾提倡用简易器材来做实验。诸如著名核物理学家、“两弹元勋”钱三强院士在追忆当年受到一代宗师吴有训、萨本栋先生用简易器材来做演示实验的吸引与熏陶，使其学习兴趣转向了物理学时，曾有下述一段精彩的叙述：

物理学家钱三强院士（中国科学院提供）

图 2－5

他们（指吴有训、萨本栋先生——编者注）授课不照本宣科，对于基本概念和难懂的关节点重复地讲解，还边讲边演示，使初学者听得清晰，记得牢。一次，吴先生讲“振动与共振”，他在讲堂横拉了一根长线，在等距离地方垂下一根根短线，短线上系着几节用过的大号干电池，共挂了八节。他演示时，先在横线垂直方向推动了第一节电池，第一节电池便开始做单摆运动，不一会儿摆动逐渐减弱，而第二节电池则开始自动摆动起来，以后各节电池也依次摆动起来。这些用最简易实验器材做的形象表演，非常生动地显示了简谐运动和共振现象。在刚学力学时，简谐运动和共振现象都是比较难懂的概念，但经吴先生讲解和演示后，道理就比较容易懂了。这样，我的学习兴趣又渐渐转向了物理学。

用简易器材做物理实验几乎是大物理学家一以贯之地予以推崇的，因为这类实验往往是描绘物理图景最直观、最“原汁原味”的。也正是这种用简易器材的实验把一位极富创造力的人才——钱三强先生吸引到物理学领域中来了，他给以后中国的原子核物理的发展以极大推动。

其实，用一些极其简易的器材来做物理实验，除了从就地取材和化废为宝的经济角度出发，也考虑到简易器材搭配与制作更有利于放手让同学们在课外通过做中学，提高独立思考与实验的能力，也能充分参与实验的全过程，从而细细体察了知识发生、发展的来龙去脉，反复品味其中所蕴含的物理学原理。所以，大凡有经验的物理老师都认为：小实验能揭示深奥的大道理。再说，对初涉物理学的中学生来说，复杂的仪器装置只有专门实验室才具备，而且常常会因此而令同学们紧张地注视复杂的仪器结构及严格的操作过程，反而容易疏忽对重要实验现象的留意与观察。

只要对实验有兴趣的同学们都来做有心人，自己设计，自己动手，日积月累，就可以设计并制成一系列“原生态”的基本仪器和设备，充分利用这些简易条件，可经常动手动脑，逐步养成能像物理学家那样思考的思维方式和操作技能：自己提出课题，自己设计实验来验证，自己观察与分析，自己作实验报告，自己提出新的思路，自己总结实验结论并上升为理性认识。

眼下，中学物理实验室所配备的实验器材很“高级”，实验手段已很先进，诸如多媒体模拟演示、数字化信息系统(Digital Information System，简称 DIS)等，但我们认为，究竟采用什么器材与手段，还应从实验能展现物理学图景的真实性、可实现性、经济性、地域性和符合教学要求诸方面作综合考虑。我们还认为，对实验器材的要求应该以“合适”为原则，并不是手段越“先进”、设备越“高级”就越能使学生建立可靠的物理图景。一个严酷的现实是，随着实验仪器的日益先进，学生动手能力却日益“退化”，这不能不引起教育界充分重视。我们在此鼓励同学们多做自主物理小实验的目的，是真诚地希望在中学物理教学中多嵌入一些“原生态”的实验，多重视对物理实验有返璞归真的追求。

下面，我们举三个范例供同学们参考。

(1) 验证地球自转的小实验

远古时代，人们一直以为地球是一个大平台，太阳落到地平面下方，天就黑了；太阳转到地平面上方，天就亮了。并认为：地球是不动的，太阳镶嵌在天幕上，由于天幕不停地转动，导致地球上的人们看到了太阳的朝升夕落。

法国物理学家傅科(资料图片)

图 2-6

1851 年，法国物理学家莱昂·傅科(Jean Bernard Léon Foucault，1819—1868)在巴黎万神殿巨大的圆穹顶下，选用直径为 30 厘米、重 28 千克的摆锤，制成一个摆线长为 67 米的巨型单摆，使它可以在任何方向自由摆动。单摆下面放有直径 6 米的沙盘和启动栓。如果地球没有自转，则单摆的摆动面会始终不变；如果地球在不停地自转，则单摆的摆动面在地球上的人看来将发生了转动。当人们亲眼看到单摆每振动一次(周期为 16.5 秒)，摆尖在沙盘边沿画出的路线会移动约 3 毫米，每小时的偏转角度为 11°20′(即每过 31 小时 47 分摆球会回到原处)时，引得众人目瞪口呆，有人甚至在久久凝视单摆以后竟说：“确实觉得自己脚底下的地球在转动！”这一实验以后曾移到巴黎天文台重做，结论相同。后又在不同地点进行实验，发现单摆的振动面的旋转周期随地点而异，而在两极的旋转周期恰恰就是 24 小时。单摆摆动面旋转的方向，在北半球为顺时针方向，在南半球为逆时针方向。这个实验就是物理学史上著名的“傅科摆实验”，如图 2-7 所示。

傅科摆实验示意图(资料图片)

图 2-7

其实，我们通过发现浮在水面上吹塑小纸条以肉眼难以察觉的速度慢慢转动，也能实现验证地球自转的现象。这就属于一个理想的课外小实验。

取一个直径为40厘米、高度约10厘米的圆盆，在其外侧靠盆口处粘上一圈窄窄的纸条。在纸条上沿顺时针方向每隔30度做一标记，将盆缘12等分，分别标上0°、30°、60°、90°、…、270°、300°、330°、360°。为防止外界振动和干扰，将盛入清水（约7厘米高）圆盆的底部平整地垫放一条较软的毛巾，并将整个实验装置放在底楼平整的水泥地上，如图2-8所示。

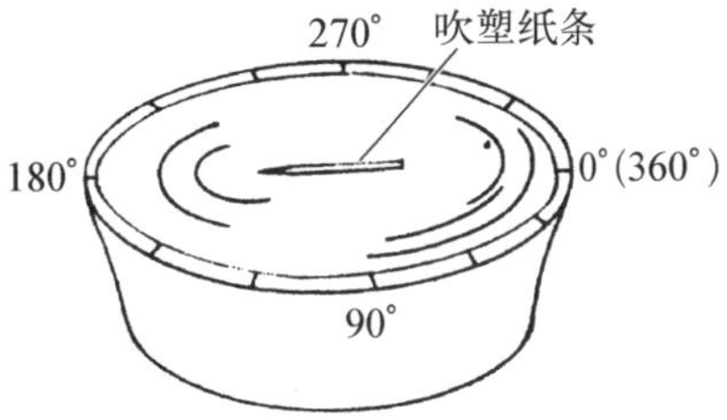

验证地球自转实验装置简图
图2-8

我们将一条剪成2毫米宽、8厘米长的吹塑彩色小纸条浮于上述水盆的中央，用铅笔尖轻轻拨动，使其两端分别平稳地指向“0°”与“180°”。为防止水面上部的气流与外界的其他干扰，可在圆盆上覆一片薄板。经过3至4小时，轻轻掀开薄板，会惊奇地发现：该吹塑小纸条确实沿顺时针方向“转过”了一个角度。其实，是圆盆随着地表向逆时针方向做了转动，而那条浮于水面的吹塑小纸条并没有转动，它所指示的角度，恰恰验证了地球的自转。

（2）验证机械能守恒小实验

在初中物理机械能守恒的知识点讲授时，一般采用理论讲述。其实，我们也可用简单的物品进行直观验证。

取一个小水桶，内装半桶水后，用一根很结实的细绳将其悬挂于天花板的钩子上，如图2-9所示。

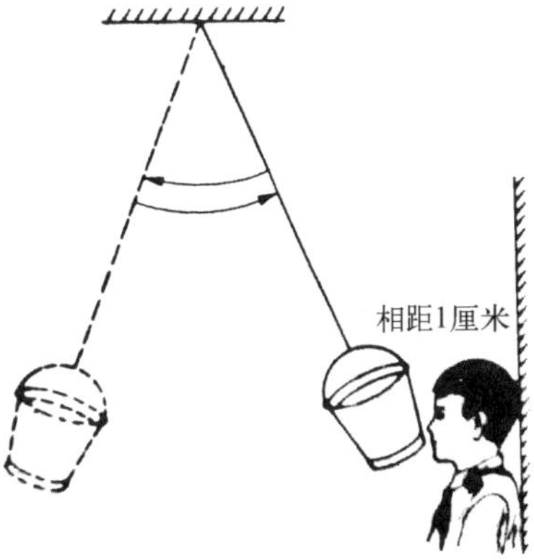

验证机械能守恒的小实验
图2-9

现在，请你背部紧贴墙站好，双手捧起该水桶，让它距你鼻子1厘米处，然后将它自然释放（千万不能对桶施力），让水桶做来回摆动。水桶远离你的鼻子后，在一个摆动周期末尾，一定会又朝你的鼻子撞过来。这可不是观看立体影片，而是一个挺沉的水桶，你若没有胆量，恐怕会立即蹲下，以免被其击伤。倘若你深信在无外界干扰的情况下，该实验体系中摆动水桶的机械能是守恒的，你一定会坦然地站在原地不动，因为你已深信水桶是绝对不会撞上自己鼻子了的，它只会一次比一次摆动后远离自己的鼻子。这是因为水桶在摆动过程中受到悬挂处以及空气等阻尼的作用，使摆动幅度逐渐减小。当你成功做完实验后，对机械能守恒原理，也就更加难忘了。

（3）自制简易喷雾器

瑞士数学家、物理学家伯努利（资料图片）
图2-10

瑞士数学家、物理学家丹尼尔·伯努利（Daniel Bernoulli，1700—1782）在1726年发现一条流体力学的规律：动能＋重力势能＋压力势能＝常数。

我们可以把这个抽象的公式作一种形象又通俗的解释，以便于同学们理解：当水沿着一条有宽有窄的沟（或粗细不均的管子）向前流动时，在沟的较窄部分，水就流得快些，但水流对沟壁的压力就比较小了；反之，在较宽的部分水就流得较慢，压向沟壁的力则会比较大。后人将这一发现称作“伯努利原理”。

该原理被人们广泛用于生产与生活之中，其中最典型的便是用于飞机机翼的设计，使飞机能跃入空中并被空气托着持续飞行。它还能用于水利工程、用于球类比赛的“香焦球”，等等。下面，我们介绍一个运用伯努利原理自制的简易喷雾器。

取一支用完了颜料的圆珠笔和一个带瓶盖的塑料瓶。用钳子拔去圆珠笔笔芯前端的笔头。用一小片白铁皮做一个链接笔杆与笔芯的支架，如图 2－11 所示。使笔杆尾端与插入塑料瓶盖中央的笔芯垂直并靠拢。在瓶盖上再钻一小小的进气小孔。一个简易喷雾器就制成了。

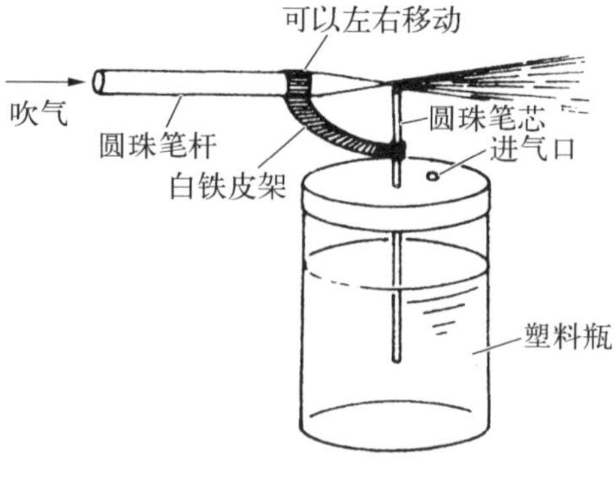

简易喷雾器的结构示意
图 2－11

只要在笔杆一端吹气，根据伯努利原理，装入塑料瓶中的水会沿着细细的笔芯被吸上来，并被吹成雾状水滴。因为这时在笔芯的上方会有一股高速气流，该气流的速率越大，其周边局部压强越小，瓶内的水受大气压强的作用，会沿着笔芯被抽上来，这股被源源不断抽上来的细流，又遇笔杆吹出的气流被打散，形成喷雾。可以利用这种喷雾器喷出的雾状水滴来浇花，熨衣服……用处多着呢！

作为《物理兴趣讲座》的开篇之二，上述内容看似粗浅地探讨了一些物理学习的策略或者方法，其实对其他学科也基本适用。至于更具体的、更有效的各门学科的学习方法，还需要自己在学习过程中不断摸索、总结。请记住：对别人有效的方法也要通过自己去检验，才能断定是否适合自己，若有合适的成分，可以通过实践来变为自己的东西。

预祝同学们能把握良好的方法，动脑动手，充分开掘自己的物理学习潜能，成长为对人类有贡献的人才。

•知识巩固•

想想练练

1．对物理学所研究的主要是“机械运动、发声、发热、发光的现象，电和磁的现象，以及原子、原子核和基本粒子的现象”等六个方面，你对哪一个方面特别有兴趣？试举例予以说明。

2．对物理课程学习方面的“做好课程笔记”，你是(或打算)怎么做的？有什么收获？

3．你平时爱好动手做小实验吗？曾做过哪些实验？有什么成功或失败的体会？

•知识巩固•

解题参考

(略)

第三讲

追逐与相遇

物理学中很重要的组成部分是“力学”。力学又主要由运动学、静力学和动力学等分支组成。对初中同学们来说，运动学成了与物理学的初次见面。当然，在小学数学课中，同学们已初识了物体运动的速度、时间、距离的概念，但在物理学中，则要求同学们能从机械运动的视角来研究并理解物体的运动，建立起一切物体都是运动的、运动与静止是相对的概念，知道匀速直线运动、变速直线运动、变速直线运动的平均速率，理解速度的概念以及它与速率区别、匀速直线运动公式，还要学会测定变速直线运动的平均速率。

本讲作为运动学知识的拓展，主要讨论两方面内容：平均速率、追逐和相遇的运动。

少年时，我们常喜欢玩一种叫“官兵抓强盗”的游戏。小朋友一般可分成两组，一组扮“强盗”逃，一组扮“官兵”抓。这在初中物理学中就属“追逐”的运动学问题。又譬如许多初中同学喜欢打篮球，一个球长传到前场，前锋队员迅速地跑过去接住球，这就是一个人与球“相遇”的问题。可见，“追逐和相遇”确实是我们日常生活中常见的情况。

一、平均速率

田径比赛中常有一个项目，叫作“4×400 米男女混合接力”赛。每一队两名男运动员两名女运动员，每人跑 400 米，但是前后次序可以自由安排。这种比赛十分有趣，如果甲队将两名女运动员排在前面，乙队将两名男运动员排在前面，那么甲队最初肯定落后很多，但最后却仍然可能获胜。那么，这种比赛比的是什么呢？一般人会说比的是总时间，总耗时短的队伍获胜。但当同学们学过物理之后，也可以说比的是平均速率，平均速率大的队伍获胜。平均速率的定义是

$$v=\frac{\text{总路程}}{\text{总时间}}=\frac{s}{t}.$$

平均速率是一个应用十分广泛的物理概念。我们平时讲的“人走路的速度是 5 千米/时”“高速公路限速 120 千米/时”等等，实际上都是指平均速率。因为物理学中的速度是一个矢量，也就是说既要考虑物理量的大小，又要考虑该物理量的方向。而上面的“5 千米/时”和“120 千米/时”都只考虑了速度的大小，并没有考虑速度的方向，这在物理学上归于标量。因

此，这种求速度平均值的物理量只能严格地称作平均速率，它显然也是一个标量。由此，我们也明白了，速度是矢量，而速率则是标量。提早建立这个概念，才能在描述物体运动时更准确、更科学。

例 1. 某人百米赛跑成绩是 14 秒，可分为 3 个阶段。第一阶段前进 14 米，平均速率是 7 米/秒；第二阶段用时 9 秒，平均速率是 8 米/秒。第三阶段的平均速率约是多少？

解： 第一阶段用时

$$t=\frac{s}{v}=\frac{14}{7}=2(\text{秒}).$$

第二阶段跑动路程

$$s_2=v_2t_2=8\times 9=72(\text{米}).$$

第三阶段的平均速率

$$v_3=\frac{s_3}{t_3}=\frac{100-s_1-s_2}{14-t_1-t_2}=\frac{100-14-72}{14-2-9}=4.67(\text{米}/\text{秒}).$$

例 2. 由甲地开往乙地的火车分“特快”“直快”“普快”三种，假设列车在任意两个车站之间运行时速率始终保持不变(由于列车正常行使的时间比列车启动和制动的时间长得多，因此可以忽略列车启动和制动时的变速过程)。其中直达的“特快”列车(即在甲、乙两地间一站也不停)需耗时 8 小时。同样在两地间运行的“直快”列车由于要停靠 3 个大型车站和 4 个中型车站，将耗时 9 小时 2 分。已知列车停靠大型车站的时间比中型车站多 2 分钟，比小型车站多 5 分钟，那么在途中比“直快”还要多停靠 2 个中型车站和 7 个小型车站的“普快”列车在甲、乙两地间的运行时间为多少？

解： 设列车在大、中、小站停留的时间分别为 t_1、t_2、t_3 分钟。比较特快列车和直快列车的情况可得

$$3t_1+4t_2=62(\text{分钟}).$$

题目告知：

$$t_1=t_2+2(\text{分钟}).$$

$$t_1=t_3+5(\text{分钟}).$$

可解得

$$t_1=10\text{ 分钟},t_2=8\text{ 分钟},t_3=5\text{ 分钟}.$$

所以普快列车运行时间

$$t_{\text{普}}=9\text{ 小时 }2\text{ 分钟}+2\times 8\text{ 分钟}+7\times 5\text{ 分钟}=9\text{ 小时 }53\text{ 分钟}.$$

例 3. 物体沿直线从 A 点经 B 点运动到 C 点。在 AB 段运动的平均速率为 60 米/秒，在 BC 段运动的平均速率为 30 米/秒，且 $AB=3BC$。则在 AC 段运动的平均速率为多少？

解： 设 BC 段的距离是 s，AB 段的距离是 $3s$。那么 AB 段的运动时间为

$$t_1=\frac{3s}{60\text{ 米}/\text{秒}}.$$

BC 段的运动时间为

$$t_2 = \frac{s}{30\text{米/秒}}.$$

AC 段运动的平均速率

$$v_{AC} = \frac{3s+s}{t_1+t_2} = \frac{4s}{\frac{3s}{60}+\frac{s}{30}} = \frac{4}{\frac{3}{60}+\frac{1}{30}} = 48(\text{米/秒}).$$

例 4. 一辆汽车在长为 150 千米的一段公路上行驶，整段路程的平均速率为 50 千米/时。已知在前 70 千米路程中，汽车用了 1 小时，则剩下的路程中汽车要以多大的平均速率行驶?

解: 题目告知　　　　$s_1 = 70$ 千米，$t_1 = 1$ 小时.

剩下路程的长度　　$s_2 = s - s_1 = 150 - 70 = 80(\text{千米})$.

整段路程的平均速率

$$v = \frac{s}{t_1+t_2} = \frac{s}{t_1+\frac{s_2}{v_2}} = \frac{150}{1+\frac{80}{v_2}} = 50(\text{千米/时}).$$

由以上方程可解得　　　　$v_2 = 40$ 千米/时.

例 5. 小明的家与学校之间有一座小山。小明每天上学的过程中，有 $\frac{2}{5}$ 的路是上坡路，其余都是下坡路，他从家走到学校需要 36 分钟。如果小明从学校回家时，走上、下坡路的速率都和上学时走上、下坡路的速率相同，而且上坡路的行走速率是下坡路的行走速率的 $\frac{2}{3}$，那么小明放学回家要走多长时间?

解: 设小明家与学校之间的距离是 s，他上学时走上坡路的时间为 t_1，走下坡路的时间为 t_2。小明走上坡路的速率为 v，则他走下坡路的时间为 $\frac{3}{2}v$。根据平均速率的概念，小明上学时的平均速率

$$v_1 = \frac{s}{t_1+t_2} = \frac{s}{\frac{2s/5}{v}+\frac{3s/5}{3v/2}} = \frac{5}{4}v.$$

设小明放学回家时走上坡路的时间为 t'_1，走下坡路的时间为 t'_2，小明放学时的平均速率

$$v_2 = \frac{s}{t'_1+t'_2} = \frac{s}{\frac{3s/5}{v}+\frac{2s/5}{3v/2}} = \frac{15}{13}v.$$

小明上学和放学走的路程是相同的，因此有

$$v_1 t_{上} = v_2 t_{放},$$

即

$$\frac{5}{4} v t_{上} = \frac{15}{13} v t_{放}.$$

因此

$$t_{放} = \frac{5 \times 13}{4 \times 15} t_{上} = \frac{13}{12} \times 36 = 39(\text{分钟}).$$

二、追逐与相遇的问题

在日常生活中，经常会有追逐或者相遇的问题。如果两个物体的运动方向相同，我们就叫追逐问题；如果两个物体的运动方向相反或者成一个角度，我们就叫相遇问题。这两类问题的本质是一样的，因为一个物体追上另一个物体时，或者两个物体相遇时，他们一定在同一个位置，所以他们经过的路程和所用的时间都会有一个确定的关系。我们一般总是设法根据他们的路程和时间的关系列出方程，解得答案。

1. 追逐问题

例 1. 图 3-1(a)所示为某郊区部分道路图。一歹徒在 A 地作案后驾车沿 AD 道路逃窜，警察同时接到报警信息，并立即由 B 地驾警车沿道路 BE 拦截。歹徒到达 D 地后沿 DE 道路逃窜，警车恰好在 E 地追上了歹徒。已知警车与歹徒车辆行驶的速率均为 60 千米/时，$AC=$ 4 千米，$BC=6$ 千米，$DE=5$ 千米。则歹徒从 A 地逃窜至 E 地被抓获共用多少时间？

解： 从歹徒作案到警方抓获歹徒，两者经过的路程和所用的时间都是相同的，所以用路程相等或者时间相等来列方程都是可以的。根据图 3-1(b)所示，设 CD 段长为 x，警察与歹徒车辆行驶的速率为 v，根据路程相等有

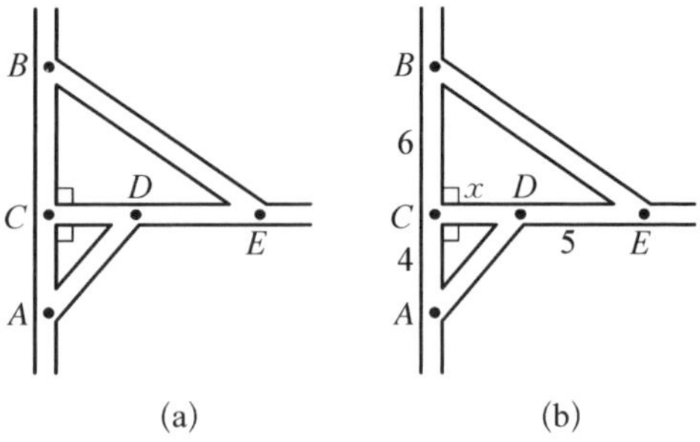

图 3-1

$$BE = AD + DE.$$

用时间相等列方程

$$\frac{\sqrt{6^2 + (x+5)^2}}{v} = \frac{\sqrt{4^2 + x^2} + 5}{v},$$

可解得

$$x = 3(\text{千米}).$$

歹徒从 A 地逃窜至 E 地被抓获共用时

$$t = \frac{s}{v} = \frac{\sqrt{4^2 + 3^2} + 5}{60} = \frac{1}{6}(\text{小时}).$$

例 2. 甲同学从学校出发步行去附近的邮局寄信，前 15 分钟内行走的速度为 1 米/秒，为

了尽快到达邮局，以后的速度提高到 2 米/秒。在甲同学出发 6 分钟后，乙同学也想从学校出发去邮局，为了赶上甲同学，乙同学以 3 米/秒的速度跑步。求：

(1) 乙同学经过多少时间能追上甲同学？

(2) 若乙同学比甲同学晚出发 12 分钟，则经过多少时间乙同学能追上甲同学？

解：本题甲、乙两位同学经过的路程相同，所用的时间是不同的。本题还有一个关键的问题必须判断清楚后才能够列方程，就是乙同学追上甲同学的时候，甲同学的速度是 1 米/秒还是 2 米/秒？

(1) 假设乙同学追上甲同学的时候，甲同学的速度是 1 米/秒。设乙同学在甲同学出发后 t_1 秒钟追上甲同学，那么

$$v_1 t_1 = v_3(t_1 - 360),$$

$$1 \times t_1 = 3(t_1 - 360).$$

可解得 $$t_1 = 540\text{ 秒} = 9\text{ 分钟} < 15\text{ 分钟}.$$

$$9 - 6 = 3(\text{分钟}).$$

说明前面的假设正确，乙同学出发后 3 分钟追上甲同学。

(2) 仍然假设乙同学追上甲同学的时候，甲同学的速度是 1 米/秒。设乙同学在甲同学出发后 t_2 秒钟追上甲同学，那么

$$v_1 t_2 = v_3(t_2 - 720),$$

$$1 \times t_2 = 3(t_2 - 720).$$

可解得 $$t_2 = 1\,080\text{ 秒} = 18\text{ 分钟} > 15\text{ 分钟}.$$

说明第二问的假设不正确了，重新列方程

$$v_1 \times 15 \times 60 = v_2(t_2 - 15 \times 60) = v_3(t_2 - 12 \times 60).$$

可解得 $$t_2 = 1\,260s = 21\text{ 分钟}.$$

$$21 - 12 = 9(\text{分钟}).$$

乙同学出发后 9 分钟追上甲同学。

这里特别需要注意的是，第(2)问算出 $t_2 = 1\,080$ 秒 $= 18$ 分钟 > 15 分钟，发现自己的假设不正确后，这个 $t_2 = 1\,080$ 秒 $= 18$ 分钟的解答不可以应用，必须重新列方程。

例 3. 如图 3-2 所示，公园围墙外的小路形成一个规则的正方形，甲、乙两人分别从两个对角处同时出发沿逆时针方向紧贴围墙绕公园匀速率行走。已知甲围绕围墙行走一圈需要 48 分钟，乙围绕围墙行走一圈需要 68 分钟。从甲第一次看见乙开始计时，到甲又看不见乙时所经历的时间为多少？(围墙的高度比人高，围墙不透明且没有空隙)

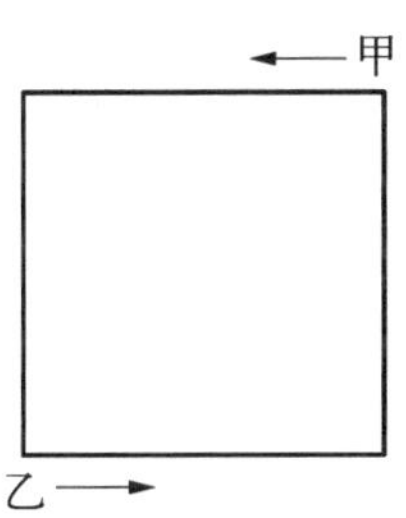

图 3-2

解：这是一个比较特殊的追逐问题。题目问的不是何时何地追上，而是何时甲看见(或看不见)乙。只要甲、乙两人处于同一面墙外，就能互相

看见，否则就看不见。

设围墙的边长为 a 米，甲的速度是

$$v_1=\frac{4a}{48}=\frac{a}{12}(\text{米}/\text{分})；$$

乙的速度是

$$v_2=\frac{4a}{68}=\frac{a}{17}(\text{米}/\text{分}).$$

出发时乙在甲前面 $2a$，甲走完一、二面墙后，显然是看不见乙的。甲走完三面墙后，乙走了

$$s_2=v_2t=\frac{a}{17}\cdot\frac{3a}{v_1}=\frac{36}{17}a=2.12a.$$

甲仍然看不见乙。甲走完四面墙后，乙走了

$$s_2=v_2t=\frac{a}{17}\cdot\frac{4a}{v_1}=\frac{48}{17}a=2.82a,$$

这时甲可以看到乙了。这时开始计时(甲、乙都是出发了 48 分钟)。

乙走完第三面墙的时间

$$t'=\frac{3a}{v_2}=\frac{3a}{\frac{a}{17}}=51(\text{分钟}).$$

此后甲又看不见乙了。所以从甲第一次看见乙开始计时，到甲又看不见乙时所经历的时间为

$$51-48=3(\text{分钟}).$$

例 4. 两人一组在周长为 100 米的圆形冰面上一起进行溜冰活动，活动规则如下：两人同时从同一地点出发，沿圆形跑道做匀速率运动。出发后两人速率不同，甲全力以赴，速率为 12.5 米/秒。乙保存一定的实力，速率为 10 米/秒。甲超出乙一圈时向前推乙一把，于是双方正好“互换速率”；乙的速率变成 12.5 米/秒，甲的速率变成 10 米/秒。第二次追上一圈后，双方再次“互换速率”……如此循环下去。当每个人滑行距离都达到 2 500 米时，最后到达终点的同学所用的时间记为该组的成绩。问该组同学的成绩为多少？

解： 快的同学和慢的同学的速率差

$$\Delta v_r=12.5-10=2.5(\text{米}/\text{秒}),$$

所以追上一圈所需要的时间

$$t=\frac{100}{2.5}=40(\text{秒}).$$

在这 40 秒中，两位同学滑行的距离分别为 $s_{快}=500$ 米，$s_{慢}=400$ 米。再过 40 秒(这个 80

秒我们作为一个周期 T)，一个周期中两位同学都滑行了

$$s=500+400=900(\text{米}).$$

再过一个周期，两位同学都滑行了 1 800 米。此时还剩

$$2\,500-2s=2\,500-1\,800=700(\text{米}).$$

甲以 12.5 米/秒的速度先滑行 500 米，乙滑行 400 米(耗时都是 40 秒)。此后甲须以 10 米/秒的速度再滑行 200 米，耗时

$$t_1=200/10=20(\text{秒}).$$

乙须以 12.5 米/秒的速度再滑行 300 米，耗时

$$t_2=300/12.5=24(\text{秒}).$$

$t_2>t_1$，所以取 t_2。最后这个组的成绩是

$$t=2T+t_2=2\times 80+40+24=224(\text{秒}).$$

例 5. 前面的例题都是在一个平面上运动的问题，现在我们来看一道在三维空间运动的问题。如图 3－3 所示，在一个边长为 a 的立方体木箱的一个顶角 G 上，老鼠从猫的爪间跳出，选择一条最短的路线，沿着木箱的棱边奔向洞口，洞口处在木箱的另一顶角 A 处，若老鼠在奔跑中保持速率 v 不变。聪明的猫也选择了一条最短的路线奔向洞口(设猫和老鼠同时从 G 点出发)，则猫奔跑的速度为多大时，猫恰好在洞口再次捉住老鼠？

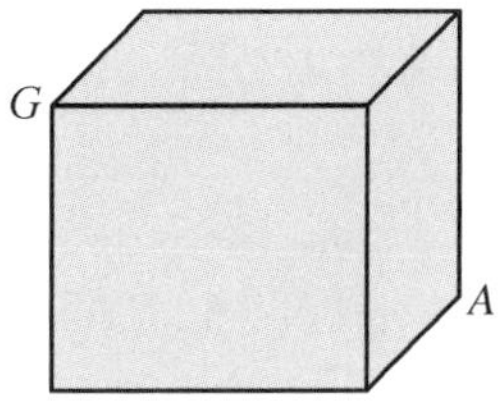

图 3－3

解： 老鼠运动的时间很容易确定，不论老鼠选择怎样的途径，都要跑完三条边才能回到洞里，耗时　$t_1=\dfrac{3a}{v}$.

为了确定猫运动的最佳途径，可以把这个正方体的两个面拉成一个平面(如图 3－4 所示)，虚线就是 G、A 之间的最短途径。所以猫的最短耗时

$$t_2=\frac{\sqrt{(2a)^2+a^2}}{v_x}.$$

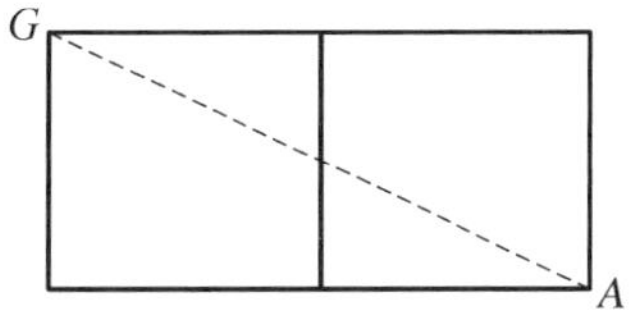

图 3－4

题目要求 $t_1=t_2$，可以解得

$$v_x=\frac{\sqrt{5}}{3}v.$$

2. 相遇问题

例 1. 甲、乙两人同时从 A 点出发沿直线向 B 点走去。乙先到达 B 点，然后返回，在 C 点遇到甲后再次折返到达 B 点后，又一次返回并在 D 点第二次遇到甲。设在整个过程中甲的速率始终为 v，乙的速率始终为 $9v$。如果甲、乙第一次相遇前甲运动了 s_1 米，此后到两人再次相遇时，甲又运动了 s_2 米，如图 3－5 所示，那么 $s_1:s_2$ 为多少？

解: 设 A 到B 的距离为s,甲从 A 到C 的时间等于乙从A 到B 再回到C 的时间

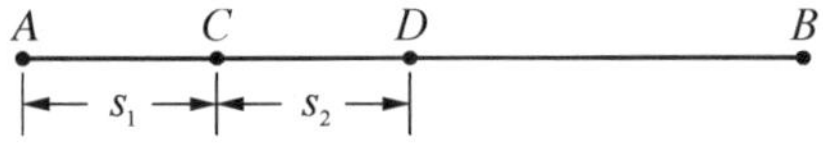

图 3 - 5

$$\frac{s_1}{v}=\frac{2s-s_1}{9v}.$$

甲从 C 到D 的时间等于乙从C 到B 再回到D 的时间

$$\frac{s_2}{v}=\frac{2s-2s_1-s_2}{9v}.$$

由以上两式消去 s,可得 $s_1:s_2=5:4$.

例 2. 驾驶员每天准时从单位开车出来,于 7:00 到达教授家接教授去单位,7:20 到达单位。某天,教授为了早一些到单位,比平时提前离家步行去单位。走了一段时间后遇到来接他的汽车,上车后汽车立即掉头并于 7:10 到达单位。设教授和汽车的速率不变,且速率之比为 1∶9,教授上车及汽车掉头时间不计。问教授是什么时候离开家的?

解: 由于教授提前步行离家,汽车比平时提早 10 分钟到达单位,说明汽车从接到教授的地点到达教授家需要行使 5 分钟。因为汽车和教授的速率之比为 9∶1,所以这一段路教授需要步行 5 分钟×9=45 分钟。汽车是在 6:55 接到教授的,所以教授离开家的时候是

$$6:55-45(\text{分钟})=6:10.$$

例 3. A、B 两地相距 300 千米。从 A 地早上 9:00 起每隔 45 分钟开出一辆汽车驶向 B 地,车速为 60 千米/时,下午 15:00,A 地开出最后一班车。另外每天由 B 地早上 8:00 起每隔 1 小时也开出一辆汽车驶向 A 地,车速为 75 千米/时,下午 16:00,B 地开出最后一班车。

(1) 由 A 地早上 9:00 开出的班车在行驶途中能见到几辆由 B 地开出的班车?

(2) 由 B 地下午 15:00 开出的班车在行驶中能见到几辆由 A 地开出的班车?(将两车的运动都视为匀速运动,进、出站时遇见的车不计)

解: 这是一个多物体相遇的问题。因为题目只是问我们在行驶途中能见到几辆车,并不要求确定什么时刻在什么地点相遇,所以我们可以用整体的方法来思维。

A 地出发的车到达 B 地需要行驶时间

$$t=300/60=5(\text{小时}),$$

B 地出发的车到达 A 地需要行驶时间

$$t=300/75=4(\text{小时}).$$

(1) A 地 9:00 发出的 1 号车 14:00 到达 B。期间 B 地发出 6 辆车(分别为 8:00、9:00、10:00、11:00、12:00、13:00 从 B 地发出的),全部能和 1 号车相遇。

(2) A 地从 9:00 到 15:00 总共发出 7 辆车,其中有 2 辆 15:00 之前已经到达 B 地,其余 5 辆车(分别为 11:00、12:00、13:00、14:00、15:00 从 A 地发出的)均会和 B 处 15:00 发出的车相遇。

例 4. 著名数学家苏步青年轻时有一次访问德国，当地一名数学爱好者在电车上给他出了一道题：甲、乙两人相距 50 千米，相向而行。甲每小时走 3 千米，乙每小时走 2 千米。甲带一条狗，狗每小时跑 4 千米。狗同甲一起出发，碰到乙后又往甲走，碰到甲后它又往乙走，这样持续下去，直到甲、乙两人相遇。将狗的运动视为匀速运动，且不考虑狗掉头的时间，那么这条狗一共走了多少路？

解：这道题目如果要将狗跑的每一段距离都表达出来，然后求和，将会是一个比较复杂的问题。我们同样用整体的方法来思维。

设甲、乙两人经过 t 小时相遇，那么有

$$(v_{甲}+v_{乙})t=s,$$

$$(3+2)t=500.$$

可解得

$$t=10\text{ 小时}.$$

在这 10 小时中，狗在不停地奔跑，所以狗奔跑的总距离是

$$x=v_{狗}\ t=4\times 10=40(\text{千米}).$$

例 5. 夜里，在海洋的同一条航线上，甲、乙两船分别以 5 米/秒和 10 米/秒的速度相向而行。当两船相隔一定距离时，两船上的驾驶员同时拉响了汽笛，驾驶员在听到对方的汽笛声后立刻开亮自己船上的探照灯。若两船驾驶员探照灯打开的时间相隔 0.2 秒，则表明拉响汽笛时两船之间相距________米，甲船亮灯时距离乙船________米；乙船亮灯时距离甲船________米。（已知空气中声音的传播速度为 340 米/秒）

解：这是一道运动和声学的综合题，实际上就是声波和船相遇的问题。在声音传播的过程中，船也在行使。设拉响汽笛时两船相距 s 米，甲、乙两船从拉响汽笛到听到对方的汽笛声的时间分别为 t_1 和 t_2，那么有

$$\frac{s}{v_{甲}+v_{声}}=t_1,\quad \frac{s}{v_{乙}+v_{声}}=t_2.$$

题目告知：

$$t_1-t_2=0.2s,$$

由以上三式可解得：

$$s=4\ 830\text{ 米},\quad t_1=\frac{s}{v_{甲}+v_{声}}=14\text{ 秒},\quad t_2=\frac{s}{v_{乙}+v_{声}}=13.8\text{ 秒}.$$

甲船亮灯时距离乙船

$$s_1=s-(v_{甲}+v_{声})t_1=4\ 620\text{ 米}.$$

乙船亮灯时距离甲船

$$s_2=s-(v_{乙}+v_{声})t_2=4\ 623\text{ 米}.$$

•知识巩固•
想想练练

1. 某人沿一条直路用1小时走完了6千米路程，休息半小时后又用1小时继续向前走了4千米路程，此人在整个过程中的平均速度是________千米/时。

2. 某人上午8:00从起点出发，途径三个不同的路段，先是上坡路，然后是较平直的路，最后是一段下坡路，三个路段的长度均相同，在三个路段上的平均行驶速度之比为1∶2∶3，此人中午12:00正好到达终点。则上午10:00时他行进在 (　　).

A. 上坡路段　B. 平直路段　C. 下坡路段　D. 无法判断

3. 汽车沿直线由A运动到B再运动到C，AB段平均速度为v_1，运动时间为t_1，BC段平均速度为v_2，运动时间为t_2，则 (　　).

A. 若$AB=BC$，AC段平均速度为$\dfrac{v_1+v_2}{2}$

B. 若$t_1=t_2$，AC段平均速度为$\dfrac{v_1+v_2}{2}$

C. 若$t_1=t_2$，AC段平均速度为$\dfrac{2v_1v_2}{v_1+v_2}$

D. 不管$AB=BC$还是$t_1=t_2$，AC段平均速度都是$\dfrac{2v_1v_2}{v_1+v_2}$

4. 小明的爸爸骑自行车上下班，按5米/秒的正常车速，上下班各需用半小时。有一天，他想在上班时或下班时顺路到文具店购买一些练习本，文具店离开工作单位3 000米。假如购买练习本需5分钟，开始时仍以5米/秒的车速行驶，最终仍在半小时内走完全程。如果要求在购买练习本后的车速尽可能小，小明的爸爸应该______________(选填“上班时”或“下班时”)去文具店。离开文具店后，自行车的车速为________米/秒。

5. 在某次青少年“机器人”展示活动中，甲、乙、丙三个智能机器人在三个周长为20 m的圆形轨道上进行比赛。它们同时从同一位置出发，甲率先跑完5圈，此时乙跑了4圈半；当乙跑完5圈时，丙恰好也跑了4圈半。假设甲、乙、丙沿圆周轨道运动时速度大小均保持不变，按照大赛的要求，三个机器人都要跑完50圈，那么当甲完成任务时，丙还要跑 (　　).

A. 9圈　B. 9.5圈　C. 10圈　D. 10.5圈

6. 甲、乙两车在同一平直路上行驶，如图3-6所示，方向相同，乙在前，甲在后，在射程以内，车上两人同时发出相同的演示子弹，子弹相对枪口的速度都是u。在两车速度$v_1=v_2$、$v_1>v_2$、$v_1<v_2$三种情况下，正确的判断分别应是 (　　).

A. 甲车上的人先被射中

B. 乙车上的人先被射中

C. 两人同时被射中

D. 无法判断

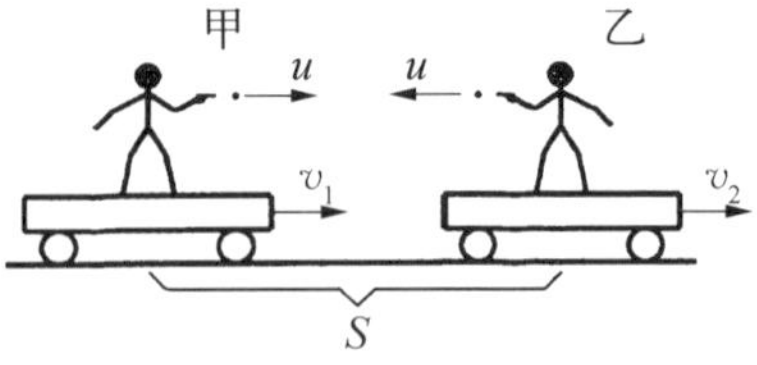

图3-6

7. 某高校每天早上都派小汽车准时接刘教授上班。一次，刘教授为了早一点赶到学校，比平时提前半小时出发步行去学校，走了27分钟时遇到来接他的小汽车，他上车后小汽车立即掉头前进。设刘教授步行速度恒定为 v，小汽车来回速度大小恒定为 u，刘教授上车以及小汽车掉头时间不计，则可判断（　　）.

A. 如果刘教授提前 3 分钟到校，且 $v:u=1:10$

B. 如果刘教授提前 6 分钟到校，且 $v:u=1:10$

C. 如果刘教授提前 3 分钟到校，且 $v:u=1:9$

D. 如果刘教授提前 6 分钟到校，且 $v:u=1:9$

8. 甲、乙两地相距 100 千米，一辆汽车以 40 千米/时的速度从甲地出发开往乙地，此时，正好有一辆汽车从乙地开出向甲地进发，且以后每隔 15 分钟乙地均有一辆车发出，车速都是 20 千米/时，则从甲地发出的那辆车一路可遇到从乙地发出的汽车共多少辆？

9. 地球距离月球约 3×10^8 米，人类发射的月球探测器能够在自动导航系统的控制下在月球上行走，且每隔 5 秒向地球发射一次信号。某时刻，地面控制中心数据显示探测器前方相距 32 米处存在障碍物，经过 5 秒，控制中心数据显示探测器距离障碍物 22 米；再经过 5 秒，控制中心得到探测器上自动刹车装置出现故障的信息。为避免探测器撞击障碍物，科学家决定对探测器进行人工刹车遥控操作，科学家输入指令需要 3 秒。已知电磁波传播速度为 3×10^8 米/秒，则探测器收到地面刹车指令时，探测器（　　）.

A. 已经撞到障碍物　　B. 距离障碍物 2 米

C. 距离障碍物 4 米。　　D. 距离障碍物 6 米

10. 小明乘坐索道到山上游玩，每隔 1 分钟能遇见 6 部缆车，已知索道单程距离为 2 160 米，缆车的速度保持 1.2 米/秒，则整个索道上的缆车总数为多少辆？

11. 一艘汽艇以相对静水恒定的速度 v 逆河水向上游行驶，至某处 A 发现一救生圈丢失，立即调头以相对水同样大小的速度顺河水追寻。已知该救生圈是在到达 A 处前 t_1 时间丢失的，丢失地点 B 离 A 处的距离为 s_1。汽艇到达 B 点后又经过一段时间，在距 B 点为 s_2 的下游某处 C 找到了救生圈。求：艇速 v 和水速 u 以及船回到 B 点后再经过多少时间 t_2 找到救生圈。

•知识巩固•

解题参考

1. $\bar{v}=\dfrac{s}{t}=\dfrac{s_1+s_2+s_3}{t_1+t_2+t_3}=\dfrac{6+0+4}{1+0.5+1}=4$(千米/时)。

2. 设每　段路的长度是 s，那么三段路的时间之比 $t_1:t_2:t_3=\dfrac{s}{v_1}:\dfrac{s}{v_2}:\dfrac{s}{v_3}=6:3:2$，$t_1=\dfrac{6}{6+3+2}\times4=2$ 小时 11 分钟，即人在 10:11 进入平路，10:00 还在上坡路上。A 选项正确。

3. A. 若 $AB=BC=s$，AC 的平均速度 $v_{AC}=\dfrac{2s}{\dfrac{s}{v_1}+\dfrac{s}{v_2}}=\dfrac{2v_1v_2}{v_1+v_2}$，A 选项错误。

B. 若 $t_1=t_2=t$，AC 的平均速度 $v_{AC}=\dfrac{v_1t+v_2t}{2t}=\dfrac{v_1+v_2}{2}$，B 选项正确。

C、D 选项错误。

4. 全程长度 $s=5\times1\,800=9\,000$(米)，文具店离工作单位比较近，所以小明爸爸应该在下班的时候去文具店比较好(离开文具店之后有比较长的距离追回损失的时间)。离开文具店后

的速度 $$v=\frac{s}{t}=\frac{9\,000-3\,000}{30\times60-\frac{3\,000}{5}-5\times60}=6.67(\text{米}/\text{秒}).$$

5. 由题述可知 $v_{甲}:v_{乙}=5:4.5$，$v_{乙}:v_{丙}=5:4.5$，所以 $v_{甲}:v_{乙}:v_{丙}=100:90:81$。甲完成任务时，丙还要跑 $\frac{1\,000-810}{20}=9.5$(圈)。

6. 以地面为参照物，乙车射出的子弹相对地面的速度为 $u-v_2$，甲车发出子弹相对地面速度为 $u+v_1$。设甲、乙发射的子弹的飞行时间分别为 t_1 和 t_2，可列式 $t_1=\frac{s+v_2t_1}{u+v_1}$，$t_2=\frac{s+v_1t_2}{u+v_2}$。由此两式可解得两颗子弹飞行时间都是 $\frac{s}{u+(v_1-v_2)}$。C 选项正确。

7. 如果车提前 6 分钟到学校，说明车少走了 3 分钟的路程。这正是教授 27 分钟走的路，所以 $v:u=1:9$。C 选项正确。同理可知如果车提前 3 分钟到学校，那么 $v:u=1:18$。

8. 车从甲地到乙地耗时 $t=s/v=100/40=150$(分钟)，这段时间中从乙地发出的车都能和甲车遇见。$n=\frac{150}{15}=10$(辆)。B 选项正确。

9. 探测器速度 $$v=\frac{32-22}{5}=2(\text{米}/\text{秒}),$$

信号传播的时间 $$t=\frac{3\times10^8}{3\times10^8}=1(\text{秒}),$$

地球上接收到故障信号时，探测器离障碍物的距离 $s_1=22-2(5+1)=10$(米)。

所以探测器收到地面刹车指令时离障碍物 $x=10-2(3+1)=2$(米)。

10. 缆车走完全程的时间

$$t=\frac{s}{v}=\frac{2\,160}{1.2}=1\,800(\text{秒})=30(\text{分钟}).$$

小明乘坐的缆车在走完全程的过程中，小明是可以遇见所有的缆车的(如图 3-7 所示)，所以缆车总数为 $6\times30=180$(辆)。

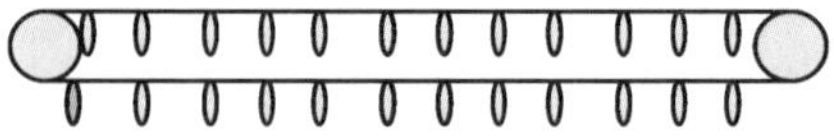

图 3-7

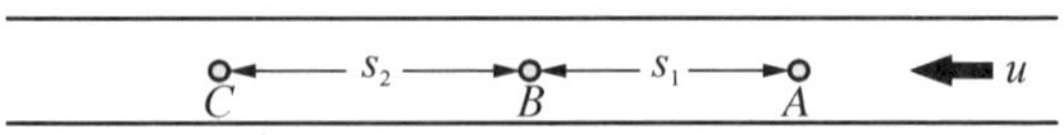

图 3-8

11. 取水作为参照系(水就不动了)，汽艇往返速度大小不变，救生圈落水后不会动。从汽艇上掉下救生圈到发现的时间和返回拿到救生圈的时间是相同的，设为 t_1。

再到地面参照系(如图 3-8 所示)，可得 $s_1=(v-u)t_1$，$s_2=(u+v)t_2$，$s_1+s_2=(u+v)t_1$. 由以上三式可解得 $t_2=\frac{s_2}{s_1+s_2}t_1$.

第四讲

巧选参照物

什么叫作物体的运动？就是一个物体相对另一个物体的位置的变化。这“另一个物体”就是参照物。一个人向西行走，一辆汽车向西行驶，路边上有一棵树。如果取树作参照物，人在向西运动；如果取汽车作参照物，人便向东运动。可见，选择参照物的重要性。

在未作特殊说明的情况下，我们一般都选地面作参照物。但在有些问题中，选其他相对地面有速度的物体作为参照物，会给解决问题带来方便。所谓“参照物”，就是我们认为它“不动”的物体，因此列方程就会比较方便。当我们选择了一个相对地面有速度的物体作为参照物时，研究对象原来的运动速度和运动的距离都要发生相应的变化，而时间却不会发生变化。下面我们分两种情况来说明。

一、一维的相对运动

如果我们的研究对象的速度和选作参照物的物体的速度在一条直线上，我们称为一维的相对运动。假设我们的研究对象是 A 物体，速度为 v_A，我们选的参照物是 B 物体，速度为 v_B，v_A 和 v_B 在一条直线上。如果 v_A 和 v_B 方向相同，那么 A 物体相对 B 物体的速度

$$v_{AB} = v_A - v_B.$$

上式中如果 $v_A > v_B$，那么 v_{AB} 的方向和 v_A 的方向相同；$v_A < v_B$，那么 v_{AB} 将是负值，说明 v_{AB} 的方向和 v_A 的方向相反。

如果 v_A 和 v_B 方向相反，那么

$$v_{AB} = v_A + v_B.$$

上式中 v_{AB} 的方向和 v_A 的方向相同。

例 1. 一列长为 s 的队伍以速率 V 沿笔直的公路匀速前进。一个传令兵以较快的速率 v 从队末向队首传递文件，又立即以同样速率返回到队末。如果不计递交文件的时间，那么此传令兵往返一次所需时间是多少？

解： 以地面为参照物来解本题。传令兵从队末向队首运动，传令兵走的路程比队伍行进的路程要多 s。

$$vt_1 - Vt_1 = s.$$

$$t_1 = \frac{s}{v - V}.$$

传令兵从队首向队末运动，传令兵走的路程加上队伍行进的路程为 s

$$vt_1 + Vt_1 = s.$$

$$t_1 = \frac{s}{v + V}.$$

总的时间 $$t = t_1 + t_2 = \frac{s}{v - V} + \frac{s}{v + V}.$$

也可以选择队伍为参照物来解本题(此时队伍就“不动”了)。传令兵从队末向队首运动的速度为 $v - V$，从队首向队末运动的速度为 $v + V$。总的时间

$$t = t_1 + t_2 = \frac{s}{v - V} + \frac{s}{v + V}.$$

答案相同。

例 2. 小轿车匀速行驶在高速公路上，坐在副驾驶位置的小青观察到轿车速度盘的指针始终指在 100 千米/时位置处，在超越相邻车道上同向匀速行驶的一辆长约为 10 米的大巴的过程中，小青发现该大巴通过自己的时间约为 2 秒，则该大巴的速度约为多少？

解： 取大巴为参照物来解题比较方便(此时大巴便“不动”了)。设小轿车的车速为 $v_1 = 27.8$ 米/秒，大巴的车速为 v_2，小轿车相对大巴的车速为 $v_1 - v_2$(因为两车速度方向相同)。那么有

$$(v_1 - v_2)t = L,$$

$$(27.8 - v_2) \times 2 = 10.$$

可解得 $$v_2 = 22.8(\text{米} / \text{秒}).$$

例 3. 一木块长为 L、以速度 v 匀速随水平传送带向右运动，一子弹以速度 v_1，向右射入木块，穿出时速度为 v_2，则子弹在木块中的运动时间为多少？若子弹是向左射入木块的，射入速度仍然为 v_1，穿出速度为 v_3，则子弹在木块中运动的时间又为多少？(设子弹在木块中运动时速度是均匀减小的)

解： 因为子弹在木块中运动时速度是均匀减小的，所以第 1 次向右射穿木块的平均速率是 $\frac{v_1 + v_2}{2}$，第 2 次向左射穿木块的平均速率是 $\frac{v_1 + v_3}{2}$。

选木块作参照物(此时木块便“不动”了)，子弹两次射穿木块的平均速率分别为

$$v_{r1} = \frac{v_1 + v_2}{2} - v,$$

$$v_{r2}=\frac{v_1+v_3}{2}+v.$$

因此两次射穿木块的时间分别为

$$t_1=\frac{L}{v_{r1}}=\frac{2L}{v_1+v_2-2v},$$

$$t_2=\frac{L}{v_{r2}}=\frac{2L}{v_1+v_3+2v}.$$

例 4. 一艘船在静水中以速率 v_1，往返于沿河流方向的甲、乙两地，需要时间 t_1；若水流速度为 v_2（假设 $v_2<v_1$），船仍以相对水的速率 v_1 往返于甲、乙两地需时间 t_2，则 t_2 等于多少?

解: 船在静水中以速率 v_1 往返甲、乙两地，设两地间距离为 L，

$$t_1=\frac{2L}{v_1}.$$

水流动时，取水为参照物。顺水时船速为 v_1+v_2，逆水时船速为 v_1-v_2。往返两地的时间

$$t_2=\frac{L}{v_1+v_2}+\frac{L}{v_1-v_2}.$$

以上两式消去 L，可得

$$t_2=\frac{v_1^2}{v_1^2-v_2^2}t_1.$$

可见水流动时船的往返时间大于在静水中的往返时间。

例 5. 某商场有一自动扶梯，一个顾客沿上行的自动扶梯走上楼时，数得走了 16 级，当他以同样的速率沿上行的自动扶梯走下楼时，数得走了 48 级，则该自动扶梯有多少级?

解: 如果自动扶梯没有开动，那么顾客不论上行还是下行，数得的级数就是自动扶梯的级数。我们选自动扶梯作为参照物（自动扶梯可视为静止不动），设人相对扶梯行走的速度是 v，扶梯上行的速度是 u，那么人上行的速度便是 $v+u$，下行的速度是 $v-u$，（人能够下行的前提是 $v>u$）。因为人相对扶梯行走的速度 v 是恒定的，所以人行走的时间和他数得的级数成正比。设楼梯的长度为 s，即有

$$\frac{s}{v+u}:\frac{s}{v-u}=16:48.$$

可得

$$v:u=2:1.$$

设人走一级的时间是 T，那么上行的时间

$$\frac{s}{u+v}=\frac{s}{3u}=16T.$$

设扶梯有 x 级，扶梯静止时人上行的时间

$$\frac{s}{v}=\frac{s}{2u}=xT.$$

由以上两式可解得

$$x=24(\text{级}).$$

二、二维的相对运动

如果我们的研究对象的速度和选作参照物的物体的速度不在一条直线上，但是在一个平面内，我们称为“二维的相对运动”。为了解决二维相对运动的问题，我们学习一下两个速度合成的方法——平行四边形法则。请看下面两个例子。

直升飞机现已广泛应用于突发性灾难中的救援工作，图 4 - 1 显示了海上救助飞行队将一名在海上身受重伤、生命垂危的渔民接到岸上、送往医院的情景。为了达到最快速的救援效果，飞机常常一边收缆绳，提升被救者，将伤员接进机舱，一边就要沿着水平方向飞向岸边。我们看到被救者是沿斜线上升运动的。他同时参与了两个运动，一个是水平向右的运动，另一个是竖直向上的运动，我们把这两个运动叫作“分运动”，而把被救者实际沿斜线向上升的运动叫作这两个分运动的“合运动”。

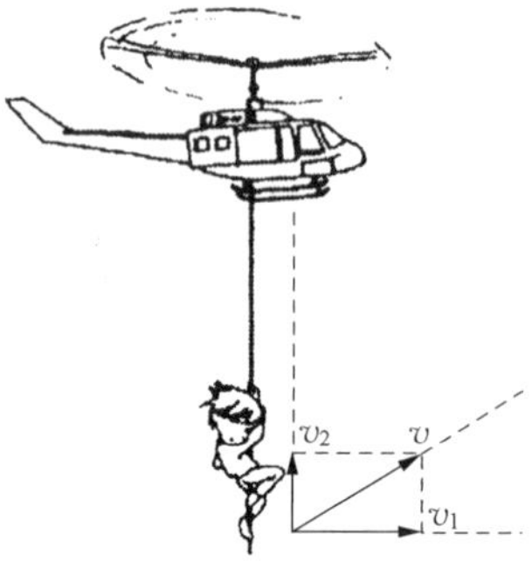

图 4 - 1

渡船过河的运动也可以看成两个运动的合运动，如图 4 - 2 所示。如果河水不流动，船在静水中行驶，在 t 时间内，船从 A 点运动到 B 点；如果河水流动，船不开动，河水将把船冲向下游，经过相同的时间 t，河水将把船从 A 点带到 C 点。那么，船在流水中行驶，它同时参与以上两种运动，在 t 这段时间内将从 A 点运动到 D 点，渡船实际沿 AD 方向的运动，就是上述两个分运动的合运动。

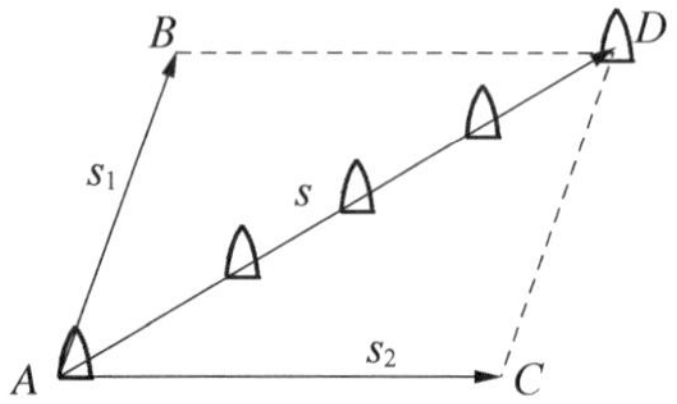

图 4 - 2

利用平行四边形法则，也可以将一个运动分解成两个分运动。运动分解的过程是运动合成的逆过程。

例 1. 在宽度为 d 的河中水速为 v_1，船相对水的速率为 v_2，船过河的最短路程为 s，则下列关系中正确的是 (　　).

A. 若 $v_1>v_2$，$s=\frac{v_2}{v_1}d$　　B. 若 $v_1>v_2$，$s=\frac{v_1}{v_2}d$

C. 若 $v_1<v_2$，$s=d$　　D. 若 $v_1<v_2$，$s=\frac{d}{v_1}\sqrt{v_1^2+v_2^2}$

解： 这是一个很经典的问题，包含了两种过河的最典型的情况。

(1) 如果 $v_2>v_1$，那么只要以如图 4－3 所示的方式过河，便能使船的实际速度 v 垂直于河岸，到达正对岸。

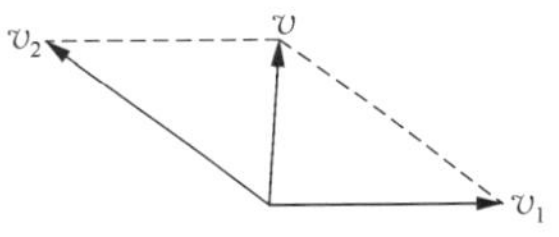

图 4－3

(2) 如果 $v_2<v_1$，那么船不可能到达正对岸。只能以如图 4－4 所示的方式过河（使 v_2 垂直于船的实际速度 v）。因为在 $\triangle ABC$ 中，AC 和 BC 的大小都是确定的，所以当 $AB\perp BC$ 时，α 角最大，也就是船过河的路程最短。

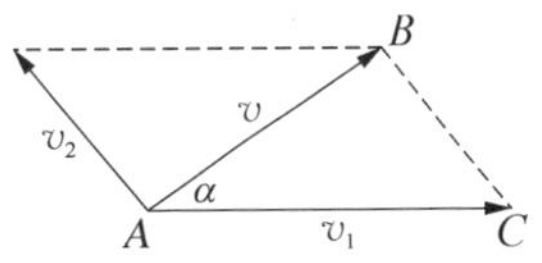

图 4－4

如果要讨论过河时间最短的问题，那么不论 v_1 和 v_2 哪一个大，都是将船体垂直于河岸行驶（即 v_2 垂直于河岸），所用时间最短。

由(1)的讨论可知，C 选项是正确的。由(2)的讨论，再利用相似三角形对应边成比例，可知 B 选项是正确的。

例 2. 一条河道被一行窄而浅的沙石隔成两条流速不同的支流。船从岸边 A 点开始渡河到对岸，船相对水的速度大小始终不变。已知船渡河的最短路径如图 4－5 所示，船最终到达了对岸 B 点。船先后渡过两条支流的时间恰好相等，且 $\alpha=53^\circ$，$\beta=37^\circ$。则两条支流的水速之比 $v_1:v_2=$ ________；两条支流的宽度之比 $d_1:d_2=$ ________。

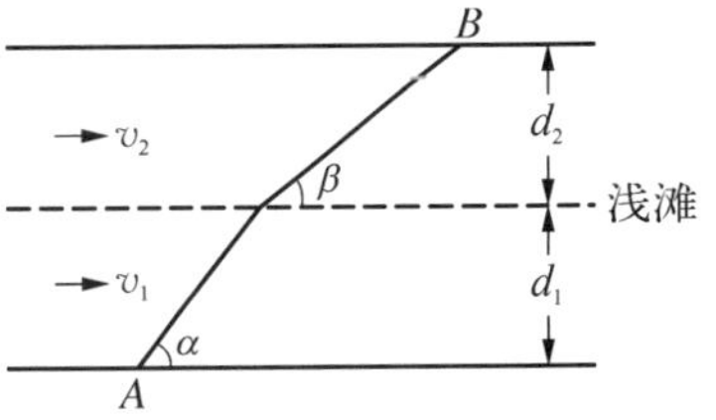

图 4－5

解： 船先后渡过两条支流的最短途径都不是垂直于河岸的，说明两条支流的水速都比船速大。船在两条支流中都是用上例中(2)的方式在渡河，因此有

$$v_{船}=v_1\sin\alpha=v_2\sin\beta.$$

可得 $$v_1:v_2=\sin\beta:\sin\alpha=3:4.$$

因为船渡过两条支流的时间相同，所以由几何关系可知

$$\frac{d_1}{v_{船}\cos\alpha}=\frac{d_2}{v_{船}\cos\beta}.$$

因此有 $$d_1:d_2=\cos\alpha:\cos\beta=3:4.$$

例 3. 如图 4－6(a)所示，某一实验室内有一宽度为 d 的跑道，假设有一连串玩具车沿着同一直线以相同的速度 v 鱼贯驶过，玩具车的宽度为 b，前后两车间的间距为 a。某智能机器人用最小的速度沿一直线匀速安全穿过此跑道，则智能机器人穿越跑道的时间为多少？

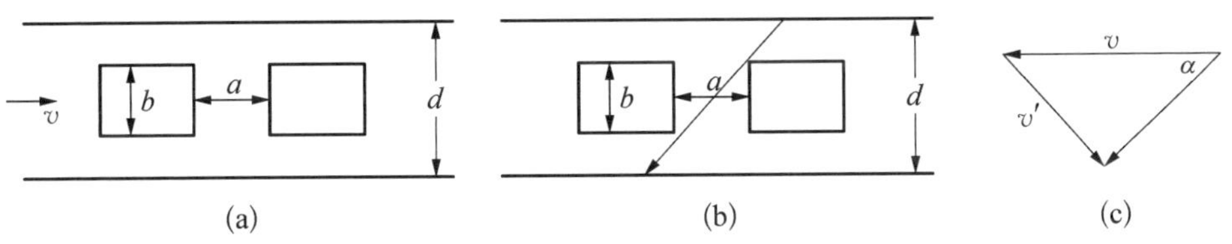

图 4－6

解： 取车作参照物（车就“不动”了），但机器人就随地面一起有了一个向左的速度 v。

设想机器人是沿着图 4－6(b)中的斜线过跑道。分析图 4－6(c)中的矢量三角形，车速 v 的大小是确定的，因此 α 角越小，机器人的速度 v' 就可以越小。由车辆的宽度 b 和间距 a 可知，α 角的最小值是 $\alpha_{\min}=\arctan\dfrac{b}{a}$，所以三个速度形成一个直角矢量三角形时，机器人的速度 v' 可以最小。机器人运动的最小速度

$$v'_{\min}=v\cdot\sin\alpha.$$

机器人穿越跑道可以用垂直于跑道方向来计算。机器人运动的垂直于跑道的速度分量

$$v_{\perp}=v'_{\min}\cdot\cos\alpha=v\cdot\sin\alpha\cdot\cos\alpha=v\frac{a\cdot b}{a^2+b^2}.$$

智能机器人穿越跑道的时间

$$t=\frac{d}{v_{\perp}}=\frac{d(a^2+b^2)}{a\cdot b\cdot v}.$$

例 4. 如图 4－7 所示，车辆顶部是面积为 S 的平面，前窗是一个倾角等于 α，面积也等于 S 的平面，车匀速前进的速度为 v。如果天空竖直落下速度为 u 的均匀雨滴，求前窗和车顶承受的雨量之比。

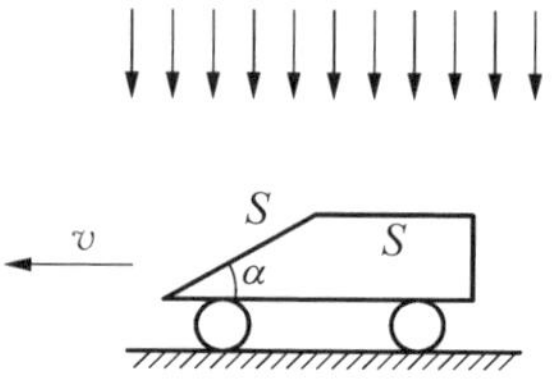

图 4－7

解：如果车辆静止不动，那么前窗和车顶承受的雨量之比就等于两者的有效面积(即真实面积在垂直于雨滴速度方向上的投影)之比

$$S\cos\alpha:S=\cos\alpha:1.$$

不难看出，上述比值就是雨滴速度在垂直于两个面的方向上的分速度之比。

现在车辆在运动，问题变得复杂一些。我们可以采用变换参照物的方法，使车辆“不动”。取车辆为参照物，雨滴就同时有了一个向右的速度 v。将 v 和 u 进行正交分解，分出两个垂直于前窗的分速度 $v_{\perp}$、$u_{\perp}$，这两个分速度决定前窗的受雨量，而车顶的受雨量仅仅取决于 u，和 v 无关。因此前窗和车顶承受的雨量之比为

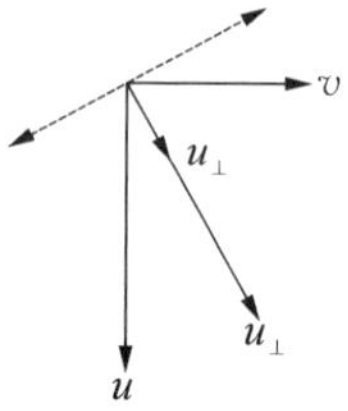

图 4－8

$$(v\sin\alpha+u\cos\alpha):u.$$

•知识巩固•

想想练练

1. 船在静水中的速度为 V，河水流速为 v，船顺流由甲地到乙地，再逆流返回甲地所用时间是 t_1，该船在静水中往返同样距离所用时间为 t_2。则 (　　).

A. $t_1=t_2$　　B. $t_1>t_2$

C. $t_1<t_2$　　D. 没有数据，无法判断

2. 某旅客在火车车厢内以 1.5 米/秒的速度行走。当车厢静止时，他从车厢头走到车厢尾需要 20 秒，当火车以 10 米/秒的速度向前匀速行驶时，则他从车厢头走到车厢尾所需要的时间和站在地面上的人看见旅客通过的路程分别是多少？

3. 长度为 300 米的油轮在大海中匀速直线行驶，小汽艇从油轮的船尾匀速驶向船头再返回船尾，速度始终保持 40 千米/时，所用时间为 72 秒，试求油轮的速度。

4. 一列长 150 米，以 $v=15$ 米/秒速度匀速前进的火车，经过一列长为 210 米，且以 5 米/秒速度同向行进的队伍，需要多少秒？

5. A、B 两辆车以相同速度 v_0 同方向做匀速直线运动，A 车在前，B 车在后。在两车上有甲、乙两人分别用皮球瞄准对方，同时以相对自身为 $2v_0$ 的初速度水平抛出，如不考虑皮球的竖直下落及空气阻力，则（　　）.

A. 甲先被击中　　B. 乙先被击中

C. 两人同时被击中　　D. 皮球可以击中乙而不能击中甲

6. 一列火车在雨中自东向西行驶，车内乘客观察到雨滴以一定速度竖直下落，那么站在月台上的人沿着垂直于列车的方向观察，看到雨滴是（　　）.

A. 沿偏东方向落下，速度比车内乘客观察到的速度大

B. 沿偏东方向落下，速度比车内乘客观察到的速度小

C. 沿偏西方向落下，速度比车内乘客观察到的速度大

D. 沿偏西方向落下，速度比车内乘客观察到的速度小

7. 如图 4－9 所示，甲、乙两人从水速恒定的河岸 a、b 处同时下水游泳，a 处在 b 处的下游位置，甲游得比乙快，要在河中尽快相遇，甲、乙两人游泳方向应为（　　）.

A. 都沿 ab 方向

B. 都沿 ab 偏向下游方向

C. 都沿 ab 偏向上游方向，甲的偏角更大

D. 都沿 ab 偏向上游方向，乙的偏角更大

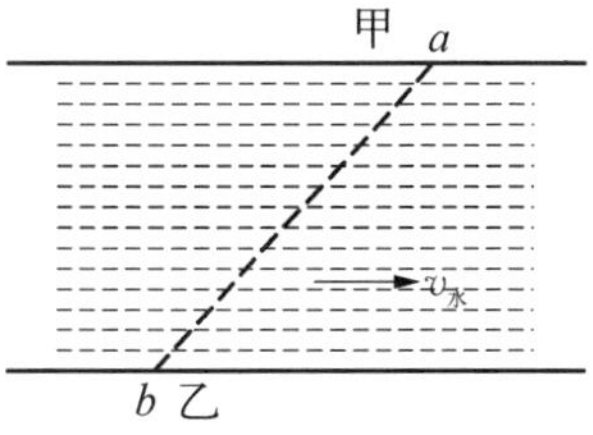

图 4－9

8. 冬天风从正北方向吹来，一位学生骑自行车由西向东行驶，他会感到（　　）.

A. 风从左前方吹来　　B. 风从右前方吹来

C. 风从左后方吹来　　D. 风从右后方吹来

9. 一人划船横渡一条河，在静水中划船速度 v_1 和水流速度 v_2 大小一定，且 $v_1>v_2$，但均未知，此船渡河的最少时间为 t_1，若此船用最短的距离过河所需时间为 t_2，则划船速度与水流速度之比 $v_1:v_2=$________。

•知识巩固• 解题参考

1. 船在流水中往返的时间 $t_1=\dfrac{s}{V+v}+\dfrac{s}{V-v}$，船在静水中往返的时间 $t_2=\dfrac{2s}{V}$，为了比较两者的大小，将它们变形 $t_1=\dfrac{s}{V+v}+\dfrac{s}{V-v}=\dfrac{2Vs}{V^2-v^2}$，$t_2=\dfrac{2s}{V}=\dfrac{2Vs}{V^2}$ 显然有 $t_1>t_2$。B 选项正确。

2. 1.5 米/秒是人相对车厢的速度，和车厢动不动没有关系，所以当车行驶时他从车厢头走到车厢尾所需要的时间仍然是 20 秒。在这 20 秒中，车前进了 $10\times20=200$(米)，人相对地面移动的距离是 $200-1.5\times20=170$(米)。C 选项正确。

3. 设小汽艇和油轮的速度分别为 v 和 V。取油轮做参照物，小汽艇从船尾驶向船头的速度为 $v-V$，从船头驶向船尾的速度为 $v+V$。往返所用的时间 $t=\frac{L}{v-V}+\frac{L}{v+V}$，代入数据可得 $V=20$ 千米/时。

4. 选队伍为参照物，列车的速度 $v_r=15-5=10$ 米/秒。需要的时间 $t=\frac{L+s}{v_r}=\frac{150+210}{10}=36$(秒)。

5. 在地面参照系中，甲抛出的球的速度是 $2v_0-v_0=v_0$，乙抛出的球的速度是 $2v_0+v_0=3v_0$。设抛球时甲、乙之间的距离是 s，那么甲抛出的球击中乙的时间 $t_1=\frac{s+v_0t_1}{3v_0}$，乙抛出的球击中甲的时间 $t_2=\frac{s-v_0t_2}{v_0}$，可得 $t_1=t_2=\frac{s}{2v_0}$。如果取车为参照物，可以更直接地得到 $t_1=t_2=\frac{s}{2v_0}$ 的结论。C 选项正确。

6. 题述“车内乘客观察到雨滴以一定速度垂直下落”，此时乘客是以自己为参照物，可知雨滴一定有向西的速度分量，乘客看到的雨滴的速度是它的竖直分量。而站在月台上的人看到的是雨滴完整的速度，大于它的竖直分量。C 选项正确。

7. 取水为参照系(水就不动了)，此时显然是两人沿着 ab 连线方向游泳最快相遇(相遇点在 AB 线的右边)。而运动的时间和运动所选的参照系无关，所以 A 选项正确。

8. 因为“学生骑自行车由西向东行驶”，因此风相对学生有了向西的速度。学生“感觉”到的速度，就是以学生为参照系风的速度，所以他感觉到的应该是东北风。A 选项正确。

9. 因为 $v_1>v_2$，所以船可以垂直到达对岸。$t_1=\frac{d}{v_1}$，$t_2=\frac{d}{\sqrt{v_1^2-v_2^2}}$。由以上两式可解得 $v_1:v_2=\frac{t_2}{\sqrt{t_2^2-t_1^2}}$。

第五讲

神奇的万花筒

光学是一门十分古老的科学，因为人们在日常生活中，接触、感受到光线的历史太长太长了。不论是我们的爷爷、奶奶或者是爸爸、妈妈，小时候不少人都玩过一种价廉物美的玩具——万花筒。一个 20 cm 左右长的圆筒，直径约 7 至 8 cm，从筒的一端看进去，慢慢地旋转圆筒，可以看到里面五彩斑斓、千变万化的美丽图案。图案基本上都是六边形对称的，而且很少有重复，所以称之为“万花筒”。如果我们拆开一个万花筒，可以看到里面是几面固定在圆筒内部的小平面镜和若干块彩色的碎玻璃。当我们慢慢地旋转圆筒时，由于重力的作用，碎玻璃在筒内翻动，在平面镜中多次成像，形成了各式各样美丽的图案。

我们知道光线在均匀的介质中是沿直线传播的，遇到一个镜面会发生反射，而且反射角等于入射角。这些都是我们熟知的结论。但是为什么光线的传播会遵循这些规律呢？到十七世纪，关于光的本性到底是什么东西的争论，主要有两种学说。一种是以牛顿为代表的“微粒说”，另一种是以惠更斯为代表的“波动说”。这两种学说都能很好地解释光的直线传播和反射的规律。

牛顿的微粒说认为光是由微粒组成的，这些微粒和宏观世界的弹性小球一样遵循力学规律，那么光的微粒在不受外力的情况下直线前进是自然的结果。光线在平面镜上的反射同弹性小球与光滑平面硬壁的碰撞相类似，光微粒的速度平行于界面的分量反射前后保持不变，而垂直于界面的分量反射前后大小不变，方向相反。因此光的反射角等于入射角。

1690 年惠更斯提出了一种波传播的一般原理，现在称为惠更斯原理：波面上的任何一点都可以作为新的波源发出球面次波，这些次波的包络面就是新的波面。应用惠更斯原理，通过几何作图，容易得出光在均匀介质中沿直线传播的结论（如图 5－1 所示）同样，应用惠更斯原理也可以得出光的反射定律。如图 5－2 所示，一束光斜射到界面上时，一边的波到达 A 点时，另一边的波才到达 B 点。然后，由 A 到 B 各列光依次到达。早到达的光形成的子波源发出的次波较大，晚到达的光形成的子波源发出的次波较小。因此当波从 B 点传播到 C 点时，A 点形成的次波已经到达 D 点，而且 $AD = BC$。这些大小不一的包络面形成了反射光 AD。因为

$$\triangle ABC \cong \triangle ADC.$$

所以

$$\angle BAC = \angle DCA.$$

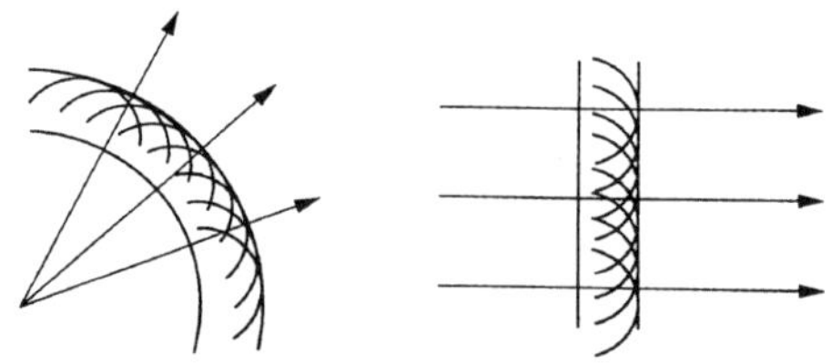

图 5 - 1

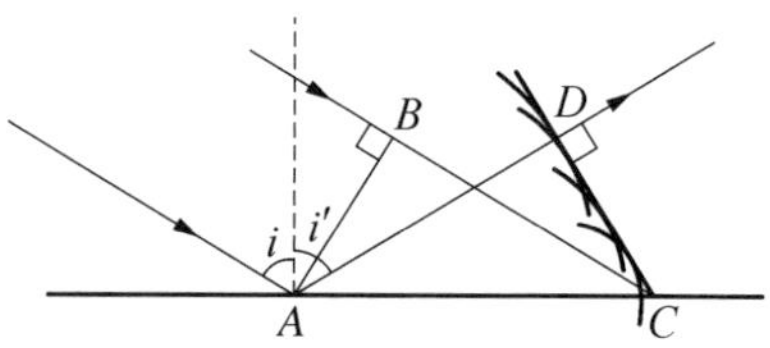

图 5 - 2

而 $i=\angle BAC,\ i'=\angle DCA.$

因此反射角等于入射角 $i'=i.$

一、光的直线传播

例 1. 如图 5 - 3 所示，点光源 S 离开水平地面的距离为 3 米，在点光源 S 的正下方有一个身高为 1.5 米的学生，现让这个学生从该位置开始以大小为 1 米/秒的速度匀速向右走动，则该学生头顶在地面上的影子的运动速度大小变化情况是________（选填“变大”“不变”或“变小”），在该学生开始运动的 6 秒内，该学生头顶在地面上投影运动的平均速度为________米/秒。

图 5 - 3

解： 因为光线是沿直线传播的，所以可以设在 t 时间内，人由 AB 运动到 $A'B'$，此时头顶在地面上的影子在 P 处（如图 5 - 4 所示）。由相似三角形可知

$$\frac{AA'}{BP}=\frac{SA}{SB},$$

所以 $$BP=\frac{3}{3-1.5}\times AA'=2AA'.$$

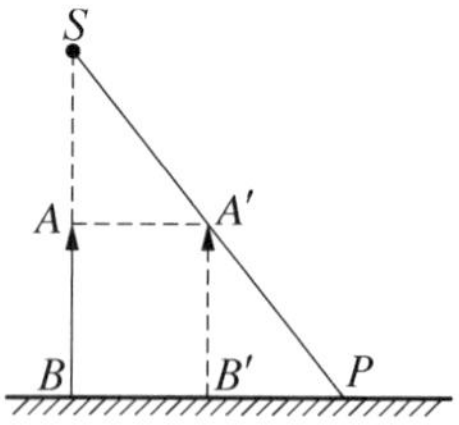

图 5 - 4

上式两边同除以时间 t，得

$$\frac{BP}{t}=\frac{2AA'}{t}.$$

$$v_{影}=2v_{人}=2\text{ 米 / 秒}.$$

所以该学生头顶在地面上的影子的运动速度大小不变，平均速度为 2 米/秒。

例 2. 寒假期间，小明一家人到赤道附近某景点旅游。在一个晴好的日子里，小明没有跟随爸爸爬山，而是和另外几个朋友一起躺在山下平静的海滩上观看日落。结果，小明爸爸在山上观察到太阳消失的瞬间要比地面上小明观察到的该现象足足晚了 3 分钟。已知地球半径为 6 400 千米，如果认为光线在大气中是直线传播的，则可以判断小明爸爸所处位置的海拔高度约为多少？

解： 如图 5 - 5 所示，小明在 A 处看到了日落，他爸爸在 B 处看到了日落（此时小明在 A'

处)。在直角三角形中

$$\cos\theta = \frac{R}{R+h},$$

地球转一圈的时间是 24 小时,3 分钟转过的角度

$$\theta = 360^\circ \times \frac{3}{24\times 60} = 0.75^\circ,$$

$$h = R\left(\frac{1}{\cos\theta} - 1\right) = 5.5\times 10^3(\text{米}).$$

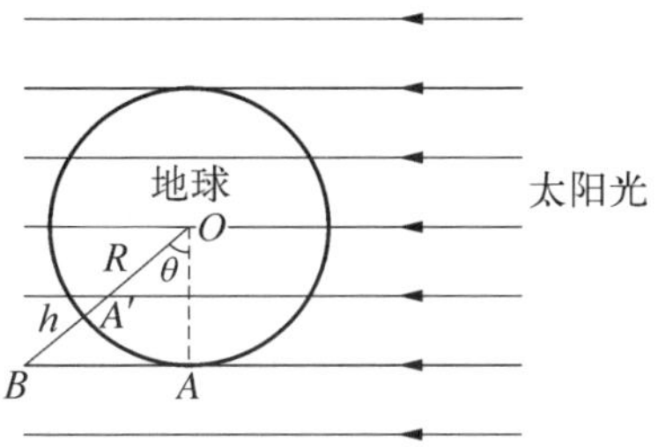

图 5-5

例 3. 早在公元前 305 年,著名天文家埃拉托色尼就已经测量出了地球的周长,与现代科学公认的地球周长的真实值相差不到 0.1%。他在研究中发现,每年夏至这天,塞恩城(今埃及阿斯旺)正午的太阳光正好直射到城内一口深井的底部,而远在 s 千米以外的亚历山大城,夏至这天正午的太阳光却会使物体在地面上留下一条影子,他测得太阳光方向与竖直方向之间的夹角为 φ 度,由此得出地球的周长为多少?(已知地球的半径为 R)

解: 不考虑光线在大气中的折射,太阳光是一束平行光。如图 5-6 所示,塞恩城的阳光恰好直射,而亚历山大城的阳光和竖直方向成 θ 角,所以

$$s = \theta\cdot R.$$

用这个公式计算弧长,式中的 θ 角必须用弧度为单位,360°等于 2π 弧度。现在题目中给出的是 φ 度,所以

$$s = \varphi\cdot\frac{2\pi}{360}\cdot R.$$

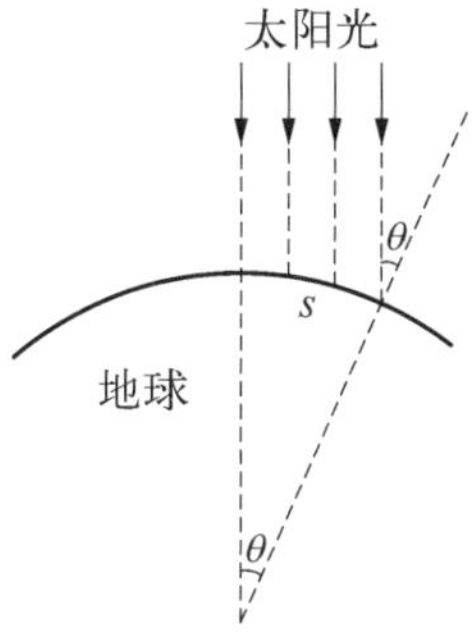

图 5-6

例 4. 地球半径为 R,地球自转周期为 24 小时,某地球同步卫星位于赤道上空且离地面的高度约为 $5.6R$,卫星正下方地面上有一观察者,用天文望远镜观察被太阳光照射的此卫星。若不考虑大气对光的折射,春分(即太阳光直射赤道)那天在日落的时间内,此人观察不到卫星的时间约为多少时间?

解: 卫星自身是不会发光的,要看到卫星,必须有太阳光把卫星照亮。所谓同步卫星,就是它转得和地球一样快,地球转一圈,同步卫星也转一圈,总是保持在人的头顶上。

如图 5-7 所示,同步卫星从 A 处转到 B 处,是照不到太阳光的。

$$\sin\frac{\theta}{2} = \frac{R}{R+5.6R} = \frac{1}{6.6}.$$

可解得　　　　　　$\theta = 17.4^\circ.$

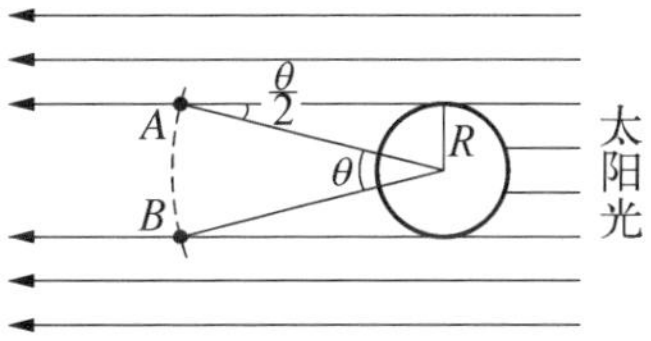

图 5-7

同步卫星从 A 处转到 B 处的时间

$$t = \frac{17.4}{360}\times 24\times 3\,600 = 4\,176(\text{秒}) \approx 70(\text{分钟}).$$

例 5. 如图 5－8 所示是月球的影区分布。当人随地球运动时，在甲、乙、丙、丁各个范围内，分别看到什么现象？

解： 人在甲范围内，能看到部分太阳，是日偏食。人在丙范围内，看不到任何太阳，是日全食。人在乙范围内，看不到太阳的中心部分，是日环食。人在丁范围内，能看到全部太阳，没有发生日食。

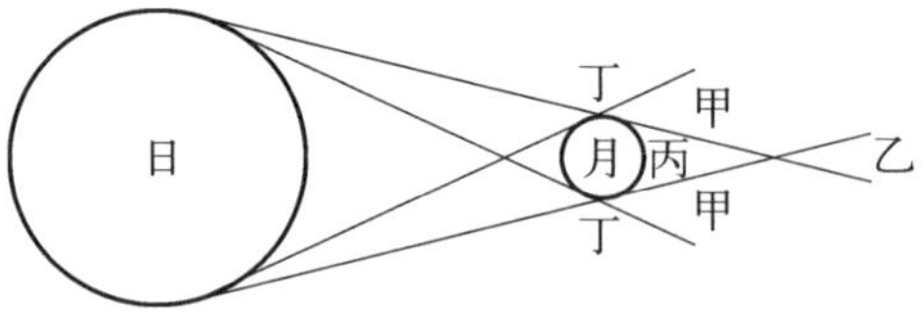

图 5－8

二、光的反射

光的任何反射都遵循反射定律，包括镜面反射和漫反射，也包括单次反射和多次反射。反射定律主要有两点内容：① 入射光线、反射光线和法线三线共面，② 反射角等于入射角。

例 1. 两个互相垂直的平面镜组成了激光反射器，如图 5－9 所示。如果入射光线方向不变，反射器绕过 O 点垂直于纸面的轴，顺时针方向转过 30°，那么经过反射器两次反射的光线将转过多少度？

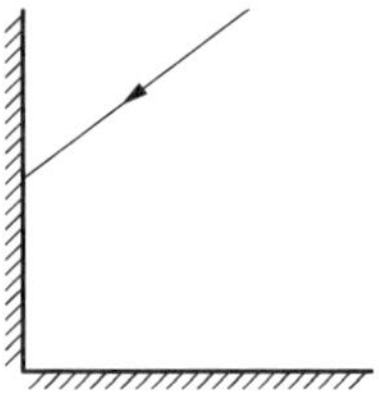
图 5－9

解： 如图 5－10 所示，光线经过两个互相垂直的平面镜的反射，其中

$$i+\beta=90^\circ.$$

因为反射角等于入射角，所以

$$2i+2\beta=180^\circ.$$

说明经过两次反射后的光线和入射光线平行反向。

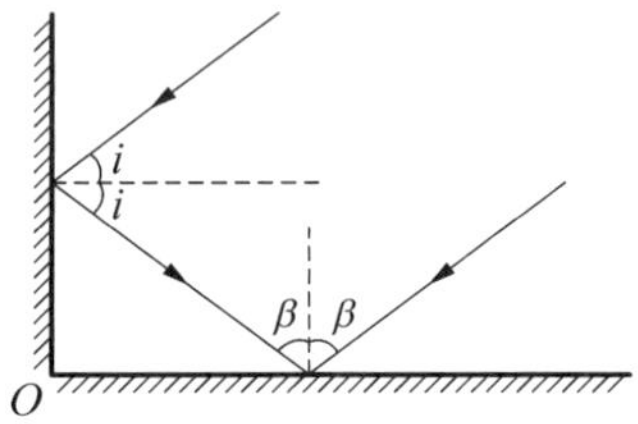

图 5－10

反射器绕过 O 点垂直于纸面的轴顺时针方向转过 30°，反射后的光线仍然和入射光线平行反向。即相对入射光线转过 180°。

例 2. 如图 5－11 所示，水平地面上有一不透光的边长为 x 的正方体物块。在正方体左方地面上有一点光源 S，点光源和正方体物块左边的距离也为 x。若在点光源 S 的上方距离地面为 H 处水平放置平面镜，平面镜足够大。在正方体的另一侧水平面会被照亮。现改变 x 的大小，当 x 增大到________时，正方体另一侧的照亮区域将消失。

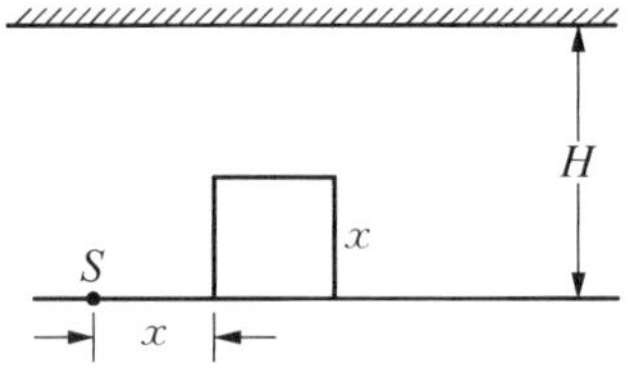

图 5－11

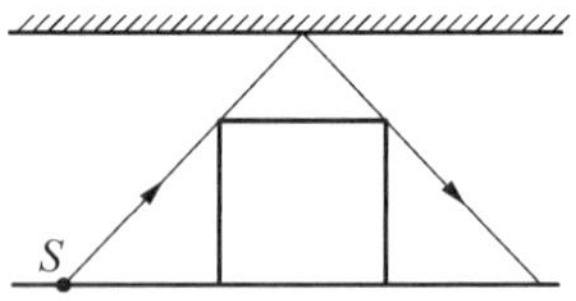

图 5－12

解： 根据反射定律，从 S 点发出的光线，经过上面的平面镜的反射，再照射到地面上，应该形成一个等腰三角形。当 x 逐步增大时，最后一根能够照射到右边地面上的光线如图 5－12 所示。此时有

$$\frac{x}{3x}=\frac{H-x}{H},$$

$$x=\frac{2}{3}H.$$

例 3. 如图 5－13 所示,平面镜跟水平方向的夹角为 α,一束入射光线沿着竖直方向射到平面镜的 O 点。现将平面镜绕过 O 点且垂于纸面的轴转过 θ 角,反射光线跟入射光线之间的夹角可能为（　　）.

A. $2(\theta+\alpha)$　　B. $2(\alpha-\theta)$

C. $2(\theta-\alpha)$　　D. 2θ

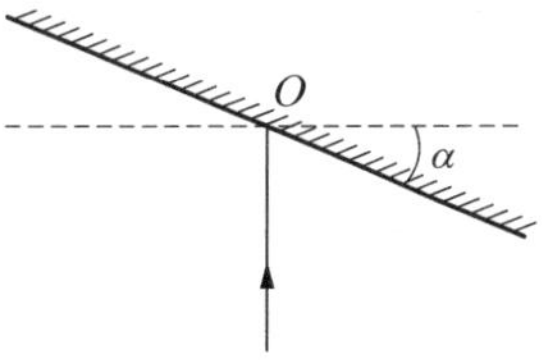

图 5－13

解: 应用反射定律解决本题并不困难,但是因为题中没有说明平面镜转动的方向,而且也没有说明 θ 和 α 的大小,所以要考虑到各种可能。

(1) 平面镜逆时针旋转,$\theta<\alpha$(如图 5－14 所示)。设 $\beta=90^\circ-\alpha$,此时入射角

$$i=90^\circ-\beta-\theta=90^\circ-(90^\circ-\alpha)-\theta=\alpha-\theta,$$

反射光线跟入射光线之间的夹角为

$$2i=2(\alpha-\theta),$$

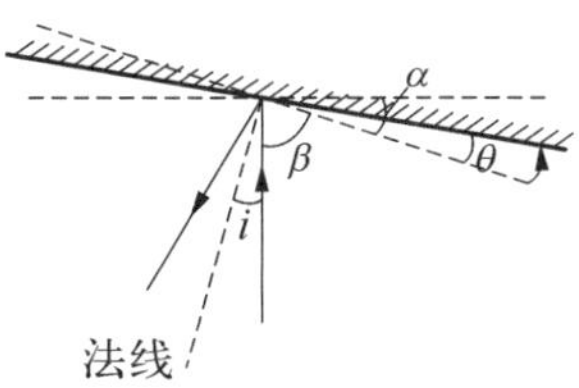

图 5－14

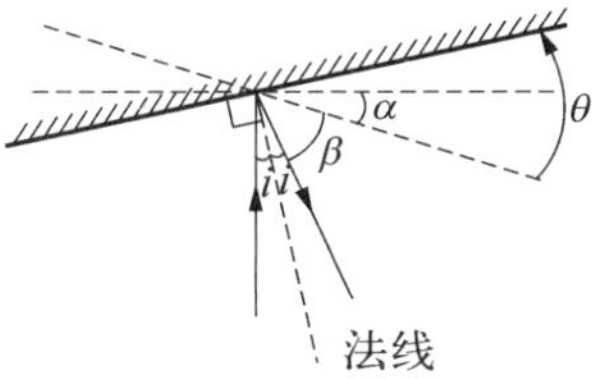

图 5－15

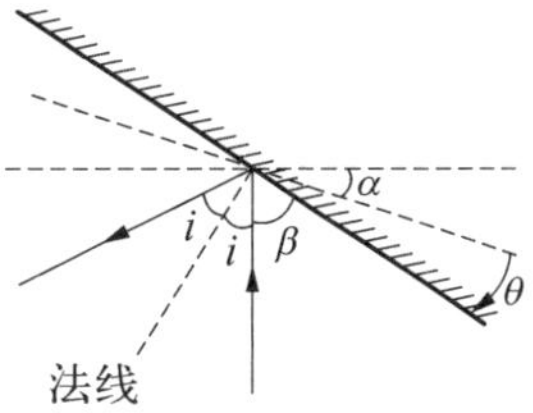

图 5－16

(2) 平面镜逆时针旋转,$\theta>\alpha$(如图 5－15 所示),

$$i+\beta+\theta=90^\circ,$$
$$2i+\beta+\theta=90^\circ.$$

以上两式相减,可得反射光线跟入射光线之间的夹角为

$$2i=2(\theta-\alpha).$$

(3) 平面镜顺时针旋转(如图 5－16 所示),

$$i+\beta=90^\circ,$$
$$\beta+\theta+\alpha=90^\circ.$$

由以上两式可得反射光线跟入射光线之间的夹角为

$$2i=2(\theta+\alpha).$$

因此，A、B、C 选项正确。

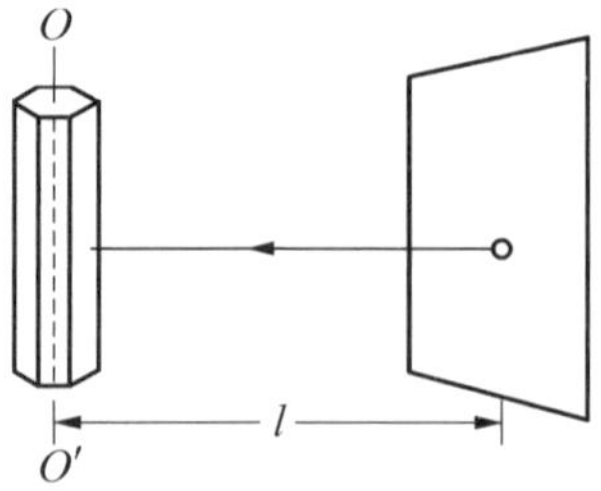

图 5－17

例 4. 如图 5－17 所示，光屏和正在旋转着的六面镜都竖直放置，六面镜的横截面为正六边形，一束光垂直通过光屏的小孔，正对六面镜的转轴 OO' 射来。如果镜与光屏间的距离为 l，六面镜的镜面宽度与 l 相比可以忽略不计，光屏足够大，那么这束光经镜面反射在光屏上所成的光点轨迹的长度是多少？

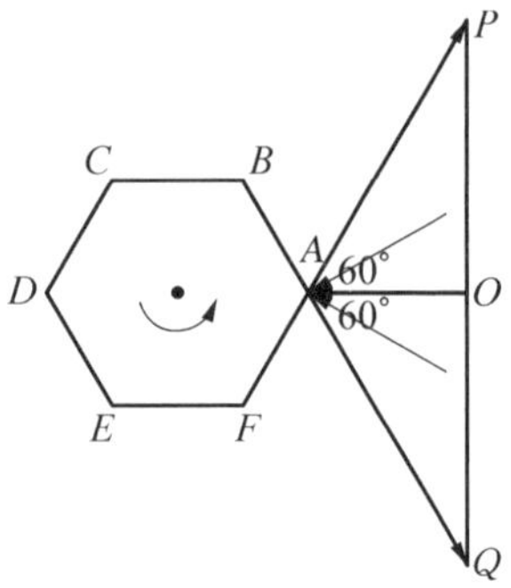

图 5－18

解： 如图 5－18 所示的位置是一个关键的位置。六面镜到达这个位置之前一瞬间，OA 光线照射在六面镜的 AB 面上，法线在 OA 偏上 30°的位置上，反射光线是 AP。六面镜经过这个位置之后一瞬间，OA 光线照射在六面镜的 AF 面上，法线在 OA 偏下 30°的位置上，反射光线是 AQ。其他时间 OA 光线照射到 AB 面上的反射光点都在 OP 之间。同样，其他时间 OA 光线照射到 AF 面上的反射光点都在 OQ 之间。六面镜转过 60°以后，F 点移到 A 点的位置，便会重复以上的过程。所以 P 点就是反射光点能够到达的最高位置，Q 点就是反射光点能够到达的最低位置。反射光点轨迹的长度是

$$PQ = 2l \cdot \tan 60^\circ.$$

例 5. 如图 5－19 所示，两平面镜 A 和 B 之间的夹角 α 为 9°，自平面镜 B 上的某点 P 射出一条与 B 镜面成 β 角的光线，在 β 角由 0°至 180°范围内（不包括 0°）连续变化的过程中，发现当 β 取某角度时，光线经镜面一次或多次反射后，恰好能返回到 P 点，则符合该要求的 β 角的个数有多少个？

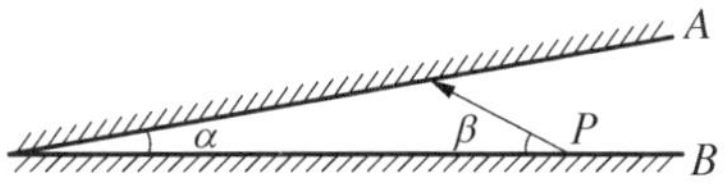

图 5－19

解： 要光线能够返回 P 点，首先是 β 角不能大于 $90^\circ - \alpha$，如果在 P 点的右侧发生反射，光线就不可能再回到 P 点来了。其次是最后一次反射必须要垂直反射，根据光路可逆，才能逐次原路返回。

光线每反射一次，入射角减小 α，所以必须有

$$\beta + n \cdot \alpha = 90^\circ,$$

$$\beta + 9^\circ n = 90^\circ.$$

n 可以是 1，2，…，9 等九个值。图 5－20 中画的是 $n = 1$，2，3 时的三种情况。

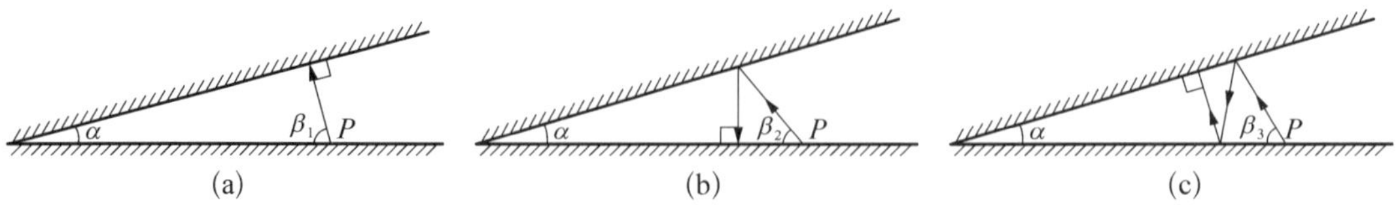

图 5－20

三、平面镜成像

应用反射定律很容易找到平面镜成像的规律，虚像和物体以镜面对称。所有的反射光线都好像是从虚像发出的一样。平面镜成的虽然是虚像，但是虚像可以在其他平面镜或者透镜中继续成像。

1. 单次成像

例 1. 某人从平面镜里看到台钟的钟面如图 5－21 所示，这表明当时的准确时间是多少？

图 5－21

解： 在镜子里看到的物体，左右要反一反，而上下不变。这是因为看镜子里物体的时候，观察的人判断左右，是以镜子中的人像为参考物，因此左右手互换了；而判断上下，仍然是以镜子外面的物体为参考物，因此头仍然在上面，脚仍然在下面。所以当时的准确时间是 5 点 05 分。

例 2. 平面镜前有一个发光点 S，由发光点到平面镜的垂线的垂足为 O，如图 5－22(a)所示。当平面镜绕过 O 点并与纸面垂直的轴逆时针转动时，像点　　(　　).

A. 跟平面镜的距离保持不变

B. 沿一直线越来越接近平面镜

C. 和发光点的距离越来越大

D. 按逆时针方向沿一圆弧运动

解： 如图 5－22(b)所示，当平面镜围绕 O 轴转动的时候，发光点 S 到 O 点的距离不变。因为像点 S' 和 S 点相对镜面对称，所以 S' 到 O 点的距离 L' 也不会变化。因此 S' 点围绕 O 点做圆周运动。选项 D 正确。

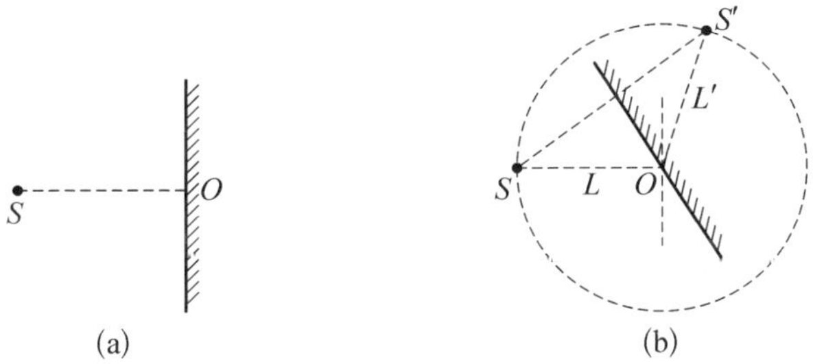

(a)　(b)

图 5－22

例 3. 图 5－23 中 bc 是一个水池，地面 ab、cd 与水面处在同一水平面上。aa' 是高为 6 米的电线杆，$ab=4$ 米，$bc=2$ 米，$cd=2$ 米。站在 d 点的观察者弯腰观察电线杆在水中的像。已知观察者的两眼距地面高为 1.5 米，则他能看到电线杆在水中所成像的长度为多少？

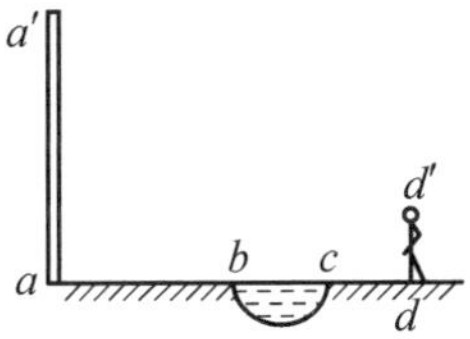

图 5－23

解： 平静的水面可以较好地反射光线，相当于一个平面镜。电线杆 aa' 和他的虚像 aa'' 关于水面对称（如图 5－24 所示），但观察者所能接收到的反射光仅在 bd' 和 cd' 之间的区域内，所以无法看到整根电线杆的像，只能看到 b' 和 c' 之间的电线杆的像。

因为 $\triangle acc' \backsim \triangle dcd'$,

所以 $$\frac{ac'}{dd'}=\frac{ac}{cd}.$$

$$ac'=\frac{ac}{cd}\cdot dd'=4.5\text{ 米}.$$

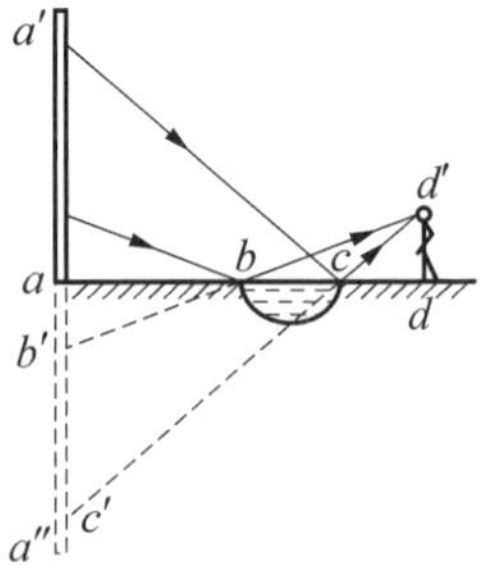

图 5-24

又因为 $\triangle abb' \backsim \triangle dbd'$,

所以 $$\frac{ab'}{dd'}=\frac{ab}{bd},$$

$$ab'=\frac{ab}{bd}\cdot dd'=1.5\text{ 米}.$$

因此 $$b'c'=ac'-ab'=4.5-1.5=3(\text{米}).$$

例 4. 平面镜前有一个发光点 S，沿与镜面成 30°的方向，以速度 v 向镜面运动，如图 5-25 所示。则 S 和它的像之间的接近速度是多少?

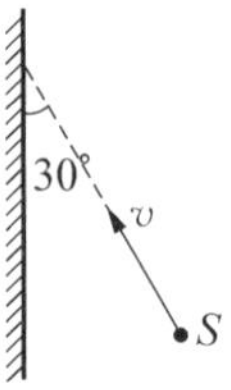

图 5-25

解: 根据平面镜成像的规律，在平面镜中有一个和发光点 S 对称的像 S'。当 S 斜向左上方运动的时候，S' 斜向右上方运动。将 S 的速度 v 正交分解成 v_x 和 v_y（如图 5-26 所示），S' 也有相应的 v'_x 和 v'_y（图中未画出）。v_y 和 v'_y 和镜面平行，和它们两者接近的速度无关。v_x 和 v'_x 决定它们的接近速度，因为 v_x 和 v'_x 的方向相反，所以它们的相对速度（也就是它们的接近速度）

$$v_r=v_x+v'_x=2v\cdot\sin 30^\circ=v.$$

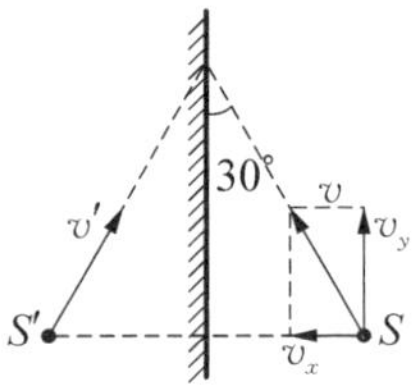

图 5-26

例 5. 一个身高为 h（可看成是眼睛到地面的高度）的人面对竖直墙站立，身后有一棵高为 H 的树，人到墙和人到树的距离相等，在墙面上挂一面镜子，为了使人能从镜子中看到树的最高点，则平面镜的最高点离地面的最小高度是多少?

解: 树在平面镜中成一个相对镜面对称的虚像 A'（如图 5-27 所示），设人到平面镜和人到树的距离都是 d，B 是人的眼睛。人要在镜面中看到 A'，平面镜的上端必须要比 O 点高。

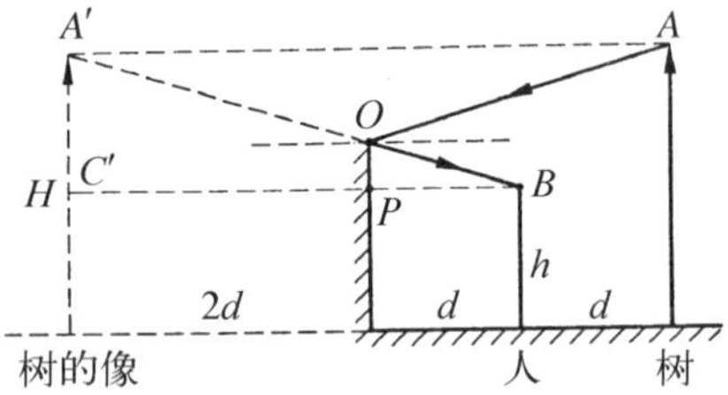

图 5-27

因为 $\triangle BOP \backsim \triangle BA'C'$,

所以 $$\frac{OP}{A'C'}=\frac{d}{3d}.$$

又因为 $A'C'=H-h$,

所以 $$OP=\frac{1}{3}(H-h).$$

因此，平面镜顶端 O 离地面的最小高度为

$$OP+h=\frac{1}{3}(H-h)+h=\frac{H+2h}{3}.$$

2. 多次成像

所谓多次成像，就是由若干面平面镜，第一面平面镜形成的虚像再在第二面平面镜中成像，还可以有第三次、第四次……成像。一个典型的例子就是美容院，美容院两边的镜子往往是面对面的。坐在一面镜子前的顾客，可以在镜子里面看到许许多多面排成一列的镜子，越来越远，越来越小……本讲开始讲到的万花筒，也是平面镜多次成像的例子。

例 1. 以平面镜 MO 和 NO 为两个侧面的一个黑盒子里有一个点光源 S，黑盒子的另一侧面 EN 上开有一个小孔 P，如图 5-28 所示。一位观察者在盒外沿与 EN 平行的方向走过时，通过 P 孔前后能被 S 所发出的光照射到几次？

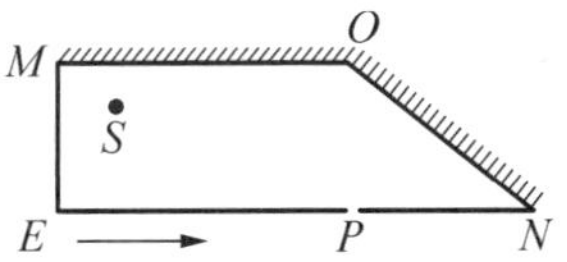

图 5-28

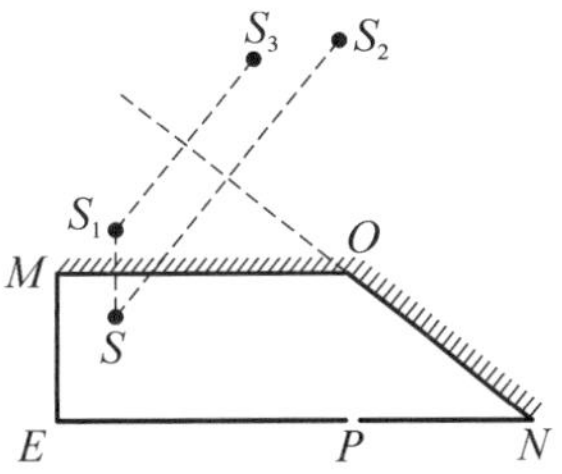

图 5-29

解： 一共能够被 S 发出的光照射到 4 次。点光源 S 在两个平面镜里总共能成三个虚像：（如图 5-29 所示）S 在 MO 镜中成的像 S_1，S 在 ON 镜中成的像 S_2，S_1 在 ON 镜中成的像 S_3。当一位观察者在盒外沿与 EN 平行的方向走过时，点光源 S 和这三个像，都能分别照射到观察者。如果观察者是从 E 向 N 行走，那么照亮观察者的顺序是 S_2、S_3、S_1、S。

例 2. 如图 5-30 所示，两个平面镜相互垂直竖直放置，点光源 S 在两个平面镜中间。现让点光源 S 沿圆周顺时针运动，则可以在平面镜中成几个像？各个像是怎么样转动的？

解： 这样放置的两面镜子叫作直角镜。点光源 S 在 1 镜中可以成一个虚像 S_1，在 2 镜中可以成一个虚像 S_2，然后 S_1 还能在 2 镜中成一个像 S_3。S_1 和 S_2 是逆时针转动的，S_3 是顺时针转动的。

这里需要说明的是，如果人在 S 附近观察 S 的像，不是同时可以看到 3 个像的。向 1 镜看，可以看到 S_1；向 2 镜看，可以看到 S_2；向两镜接缝处看，可以看到 S_3。

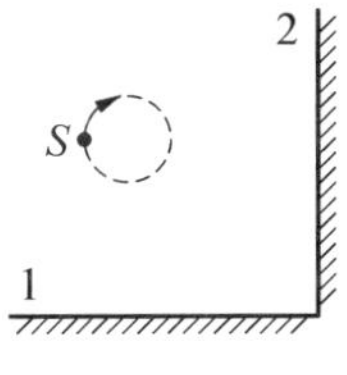

图 5-30

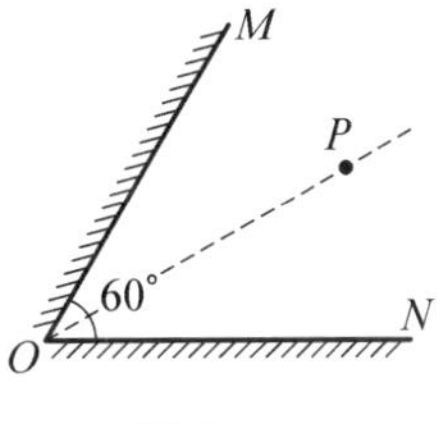

图 5-31

例 3. 如图 5-31 所示，两平面镜夹角为 60°，OP 为角平分线，P 点为角平分线上的一个发光点，则在平面镜 M 中形成的 P 点的像有几个？

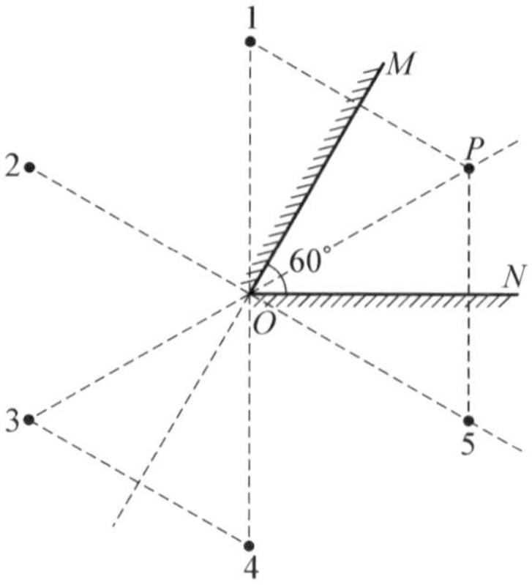

图 5 - 32

解: 通过观察,可知 P 一共能成五个像,如图 5 - 32 所示。但题目问的是在 M 镜内能成几个像,所以需要仔细分析每一个像是怎样形成的。像 1 是 P 在 M 镜中形成的。像 2 是 P 先在 N 镜中形成像 5,然后像 5 再在 M 镜中形成的。像 3 是 P 先在 N 镜中形成像 5,然后像 5 再在 M 镜中形成像 2,像 2 再在 N 镜中形成的。(或者说像 3 是 P 先在 M 镜中形成像 1,然后像 1 再在 N 镜中形成像 4,像 4 再在 M 镜中形成的)相 4 是 P 先在 M 镜中形成像 1,然后像 1 再在 N 镜中形成的。像 5 是 P 在 N 镜中形成的。

这样看来,像 1、像 2 肯定是在 M 镜中形成的。像 3 的位置实际上有两个重叠的像,上文括号中说的一个像也是在 M 镜中形成的。像 4 尽管也和 M 镜有关,但最后是在 N 镜中形成的。像 5 和 M 镜无关。所以最后的结论是,在平面镜 M 中形成的 P 点的像有 3 个(像 1、2、3)。

例 4. 两面平面镜 MN 和 PQ 如图 5 - 33 所示平行放置,相距 d 米,一小球以速度 v 向镜面运动,则观察到两个平面镜内所形成的第一个像之间的相对运动情况是 (　　).

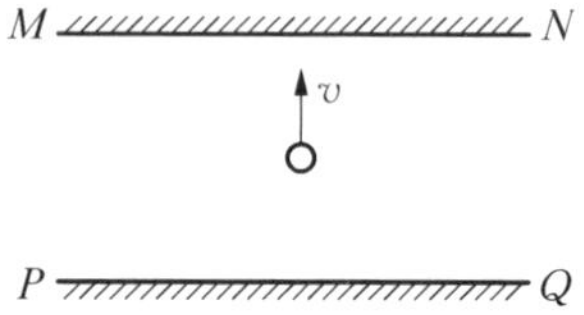

图 5 - 33

A. 不论小球向哪个平面镜运动,两个像之间相互靠近,相对速度为 $2v$

B. 不论小球向哪个平面镜运动,两个像之间相对速度为零

C. 小球向 MN 镜运动时,两个像靠近,相对速度为 $2v$

D. 小球向 MN 镜运动时,两个像远离,相对速度为 $2v$

解: 这就是我们前面讲到过的美容院的情况,MN 镜和 PQ 镜中可以成无数多个像。我们现在只讨论 MN 镜和 PQ 镜中第一次形成的像。

如果小球向 MN 镜运动,小球在 MN 镜中形成的像向下运动,速度为 v。小球在 PQ 镜中形成的像也向下运动,速度为 v。所以两个像的相对速度为零。如果小球向下运动,情况也相同,只是两个像都向上运动。

B 选项正确。

例 5. 图 5 - 34 中 AB、BC、CD 为平面镜,EF 为挡光板,S 为发光点,试从 S 点作一条光线,经三块平面镜反射后恰能通过 M 点。

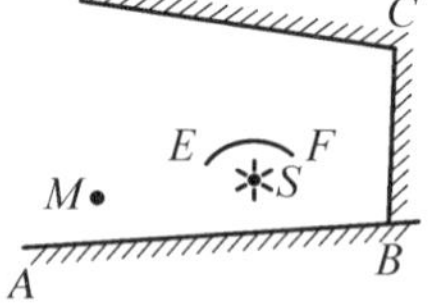

图 5 - 34

解: 这是一道作光路图的题目。可以从发光点 S 开始,作出光线一直到 M。根据光路可逆,也可以从 M 点开始,作出逆向的光线一直到 S。前者称为正向光路,后者称为逆向光路。

(1) 正向光路

如图 5 - 35 所示。先作出 S 在 AB 中的像 S',然后作出 S' 在 BC 中的像 S'',最后作出 S'' 在 DC 中的像 S'''。连接 M 点和 S''' 点,和 DC 镜交于 H。连接 H 点和 S'' 点,和 BC 镜交于 I。连接 I 点和 S' 点,和 AB 镜交于 G。折线 $SGIHM$ 便表示光路。

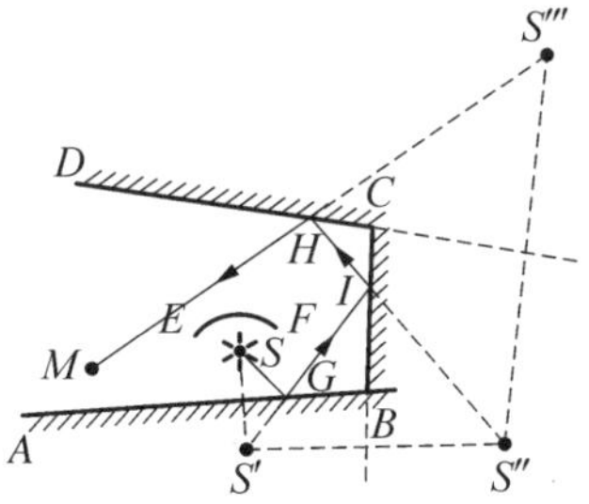

图 5-35

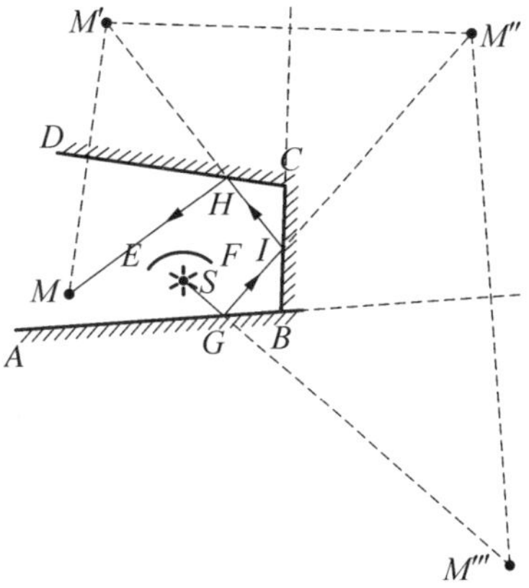

图 5-36

(2) 逆向光路

如图 5-36 所示。先作出 M 在 DC 中的像 M'，然后作出 M' 在 BC 中的像 M''，最后作出 M'' 在 AB 中的像 M'''。连接 S 点和 M''' 点，和 AB 镜交于 G。连接 G 点和 M'' 点，和 BC 镜交于 I。连接 I 点和 M' 点，和 DC 镜交于 H。折线 $SGIHM$ 便表示光路。

•知识巩固•
想想练练

1. 飞机在赤道上方由西向东匀速飞行，不考虑光线在大气中的折射，下列说法中正确的是　　(　　).

A. 乘客看到"日出"时，飞机正下方地上的人过一会才能看到日出，乘客看到"日落"时，飞机正下方地上的人已经提前看到日落了

B. 乘客看到"日出"时，飞机正下方地上的人过一会才能看到日出，乘客看到"日落"时，飞机正下方地上的人也要过一会才能看到日落

C. 乘客看到"日出"时，飞机正下方地面上的人已经提前看到日出了，乘客看到"日落"时，飞机正下方地面上的人过一会才能看到日落

D. 乘客看到"日出"时，飞机正下方地面上的人已经提前看到日出了，乘客看到"日落"时，飞机正下方地面上的人也已经提前看到日落了

2. 路灯高度为 6.8 米，人的高度为 1.7 米，当人经过路灯正下方后，头顶的影子在地面上以 1 米/秒的速度匀速移动，则　　(　　).

A. 人不可能匀速行走

B. 人以 0.75 米/秒的速度匀速行走

C. 人以 4 米/秒的速度匀速行走

D. 人以 0.25 米/秒的速度匀速行走

3. 夜晚，人们仰望天空，有时能看到闪烁的人造地球卫星。地球赤道处有一观察者，在日落 4 小时后看到一颗人造地球卫星从赤道正上方高空中经过，设地球半径为 R，则这颗人造地球卫星距赤道地面的高度至少为多少？(不考虑空气对光线的折射)

4. 晴朗日子，某人从高出海平面 6.32 米处用高倍望远镜观察平静的海面，则他最远能看到大约________米远的海面(已知地球半径约为 6.4×10^6 米)。(不考虑大气对光线的折射

作用）

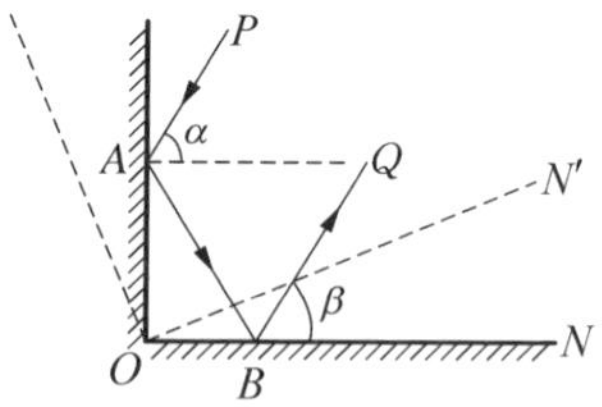

图 5－37

5. 如图 5－37 所示，两平面镜垂直放置，某光线 PA 以入射角 α 入射到镜面 M 上，经平面镜 M 和 N 两次反射后反射光线 BQ 与 PA 平行。现将两平面镜以过 O 点且垂直于纸面的轴逆时针旋转一个角度 $\beta(\beta<\alpha)$，假设镜面足够大，则入射光线与反射光线之间的距离将（　　）.

A. 增大　　B. 减小　　C. 不变　　D. 无法判断

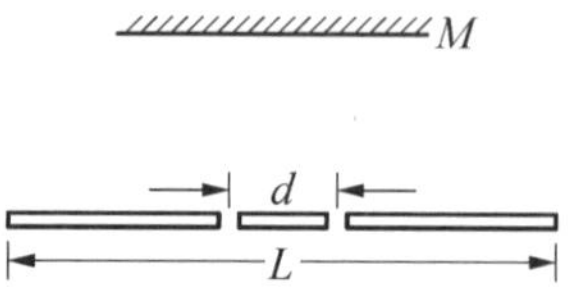

图 5－38

6. 如图 5－38 所示，一根长度为 L 的直薄木条上有两个观察小孔。两小孔之间的距离为 d，d 恰好是一个人两眼间的距离，当木条水平放置时，此人想通过两观察孔看见此木条在平面镜 M 里完整的像，那么平面镜的宽度至少是多少？

7. 某房间墙上挂着 0.5 米高的平面镜（镜面足够宽），对面墙上挂着 1.5 米高的中国地图，平面镜和地图的中心都和人的眼睛等高。两墙面之间的距离为 3 米，欲从镜子里看到全部地图，人需要站在距离挂地图的墙至少多远？

8. 如图 5－39 所示，MN 为平面镜，CD 为光屏。它们均竖直放置，在离平面镜 N 端正前方，位于 MN、CD 之间中点处有一激光源 S。现 S 点发出一束光线向镜面投射，当光线的入射点从 N 点移动到 M 点时，测得反射光在光屏 CD 上的移动速度是 3 米/秒，则入射光的入射点沿镜面移动的速度是________米/秒。

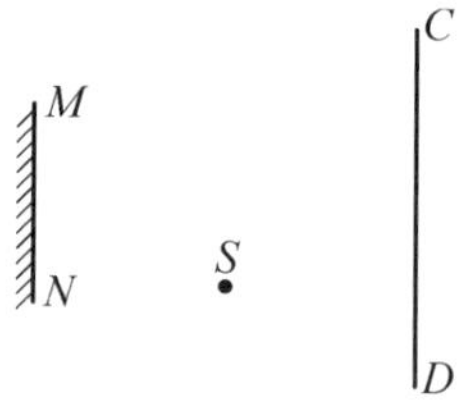

图 5－39

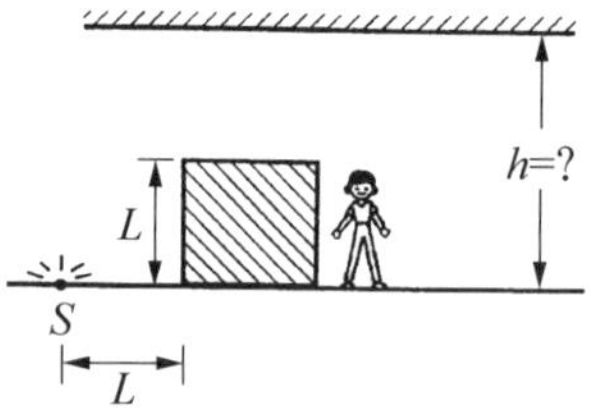

图 5－40

9. 如图 5－40 所示，某房间水平地面上有一点光源 S，距离点光源为 L 的地面上，放有一边长为 L 且不透光的立方体物块，并且正好挡住了房间内某同学的视线。该同学只好通过安置在天花板上的平面镜来观察光源的像，则平面镜离地面的高度不得低于多少？

10. 如图 5－41 所示，平面镜 OM 与 ON 互相垂直放置，在它们的角平分线上 P 点处，放

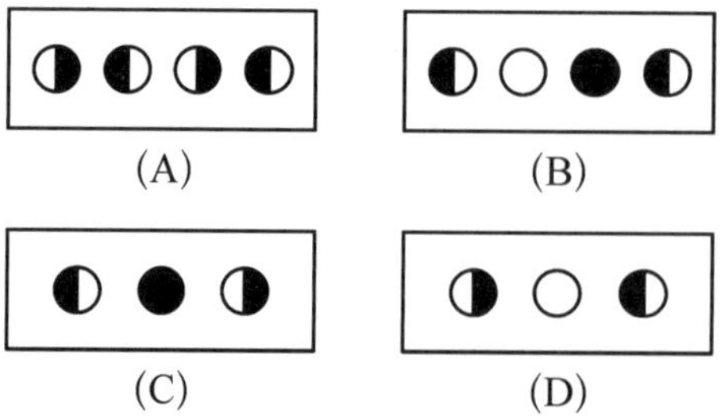

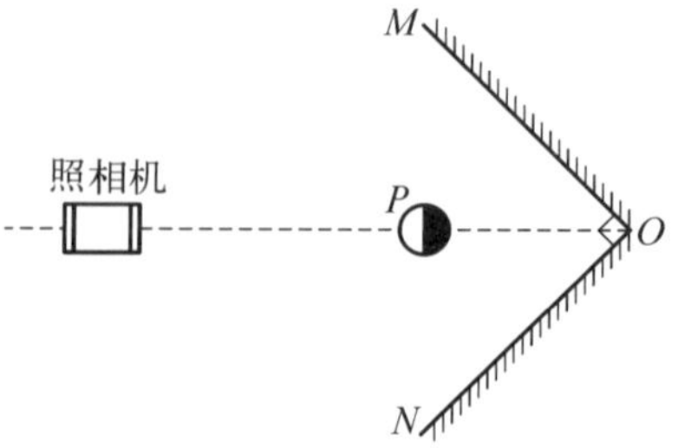

图 5－41

有一个球形放光物体，左半部分为浅色，右半部分为深色，在 P 点左侧较远的地方放有一架照相机，不考虑照相机本身在镜中的成像情况，则拍出照片比较像　　　　(　　).

11. 如图 5－42 所示，两平面镜 OA、OB 之间夹角为 θ，镜前有一个点光源 S，试画出光路图表示出能同时看到两个像的空间范围。

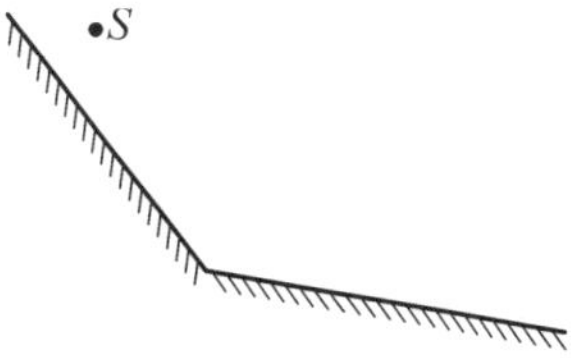

图 5－42

•知识巩固• 解题参考

1. 不考虑光线在大气中的折射，太阳光在大气中就是沿直线传播的。

图 5－43(a)所示日出的情况，飞机在 P 处，飞机正下方地上的人在 A 处。图示位置飞机上的人恰好能够看到太阳(所谓能够看到太阳，就是太阳发出的光线能够到达人的眼睛中)，A 处的人要过一会转到 B 处才能看到太阳。

图 5　43(b)表日落的情况，D 处和飞机上(Q 处)的人刚看到日落，此时地面上的人已经转到 C 处早就看到日落了。A 选项正确。

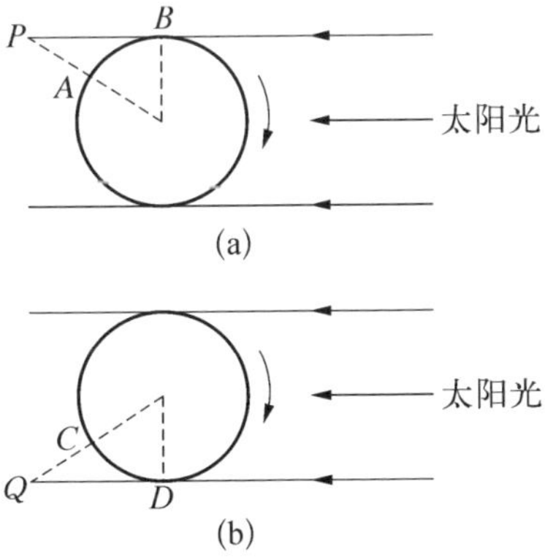

图 5－43

2. 如图 5－44 所示，因为 $\triangle AOC \backsim \triangle A'OC'$ 所以 $AC : A'C' = OC : OC'$。左边都除以时间 t，可得 $\dfrac{AC}{t} : \dfrac{A'C'}{t} = OC : OC'$，$v_{人} : v_{影} = OC : OC'$。代入数据，有 $v_{人} = 0.75$ 米/秒。B 选项正确。

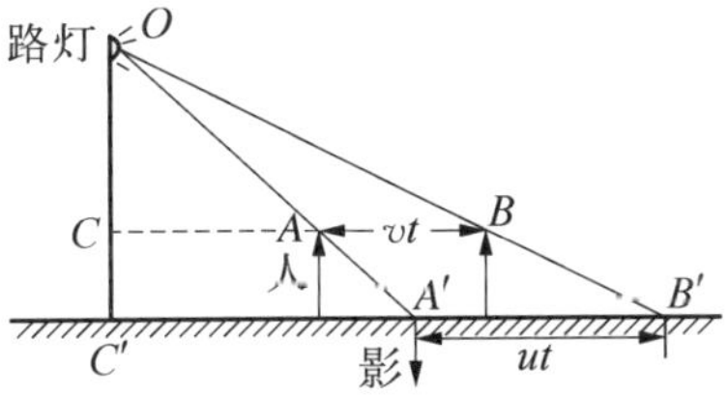

图 5－44

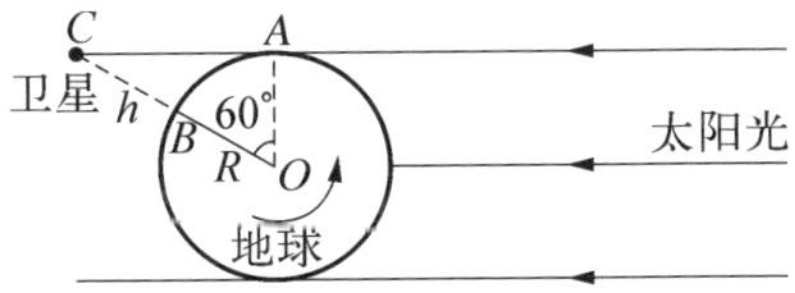

图 5－45

3. 如图 5－45 所示，在地球赤道上 A 处的人看到日落了，过了 4 小时后，他转到了 B 处，$\angle AOC = 60^\circ$。$OC = 2R$，所以卫星离地面的高度至少为 R。

4. 如图 5－46 所示，$s = \sqrt{(h + R)^2 - R^2} = \sqrt{h^2 + 2hR}$

$$\approx \sqrt{2hR} = \sqrt{2 \times 6.32 \times 6.4 \times 10^6}$$
$$= 9 \times 10^3 (\text{m}).$$

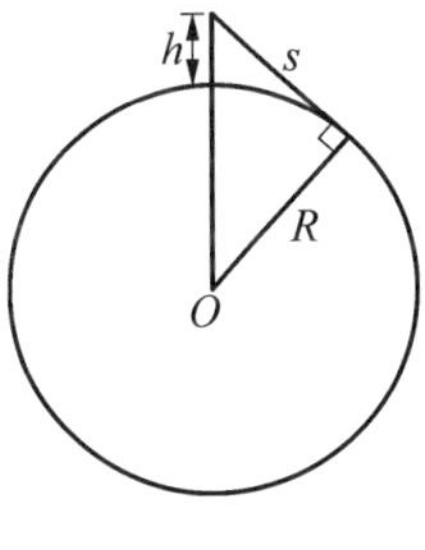

图 5－46

5. 如图 5－47 所示，反射光线可以看作是由 P''' 点发出的，P，O，P''' 三点共线，而且 $PO = OP'''$。只要 P 和 O 的位置不变，P''' 的位置也不会变。所以当两平面镜以过 O 点且垂直于纸面的轴逆时针旋转一个角度时，反射光线位置不变，即入射光线与反射光线之间的距离不变。C 选项正确。

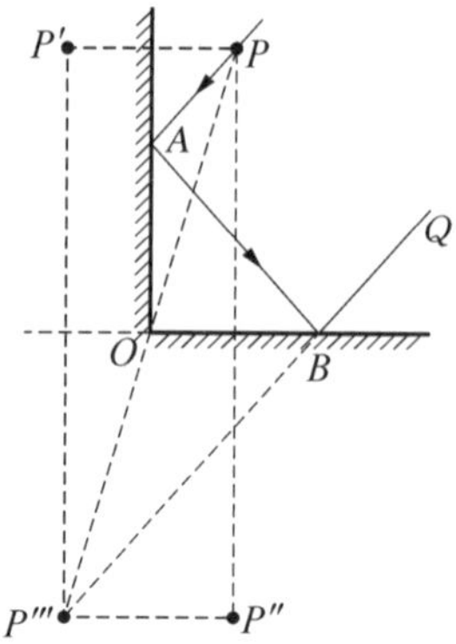

图 5-47

6. 如图 5-48 所示，先作出木条 PQ 在平面镜中的像 $P'Q'$（相对平面镜对称），只要左眼能看到 Q'，右眼能看到 P' 即可。通过几何运算可得，平面镜的最小宽度为 $\dfrac{L-d}{2}$。

7. 如图 5-49 所示，设人和背后墙之间的距离是 x，先作出地图在平面镜中的像（相对平面镜对称），连接地面图像的两个端点和平面镜的上、下沿，两条连线延长后的交点就是人眼所在的位置 P。利用相似三角形的比例关系，可得 $x=1.5$ 米。

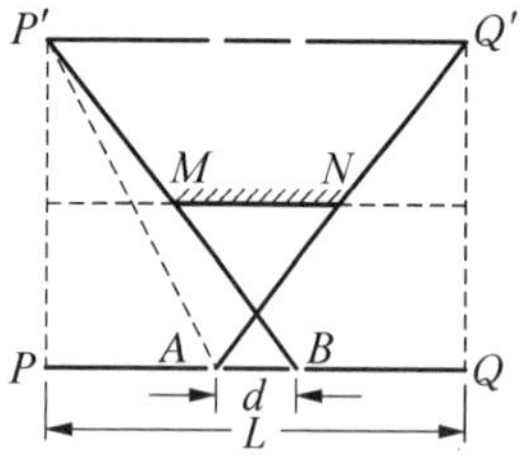

图 5-48

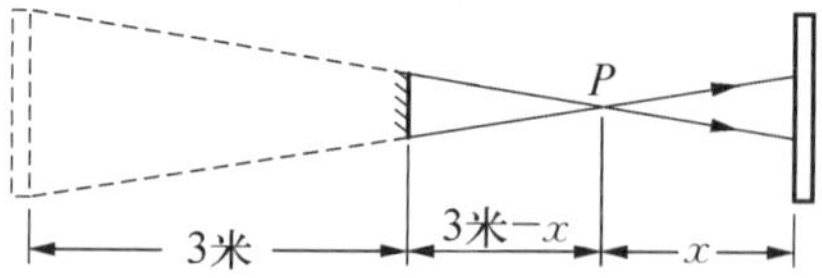

图 5-49

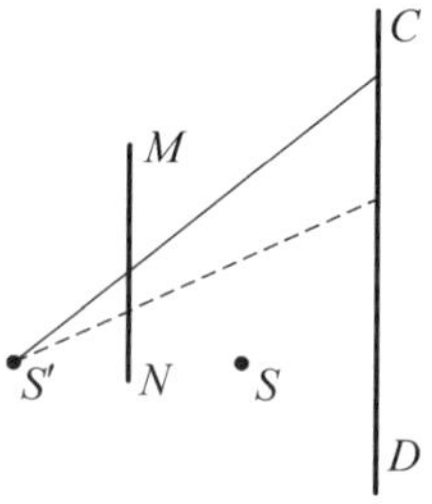

图 5-50

8. 如图 5-50 所示，作出 S 在平面镜中的像 S'，照到屏上的光就像是从 S' 发出的一样。由相似三角形的关系可知，在相等时间内光点在平面镜上移动的距离等于在光屏上移动距离的 1/3，因此光点在平面镜上移动的速度等于光点在光屏上移动速度的 1/3。光点在光屏上移动的速度是 3 米/秒，所以入射光的入射点沿镜面移动的速度是 1 米/秒。

9. 当平面镜的高度最低的时候，是同学能够看到 S 的光线掠过正方体的左、右两个上角（如图 5-51 所示）。由几何关系可知，平面镜离地面的高度不得低于 $\dfrac{3}{2}L$。

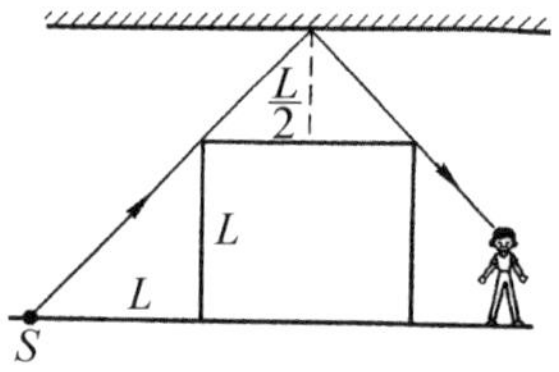

图 5-51

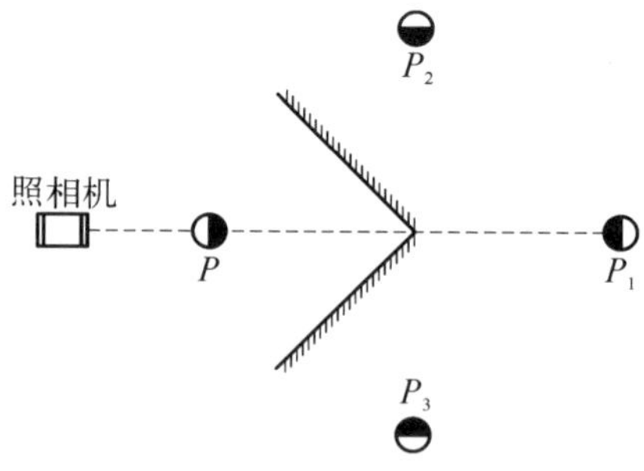

图 5-52

10. 球形发光物体在两片平面镜中成的像如图 5-52 所示，照相机无法拍到像 P_1，因为它被物体 P 挡住了，照片上只有三个球。D 选项正确。

11. 如图 5-53 所示，作出 S 在 BO 镜中成的像 S_1，S 在 AO 镜中成的像 S_3，S_1 在 AO 镜

中成的像 S_2。（S_3 不能在 BO 镜中第二次成像）BO 镜面前 $\angle BS_1O$ 中的所有位置都是可以看到 S_1 的，AO 镜面前 $\angle AS_3O$ 中的所有位置都是可以看到 S_3 的，AO 镜面前 $\angle AS_2O$ 中的所有位置都是可以看到 S_2 的。因此Ⅰ区只能看到 S_1，Ⅱ区能看到 S_1 和 S_3，Ⅲ区三个像都能看到，Ⅳ区只能看到 S_1，Ⅴ区能看到 S_1 和 S_2。

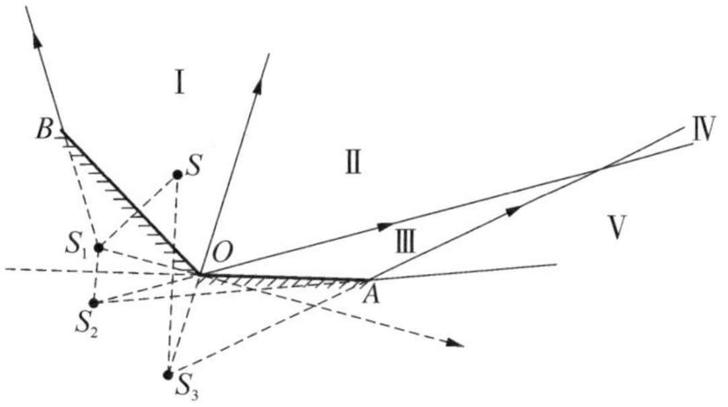

图 5－53

第六讲

生活中无处不在的透镜

小区中的摄像头，教室里投影仪的镜头，家里防盗门上的"猫眼"，手机上的摄像镜头，还有每一个人身上都有的光学仪器——眼睛，以及近视的同学戴的近视镜，爷爷奶奶戴的老花镜等等，存在于我们生活中的透镜太多太多了。

从光学发展的历史来看，中国的青铜镜早就有应用。但玻璃、珐琅在埃及、希腊、罗马发现得较早，因此西方对光的传播规律的描述和总结也比较多一些。柏拉图学园(前 428—前 348)的教学内容中就已经有光的直进和反射角等于入射角的内容了。

欧几里得(约前 330—前 275)在《光学》一书中说："我们假想光是直线行进的，在线与线之间还留出一些空隙来，光线自物体到人眼成为一个锥体，锥顶在人眼，锥底在物体。(人眼发出光线)只有被光线碰到的物体，才能被我们看见。"这就是"流出论"。另一些人主张一切感觉都是从物体发出的物质流引起的，叫作"原子论"。亚里士多德介于二者之间，主张"视觉是在眼睛和可见物体之间的中介者运动的结果"。

一、光线的折射

1. 折射定律的建立

光射到两种媒质的界面上时，一部分光发生了反射，回到原先的媒质中；一部分光进入了另一种媒质中，而且传播方向发生了变化，这种现象叫作光的折射。图 6-1 中通过光的入射点 O 作界面 AB 的垂线 NN'(叫作法线)，入射光线和法线的夹角 i 叫作入射角，折射光线和法线的夹角 r 叫作折射角。

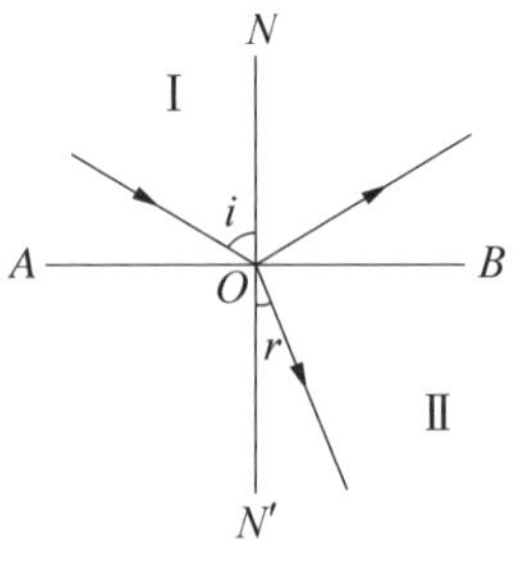

图 6-1

改变入射光线的方向，折射光线的方向也随之改变。折射角跟入射角之间有什么关系呢?

托勒密(70—147)提出折射角与入射角成正比。

阿拉伯人阿尔加桑(965—1038)提出入射线、折射线和法线在同一平面内。他还通过晚霞的持续时间，计算出太阳可以处于地平线下 10°，估算出大气层的高度为 5 200 步。开普勒 1611 年发表了《曲光学》。他认为折射角 r 由两部分组成，一部分正比于入射角 i，另一部分正比于入射角的正割

sec i。只有在 i 小于 30°时，托勒密的正比定律才适用。光近乎垂直地从空气射入水中时，$i:r=3:2$。光从空气射入水中时，折射角不会超过 42°。根据光路的可逆性，他得出存在全反射现象的结论。

荷兰数学家斯涅尔(1591—1626)在 1621 年发现了折射定律。他发现对于任何入射角 $\frac{\csc i}{\csc r}=$ 常量。这一定律是斯涅尔去世后在其遗稿中发现的。现在一般把折射定律写成

$$\frac{\sin i}{\sin r}=\frac{v_1}{v_2}=n.$$

式中 v_1 和 v_2 分别是光在介质Ⅰ和介质Ⅱ中的传播速度。如果介质Ⅰ是真空(或者空气)，那么 n 就叫作介质Ⅱ的绝对折射率。对于两种媒质来说，光在其中传播速度较小的，绝对折射率较大，叫作光密媒质；光在其中传播速度较大的，绝对折射率较小，叫作光疏媒质。光密媒质和光疏媒质是相对而言的，例如水跟空气相比，水是光密媒质；而水跟玻璃相比，水就是光疏媒质。

纵观发现折射定律的 1 500 多年历史，可见科学研究需要多么艰苦的探索和百折不挠的毅力！

折射定律的确立是光学史上的一个重大事件，它使几何光学获得了进一步的发展，因此引起了许多著名学者的强烈反响，纷纷从不同的物理角度，采取不同的数学工具来解释和证明折射定律。其中最著名的是法国人费马(P. Fermat，1601—1665)，他提出了如下假设：光总是以最少的时间从一种介质的某一点运动到另一种介质中的某一点，由此假设可以推导出折射定律。费马的这个原理对物理学的发展，对量子力学的建立都有重要的启迪作用。

2. 两种学说对折射定律的讨论

如上一讲所述，关于光的本性的争论，主要有两种学说。一种是以牛顿为代表的“微粒说”，另一种是以惠更斯为代表的“波动说”。这两种学说都能很好地解释光的直线传播和反射的规律。但是这两种学说在解释折射定律的时候，却发生了矛盾。微粒说是这样来解释光的折射现象的，如图 6－2 所示，微粒通过两种介质的界面时，微粒速度平行于界面方向的分量 $v_{\parallel 1}$ 和 $v_{\parallel 2}$ 保持不变，而微粒速度垂直于界面方向的分量受到阻滞变小了，使微粒的速度由 v_1 变成了 v_2。由于 $v_{\parallel 1}=v_{\parallel 2}$，于是

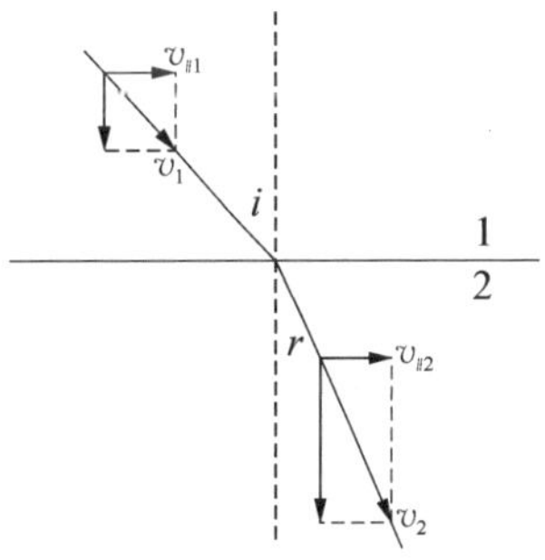

图 6－2

$$\frac{\sin i}{\sin r}=\frac{v_{\parallel 1}/v_1}{v_{\parallel 2}/v_2}=\frac{v_2}{v_1}.$$

表明入射角 i 的正弦和折射角 r 的正弦之比与入射角无关，仅仅取决于微粒在两种介质中的速度之比。

波动说仍然用惠更斯原理来解释光的折射，如图 6－3 所示，光斜射向界面的波到达界面

的时间先后不一，它们发出的次波大小不同。它们的包络面是 CD，折射光线就是 AD。于是

$$\frac{\sin i}{\sin r}=\frac{\sin\angle BAC}{\sin\angle ACD}=\frac{BC/AC}{AD/AC}=\frac{BC}{AD}=\frac{v_1}{v_2}.$$

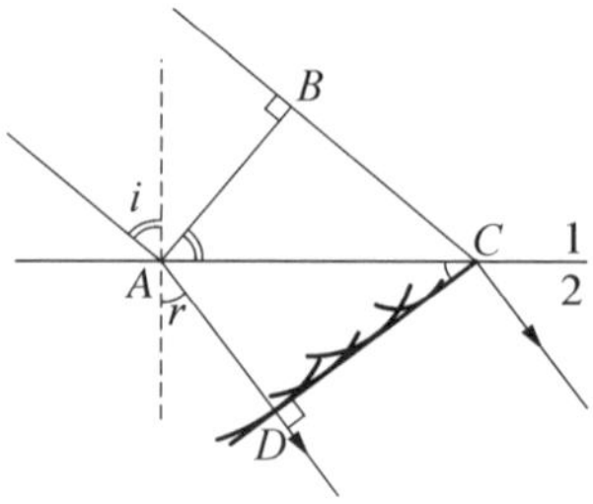

图 6 - 3

同样得出入射角 i 的正弦和折射角 r 的正弦之比与入射角无关，仅仅取决于微粒在两种介质中的速度之比，但是得出的结论是相反的。因为当时还不能准确地测量光速，所以无法通过实验来判断谁是谁非。

到了 19 世纪，迈克尔逊成功地测定了空气中的光速。他选择了两个山峰，测出两山峰间的距离。在第一座山峰上安装一个强光源 S 和一个正八面棱镜 A（如图 6 - 4 所示）。光源 S 发出的光，经过狭缝射到八面镜 A 的面 1 上，反射后射到放置在第二座山峰上的凹镜 B 上，经平面镜 M 反射后，再由凹镜 B 反射回第一座山峰。如果八面镜静止不动，反射回来的光就射到八面镜的另一个面 3 上，经面 3 反射后，通过望远镜 C 进入观察者的眼中，人能看到光源 S。如果使八面镜转动，那么光经凹镜 B 反射回来时，八面镜的面 3 已经偏离了原来的方向，经面 3 反射后的光将不再进入望远镜中，观察者就看不到 S 了。适当调节八面镜的转速，使反射回来的光到达八面镜时，八面镜恰好转过 1/8 转，这时面 2 正好转到原来面 3 所在的位置，经面 2 反射后的光就可以进入望远镜中，观察者就可以重新看到 S。根据八面镜转过 1/8 转所用的时间和两座山峰间的距离，就可以算出光在空气里的速度。迈克尔逊经过校正，得出光在真空中的速度 $c=299\ 796$ 千米/秒。这已经是一个非常不错的结果了，现在光速的公认值是 $c=299\ 792.458$ 千米/秒。随着光在各种不同介质中传播速度的成功测定，证明波动说的解释是正确的。

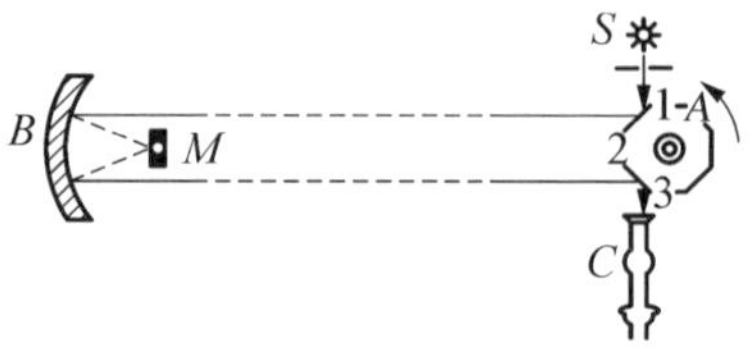

图 6 - 4

3. 全反射

光从光密媒质Ⅰ射向光疏媒质Ⅱ时，折射角总是大于入射角，当入射角 θ 增大到某一角度时，折射角 r 将达到 90°，这时不再有折射光线，光全部反射回原光密媒质中，这种现象叫作光的全反射（如图 6 - 5 所示）。折射角等于 90°时的入射角叫作临界角。利用光的折射定律，可以求出各种媒质对空气（或真空）的临界角。如果用 θ 表示临界角，n 表示媒质的折射率，那么有

$$\frac{\sin\theta}{\sin 90^\circ}=\frac{1}{n}.$$

由此可得 $$\sin\theta=\frac{1}{n},\ \theta=\arcsin\frac{1}{n}.$$

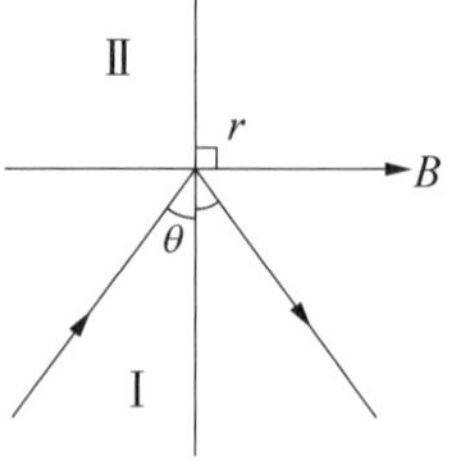

图 6 - 5

值得注意的是，由折射到全反射，是一个量变到质变的过程。当入射角逐渐增大时，折射光逐渐减弱，反射光逐渐增强。当入射角达到临界角时，沿着界面传播的折射光减弱至零，反

射光最强。

例 1. 如图 6－6 所示，有一个长方形容器，高为 30 厘米，宽为 40 厘米，在容器的底部平放着一把长 40 厘米的刻度尺，眼睛在 DA 延长线上的 E 点观察，视线沿着 EA 斜向下看，恰看到尺的左端零刻度线。现保持眼睛的位置不变，向容器内倒满某种液体，这时眼睛仍沿 EA 方向观察，恰能看到尺上 20 厘米处的刻度线，求这种液体的折射率为多少？

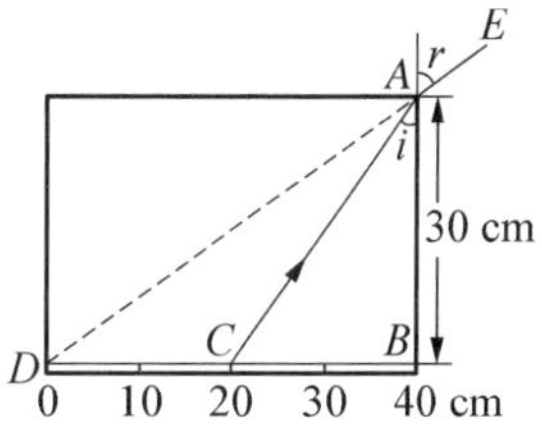

图 6－6

解： 所谓眼睛恰能看到 20 厘米处的刻度线，即 20 厘米刻度线处反射的光经水面折射能到人眼中。从图中不难看出，液体的折射率

$$n=\frac{\sin i}{\sin r}=\frac{BD/AD}{BC/AC}=\frac{40/\sqrt{40^2+30^2}}{20/\sqrt{20^2+30^2}}=1.44.$$

例 2. 某三棱镜的横截面是一个直角三角形如图 6－7 所示，$\angle A=90^\circ$，$\angle B=30^\circ$，$\angle C=60^\circ$，棱镜材料的折射率为 n，底面 BC 涂黑，入射光沿平行于 BC 的方向射向 AB 面，经两次折射后射出。

(1) 求出射光线和入射光线延长线之间的夹角 θ（即光线的偏向角）；

(2) 为使上述入射光线能从 AC 面射出，折射率 n 的最大值为多少？

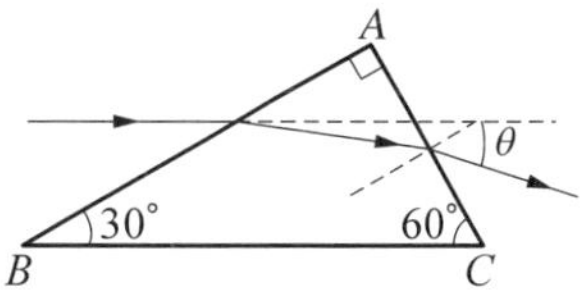

图 6－7

解： 本题第二问所谓“入射光线能从 AC 面射出”，即要求第一次折射后的光线恰好未在 AC 面上发生全反射。

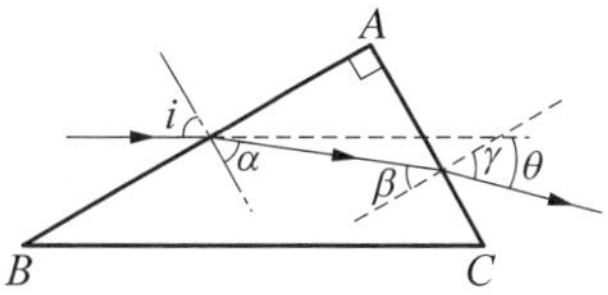

图 6－8

(1) 设光线第一次折射的入射角和折射角分别为 i 和 α，第二次折射的入射角和折射角分别是 β 和 γ（如图 6－8 所示）。由折射定律

$$\sin i=n\cdot\sin\alpha,\ i=60^\circ,\ \sin\alpha=\frac{1}{n}\sin 60^\circ=\frac{\sqrt{3}}{2n}.$$

因为 $\alpha+\beta=90^\circ$，所以 $\sin\beta=\cos\alpha$.

$$\sin\beta=\sqrt{1-\sin^2\alpha}=\frac{\sqrt{4n^2-3}}{2n}.$$

对第二次折射用折射定律 $n\cdot\sin\beta=\sin\gamma$，

$$\sin\gamma=n\cdot\frac{\sqrt{4n^2-3}}{2n}=\frac{\sqrt{4n^2-3}}{2}.$$

$$\theta=(60^\circ-\alpha)+(\gamma-\beta).$$

(2) 要使光线从 AC 面射出，要求 $\sin\gamma<1$，

即
$$\frac{\sqrt{4n^2-3}}{2}<1,\ n<\frac{\sqrt{7}}{2}.$$

例 3. 宽为 a 的平行光束从空气斜向入射到两面平行的玻璃板上表面，入射角为 45°，光束中包含两种波长的光，玻璃对这两种光的折射率分别为，$n_1=1.5$，$n_2=\sqrt{3}$。

(1) 求每种光射入上表面后的折射角 r_1、r_2；

(2) 为使光束从玻璃板下表面射出时能分成不交叠的两束，玻璃板的厚度 d 至少为多少？并画出光路示意图。

解：(1) 根据折射定律，两种光射入上表面后的折射角分别为：

$$r_1=\sin^{-1}(\sin 45^\circ/n_1)=\arcsin(\sqrt{2}/3)=28.1^\circ,$$

$$r_2=\sin^{-1}(\sin 45^\circ/n_2)=\arcsin(\sqrt{2}/2\sqrt{3})=24.1^\circ.$$

(2) 要使两束光从玻璃板下表面出射时分成不交叠的两束，要求两束光的侧移距离之差至少为 a（如图 6-9 所示），即

$$\frac{d\cdot\sin(45^\circ-r_2)}{\cos r_2}-\frac{d\cdot\sin(45^\circ-r_1)}{\cos r_1}=a,$$

$$d\left(\frac{\sin 20.9^\circ}{\cos 24.1^\circ}-\frac{\sin 16.9^\circ}{\cos 28.1^\circ}\right)=a,$$

$$d=16.3a.$$

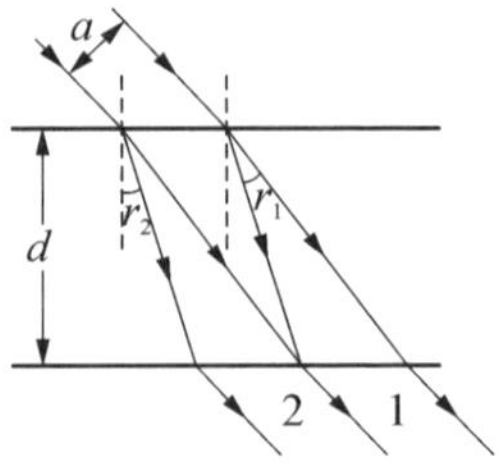

图 6-9

例 4. 如图 6-10 所示，有一根端面平整的光导纤维的芯材是一根圆柱体，它的折射率为 n。芯材外部是空气（实际上光导纤维外面还有保护层，保护层的折射率小于芯材的折射率）。从端面射入一束光，欲使其在光导纤维内顺利传播，这束光的入射角 i 不得大于多少？

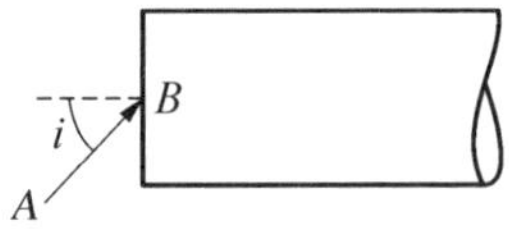

图 6-10

解：光线由 A 点射入芯材的端面，由折射定律有

$$\frac{\sin i}{\sin r}=n.$$

由题目的要求，光线射到 B 点必须要发生全反射（如果有光线发生折射，就会有能量的损失）。所以图 6-11 中

$$\sin i'>\frac{1}{n}.$$

由几何关系有 $\quad r+i'=90^\circ.$

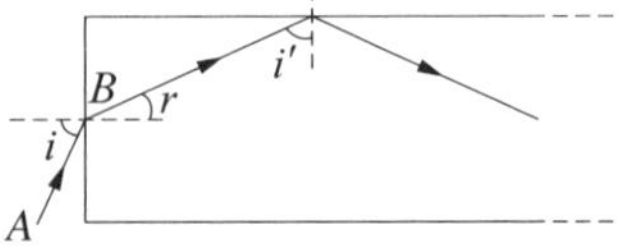

图 6-11

由以上三个方程可解得

$$i<\arcsin\sqrt{n^2-1}.$$

例 5. 有人在水池边上竖直向下观看池水的深度，看上去池水的视深为 h，已知水的折射率为 $n=\dfrac{4}{3}$，那么水的实际深度是多少？

解: 这里要注意,竖直向下看,并不等于池底反射上来的光不发生折射,而应该理解成小角度的折射。正因为是小角度折射,我们还可以用一些小角的近似(如图 6-12 所示)处理。

池底 A 点反射的光线经水面上 O 点的折射向 OB 方向射出,人感觉到 A 点在 C 点(因为人早已习惯光线是直线传播的)。

因为是小角度折射,所以入射角 i 和折射角 r 都是小角。因此根据折射定律有

$$n=\frac{\sin r}{\sin i}=\frac{\tan r}{\tan i}=\frac{OD/CD}{OD/AD}=\frac{AD}{CD},$$

所以
$$AD=CD\cdot n=n\cdot h=\frac{4}{3}h.$$

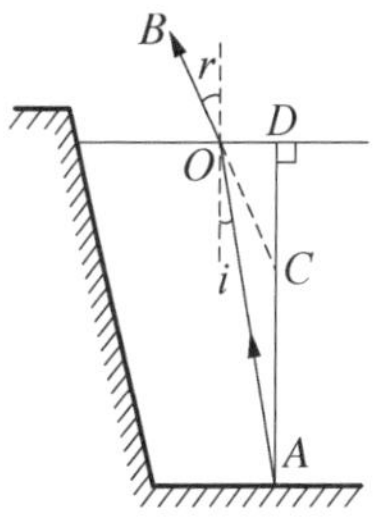

图 6-12

二、透镜成像

1. 透镜

透镜可分为两类。一类是中间厚、边缘薄的,叫作凸透镜。凸透镜对光线起会聚作用,又叫作会聚透镜。另一类是中间薄、边缘厚的,叫作凹透镜。凹透镜对光线起发散作用,又叫作发散透镜。

从上面的例题 2,可知棱镜会使光线向底面偏折。将透镜看成一个个的棱镜(或棱镜的一部分),就可以解释凸透镜会聚光线以及凹透镜发散光线的原因(如图 6-13 所示)。因为组成凸透镜的每个棱镜底面都靠中间,组成凹透镜的每个棱镜底面都靠外面,因此凸透镜能会聚光线,凹透镜能发散光线。

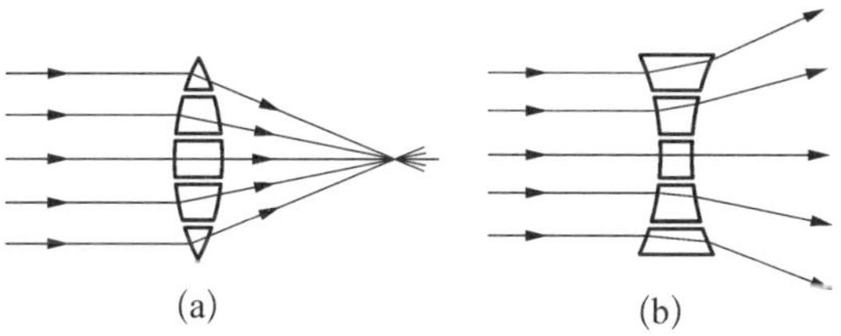

图 6-13

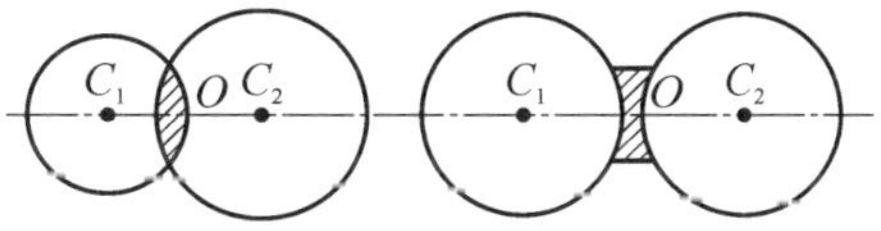

图 6-14

透镜的两个面都是球面,两个球面球心 C_1、C_2 的连线叫作透镜的主轴(如图 6-14 所示)。通常把厚度比球面的半径小得多的透镜叫作薄透镜,我们中学里讨论的都是薄透镜。透镜的几何中心叫作透镜的光心,过光心的光线不改变传播方向。

平行于主轴的光线,通过凸透镜后会聚于主轴上的一点,如图 6-15(a)所示,这个点叫作凸透镜的焦点。平行于主轴的光线通过凹透镜后会发散,如图 6-15(b)所示,这些发散光线看起来好像是从它们的反向延长线的交点 F' 发出来的,点

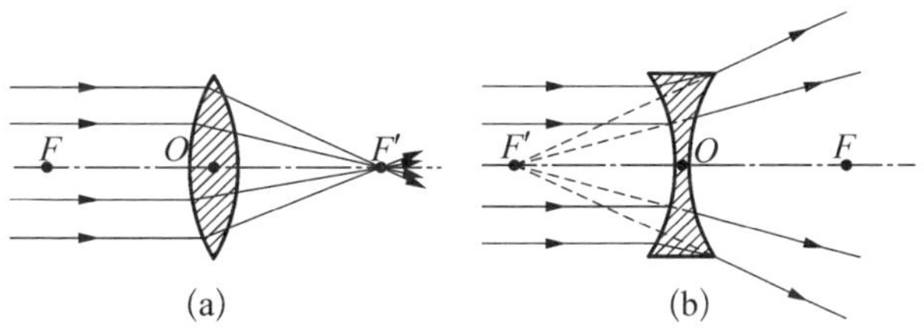

图 6-15

F'也在主轴上，叫作凹透镜的焦点。凸透镜的焦点是实焦点，凹透镜的焦点是虚焦点。

从透镜的焦点到光心的距离，叫作透镜的焦距，用 f 表示。透镜两侧各有一个焦点，只要透镜两侧的媒质相同，且透镜两面等屈率，那么两个焦点对光心是对称的，两个焦距相等。后面讨论的都是这种情况。

2. 透镜成像

透镜成像的位置和大小，可以用作图法来确定，也可以用公式法来确定。

(1) 用作图法确定透镜成像的位置和大小。

物体可以向各个方向发出光线，其中有三条光线比较特殊：(A) 平行主轴入射的光线，折射后通过焦点。(B) 通过焦点的光线，折射后平行于主轴。(C) 过光心的光线不改变传播方向。我们用这三条特殊光线中的两条就可以确定像的位置和大小。如图 6-16 所示的成像光路图就是利用(A)、(C)两条光线找到像的位置和大小的。

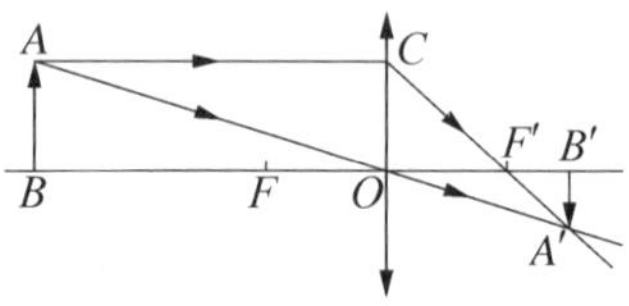

图 6-16

(2) 用公式法确定透镜成像的位置和大小。

图 6-16 中，从物体到透镜的距离 BO 叫作物距，用 u 表示；从像到透镜的距离 $B'O$ 叫作像距，用 v 表示。

因为 $\triangle ABO \backsim A'B'O$，所以有

$$\frac{AB}{A'B'}=\frac{BO}{B'O} \qquad ①$$

又因为 $\triangle COF' \backsim \triangle A'B'F'$，所以有

$$\frac{CO}{A'B'}=\frac{OF'}{B'F'} \qquad ②$$

因为 $CO=AB$，所以①、②式左边相等，当然右边也相等，即

$$\frac{OF'}{B'F'}=\frac{BO}{B'O} \qquad ③$$

而 $OF'=f$，$B'F'=v-f$，$BO=u$，$B'O=v$，将这些代入③式，可得

$$\frac{f}{v-f}=\frac{u}{v},$$

变形后可得到

$$\frac{1}{u}+\frac{1}{v}=\frac{1}{f}.$$

用这个公式计算出像距 v，就知道了像的位置。至于像的大小，可以用放大率来计算。这个公式也同样适用于凹透镜成像(同学们可以自己证明)。在使用时要注意，物距 u 一般总是用正值；像距 v 实像为正，虚像为负。焦距 f 凸透镜为正，凹透镜为负。

3. 放大率

像的长度 $A'B'$ 跟物体的长度 AB 之比，叫作像的放大率，可以用 m 表示，即

$$m=\frac{A'B'}{AB}.$$

从几个透镜成像的光路图中都可看出 $\frac{A'B'}{AB}=\left|\frac{v}{u}\right|$，所以

$$m=\left|\frac{v}{u}\right|.$$

4. 透镜成像的一般规律

将透镜成像公式 $\frac{1}{u}+\frac{1}{v}=\frac{1}{f}$ 变形可得

$$v=\frac{f\cdot u}{u-f}.$$

由上式可看出一些成像的规律。熟悉这些规律，对思考问题很有益处。

(1) 凸透镜成像：当 $u<f$ 时，$v<0$，$|v|>u$，成放大虚像[如图 6-17(a)所示]；当 $f<u<2f$ 时，$v>0$，$v>u$，成放大实像；当 $u>2f$ 时，$v>0$，$v<u$，成缩小实像。

(2) 凹透镜成像：因为凹透镜是发散透镜，所以焦距 f 取负值。因此永远有 $v<0$，$|v|<u$，成缩小虚像[如图 6-17(b)所示]。

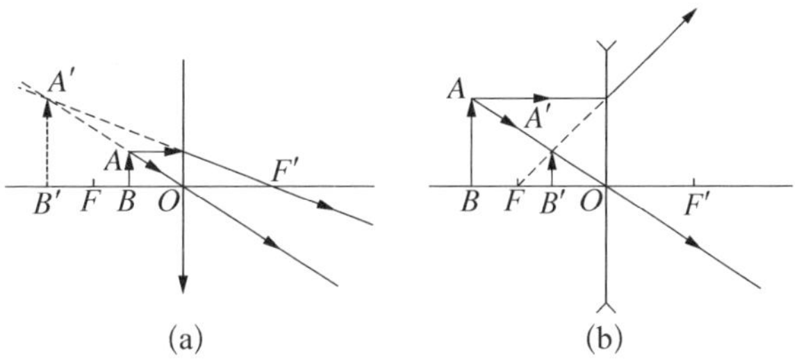

图 6-17

例 1. 图 6-18 中，O_1O_2 为透镜的主轴，S 为点光源，S' 是 S 的像，试用作图法，画出透镜光心和焦点位置。

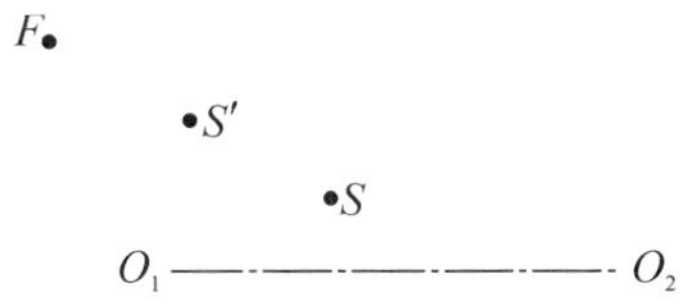

图 6-18

解： 因为 S' 与 S 比较是正立放大的像。所以可知 S' 是 S 经过凸透镜成的虚像(经过透镜成的实像都是倒立的，虚像都是正立的，而凹透镜只能成缩小的虚像)。

先作 $S'S$ 的延长线与主轴交于 O 点，这就是凸透镜的光心(如图 6-19 所示)。作出表示凸透镜的双箭头线。过 S 作主轴的平行线与透镜交于 A 点，延长 $S'A$ 与主轴交于 F_1 点，这就是透镜的右焦点。过 S' 作透镜的垂线，与透镜交于 B 点，延长 BS 与主轴交于 F_2 点，这就是透镜的左焦点(当然也可以根据左右焦点关于透镜对称来找到左焦点)。

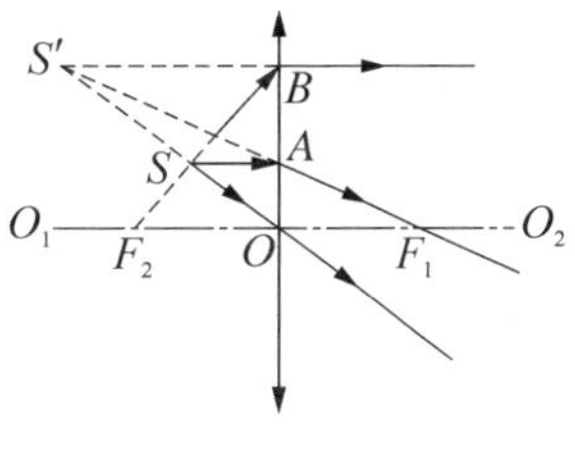

图 6-19

根据真实光线用实线表示，光线的反向延长线用虚线表示的原则，图中 SA、SB、SO、AF_1 应该画成实线，$S'B$、$S'A$、$S'S$、F_2S 应该画成虚线。

从解这道题的过程可看出，很好地利用透镜成像的三根特殊光

线的性质是很重要的。

例 2. 有一个凸透镜，其大小和焦距都已知，(1) 将一个已知大小的物体放在透镜和焦点之间的某一处，(2) 将此物体放在透镜焦点以外某一处，试分别用作图法确定这两次能看到物体完整的像的区域。

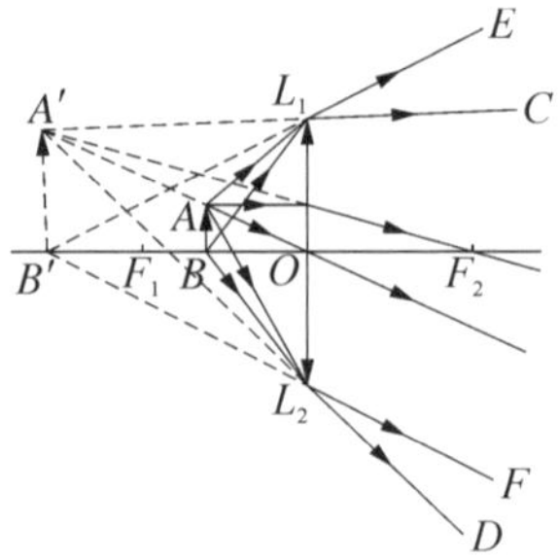

图 6－20

解: (1) 作出物体 AB 在凸透镜 L_1L_2 中成像的光路图(如图 6－20 所示)，$A'B'$是一个正立放大的虚像。

AL_1 的折射光是 L_1C，AL_2 的折射光是 L_2D。BL_1 的折射光是 L_1E，BL_2 的折射光是 L_2F。在 CL_1L_2D 区域中能看到 A 的像，在 EL_1L_2F 范围内能看到 B 的像，因此能看到 AB 的完整的像的区域是 CL_1L_2F 内。

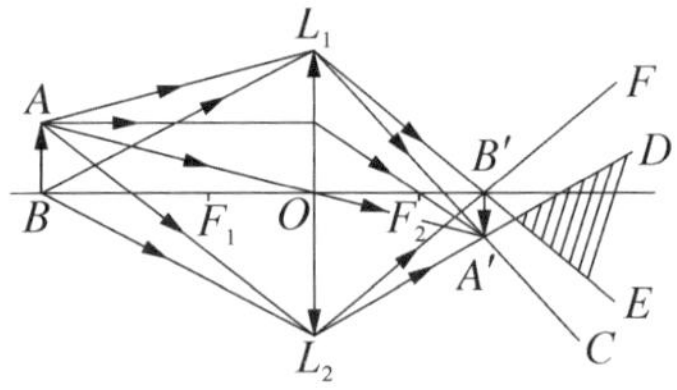

图 6－21

(2) 作出 AB 在透镜中成像的光路图(如图 6－21 所示)，$A'B'$是一个倒立的实像。

AL_1 的折射光是 L_1C，AL_2 的折射光是 L_2D. BL_1 的折射光是 L_1E，BL_2 的折射光是 L_2F。在 $CA'D$ 范围内是能看到 A 点的像的，在 $EB'F$ 范围内是能看到 B 点的像的。因此能看到 AB 完整的像的只有图中打斜线条的区域。

由此题的解法可看到，一般在求像距、物距或放大率等量时，透镜的大小是无需考虑的，而在求能看见的范围问题时，必须考虑透镜的大小(我们作的几条都是过透镜边沿的特殊光线)。

例 3. 如图 6－22 所示，在焦距 $f=10$ 厘米的凸透镜的主轴上，沿轴放一根粗细均匀的短棒 AB，长 $l=5$ 厘米，A 端到透镜的距离 $AO=20$ 厘米。

(1) 计算像长和物长之比；

(2) 用作图法求 A、B 两点的像；

(3) 像的哪端比较粗，请说明理由。

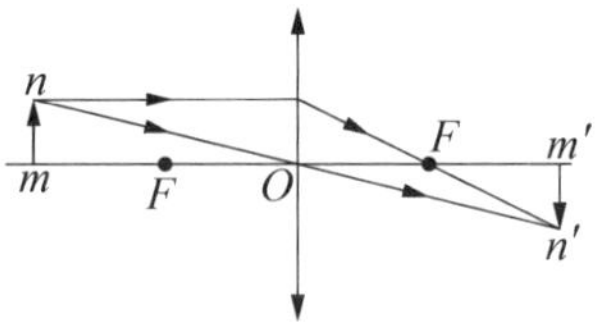

图 6－22

解: (1) 对 A 点用成像公式

$$\frac{1}{u_A}+\frac{1}{v_A}=\frac{1}{f},$$

$$v_A=\frac{u_A\cdot f}{u_A-f}=\frac{20\times10}{20-10}(\text{厘米})=20(\text{厘米}).$$

对 B 点用成像公式

$$\frac{1}{u_B}+\frac{1}{v_B}=\frac{1}{f},$$

$$v_B=\frac{u_B\cdot f}{u_B-f}=\frac{15\times10}{15-10}(\text{厘米})=30(\text{厘米}).$$

像长 $$AB=(30-20)(\text{厘米})=10(\text{厘米}).$$

所以像长和物长之比为 2∶1。

(2) 要作位于主轴上的一点 m 的像，可将它变为一个物体 mn，然后用三条特殊光线作出 mn 的像 $m'n'$，m'就是 m 的像点(如图 6－22 所示)。

用这样的方法分别作出本题中 A、B 两点的像 A'、B'，连接 $A'B'$，就是 AB 的像。

(3) A 点的放大率　　$m_A = v_A/u_A = 20/20 = 1$，

B 点的放大率　　$m_B = v_B/u_B = 30/15 = 2$，

所以像的 B'端较粗。

例 4. 一位同学将一支点亮的蜡烛和一个光屏固定在水平光具座上，一个凸透镜放在两者之间，使蜡烛的火焰、凸透镜的光心和光屏的中心在同一条水平线上。左右移动凸透镜的位置，始终不能在光屏上看到蜡烛的清晰的像。试问可能是什么原因?

解: 产生这种现象，最可能的原因是从蜡烛到光屏的距离不够大。试说明如下：

凸透镜的成像公式
$$\frac{1}{u}+\frac{1}{v}=\frac{1}{f},$$

变形可得：
$$\frac{1}{v}=\frac{1}{f}-\frac{1}{u}=\frac{u-f}{f\cdot u},\quad v=\frac{f\cdot u}{u-f}.$$

然后
$$v+u=\frac{f\cdot u}{u-f}+u=\frac{u^2}{u-f}=\frac{1}{1/u-f/u^2}.$$

上式分母是一个关于 $\frac{1}{u}$ 的二次函数，设 $x=\frac{1}{u}$ 当 $1/u=1/2f$，即 $u=2f$ 时有最小值

$$\text{上式分母}=x-fx^2=-f\left(x^2-\frac{x}{f}\right)=-f\left[\left(x-\frac{1}{2f}\right)^2-\frac{1}{4f^2}\right].$$

当 $x=\frac{1}{2f}$ 时，上式分母有极大值 $\frac{1}{4f}$。因此

$$u+v>4f.$$

从蜡烛到光屏的距离没有达到 $4f$，那么就会左右移动凸透镜的位置，始终不能在光屏上看到蜡烛的清晰的像。

例 5. 把一个点光源放在焦距为 f 的凸透镜的焦点上，在透镜的另一侧离透镜 $2f$ 处放一个垂直于主轴的光屏，在光屏上看到一个半径为 R 的光亮的圆。现保持透镜和光屏不动，在主轴上移动点光源，若要使光屏上亮圆的半径缩为 $R/2$，则这个点光源应移到什么位置上?

解: 将点光源放在凸透镜的一个焦点上，应该在透镜的另一侧得到一束平行光。平行光照在光屏上得到一个半径为 R 的光亮的圆，说明透镜的半径也是 R。

现在移动点光源，图 6－23 和图 6－24 所示两种情况都可以在屏上得到半径为 $R/2$ 的光亮圆，须分别加以讨论。

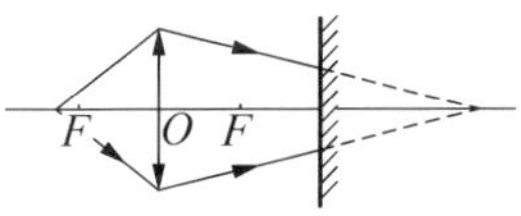

图 6－23

(1) 由图 6－23 可看出，这种情况 $v=4f$，因此有

$$\frac{1}{u_1}+\frac{1}{v_1}=\frac{1}{f},$$

$$\frac{1}{u_1}+\frac{1}{4f}=\frac{1}{f},$$

$$u_1=\frac{4}{3}f.$$

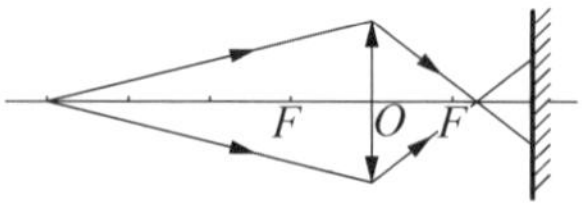

图 6-24

所以点光源应远离透镜移 $\frac{1}{3}f$。

(2) 由图 6-24 可看出，这种情况 $v=\frac{4}{3}f$，因此有

$$\frac{1}{u_2}+\frac{1}{v_2}=\frac{1}{f},$$

$$\frac{1}{u_2}+\frac{3}{4f}=\frac{1}{f},$$

$$u_2=4f.$$

所以点光源远离透镜移 $3f$。

三、光学仪器

1. 眼睛、照相机和幻灯机

这三种光学仪器的镜头都相当于一个凸透镜，但达到清晰成像的途径不同。眼睛是通过睫状体调节凸透镜的焦距，照相机是通过调节像距，幻灯机是通过调节物距。注意，我们说的是“相当于一个凸透镜”，实际上要复杂一些。比如眼睛是晶状体和眼球内的液体共同起到一个凸透镜的作用，比较高档的照相机的镜头是由三四片镜片组成的。

2. 光学望远镜

(1) 开普勒望远镜

开普勒望远镜是德国天文学家开普勒在 1611 年发明的，主要用来观察天体，所以叫作天文望远镜。它由两组透镜组成，每组透镜都相当于一个凸透镜，其中对着远处物体的一组叫作物镜，对着眼睛的一组叫作目镜。望远镜物镜的焦距较长，目镜焦距较短。

开普勒望远镜的原理如图 6-25 所示，从天体射来的近似平行光线，经过物镜 L_1 后，在焦点以外距焦点很近的地方成一倒立缩小的实像 $A'B'$。目镜 L_2 的前焦点和物镜的焦点是重合的，所以实像 $A'B'$ 位于 L_2 和它的焦点之间距焦点很近的地方，L_2 以 $A'B'$ 为物体，形成放大的虚像 $A''B''$。这样，当我们对着目镜观察的时候，进入眼睛的光线好像是从 $A''B''$ 射来的，$A''B''$ 的视角大于直接用眼睛观察天体时的视角，因此人从望远镜中看物体时觉得物体离自己近了。

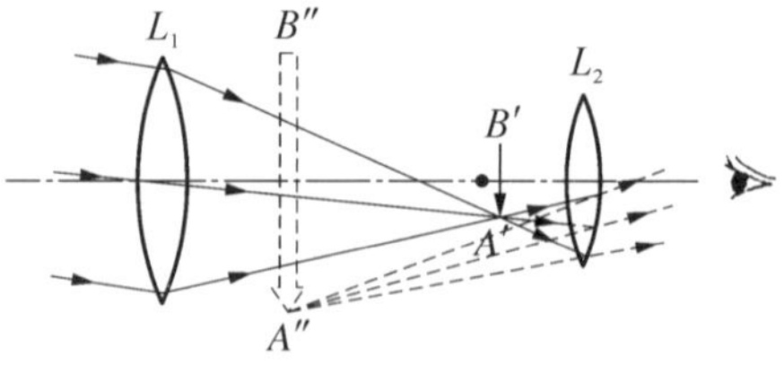

图 6-25

（2）伽利略望远镜

开普勒望远镜中看到的虚像是倒置的，这在很多场合是不方便的。下面我们再介绍一下伽利略望远镜。

伽利略望远镜的物镜也是凸透镜，而目镜是凹透镜（如图 6－26 所示），远处的物体经凸透镜 L_1 本应成像在 $A'B'$处，但尚未成像就碰到了目镜 L_2，光线被发散，最后成像在 $A''B''$处，是一个正立的虚像。人观察 $A''B''$的视角比观察远处的物体的视角要大得多了。平时用的双筒望远镜，都是伽利略望远镜。

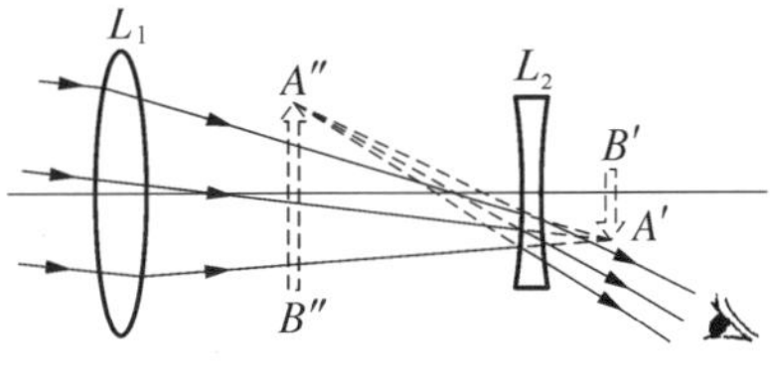

图 6－26

3. 光学显微镜

显微镜的主要部分是装在镜筒两端的两组透镜，每组透镜都相当于一个凸透镜，靠近被观察物体的一组透镜叫作物镜；靠近眼睛的一组透镜叫作目镜。显微镜物镜的焦距很短，目镜的焦距较长。

图 6－27 所示是显微镜的成像光路图。物镜 L_1 到被观察物 AB 的距离稍大于物镜的焦距 f_1，通过物镜得到放大的实像 $A'B'$。$A'B'$对目镜 L_2 来说是物体，位于目镜的焦点 F_2 以内，这样通过目镜就得到$A'B'$的放大的虚像 $A''B''$。从图上可以看出，$A''B''$的视角比眼睛直接看 AB 时的视角大得多，所以用显微镜可以看清非常微小的物体。

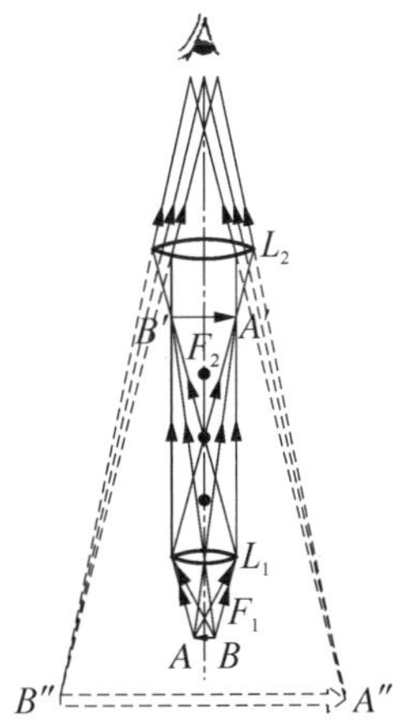

图 6－27

人眼只能看清大小为 0.1 毫米左右的细节。光学显微镜的放大率可达 1 000～1 500 倍左右，可使我们看清物体万分之一毫米左右的细微结构，大大提高了我们的观察能力。但是要观察物质更细微的构造，例如晶体的结构、分子、原子等，光学显微镜就无能为力了，必须用放大率更高的电子显微镜。

例 1. 如果幻灯机在银幕上放映出字母 F，那么向屏幕方向看幻灯片看到的应该是　　　　（　　）.

A. F　　　　B. Ⅎ　　　　C. ꟻ　　　　D. ᖵ

解： 屏幕上看到的是幻灯片的实像，实像是上下、左右都倒的，所以 B 选项正确。

例 2. 从放大镜里能看清课本中的字样，如果保持课本与眼睛的距离不变，要使看到的范围大一些，则应该将　　　　（　　）.

A. 放大镜略向眼睛处靠近一些　　　　B. 放大镜略向课本处靠近一些

C. 无论如何移动，看到的范围不变　　　　D. 无法确定

解： 如果有用放大镜的经验，即使同学没有学过光学也能解出这个题目。现在我们从光学成像原理来解答这个问题。

从透镜的成像公式可以得到物距

$$v = \frac{fu}{u - f}.$$

把凸透镜作为放大镜使用时，$u<f$，所以将放大镜略向课本处靠近一些时，放大率的绝对值

$$|m|=\frac{|v|}{u}=\frac{f}{u-f}.$$

也变小，人看到的字就变小。放大镜镜面的大小是不变的，看到的字变小了，当然看到的字数就多了，范围就变大了。B 选项正确。

例 3. 如图 6-28 所示为高速摄影机拍摄到的子弹穿过苹果瞬间的照片。该照片经过放大后分析出，在曝光时间内，子弹影像前后错开的距离约为子弹长度的 1%～2%已知子弹飞行速度约为 500 米/秒，则这幅照片的曝光时间最接近（　　）.

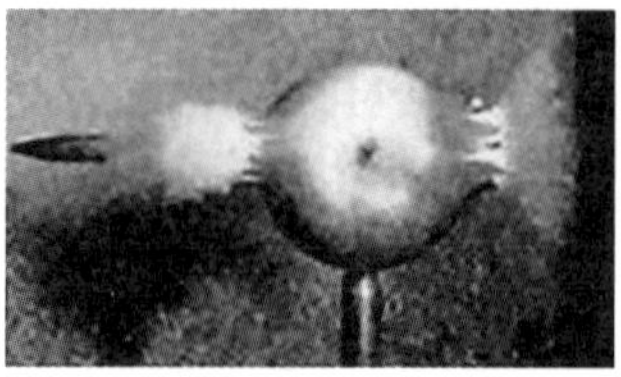

图 6-28

A. 1×10^{-3} 秒　　B. 1×10^{-6} 秒

C. 1×10^{-9} 秒　　D. 1×10^{-12} 秒

解： 这道题目需要我们根据生活经验估计苹果的大小。从照片上可以看出，如果苹果的直径为 10 厘米，那么子弹的长度约为 5 厘米。设曝光的时间为 t，那么有

$$5\text{ 厘米}\times\frac{1}{100}=500\text{ 厘米 / 秒}\times t,$$

$$t=1\times10^{-6}\text{ 秒}.$$

故 B 选项正确。

例 4. 一摄影者使用焦距是 5.00 厘米的照相机拍摄距离 1.05 米处的一个台灯，在冲洗好的底片上量得此台灯的高度是 2.00 厘米，此台灯的实际高度是多少？

解： 由凸透镜成像公式

$$\frac{1}{u}+\frac{1}{v}=\frac{1}{f},$$

$$\frac{1}{1.05}+\frac{1}{v}=\frac{1}{0.05}.$$

可得

$$v=5.25\text{ 厘米}.$$

放大率

$$m=\frac{v}{u}=\frac{2}{h},\quad \frac{5.25}{105}=\frac{2}{h},$$

解得

$$h=40\text{ 厘米}.$$

例 5. 用普通相机拍照时，要根据物距进行“调焦”，即调节像距，以达到清晰成像的目的。有一种“傻瓜”相机，只要将景物全部纳入取景框内，不论景物的远近，都能得到比较清晰的像，从而使拍照的过程变得十分快捷。这种“傻瓜”相机不用“调焦”的奥秘是（　　）.

A. 采用了长焦距的镜头，使远近不同的物体成像的位置相差不大

B. 采用了短焦距的镜头，使远近不同的物体成像的位置相差不大

C. 采用了长焦距的镜头，使远近不同的物体成像的位置相同

D. 采用了短焦距的镜头，使远近不同的物体成像的位置相同

解： 由透镜成像公式

$$\frac{1}{u}+\frac{1}{v}=\frac{1}{f} \quad ①$$

$$\frac{1}{u+\Delta u}+\frac{1}{v+\Delta v}=\frac{1}{f} \quad ②$$

②－①：

$$\frac{\Delta u}{u^2}=\frac{\Delta v}{v^2},\ \Delta v=\frac{v^2}{u^2}\Delta u.$$

取短焦距的镜头，v 很接近 f，也很小。使同样的物距变化 Δu 产生的像距变化 Δv 很小，这样便可以达到被摄物不论远近都能比较清晰地成像的目的。

B 选项正确。

•知识巩固•

想想练练

1. 根据如图 6－29 所示的光线在玻璃、水、空气三种物质中折射的情况，可以断定这三种物质依次是　　（　　）.

（玻璃的折射率为 1.5～1.9，水的折射率为 1.33）

A. ① 玻璃，② 空气，③ 水

B. ① 空气，② 水，③ 玻璃

C. ① 空气，② 玻璃，③ 水

D. ① 玻璃，② 水，③ 空气

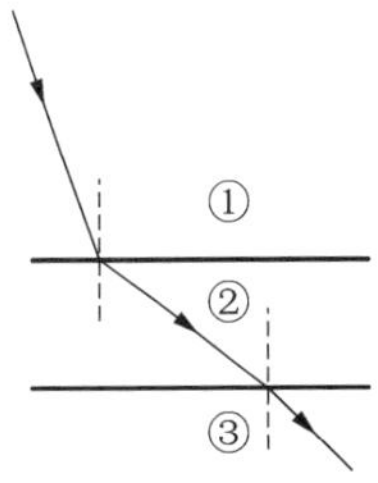

图 6－29

2. 如图 6－30 所示，一束光从真空中射到某一透明物质的表面上后，同时发生了反射和折射现象，如果反射光线跟折射光线之间的夹角为 α（$\alpha<180^\circ$），那么反射光线跟入射光线之间的夹角　　（　　）.

A. 一定小于 $180^\circ-\alpha$　　B. 一定等于 $180^\circ-\alpha$

C. 一定大于 $180^\circ-\alpha$　　D. 一定大于 $(180^\circ-\alpha)/2$

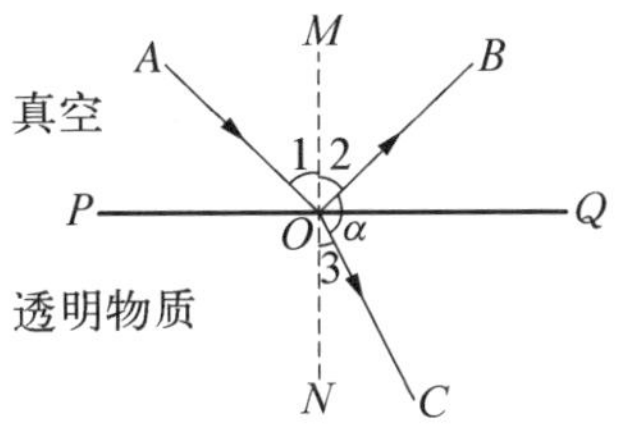

图 6－30

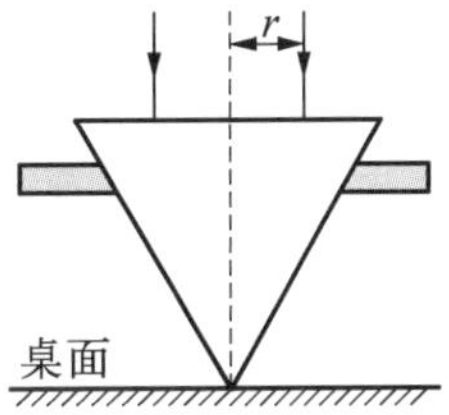

图 6－31

3. 如图 6－31 所示，在桌面上有一倒立的玻璃圆锥，其顶点恰好与桌面接触，圆锥的轴（图中虚线）与桌面垂直，过轴线的截面为等边三角形。有一半径为 r 的圆柱形平行光束垂直入射到圆锥的底面上，光束的中心轴与圆锥的轴重合。已知玻璃的折射率为 1.5，则光束在桌面上形成的光斑半径为多少？

4. 用一个凸透镜使一个明亮的物体成像在光屏上，如果用一张卡片遮住凸透镜的上半部分，结果是 （ ）.

A. 像的上半部分消失

B. 像的下半部分消失

C. 像仍是完整的，但比不遮卡片时暗些

D. 像仍是完整的，完全不受影响

5. 物体离凸透镜 22 厘米时，能在光上屏上得到一个清晰的倒立缩小的像，则下列判断中正确的是 （ ）.

A. 如果物距小于 11 厘米时，一定不能成实像

B. 如果物距等于 11 厘米时，一定成放大的实像

C. 如果物距大于 11 厘米时，一定成放大的实像

D. 改变物距，当像距为 22 厘米时，在光屏上得到的是放大的像

6. 当物体距凸透镜 8 厘米时，在透镜的另一侧光屏上成一个清晰放大的像。若只将凸透镜向光屏方向移动 2 厘米，则在光屏上又成一个清晰的像，那么该透镜的焦距 f 为 （ ）.

A. 2 厘米$<f<$4 厘米　　B. 4 厘米$<f<$5 厘米

C. 5 厘米$<f<$8 厘米　　D. 无法确定

7. 凸透镜的焦距为 5 厘米，在透镜左侧 10 厘米处，有一个与主光轴垂直的物体 AB，在透镜右侧 15 厘米处放一个平面镜，镜面与凸透镜的主光轴垂直，则该光光具组中，物体 AB 的成像情况是 （ ）.

A. 一个正立实像，一个倒立实像，一个正立虚像

B. 一个正立实像，一个正立虚像，一个倒立虚像

C. 一个倒立实像，一个正立虚像，一个倒立虚像

D. 一个正立实像，一个倒立实像，一个倒立虚像

8. 初三学生拍集体照时，摄影师发现两侧都有人不在画面中，而该相机的镜头焦距不变，为了使每个学生都能进入画面，下列措施中符合要求的是 （ ）.

A. 使照相机镜头离人远些，同时使镜头到底片的距离减小些

B. 使照相机镜头离人远些，同时使镜头到底片的距离增大些

C. 使照相机镜头离人近些，同时使镜头到底片的距离增大些

D. 使照相机镜头离人近些，同时使镜头到底片的距离减小些

9. 从侧面拍摄一辆以 36 千米/时运动着的汽车，如果底片上汽车的像移动的尺寸不大于 0.1 毫米，底片上的像才不至于模糊，已知汽车车身长 3 米，在底片上汽车长为 1.5 厘米，那么曝光时间最多为多少？

10. 放映幻灯片时，将镜头拉出或推进（即增大或减小幻灯片到透镜的距离），同时改变幻灯机与屏幕的距离，以得到各种不同大小的清晰的像。那么下列说法中正确的是 （ ）.

A. 把镜头拉得最远时，得到倒立的最大实像

B. 把镜头推得最近时，幻灯机距屏幕最远

C. 把镜头推得最近时，得到倒立的最小实像

D. 只改变幻灯机与屏幕的距离，可以得到各种不同大小的清晰的像

知识巩固

解题参考

1. 根据光线在介质中的入射角（或者折射角）的大小，即可判断介质的疏密性。A 选项正确。

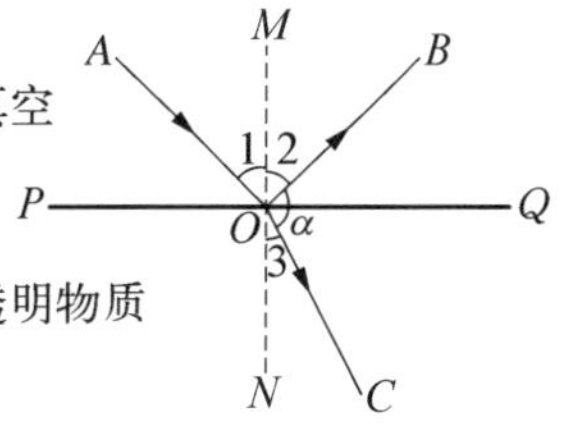

图 6－32

2. 如图 6－32 所示，由于 $\angle 1=\angle 2$，$\angle 3<\angle 1$，所以 $\angle 1+\angle 2>180^{\circ}-\angle\alpha$。C 选项正确。

3. 光线射入圆锥体底面时，不改变传播方向。射到圆锥体侧面时，入射角为 60°，大于临界角 $\left(\text{临界角 } i_0=\arcsin\dfrac{1}{n}=\arcsin\dfrac{1}{1.5}=41.8^{\circ}\right)$，发生全反射。反射后到达圆锥体另一边的侧面时，仍然不改变方向。根据几何运算，可知光斑的半径为 $2r$。

4. 使用透镜的一部分，仍然可以成像，而且透镜的焦距、主光轴、光心都不变。唯一的变化是通过透镜的光线变少了，因此成的像形状、位置都不变，只是变暗了。C 选项正确。

5. 因为物体离凸透镜 22 厘米时，能在光上屏上得到一个清晰的倒立缩小的像，说明此时物体在透镜的 2 倍焦距之外，也就是说透镜的焦距小于 11 厘米。当像距为 22 厘米时，像在 2 倍焦距之外（物体在 1 倍和 2 倍焦距之间），在光屏上得到的是放大的像。D 选项正确。

6. 当物体距凸透镜 8 厘米时，在透镜的另一侧光屏上成一个清晰放大的像，说明物体在离透镜一倍焦距之外 2 倍焦距之内，即 $f>4$ cm。只将凸透镜向光屏方向移动 2 厘米，则在光屏上又成一个清晰的像，这个像一定是缩小的像。说明物体离透镜在 2 倍焦距之外，即 $f<5$ cm。所以 B 选项正确。

7. 物体恰好离透镜 2 倍焦距，所以① 在透镜另一侧成一个等大倒立的实像 A。② 实像 A 在平面镜中成一个倒立的虚像 B。③ 虚像 B 离透镜的距离在 2 倍焦距之外，因此在透镜中再成一个正立的缩小的虚像。如图 6－33 所示。D 选项正确。

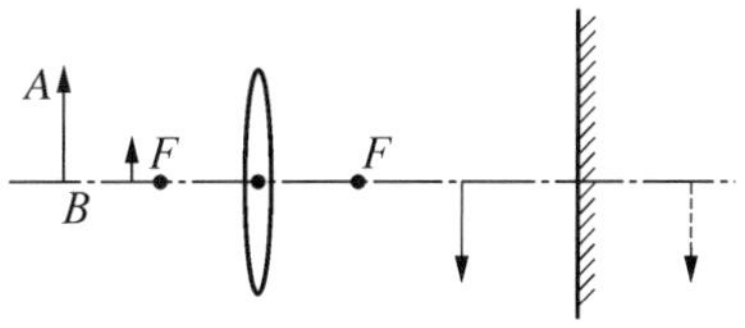

图 6－33

8. 为了使每个学生都能进入画面，只能使照片上的人缩小一点，也就是成像的放大率变小。放大率 $m=\dfrac{v}{u}$，而 $\dfrac{1}{u}+\dfrac{1}{v}=\dfrac{1}{f}$，所以只能够使 u 变大一些，v 变小一些。A 选项正确。

9. 设车长为 L_1，底片上车长为 L_2，在曝光时间内侧移动的距离为 s_1，底片上车移动的距离为 s_2，则有 $L_1:L_2=s_1:s_2$，要求 $s_2<0.1$ 毫米，即要求 $s_1<\dfrac{0.1\times10^{3}\times3}{1.5\times10^{-2}}$ 米 $=0.02$ 米。即 $t=\dfrac{s_1}{v}<\dfrac{0.02}{10}=\dfrac{1}{500}$（秒）。

10. 利用这两个公式：放大率 $m=\dfrac{v}{u}$①，$\dfrac{1}{u}+\dfrac{1}{v}=\dfrac{1}{f}$②。（A）镜头拉远，$u$ 变大，v 变小，m 变小，错误。（B）镜头推近，u 最小，v 最大，正确。（C）镜头推近，u 最小，v 最大，m 最大，错误。（D）v 改变，f 不变，u 必然改变，错误。

第七讲

物体的平衡

本讲要研究的是一种日常生活中最常见的情况：平衡的物体。

所有静止的物体都是平衡的(实际上“平衡”还包括匀速运动和匀速转动两种状态)。平衡物体的受力情况必须满足特定的条件，本讲我们逐一予以讨论。

要应用力学中的基本规律去解决实际的平衡与运动，首先必须建立起准确的关于力的概念，并学会分析物体受力的情况，这样才能对物体的机械运动以及力的平衡作出判断与分析。

物体受到力的作用，它的形状和运动状态就会发生变化。为此，我们必须认识力。

一、力的概念

任何知识的来源，都在于人体感官对客观外界的感觉。人们对力的认识最初是从劳动中获得的。推或拉物体会用力，用力时就会感觉到肌肉紧张，这样就把力和肌肉紧张的感觉联系起来了。随着劳动工具与机器的发展，在生产过程中，人类逐步建立起力的概念，并不断加以完善，加深了对力的认识。

在长期生产实践中，人们又认识到自然界中的物体并不是各自孤立的，而是相互有联系且相互有影响(作用)的。从大量物体相互作用的规律中，进一步认识到力的物质性和力的作用的相互性。只要有力的作用，就一定有相互作用的物体存在；只有物体才能给予其他物体以力的作用，而且也只有物体才能承受力的作用。可见，力是不能脱离实在物体而单独存在的。所以，我们通常也就把力定义为“力是物体与物体间的相互作用”。

我们可以通过下面例子来说明：力是物体间的相互作用。

甲、乙两人分别站在两辆小车上，甲和乙分别握着一根绳子的两端。当甲、乙两人同时用力收紧绳子时，可以看到两人同时运动，相互靠近。如果两人中只有一人收紧绳子，另一人将绳子绑在腰间，两人仍旧会同时相向运动，相互靠近。这就说明：当甲用力拉乙，使乙运动时，乙也在拉着甲，使甲运动。可见，甲对乙有力的作用时，乙对甲也有力的作用。此时，甲和乙同时都受到了力。这一对力，在物理学上被分别称作“作用力”和“反作用力”。对于甲、乙两个人来说，他们都是“施力者”，又都是“受力者”。

我们把物体间的相互作用，一个称为“作用”，另一个称为“反作用”；这两个物体上分别受到的力，一个称为“作用力”，另一个称为“反作用力”。

两个物体间的作用力和反作用力总是大小相等，方向相反，且作用在同一条直线上。

这个规律叫作"作用力和反作用力定律"，也称作"牛顿第三运动定律"，它是力学中基本定律之一。

作用力和反作用力是分别作用在两个不同的物体上，但它们总是成对地同时出现，又同时消失。而且作用力与反作用力必定是相同性质的力，譬如作用力是万有引力，那么反作用力也是万有引力；作用力是摩擦力，那么反作用力也是摩擦力。

力既然是物体与物体间的相互作用，相互作用的效果总是会在物体上以一定的形式表现出来。力作用在物体上有两种效果：(1) 力能使物体发生形变，叫作"力的静力效应"；(2) 力能使物体产生运动状态的变化，叫作"力的动力效应"。

所谓"物体发生形变"，就是指物体的形状发生了变化。物体受到力的作用，它各部分之间的相对位置会变动，势必引起其形状发生变化。如果物体的形变极微小，在一般性讨论中就可以忽略这些小形变，把这类物体看成是"刚体"。所谓"刚体"就是指在任何力的作用下，完全不发生形变的理想物体。其实，任何物体即使受到极微小力的作用，都要发生形变，不发生形变的物体是不存在的。这也就表明，"刚体"仅是为了讨论问题的简便而引入的一种"理想化模型"。这是物理学研究时经常要采用的一种思考方法，我们必须留意。

所谓物体"物体产生运动状态的变化"，往往会有这样三种情况：

(1) 物体运动速度的大小发生变化，如由快变慢、由慢变快、由静止变运动、由运动变静止；

(2) 物体运动速度的方向发生变化，如物体做匀速圆周运动时，速度的方向不断地在变化；

(3) 物体运动速度的大小和方向同时发生变化，如常见的单摆运动。这在具体物理问题分析时也得细细思考。

力的上述两种效应往往同时反映出来，不能孤立地认为一个力只能产生一种效应。也不要误以为一部分力使物体形变，而另一部分力产生速度的改变。物体受力后的效应的大小取决于产生效应的力的大小。因此，完全可以从力对物体作用效应的大小来量度力的大小。

力能使物体产生"加速度"(即速度的变化率，这在高中力学课时我们会深入探讨)。可以把力作用于一个事先取定的标准物体上，然后由它所产生的加速度的大小来确定力的大小。如 1 牛顿的力能使质量为 1 千克的物体产生 1 米/秒^2 的加速度。

力能使物体发生形变。我们也可以选取一个标准物体，以这个标准物体所产生的形变大小来量度力的大小。如弹簧被压缩或拉长发生了形变。常见的弹簧秤就是一种用弹簧的伸长来量度力的大小的装置。但必须指出：由形变定出的力的大小，以及由力与加速度成正比定出的力的大小，只有在满足下列两个条件的情况时才能取得一致：一是在惯性系统中；二是在"胡克定律"适用的范围(弹簧的弹性限度)内。

还有一个概念在物理学中极其重要，那就是如长度、面积、体积、时间、质量、温度、电量、能量等，这一类只有大小、没有方向的物理量，我们称之为"无向量"或称"标量"。另一类，如速度、加速度、位移、动量、电场强度、磁感应强度等，它们是既有大小、又有方向的物理量，我们称之为"向量"或称"矢量"。这在初学物理学时也该引起足够的重视。力不仅有大小，而且还有方向，因此力是矢量，也称“力矢”。力矢的表示方法，在书面表达时，是在力的物理符号上面加上“→”，即 $\vec{F}$，或者用黑体 $\boldsymbol{F}$ 来表示。

研究力学问题常需要对物体做“受力分析”，因此必须明确物体上承受力的作用部位，这称作“力的作用点”。可通过力的作用点，并沿着力的作用方向画出一条带箭头的线段，该线段被称作“力的作用线”，线段的长短表示力的大小，箭头的方向表示力的方向。可见，力的作用效果除了与力的大小(线段的长短)、方向(箭头的指向)有关外，还与力的作用点(力线的起始点)有关。通常，我们把力的大小、方向、作用点称为“力的三要素”。也就是说，力的作用效果是由这三个因素共同确定的。只要力的大小、方向、作用点这三个因素中有一个改变了，力的作用效果也就随之发生改变。但在有些情况下，力的大小和方向都不变，只是沿着力的作用线改变作用点的位置，力的作用效果仍保持不变。譬如作用在刚体上的力，可以沿着力的作用线把作用点移到该刚体任何位置，而不会改变力对该刚体的作用效果。

二、力的合成与分解

在实际问题中，作用在物体上的力往往不是单个力，而是一组力，我们把同时作用在物体上的一组力叫作“力系”，作用在物体上的力系，如果力的作用线相交于一点，这种力系称作“共点力系”或“汇交力系”。如果力系中力的作用线都互相平行，这样的力系称作“平行力系”。如果力系中力的作用线既不汇交于一点，又不全部互相平行，这样的力系称作“一般力系”。上述力系中的力若处于同一平面，又称作“平面力系”，而不处于同一平面的则称作“空间力系”。平面共点力系是各种力系中最简单的一种力系，也是初学物理学的同学们经常会遇到的情况。

如果几个力的作用效果可以用一个力来替代，这个力就称作是那几个力的“合力”。如果一个力的作用效果可用几个力来替代，那么这几个力就称作是那个力的“分力”。求合力的方法叫作“力的合成”。求分力的方法则叫作“力的分解”。力的合成与分解是我们处理实际力学物理问题时常用的基本策略(方法)。

由于物体间相互作用的不同性质，物理学中涉及的力可以被分为：万有引力、弹力、摩擦力、电磁力、核力等。在力学中，主要讨论前三种力。

三、力学中常常讨论的三种力

1. 重力

地面上一切物体，如果没有别的物体支承，它们都会朝着地面落下，这种现象说明地球上的一切物体都要受到地球的“吸引”作用。物体的重力就是这种吸引作用引起的。重力在本质上是与地球对月亮的吸引力以及天体之间的吸引力一样，都是“万有引力”。

如果我们对重力作进一步探讨，会发现重力一般情况下并不等于地球对物体的引力，只有在地球两极点之处，地球对物体的引力才等于重力。这是什么原因引起的呢？我们知道，地球绕通过南北极的轴线自转，地球上任何物体也都随着地球转动着。也就是说，地球上的所有物体都无时无刻不在做圆周运动。物体做圆周运动时，必须供给它向心力，这向心力就是由地球对物体的引力供给的。也就是说，地球对物体的引力中的一部分用作了向心力，余下的部分即表现为物体所受的重力。因此，物体所受的重力应该是地球对它的引力和物体随地轴转动所需要的向心力的两个“力矢”(矢量)之差(见图7-1)。

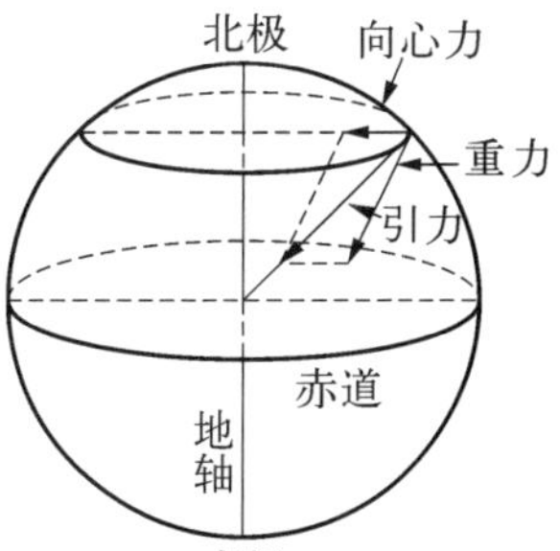

图7-1

因此,重力的方向也并不是严格地指向地心。

上述分析表明,物体的重力与地球对它们的引力,在理论上必须予以严格区别。但是,在一般情况下,因为向心力很小,可以近似地把地球对物体的引力看作就是物体的重力,重力的方向也可以认为就是指向地球中心的。并且从广义上,我们认为任何天体对天体上物体的吸引作用所引起的力都简称“重力”,如月球重力、火星重力等。但是,初学物理时,我们思考问题必须强调缜密、符合逻辑。

我们常说,物体有“轻重”之分,其物理内涵是指地球作用在不同质量物体上的重力有大有小。在实际生活中,人们对于物体的重力是通过从该物体压在支承物上的力或拉紧悬绳的力来认识的。例如,一块砖放在水平桌面上静止不动,支承面(桌面)若受到砖对它10牛的作用力,那么这块砖的重力就是10牛。不同的物体由于其质量不同,所受到的重力也不同,即使同一物体,由于它们在地球上的不同位置,其所受的重力也会不同,如从北京运送10 000吨小麦到广州,麦子便显示轻了12吨,要是你再把它运回北京,这些在广州“失去”的重力又一点不少地被补回来了。为什么地球上的物体的重力会变化呢?

第一,地球不是一个严格的几何圆球。地球是一个中间(赤道)稍鼓起的扁球体,它的极半径(6 357千米)比赤道半径(6 378千米)小了21千米。而万有引力定律又告诉我们,物体间引力的大小跟物体间距离的平方成反比。在赤道上的物体离开地球球心的距离较大,所受引力就较小。反之,在地球两极处,物体离地球球心较近,所受引力就较大。由此可见,在地球不同纬度处,物体的重力也会有微小的变化。

第二,由于地球的自转。地球上的物体要随地球转动而做圆周运动,一个物体在不同纬度处转动的半径 R 不同,做圆周运动所需要的向心力是不一样的。在赤道上,物体做圆周运动的半径 R 等于赤道半径,所需向心力最大,而在南北两极点处(即在地轴上),R 为零,物体不需要向心力。从前面的讨论中我们知道,物体所受的重力,应该是地球引力和物体做圆周运动所需要的向心力的矢量差。在赤道处,地球引力最小,向心力最大,物体的重力当然最小;而在两极处,地球引力最大,向心力还是零,物体的重力最大(比赤道处约大了万分之五)。

第三,地球表面附近岩层(地壳附近)的密度分布是不均匀的。假如在某处地面下埋藏着某种矿石,它的密度比周围其他岩石的密度会大,根据万有引力定律不难推得,它对地面上物体的引力也就有了微小增加,即物体的重力会有微小增加。这个微小的变化,是可以用仪器测量出来的。找矿的勘查人员就是利用重力的这种极细微的变化来探测地下矿床的。这种方法也因此被称作“重力探矿法”。

第四,物体离地面的高度不同。一个物体的重力还会随着离开地面高度的增加而减小,经计算大约每升高1 000千米,物体的重力会减轻万分之三。如果物体离地面的高度等于地球的半径,即处在6 400千米高空中,那么这时物体的重力只有在海平面上重力的25%。这是由于引力大小跟距离平方成反比的规律所致。

鉴于上述四方面原因,地球上物体的重力随着纬度、高度而发生变化。但是这种变化是很小的，一般可以忽略不计。因此，在通常问题的讨论中，物体的重力可以近似地看作不变。但作上述细细探索的物理学探究方式，还是应该引起同学们的足够重视。

与物体重力密切相关的物理量是物体的“质量”，重力和质量既有联系又有区别。物体的质量越大，它的重力也越大。在地球上同一地点，如两个物体的重力相等，它们的质量也相等。但质量与重力毕竟是两个不同性质的物理量，因为质量是物体所含物质量的多少的量度，它只跟物体本身有关，而跟它所在地球上的位置无关，是个不变的量。重力是表示物体所受引力大小的物理量，它除了跟物体本身的质量有关外，还跟它在地球上的位置有关，是个变化量。质量没有方向性，是个标量，而重力是个矢量。

既然在一般问题的讨论中，物体的重力可以看作是不变的，那么平时所说的“失重”和“超重”又指的是什么呢？

在图 7-2 所示的实验中，当电梯静止不动时，电梯里的人从弹簧秤上的读数知道该物体的重力为 10 牛。当电梯用加速度 a 匀加速上升时，电梯内的人观察到弹簧秤的读数大于 10 牛，这时物体的重力超过它的原重，这就是所谓的“超重”。相反，当电梯用加速度 a 匀加速下降时，电梯内的人观察到弹簧秤的读数却小于 10 牛，物体的重力比它的原有的重力小了，这个现象称为“失重”。

电梯中的人观察弹簧秤

图 7-2

这个实验告诉我们：在电梯里的人，因为他同电梯里的重物、弹簧秤一起运动，且保持相对静止，所以人并不能观察到重物在做加速运动。因此，这个人就无法解释弹簧秤的读数忽而变大，忽而变小的现象。但对于站在地面上的人来说，他观察到了物体在做加速运动，当物体随电梯用加速度 a 上升时，弹簧秤对物体的作用力除了要平衡物体的重力外，还要使物体做加速运动，当然弹簧秤的读数会变大，这绝不是什么物体变重（重力加大）的问题。同理，当电梯向下做加速度 a 运动时，重力的一部分使物体得到加速度，所以弹簧秤的读数变小，这也绝不是物体变轻（重力减小）了。绕地球做圆周运动的航天飞行器，在它里面的任何物体对支承物都不产生作用力，也就是说，没有支承物的支托，物体也不会掉下来，即在航天飞行器里面的所有物体都处于完全“失重”的状态，好像地球对它没有引力作用了。但对地面上的观察者来说，卫星内的物体所以对支承物不产生作用力，并不是地球对它们没有引力作用了，而是地球对航天飞行器内物体的引力全部用来供给它们做圆周运动所需要的向心力了，当然它们没有多余的力来压支承物了。

由于地球吸引而使物体具有的重力称为“实重”。物体对支承物的压力或拉力则称为“视重”。如图 7-2 所示的例子中，假若电梯用自由落体加速度 g 下落时，电梯里面的人观察到弹簧秤的读数会等于零。可见，平时说的“失重”或“超重”均是指“视重”。

那么，地球对物体为什么会有引力呢？因为地球周围的空间区域是一个“重力场”。把物体放在这个区域中，物体都要受到重力场的作用。重力场是一种特殊物质，在重力场空间区域中的某一点上，由重力引起的加速度的数值，就反映了该点的重力场强度。因此，我们可以用重力加速度的大小来描绘出重力场的分布情况。

2. 弹力

物体受到力的作用要发生形变。一切物体都是由许多不断地做无规则运动的微粒(如分子、原子、离子等)组成的,它们之间按一定的距离排列着。当物体受到力的作用时,它们之间的相对位置会发生变化,不是靠近了就是远离了,物体宏观上也就发生了形变。

外力撤除后,物体能恢复到原来形状的性质叫作物体的"弹性"。物体受到外力作用而在其内部所引起的应力不超过某一极限值时,只要撤除外力,所发生的形变可以全部消失而恢复原状,这个作为极限的最大应力值称为"弹性限度"。一旦应力超过这一数值,即使外力撤除后,物体再也不能恢复其原来的形状和大小,称作"塑性形变"。外力撤除后,物体不能恢复原来形状的性质叫作物体的"塑性",也称"范性"。

在自然界中,任何材料都同时具有弹性和塑性,但不同材料的"弹性限度"是不同的,弹性限度大的物体叫作"弹性体",如橡皮、钢、木材等。弹性限度小的物体叫作"塑性体",如铝、铅等。

物体受外力作用要发生形变,外力以不同的方式作用在物体上,物体形变的形式也就不同,形变的基本形式有以下几种:

(1) 拉伸:如图 7-3(甲)所示,在杆件轴线方向作用着大小相等、方向相反的两个拉力,使杆件沿轴线方向伸长,这种形变叫作"拉伸"。

(2) 压缩:如图 7-3(乙)所示,在杆件的轴线方向作用着大小相等而方向相反的两个压力,使杆件沿轴线方向缩短,这种形变叫作"压缩"。

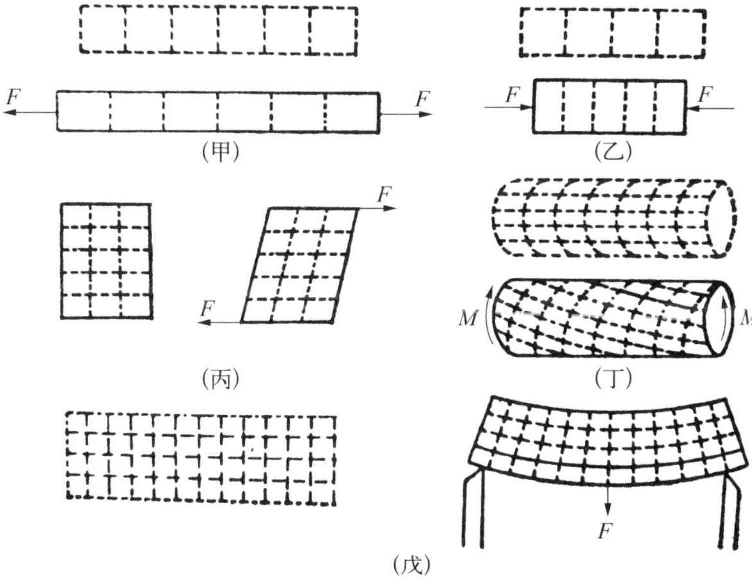

图 7-3

(3) 剪切:如图 7-3(丙)所示,在跟杆件轴线垂直的方向上作用着两个大小相等、方向相反、相距很近的平行力,类似用剪刀剪断东西般所产生的形变叫"剪切"。

(4) 扭转:如图 7-3(丁)所示,在杆件两端沿横断面方向作用着大小相等而方向相反的一对力偶,这时所产生的形变叫"扭转"。

(5) 弯曲：如图 7－3(戊)所示，在杆件上作用着两个大小相等、转向相反的力偶所引起的形变叫作“弯曲”(注意在扭转形变中的力偶是作用在与轴线垂直的平面上，而引起弯曲的力偶却是作用在经过轴线的平面上)。

任何复杂的形变都是由上述各种简单形变组成的。物体在形变时，它的内部就要产生一个抗拒这种外力(试图恢复其原来形状)的内力，这个内力就叫作“弹力”。可见，弹力并不是原来就存在的，而是在物体受到外力的作用时，也就是在它的各组成部分之间的相对位置发生变化时，才(被迫)产生的。弹力大小随物体形变的程度而增减。

弹力的第一个作用是，当外力作用在物体上时，弹力起着阻碍物体发生形变的作用，等到形变达到了一定程度，弹力增大到与外力平衡，形变也不再增加，所以，一定的力只能获得一定程度的形变。

弹力的第二个作用表现在当外力撤除后，弹力并不立即消失，它的继续存在起着恢复原状的作用。在恢复过程中，弹力的大小并不是固定不变的，而是随着恢复的过程逐渐减小，等到形状完全恢复了，弹力也就消失了。

在弹簧的弹性形变中，弹簧产生的弹力 F 跟它发生的形变的大小 Δx 成正比，即

$$F = k \cdot \Delta x.$$

式中的比例系数 k 叫作弹簧的劲度系数，它的单位是牛/米。劲度系数越大的弹簧发生同样的形变所需要的力越大，这个规律叫胡定定律。

3. 摩擦力

在生产实际或日常生活中，摩擦是最普遍的现象。固体与固体之间的摩擦可以分为“滑动摩擦”和“静摩擦”两类。静摩擦发生在物体和物体之间相对静止的时候，动摩擦发生在物体做相对运动的时候。在液体和气体内部各相邻层的流速不一致时，它们之间也会产生摩擦，这种摩擦叫作粘滞摩擦。海洋里的波浪就是由于空气和水之间的粘滞摩擦所导致的。一个物体在流体(液体或气体)中运动时，所产生的摩擦也属粘滞摩擦。例如，船在水中航行，贴着船和船一起前进的有一薄层水，这一薄层水与离船较远的其他各层水的流速不一样，便发生了粘滞摩擦。

(1) 静摩擦

两个物体之间没有相对运动，但存在着相对滑动趋势时，沿两物体的接触面所发生的摩擦称作“静摩擦”。静摩擦力的方向总是与相对滑动趋势的方向相反，如图 7－4 所示，甲物体放在乙物体上，并以力 F 向右拉甲物体，甲物体相对于乙物体来说，有一个向右滑动的趋势，但仍处于相对静止状态。甲物体必然受到一个向左的力 f_1，这个力就是“静摩擦力”，它的方向跟甲物体相对于乙物体的滑动趋势(向右)相反。同时，乙物体也受到一个甲物体对它的向右的摩擦力 f_2(属于方向向左的 f_1 的反作用力)。因为甲物体相对于乙物体有向右滑动的趋势，乙物体相对于甲物体有向左滑动的趋势，所以 f_2 的方向也跟乙物体相对于甲物体的滑动趋势方向相反，乙物体在 f_2 的作用下有一个相对于桌面向右滑动的趋势。根

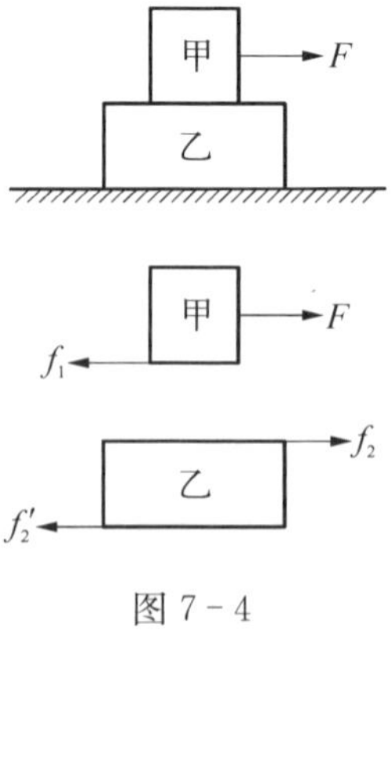

图 7－4

据物体平衡条件，乙物体必然还要受到一个向左的力 f_2'，这个力是桌面给乙物体的静摩擦力，它的方向跟乙物体相对于桌面的向右滑动趋势方向相反(向左)。

上例中静摩擦力的大小随外力的变化而变化，并且在数值上两者相等，当外力增大到物体将动而未动时，静摩擦力达到最大值，称为“最大静摩擦力”，用符号 f_{max} 表示：

$$f_{max}=\mu N.$$

上式中的 μ 叫作“静摩擦因数”。静摩擦因数的值仅由接触面的性质所决定。N 是施于接触面上而且跟接触面垂直的作用力(也称“正压力”)。最大静摩擦力在数值上等于使物体恰好开始运动时的最小推力。我们不要把静摩擦和惯性混淆起来，不能把物体在外力作用下没有发生运动的现象，说成是物体的惯性很大的缘故。我们知道，无论多么小的力，在没有静摩擦的情况下，总会使一个物体产生运动状态的变化。

例 1. 如图 7－5 所示，已知地面上物体的重力 $P=10$ 牛，静摩擦因数 $\mu=0.3$。求：(1) 最大静摩擦力 f_{max}；(2) $F=2$ 牛时的静摩擦力；(3) 分析 $F=4$ 牛时物体所受摩擦力的情况。

图 7－5

解：(1) 因为 $f_{max}=\mu N$，所以 $f_{max}=0.3\times10$ 牛$=3$ 牛。

(2) 当 $F=2$ 牛时，根据物体平衡条件，可知 $f_{静}=F=2$ 牛。

(3) 当 $F=4$ 牛时，$F>f_{max}$，物体开始在地面上滑动，物体与地面之间的摩擦力为滑动摩擦。

例 2. 如图 7－6 所示，求物体能在斜面上保持静止状态的条件。

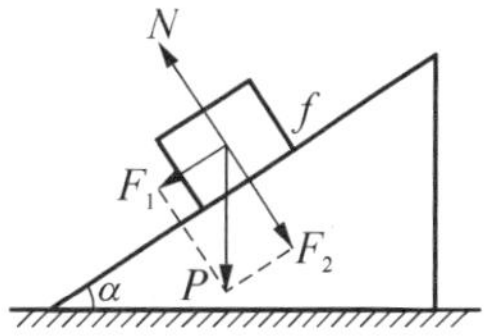

图 7－6

解：在图 7－6 中的 F_1 使物体沿斜面有下滑的趋势，F_2 使物体与斜面压紧。要使物体能在斜面上保持静止，则必须满足：

$$F_1\leqslant f_{max}.$$

因为　$F_1=P\sin\alpha$，　$F_2=P\cos\alpha$，　$f_{max}=\mu N=\mu P\cos\alpha$，

所以

$$P\sin\alpha<\mu P\cos\alpha,$$

$$\frac{\sin\alpha}{\cos\alpha}<\mu,\quad \mathrm{tg}\,\alpha<\mu,\quad \alpha<\mathrm{arctg}\,\mu.$$

可见，物体能保持静止的条件为斜面的夹角 α 的正切值要小于静摩擦因数，而与物体的重力无关。

静摩擦力虽然起着阻碍物体相对运动的作用，但在许多场合中，静摩擦力也有很多用处，现举例说明如下。

例 3. 试分析汽车牵引力的由来。

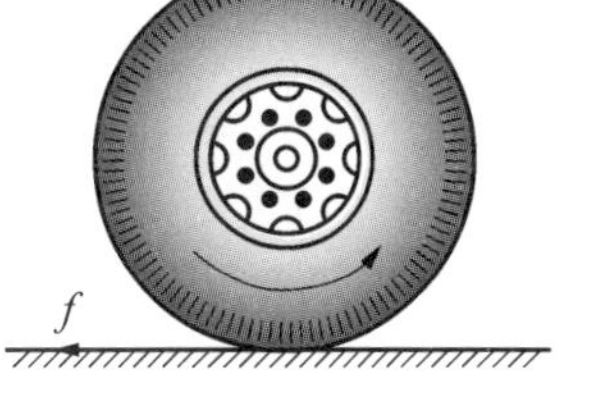

题 3 解析图
图 7－7

解：汽车在公路上前进时，汽车的发动机通过传动机构传给驱动轮一个转动力矩 M，迫使其绕轴转动。这样驱动轮便产生相对于地面的后滑趋势，引起地面对车轮的切向反作用力(如图 7－7 所示)。这个地面的切向反作用力正是汽车的牵引力。如果地面的切

向反作用力超过地面和车轮之间的最大静摩擦力，车轮就会打滑。

例 4. 试述皮带传动的实现原因。

解：如图 7－8 所示，当左边的主动轮沿逆时针方向转动时，主动轮边缘的 A 相对于皮带有向左滑动的趋势。因此，主动轮受到向右的静摩擦力 f_A。根据作用与反作用关系，同时皮带也受到向左的静摩擦力 f_A'，f_A' 使皮带运动。

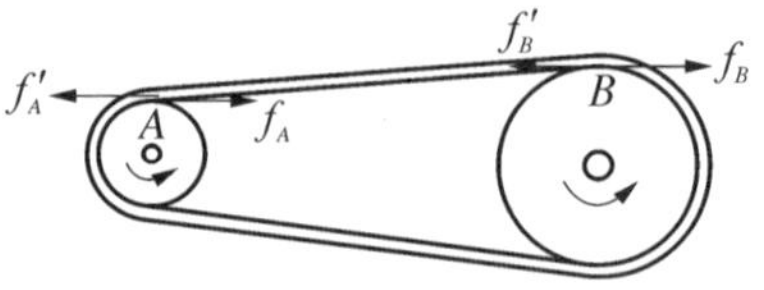

题 4 解析图
图 7－8

由于皮带在主动轮给它的静摩擦力的作用下运动，皮带相对于右边的被动轮来说，有相对滑动的趋势。如从 B 点来看，皮带有一个相对于被动轮向左滑动的趋势。因此，皮带就受到向右的静摩擦力 f_B，同时，皮带给被动轮反作用力 f_B'，f_B' 使被动轮沿逆时针方向转动。由此可知，皮带传动是借助于静摩擦来实现的。为了防止在皮带传动过程中有打滑现象产生，人们采取张紧皮带（增加作用力）和涂皮带蜡（增加摩擦因数）等方法。

（2）滑动摩擦

互相接触的物体发生相对滑动时，彼此在接触面间的摩擦称为“滑动摩擦”。滑动摩擦力有如下几个特点：

滑动摩擦力与接触面的面积几乎无关。

滑动摩擦力与垂直于接触面的作用力 N（也称正压力）成正比。

滑动摩擦力与组成物体的材料及其表面的物理条件有关。

在两个物体的相对速度不太大时，滑动摩擦力与接触物体间的相对速度无关。

滑动摩擦力一般小于最大静摩擦力，$f_{滑}=\mu' N$，$f_{滑}<f_{max}=\mu N$。

上式中 μ' 叫作“滑动摩擦因数”，并且 $\mu'<\mu$（静摩擦因数）。

那么，滑动摩擦是怎么产生的？

其实，任何物体的表面总是有凹凸不平的峰与谷（有时裸眼是很难发现），当两个物体接触时，它们间的接触处也并不是宏观上看似的整个接触平面，而仅限于那些高凸的峰点，这些“真实”的接触面积与整个平面的面积比较起来是非常小的。垂直于接触面的力是作用在“真实”的接触面上，而不是作用在整个平面面积上。

由于物体间的真实接触面积是很小的，单位面积上所承受的力必然很大，物体在接触处会互相啮合，如果两物体要发生相对滑动，必须克服物体接触面上凸出部分的阻力，这就形成了阻碍物体运动的滑动摩擦力。

引起滑动摩擦的另一个原因是两物体接触面之间的分子引力。

例 5. 某质量是 60 千克的物体在月球表面时，重约为 100 牛，一根绳子在地球表面最多能悬挂重 600 牛的物体，它在月球表面最多能悬挂的物体的质量约为多少。

解：一个物体的质量，不论在哪里是不会变化的。该物体在月球上

$$G_{月}=mg_{月},\quad 100\ 牛=60\ 千克\cdot g_{月}.$$

可得

$$g_{月}=1.67\ 牛/千克.$$

绳子能够承受的最大的力也是不会变化的，所以

$$600\text{牛} = mg_{\text{月}}, \quad m = 359\text{千克}.$$

例 6. 如图 7－9 所示,静止的传送带上有一木块 A 正在匀速下滑,当传送带突然向上开动时,木块滑到底部所需的时间 t 与传送带静止不动时所需时间 t_0 相比　　(　　).

A. $t=t_0$　　　　B. $t>t_0$

C. $t<t_0$　　　　D. 无法判断

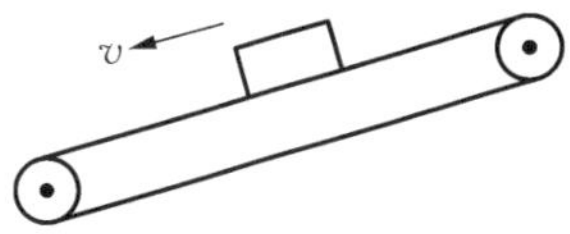

图 7－9

解: 传送带静止时,木块能够匀速下滑,说明木块受到的摩擦力恰好和下滑力(木块重力的一个分力)平衡。现在传送带突然向上开动,木块和传送带的相对速度发生了变化。但摩擦力和相对速度是无关的,所以木块受到的摩擦力仍然等于下滑力,木块仍然以原来的速度匀速下滑。A 选项正确。

例 7. 甲、乙两根弹簧的劲度系数分别为 k_1 和 k_2,且 $k_1>k_2$,两根弹簧的一端都固定在水平地面上,另一端各自被重力为 G 的物块压着,平衡时两根弹簧的长度正好相等,如图 7－10 所示,现将这两根弹簧并排放在一起,一端仍固定在地面上,另一端共同被重力为 G 的物块压着,平衡后,甲、乙两根弹簧的压缩量 x_1 和 x_2 各为多少?

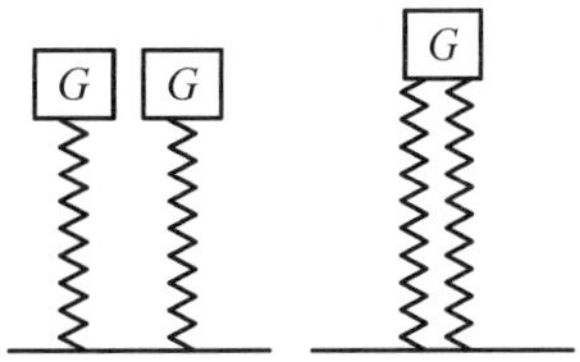

图 7－10

解: 设两根弹簧的原长分别为 L_1 和 L_2,两根弹簧各自压一块物块使得长度为 l。

$$L_1 = l + \frac{G}{k_1}, \quad L_2 = l + \frac{G}{k_2}.$$

两根弹簧共同承担一个物块时的长度相同,所以

$$L_1 - x_1 = L_2 - x_2,$$

$$k_1x_1 + k_2x_2 = G.$$

由以上两个方程可解得

$$x_1 = \frac{k_2G}{k_1(k_1+k_2)},$$

$$x_2 = \frac{k_1G}{k_2(k_1+k_2)}.$$

例 8. 有一根长度为 L 的弹簧,它能承受的最大拉力为 F,在最大拉力 F 的作用下,弹簧伸长了 ΔL。现用剪刀将弹簧剪成长度为 $\frac{L}{3}$ 和 $\frac{2L}{3}$ 的两段,则长度为 $\frac{2L}{3}$ 的弹簧能承受的最大拉力为________ F,在这个最大拉力作用下,这一段弹簧伸长了________ ΔL。

解: (1) 因为在用最大拉力 F 拉弹簧的时候,弹簧上每一部分承受的拉力都是 F,所以长度为 $2L/3$ 的弹簧能承受的最大拉力也是 F。

(2) 用最大拉力为 F 拉弹簧的时候,整根弹簧伸长了 ΔL,而且整根弹簧的伸长时均匀的,所以这一段弹簧伸长了 $\frac{2}{3}\Delta L$。

为了同学们以后使用方便，我们推导一个更一般的结论。如果一根弹簧的倔强系数是 k，那么截下他的 $\frac{1}{n}$，截下这一小段弹簧的倔强系数是多少？

设有一个力 F 作用在整根弹簧上，弹簧伸长了 $\Delta x=\frac{F}{k}$，那么 $\frac{1}{n}$ 这一小段就伸长了 $\Delta x'=\frac{\Delta x}{n}=\frac{F}{n\cdot k}$。对这一小段弹簧用胡克定律，这一小段弹簧的倔强系数 $k'=\frac{F}{\Delta x'}=n\cdot k$。

例 9. 两根弹簧的倔强系数分别为 k_1 和 k_2，把这两根弹簧“串连”起来使用(即两根弹簧首尾相接)，整根弹簧的倔强系数是多少？

解： 设想用 F 力拉伸整根弹簧，两根弹簧各伸长了 Δx_1 和 Δx_2，此时两根弹簧受的拉力都是 F，所以有

$$\Delta x_1=\frac{F}{k_1},\quad \Delta x_2=\frac{F}{k_2}.$$

再对整根弹簧用胡克定律

$$k=\frac{F}{\Delta x}=\frac{F}{\Delta x_1+\Delta x_2}.$$

由以上三式可解得

$$k=\frac{k_1\cdot k_2}{k_1+k_2}.$$

四、二力平衡和牛顿第三定律

1. 二力平衡

二力平衡是一种最简单的平衡情况，也是其他比较复杂的平衡问题的基础。比如说三个共点力平衡的问题，就是先用平行四边形法则把其中两个力合成一个力，然后这个合力和第三个力平衡。所以二力平衡是所有平衡问题的基础。

两个力平衡的条件是大小相等、方向相反，作用线在同一条直线上，而且必须作用在同一个物体上。

2. 牛顿第三定律

牛顿第三定律告诉我们：当 A 物体对 B 物体有一个作用力的时候，B 物体一定对 A 物体也有一个作用力。如果前者叫作用力，后者就可以叫反作用力。作用力和反作用力是相对而言的、互相的。

一对作用力和反作用力的特征是：大小相等、方向相反，作用线在同一条直线上，但是作用在两个物体上。所以作用力和反作用力是不能够相互平衡的。而且作用力和反作用力还有两个特点：① 同时性——作用力和反作用力同时产生，同时消失。② 同质性——作用力和反作用力一定是同一种性质的力，比如说都是弹力，都是摩擦力等等。

一对平衡力和一对作用力和反作用力，特征比较相似。同学们切勿混淆。

例 1. 甲、乙两队进行拔河比赛，结果甲队取胜，其原因是　　　　（　　）.

A. 甲队受到地面的摩擦力比乙队大

B. 甲队拉绳的力比乙队大

C. 甲队队员身体后倾，而乙队队员没有使自己身体后倾

D. 甲队士气旺盛，而乙队士气不足

解： 这是一个很有趣的问题。拔河比赛中，甲队拉乙队的力和乙队拉甲队的力是一对作用和反作用力，根据牛顿第三定律，这两个力一定是等大反向的（注意：牛顿第三定律的结论和物体的运动状态无关）。那么两队为什么会有输赢呢？

正确的回答是这样的：甲队拉乙队的力确实等于乙队拉甲队的力，但是因为甲队登地的力比较大（水平方向），所以地面给甲队的反作用力也比较大，大于乙队拉甲队的力，使甲队向后运动。乙队登地的力比较小（水平方向），所以地面给乙队的反作用力也比较小，小于甲队拉乙队的力，使乙队向前运动。所以甲队就胜了。A 选项正确。

例 2. 如图 7－11 所示，$G_A=20$ 牛，$G_B=5$ 牛，$F=120$ 牛，A 物体和竖直墙面之间的静摩擦因数为 0.4，物体 A、B 都处于静止状态，则墙面受到的压力和摩擦力各是多少？

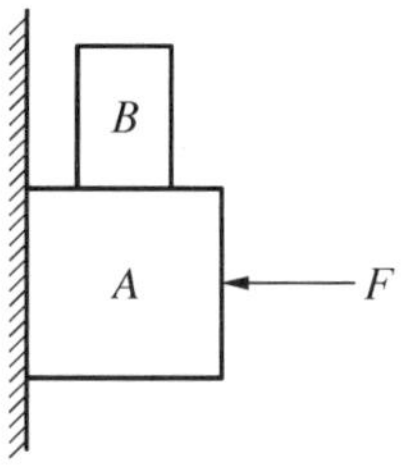

图 7－11

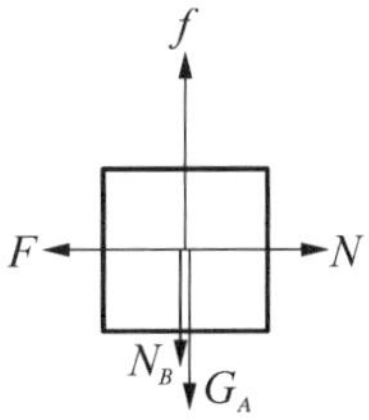

图 7－12

解： A 的受力分析图如图 7－12 所示，共受到 5 个力：重力 G_A，B 对 A 的压力 N_B，外力 F，墙的弹力 N。由受力平衡可列出

$$f=N_B+G_A,\quad F=N,\quad N_B=G_B,$$

可解得

$$N=120(\text{牛}),\quad f=25(\text{牛}).$$

这里特别要注意 $f\neq N\mu$，因为 f 是静摩擦力。

例 3. 如图 7－13 所示，木块 A 的质量为 m_1，一端与水平细绳相连，细绳的另一端挂着质量为 $m_2(m_2<m_1)$ 的钩码 B，木块恰好在桌面上匀速运动。若在 A 上再加一个质量为 m 的砝码，同时在 B 下再挂上一个质量为 m 的钩码，木块的速度将　　（　　）.

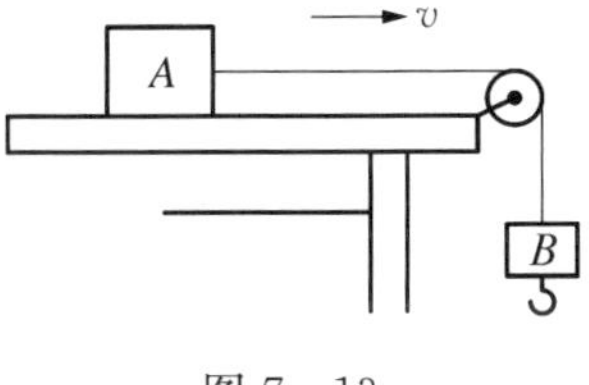

图 7－13

A. 不变　　　　B. 变快

C. 变慢　　　　D. 由 m_1、m_2、m 的大小关系而决定

解： 没有加质量为 m 的砝码时，A 和 B 做匀速运动，所以有

$$m_1 g\mu = m_2 g,\quad \mu = \frac{m_2}{m_1} < 1.$$

在 A、B 上都加上质量为 m 的砝码后，我们需要比较 $(m_1+m)g\mu$ 和 $(m_2+m)g$ 的大小。消去 $m_1 g\mu$ 和 $m_2 g$，可得

$$mg\mu < mg.$$

即
$$(m_1+m)g\mu < (m_2+m)g.$$

所以 A、B 做加速运动。B 选项正确。

例 4. 假设体积相同的小球在空中下落时，受到的空气阻力与其运动的速度成正比。两个体积相同、重力分别为 2 牛和 3 牛的小球之间用短细线相连，细线足够牢。现将这两个小球从飘浮在空中的热气球上由静止释放，当两球匀速下降时，细线上的拉力为多少？

解： 不难猜想，当两球匀速下降时，重的小球在下面。因为是匀速下落，所以两个小球都是受力平衡的。对下面小球做受力分析，受到重力 3 牛（向下）、空气阻力 f（向上）、绳子拉力 T（向上）。有

$$3N = T + f.$$

对上面小球做受力分析，受到重力 2 牛（向下）、空气阻力 f（向上）、绳子拉力 T（向下）。（因为两个小球形状相同，下落速度也相同，所以所受空气阻力 f 相同。两个小球互相拉的力是一对作用和反作用力，大小相等）有

$$2N + T = f.$$

由以上两式可解得
$$T = 0.5\text{ 牛}.$$

例 5. 假设雨点下落过程中受到空气的阻力与雨点（可看成球形）的横截面积 S 成正比，与下落速度 v 的平方成正比，即 $f = \frac{4}{3}kSv^2$，其中 k 为比例常数。已知球的体积公式：$V = \frac{4}{3}\pi \cdot r^3$（$r$ 为半径），每个雨点的密度相同，且最终都做匀速运动。如果两个雨滴的半径之比为 1∶2 则这两个雨点的落地速度之比为多少？

解： 由于空气对雨滴的阻力和雨滴速度的平方成正比，所以随着速度的增大，空气阻力也迅速增大，最后和雨滴的重力达到平衡，雨滴进入匀速运动（这个速度有时叫作“收尾速度”）。达到收尾速度的条件是

$$f = G,\quad \frac{4}{3}kSv^2 = \rho g V,$$

$$\frac{4}{3}k\pi \cdot r^2 v^2 = \rho \cdot g\,\frac{4}{3}\pi \cdot r^3,$$

$$v=\sqrt{\frac{\rho\cdot g\cdot r}{k}}.$$

所以两个小球的落地速度之比　　$v_1:v_2=1:\sqrt{2}$。

例 6. 如图 7－14 所示，位于水平桌面上的物块 P，由跨过定滑轮的轻绳与物块 Q 相连，滑轮到 P、Q 的两段绳都是水平的。已知 Q 与 P 之间以及 P 与桌面之间的动摩擦因数都是 μ，两物块的质量都是 m，轻绳与滑轮之间的摩擦不计，在水平向右的拉力 F 作用下，P 向右做匀速运动，则 F 的大小为多少？

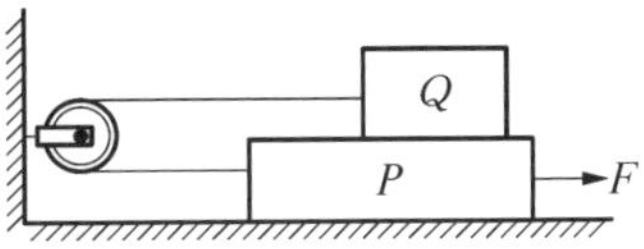

图 7－14

解： 此题中的物体受力比较多，特别是 P 物体，在做受力分析时要仔细。Q 物体的受力分析图如图 7－15 所示，它共受到四个力：重力 G_1，P 对它的弹力 N_1，绳子的拉力 T，P 给它的摩擦力 f_1。P 物体的受力分析图如图 7－16 所示，它共受到七个力：重力 G_2，Q 对它的弹力 N_1'，地面给它的弹力 N_0，绳子的拉力 T，Q 给它的摩擦力 f_1'，地面给它的摩擦力 f_0，外力 F。其中 G_1 和 N_1、T 和 f_1 是两对平衡力。f_1 和 f_1'、N_1 和 N_1' 是两对作用力和反作用力。

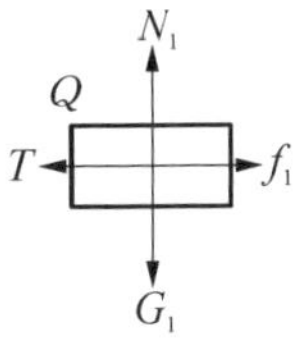

图 7－15

Q 物体受力平衡：　$N_1=G_1$，　$T=f_1$，　$f_1=N_1\mu$.

可解得　　$N_1=mg$，　$f_1=mg\mu$，　$T=mg\mu$.

P 物体受力平衡　　$N_0=N_1'+G_2$，　$F=T+f_1'+f_0$，　$f_0=N_0\mu$.

可解得　　$F=4mg\mu$.

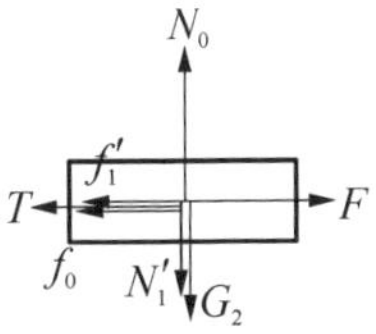

图 7－16

五、力矩的平衡

把一个圆盘放在光滑的水平桌面上，使两个等大反向的力 F_1 和 F_2 作用在圆盘上（如图 7－17 所示），圆盘显然是不能平衡的，将发生转动。所以一个物体受的合外力是零，还不一定能够平衡。物体平衡还有一个必要条件，就是合力矩也为零。

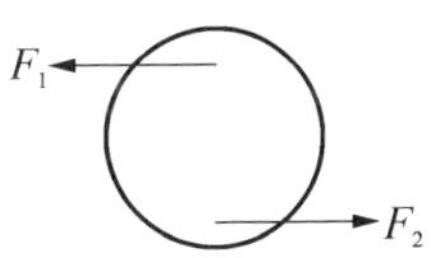

图 7－17

力矩的概念：从转动轴 O 到力的作用线的垂直距离 OA 叫作力 F 的力臂 L（见图 7－18），力和力臂的乘积叫作力 F 对转动轴 O 的力矩 M，即

$$M=F\cdot L.$$

力矩的单位是牛·米。一般规定使物体逆时针旋转的力矩为正，使物体顺时针旋转的力矩为负。

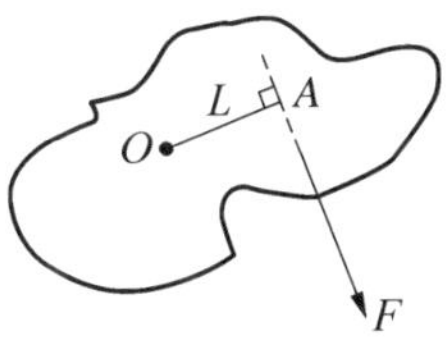

图 7－18

如果一个物体相对某一转轴的力矩之和（即合力矩）为零，那么这个物体就不会发生转动。反过来说，如果一个物体是静止的，那么它相对任何一根转轴的合力矩都必须为零。我们来看这样一个问题：如图 7－19 所示，一把均匀直尺可以绕中点自由转动，尺上垂直放有 A、B、C 三支蜡烛，并处于平衡。如三支蜡烛的材料和粗

细都相同，而长度 $L_A=L_C=L_B/2$，现同时点燃这三支蜡烛，且设它们在单位时间内燃烧掉的质量相等，则在蜡烛燃烧的过程中 （　　）.

A. 直尺将失去平衡，且左端下沉

B. 直尺将失去平衡，且右端下沉

C. 直尺始终保持平衡

D. 无法判断

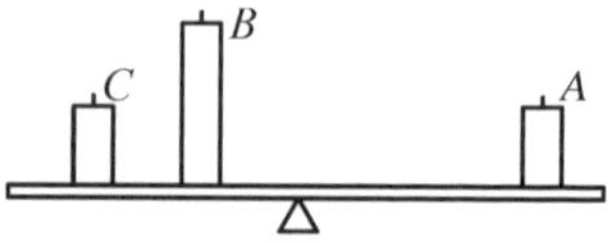

图 7－19

左边有两支蜡烛，单位时间中燃烧掉的质量比较多，是不是右端会下沉？这个问题我们比较的不是两边质量的变化，而应该是两边蜡烛重力力矩的变化。

设 A、B、C 三支蜡烛到转轴的距离分别是 a、b、c（即它们重力的力臂）原来直尺是平衡的，

$$mgc+2mgb=mga,$$

$$c+2b=a.$$

烧掉 Δmg 后，我们需要比较 $(m-\Delta m)gc+(2m-\Delta m)gb$ 和 $(m-\Delta m)ga$ 的大小，利用前式消去一些对应的量，可知上式左边大于右边，即左边下沉，A 选项正确。

例 1. 如图 7－20 所示，为了使杆子 OA 保持水平，可分别在 A 点沿不同方向施加作用力 F_1 或 F_2 或 F_3。这三个力的大小关系是 （　　）.

A. $F_1<F_2<F_3$　　　　B. $F_1=F_3>F_2$

C. $F_2>F_1>F_3$　　　　D. $F_1=F_2=F_3$

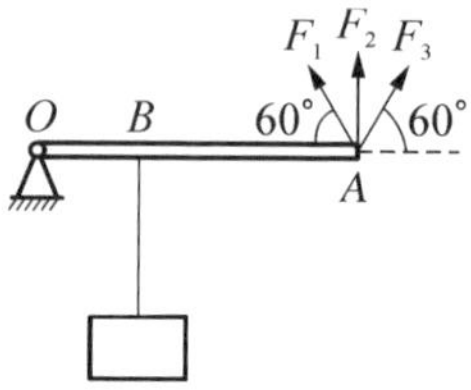

图 7－20

解：使杆子顺时针旋转的力矩有 B 绳子的拉力和杆子本身重力的力矩，他们是不会变的。在 A 点作用的力要使杆子保持在水平位置，它的力矩就要和顺时针的力矩平衡。

F_2 的力矩　　$M_2=F_2\cdot\overline{OA}$,

F_1 的力矩　　$M_1=F_1\cdot\overline{OA}\cdot\sin 60^\circ$,

F_3 的力矩　　$M_3=F_3\cdot\overline{OA}\cdot\sin 60^\circ$,

因为要求　　$M_1=M_2=M_3$,

所以 $F_1=F_3>F_2$，选项 B 正确。

例 2. 将一根粗细均匀、质量为 m 的铁丝弯成直角，直角边边长之比 $AC:BC=a:b(a>b)$，将直角顶点固定在 C 点，直角铁丝可以围绕 C 点转动。如图 7－21 所示。当直角铁丝静止时，BC 边与竖直方向的夹角为 θ，则 $\sin\theta=$________，若在 B 点悬挂一物体，将使 $\theta=45^\circ$，则该物体的质量为________。

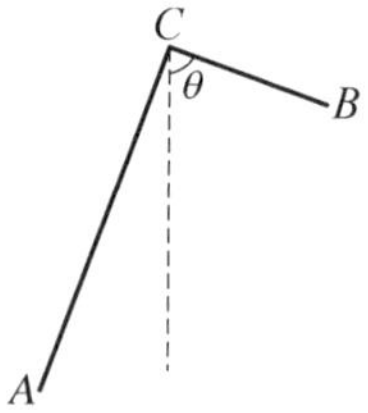

图 7－21

解：(1) AC 杆的重心在 AC 杆的中点，BC 杆的重心在 BC 杆的中点。这两个重力相对 C 点的力矩平衡。设单位长度铁丝的质量是 m_0，

$$am_0g\cdot\frac{1}{2}a\cos\theta=bm_0g\cdot\frac{1}{2}b\sin\theta,$$

可得 $$\tan\theta=\frac{a^2}{b^2},\quad \sin\theta=\frac{a^2}{\sqrt{a^4+b^4}}.$$

(2) 设 B 点悬挂物体的质量为 m'，由力矩平衡：

$$\frac{1}{2}a^2m_0g\cos 45^\circ=\frac{1}{2}b^2m_0g\sin 45^\circ+m'gb\sin 45^\circ.$$

$$m'=\frac{a^2-b^2}{2b}m_0=\frac{a-b}{2b}m.$$

例 3. 如图 7－22 所示，将一根均匀的木棒 AB，放在支点 O 上，由于 $OA<OB$，木棒不能保持水平，现在木棒右端截去与 OA 等长的一段并置于 OA 上，木棒恰好能平衡。则原来 $OA:OB$ 为多少？

解： 设 OB 的长度为 1，OA 的长度为 x，单位长度杆的重量为 λ。由力矩平衡有

$$2x\cdot\lambda\frac{x}{2}=(1-x)\lambda\frac{1-x}{2},$$

$$x=\sqrt{2}-1.$$

$$OA:OB=(\sqrt{2}-1):1.$$

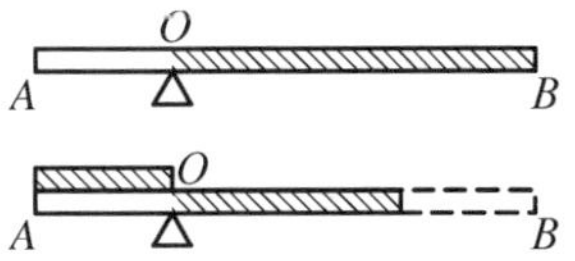

图 7－22

例 4. 质量为 m、管口截面积为 S 的足够长的玻璃管内灌满密度为 ρ 的水银。现把它竖直倒插在水银槽中，再慢慢向上提起，直到玻璃管口刚与槽中的水银面接触，这时，玻璃管内水银柱的长度为 H。现将管的封闭端挂在天平一个盘的挂钩上，而在天平另一个盘中放砝码，如图 7－23 所示。要使天平平衡，则所加砝码质量等于多少？

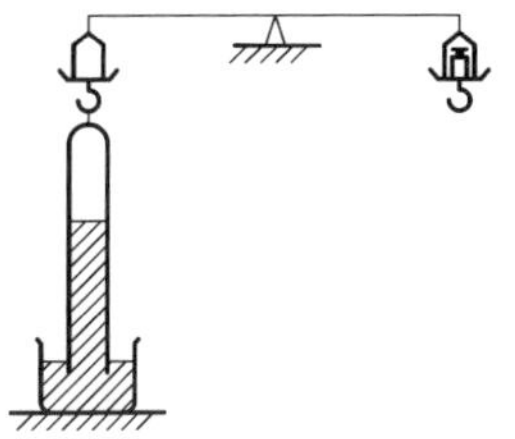
图 7－23

解： 根据有关气体压强的知识，可知天平左边的挂钩需要承担的力是玻璃管的重力和管中水银的重力，设右边的砝码质量为 m_x，那么根据力矩平衡有

$$(mg+HS\rho g)L=m_xgL.$$

可解得 $$m_x=m+\rho HS.$$

例 5. 塔式起重机的结构如图 7－24 所示，设机架重 4×10^5 牛，平衡块重 2×10^5 牛，轨道间的距离为 4 米。当平衡块距离中心线 1 米时，右侧轨道对轮子的作用力是左侧轨道对轮子作用力的 2 倍。现起重机挂钩在距离中心线 10 米处吊起重为 1×10^5 牛的重物时，把平衡块调节到距离中心线 6 米处，此时右侧轨道对轮子的作用力为多少？

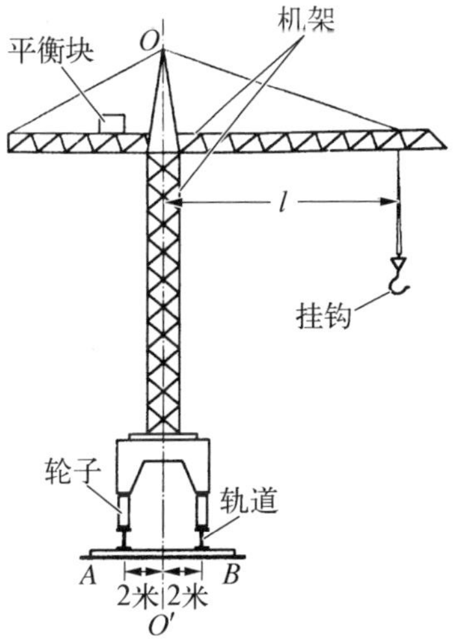

图 7－24

解： 前面的例题，都有一个很明确的转轴，这道题目里面却没有。我们讲过，一个平衡的物体，必须同时满足两个条件，一

个是受的合外力为零，另一个是相对任何一个转轴力矩和都为零。因此我们可以自己选一个比较合适的位置作为转轴。所谓合适，一般是指使力矩平衡的方程尽量简单。

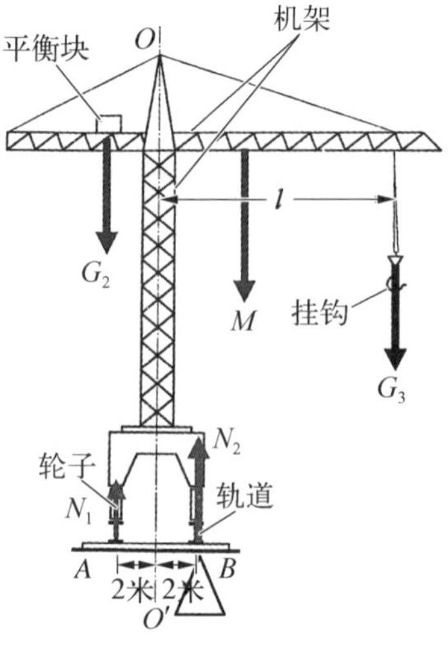

图 7－25

（1）机架和平衡块的总重力由轨道左右两个轮子共同承担，所以（如图 7－25 所示）

$$N_1 + N_2 = G_1 + G_2.$$

$$2N_1 = N_2.$$

代入数据可得

$$N_2 = 4\times10^5 \text{ 牛}, \quad N_1 = 2\times10^5 \text{ 牛}.$$

取右轮为转轴，设 M 为机架重力的力矩

$$M + N_1(2+2) = G_2(2+1).$$

代入数据可得 $M = -2\times10^5$ 牛·米.

计算得到的力矩 M 是负的，说明机架重力的力矩相对右轮是逆时针方向的。

（2）吊起重物时，仍然取右轮为转轴

$$G_1 + G_2 + G_3 = N_1' + N_2',$$

$$M + N_1'\times 4 + G_3(10-2) = G_2(6+2).$$

代入数据（M 是不变的），可得

$$N_2' = 4.5\times10^5 \text{ 牛}.$$

•知识巩固•

想想练练

1. 一个弹簧秤，将其弹簧截去原长的 1/5，然后再调好零点，用此弹簧秤称同一物体的重力，则弹簧秤的示数跟原来相比是（　　）.

A. 偏大　　B. 偏小　　C. 不变　　D. 无法判定

2. 如图 7－26 所示，劲度系数均为 k 的甲、乙两轻质弹簧，甲弹簧一端固定在天花板上，乙弹簧一端固定在水平地面上。当在甲的另一端挂一重物 G，乙的另一端压一重物 G 时，两弹簧的长度均为 L，现将两弹簧并联，并在其下方系一重物 G，此时弹簧的长度是多少？

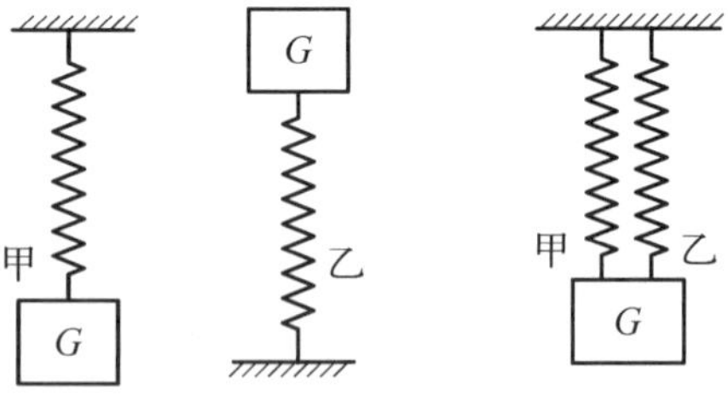

图 7－26

3. 考虑到地球上物体除受地球的引力外还受到太阳的引力作用，设地球上各点到太阳的距离之差忽略不计，若在赤道上用精密测力计测量同一物体的重力，白天的示数与夜晚的示数相比较（　　）.

A. 夜晚示数大　　B. 白天示数大

C. 一样大　　　　　　　　　　D. 无法确定

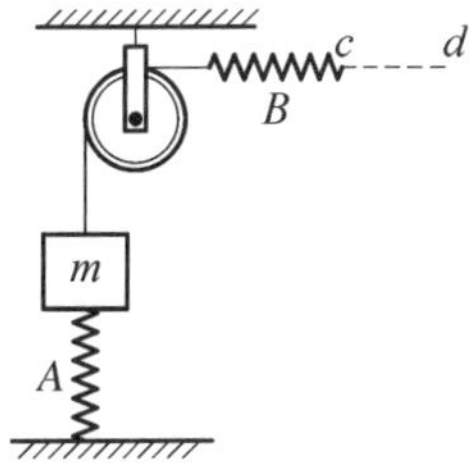

图 7－27

4. 如图 7－27 所示，劲度系数为 k_1 的轻质弹簧 A 一端固定在地面上并竖直放置，质量为 m 的物块压在弹簧 A 上，用一细绳跨过定滑轮，一端与 m 相连，另一端与劲度系数为 k_2 的轻质弹簧 B 相连。现用手握住弹簧 B 的右端使其位于 c 点时，弹簧 B 恰好呈水平且没有形变，将弹簧 B 的右端水平拉到 d 点时，弹簧 A 恰好没有形变。已知：$k_2<k_1$，则 c、d 之间的距离为多少？

5. 有一块如图 7－28 所示的均匀薄板 $abcd$，用作图法找出薄板的重心位置。

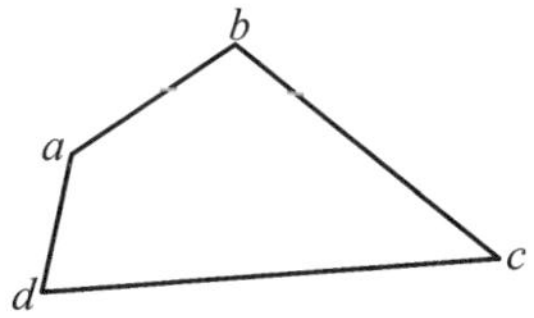

图 7－28

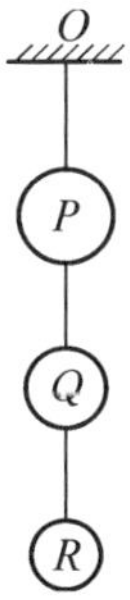

图 7－29

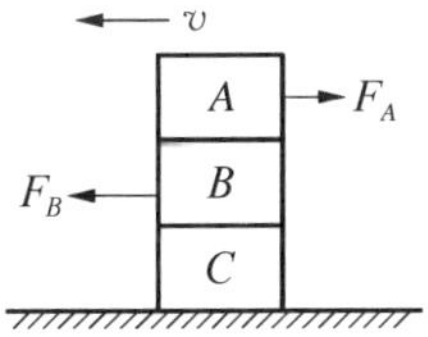

图 7－30

6. 如图 7－29 所示，小球 P、Q、R 用细线相连悬挂在 O 点。已知三个小球受重力分别为 $G_P=15$ 牛，$G_Q=20$ 牛，$G_R=7$ 牛。当它们平衡时，连接 P、Q 之间的一段细线受到的拉力大小为多少？

7. A、B、C 叠放在一起，在水平力 $F_A=F_B=10$ 牛的作用下以相同的速度 v 沿水平方向向左匀速滑动，如图 7－30 所示。那么此时物体 B 作用于 A 和作用于 C 的摩擦力大小分别为多少？

8. 如图 7－31 所示，质量为 M 的圆环用轻绳吊在天花板上，环上有两个质量均为 m 的小环自大环顶部开始分别向两边滑下，当两个小环下落至与大环圆心等高时，小环所受摩擦力为 f，则此时绳对大环的拉力为多少？

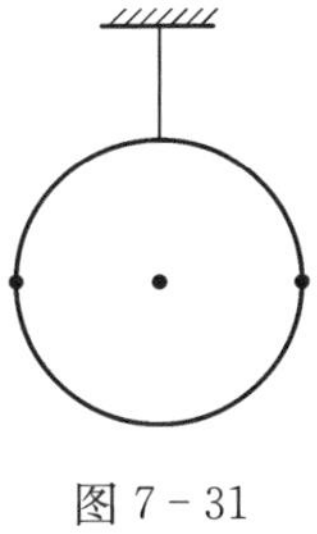
图 7－31

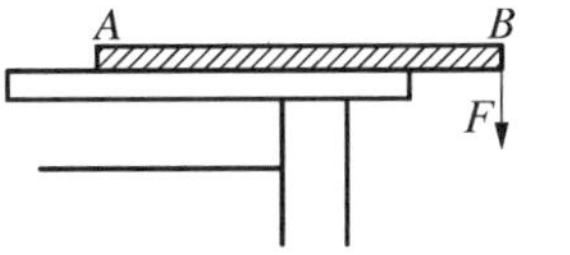

图 7－32

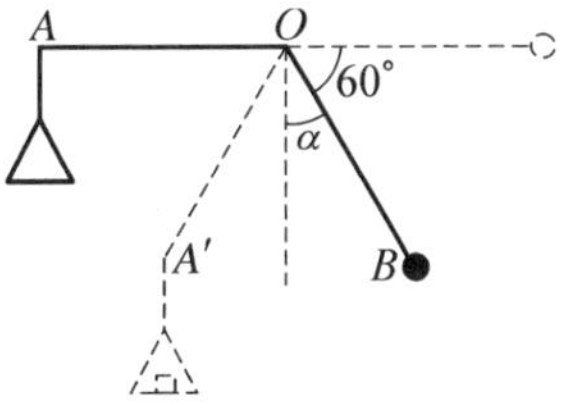

图 7－33

9. 如图 7－32 所示，一根均匀木尺放在水平桌面上，它的一端伸出桌面的外面，伸到桌面外面的部分长度是木尺长的 1/4，在木尺末端的 B 点加一个作用力 F，当力 $F=3$ 牛时，木尺的另一端 A 开始向上翘起，那么木尺的重力为多少？

10. 如图 7－33 所示，某轻质杆 AOB 可绕 O 点在竖直平面内转动，且 OA 与 OB 的夹角始终保持不变，A 端通过细绳系一质量为 1 千克的秤盘，B 端固定一平衡球。当秤盘中不放物品时，OA 杆恰好成水平，OB 杆与竖直方向夹角 $\alpha=30^\circ$；当秤盘中放入一物体时，OB 与竖直方向的夹角增大了 60°，那么该物体的质量为多少？

11. 在盛水的长方体容器上方的横木上，用细线竖直悬挂一个实心铁球，铁球位于水面上方。容器置于两支撑物上而保持静止，如图 7－34 所示。容器对左边支撑物的压力为 N_1，对右边支撑物的压力为 N_2。现将线放长，使铁球浸没在水里，则 (　　).

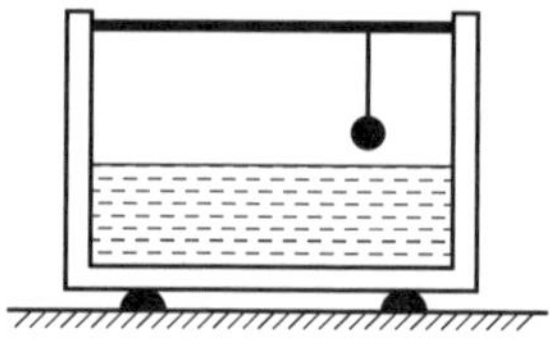

图 7－34

A. N_1变大，N_2变小

B. N_1变小，N_2变大

C. N_1、N_2 均变大

D. N_1、N_2 均不变

12. 如图 7－35 所示，光滑均匀细棒 CD 可以绕光滑的水平轴 D 在竖直平面内转动，细杆 AB 也可以绕光滑的水平轴 B 在竖直平面内转动，CD 棒搁在 A 点上并与 AB 杆在同一竖直平面内，B、D 在同一水平面，且 $BD=AB$。现推动 AB 杆使 CD 棒绕 D 点沿逆时针方向缓慢转动，从图示实线位置转到虚线位置的过程中，AB 杆对 CD 棒的作用力 (　　).

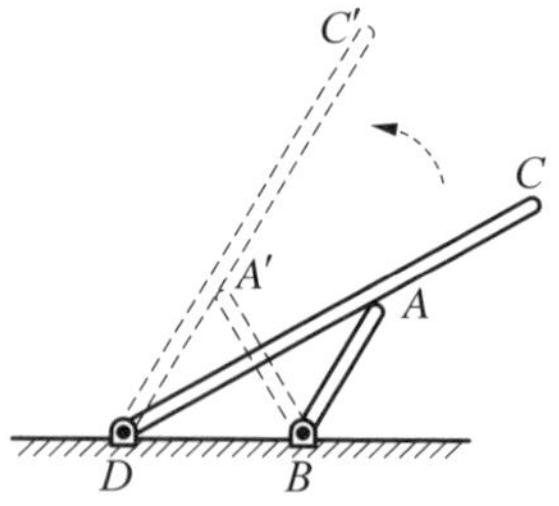

图 7－35

A. 减小　　B. 不变　　C. 增大　　D. 先减小后增大

知识巩固 解题参考

1. 将弹簧截短，相同拉力作用下形变变小，倔强系数变大。B 选项正确。

2. 设甲、乙弹簧的原长分别为 $L_甲$ 和 $L_乙$，那么有 $k(L-L_甲)=G$，$k(L_乙-L)=G$。并联后挂重物，两根弹簧的长度相同，设为 x，那么有 $k(x-L_甲)+k(x-L_乙)=G$。由以上三式可解得 $x=L+\dfrac{G}{2k}$。

3. 地球上物体的重力主要是由于地球的万有引力产生的，太阳的万有引力仅略有影响。白天太阳的引力和地球的引力是反向的，晚上太阳的引力和地球的引力是同向的，所以 A 选项正确。

4. 初状态时，物块的重力由 A 弹簧承担，A 弹簧的压缩量 $x=\dfrac{mg}{k_1}$。末状态时，物块的重力由 B 弹簧承担，B 弹簧的伸长量 $y=\dfrac{mg}{k_2}$。所以 c、d 之间的距离为 $x+y=\dfrac{mg}{k_1}+\dfrac{mg}{k_2}=\dfrac{k_1+k_2}{k_1k_2}mg$。

5. 如图 7－36 所示，连接 a、c，将薄板分成两个三角形，用中线法找出它们的重心 C_1、C_2，薄板的重心肯定在 C_1、C_2 的连线上。再连接 b、d，将薄板分成另外两个三角形，用中线法找出它们的重心 C_3、C_4(图中未画)，薄板的重心也肯定在 C_3、C_4 的连线上。所以薄板的重心就在 C_1C_2 和 C_3C_4 的交点上。

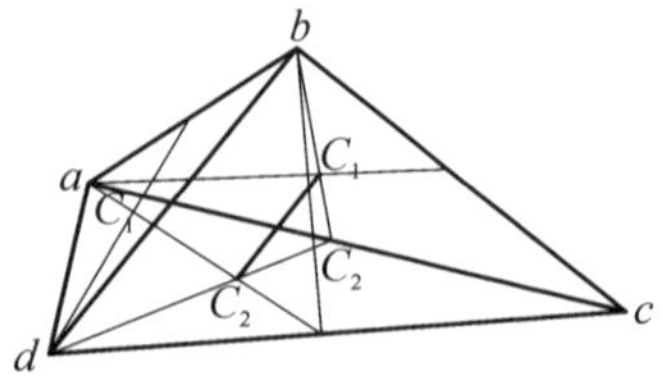

图 7－36

6. 将 Q、R 两个小球看作一个整体。这个整体是平衡的，所以 P、Q 之间细线上的拉力是$F = G_Q + G_R = 20 + 7 = 27$(牛)。

7. 将 A、B、C 三个物体看作一个整体，因为 $F_A = F_B = 10$ 牛，这个整体又匀速运动，可见地面是光滑的。由 A 物体的平衡可知，B 对 A 的摩擦力是 10 牛(向左)。由 C 物体的平衡可知，B、C 之间的摩擦力是零。

8. 由牛顿第三定律可知，圆环受到两个小环竖直向下的摩擦力 $2f$。由圆环的平衡可知绳对大环的拉力 $F = Mg + 2f$。

9. 均匀木尺的重心在其几何中心。以桌边为支点，由力矩平衡可得 $G \cdot \frac{L}{4} = F \cdot \frac{L}{4}$，所以木尺的重力 $G = F = 3$ 牛。

10. 初状态力矩平衡，可得 $1 \times gL = m_B gL\sin 30^\circ$。末状态力矩平衡，可得 $(1 + m)gL\sin 30^\circ = m_B gL$。可得 $m = 3$ 千克。

11. 由于铁球悬挂的位置偏右，所以初始状态 $N_1 < N_2$。将铁球浸没在水中后，铁球受到水的浮力，细线的拉力减小。而浮力的反作用力是均匀地作用在容器的底面上的，所以虽然仍然是 $N_1 < N_2$，但 N_1 变大了，N_2 变小了。A 选项正确。

12. 以 D 点为转轴，CD 杆受到两个力的力矩，一个是重力，另一个是 AB 杆对它的弹力。这两个力的力矩平衡，设 $BD = s$，可得(如图 7－37 所示) $G \times \frac{1}{2} l\cos\theta = N \times AD = N \times 2DE = N \times 2s\cos\theta$，解得 $N = \frac{l}{4s}G$。B 选项正确。

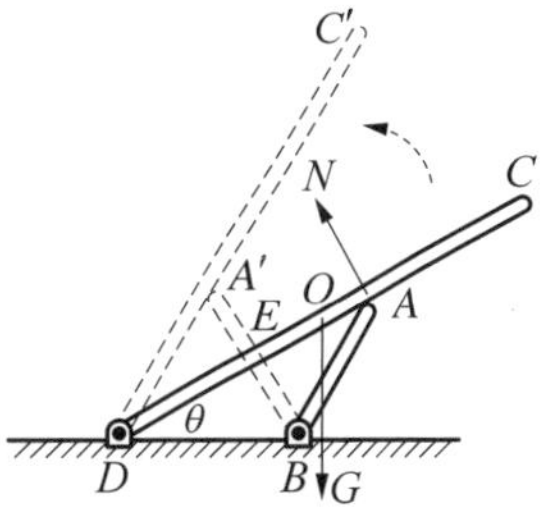

图 7－37

第八讲

压　强

我国最新建造的"奋斗号"深潜器，2020 年 10 月 27 日在西太平洋马里亚纳海沟成功载人下潜到 10 058 米的深处，这在世界上是名列前茅的。马里亚纳海沟被称为"地球第四极"，其最深处接近 11 000 米，也就是在珠穆朗玛峰顶上再叠一座西岳华山的高度。地球上的生物起源于海洋，大洋深处有无数奥秘等待着人们去探索、去研究(甚至有的科学家认为，大洋深处的奥秘，比太空的奥秘还要多，而且和人类的生存、发展的关系也更加密切)。那么为什么全世界到现在只有十余艘载人深潜器，与人类发射的人造星体的数量远远不可比呢？其中有一个重要的原因，就是大洋深处海水产生的压强太大了！看完这一讲，我们对这个问题就会有一个清晰的概念。

一、物体的密度

单位体积的物质的质量叫作该种物质的密度。从字面上理解，密度就是物质的紧密程度，物质的分子质量越大，分子之间排列得越紧密，物质的密度就越大。密度的定义是

$$\rho = \frac{m}{V}.$$

密度的单位是千克/米^3。一些常见物质的密度，我们的物理教材上都有，其中纯水、纯酒精、铜、铁、铝、水银、冰、空气等物质的密度比较常用。

例 1. 空心铝球和空心铁球的质量和外径都相同，如果它们的内部都注满同种液体，再比较两球的总质量　　　　(　　).

A. 铝球质量较大　　　　B. 铁球质量较大

C. 两球的质量仍相等　　　　D. 无法比较

解： 空心铝球和空心铁球的质量和外径都相同，可以判断铁球的壁比较薄(见图 8－1)，所以铁球内的空腔比较大，可以注入的液体比较多，因此注满液体之后的铁球的质量比较大。B 选项正确。

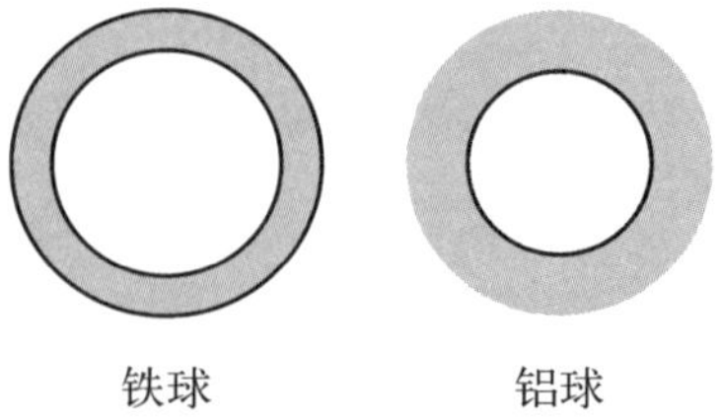

图 8－1

例 2. 现有密度分别为 ρ_1 和 ρ_2 的两种液体，且 $\rho_1 < \rho_2$。

在甲杯中盛满这两种液体，两种液体的质量相等；在乙杯中也盛满这两种液体，两种液体的体积相等。假设两种液体之间不会混合，甲、乙两个杯子完全相同，则 ( ).

A. 甲杯内液体的质量大　　B. 乙杯内液体的质量大

C. 两杯内液体的质量一样大　　D. 无法确定

解： 设杯子的容积为 V，甲杯内两种液体的质量相等，有 $V_1\rho_1 = V_2\rho_2$，因为 $\rho_1 < \rho_2$，所以 $V_1 > \frac{V}{2}$，$V_2 < \frac{V}{2}$。乙杯内两种液体的体积相等，所以 $V_1 = \frac{V}{2}$，$V_2 = \frac{V}{2}$。乙杯内密度大的液体比较多，所以乙杯内液体的质量大。B 选项正确。

例 3. 分别用铁和铝做成两个外部直径和高度相等、但内径不等的圆柱形容器，如图 8－2 所示，铁杯装满质量为 m_1 的水后总重为 G_1；铝杯装满质量为 m_2 的水后总重为 G_2。下列关系中不可能的是 ( ).

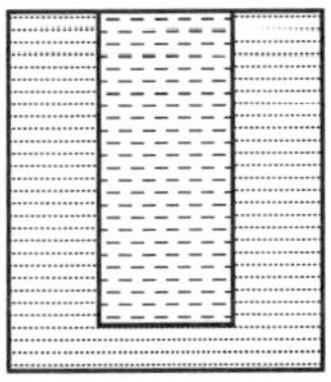
图 8－2

A. $G_1 < G_2$，$m_1 < m_2$　　B. $G_1 > G_2$，$m_1 > m_2$

C. $G_1 < G_2$，$m_1 > m_2$　　D. $G_1 > G_2$，$m_1 < m_2$

解： 这个题目和例 1 的思考方法是类似的，但是因为条件没有确定，所以稍微复杂一点。

因为铁比铝的密度大得多（$\rho_{铁} = 7.8$ 克／厘米^3，$\rho_{铝} = 2.7$ 克／厘米^3），所以 $G_1 > G_2$ 的情况是比较容易发生的。（只要铁杯不要太薄，铝杯不要太厚，不论是 m_1 比 m_2 大还是小，都是没有问题的。）B、D 选项可能。当 $m_1 < m_2$ 时（铁杯中水的体积小于铝杯中水的体积），铁的体积肯定超过铝的体积，此时 $G_1 < G_2$ 是不可能的。而当 $m_1 > m_2$ 时，铁的体积比铝小，$G_1 < G_2$ 是可能的。所以选 A。

例 4. 两种质量相等、密度不等的液体相混合，如果混合后的总体积不变，那么混合后液体的密度为多少？

解： 两种液体的体积分别为

$$V_1 = \frac{m}{\rho_1},\quad V_2 = \frac{m}{\rho_2}.$$

混合后的体积为 $V_1 + V_2$，总质量为 $2m$，所以混合后液体的密度

$$\rho = \frac{2m}{V_1 + V_2} = \frac{2m}{\frac{m}{\rho_1} + \frac{m}{\rho_2}} = \frac{2\rho_1\rho_2}{\rho_1 + \rho_2}.$$

二、压强的概念

怎么样比较两个物体相互作用的效果？有的时候是比较力的大小，比如两队同学拔河，力气比较大的一队同学可以把绳子拉过来。但有的时候比较的却不单单是力，比如人用大拇指把图钉按入墙中，如果不考虑图钉的重力，大拇指按图钉的力和图钉针尖对墙的作用力是相同的，但大拇指毫无损伤，针尖却可以钻入墙中，效果大相径庭。因此我们需要引进一个新的物理量，叫作压强。压强的概念是：作用在单位面积上的力的大小。即压强

$$p=\frac{F}{S}.$$

从某种意义上说，压强更加能够说明一个力的作用效果。

例 1. 有两个用相同材料制成的圆柱体 A 和 B，A 的高度是 B 的高度的 3 倍，将 A 竖直放在水平地面上，B 放在 A 上面，如图 8－3(甲)所示，这时 A 对地面的压强与 B 对 A 的压强之比为 3∶1，若将 A、B 掉换位置后仍放在水平地面上，如图 8－3(乙)所示，则 A 对 B 的压强与 B 对水平地面的压强之比是多少？

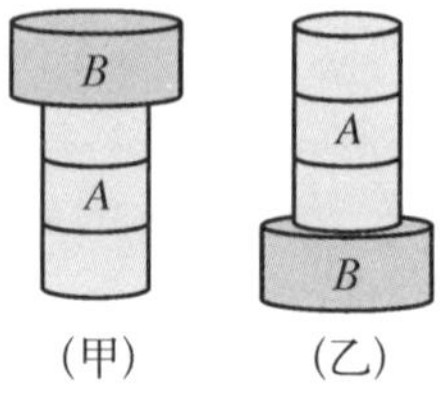

图 8－3

解： 设 A 和 B 的重力分别是 G_A 和 G_B，截面积分别是 S_A 和 S_B，那么分析图 8－3(甲)有

$$\frac{G_A+G_B}{S_A}=3\times\frac{G_B}{S_A}.$$

可得 $$2G_B=G_A.$$

设此种材料的密度是 ρ，那么有

$$2hS_B\rho=3hS_A\rho\text{，即 }S_B=1.5S_A.$$

分析图 8－3(乙)： $$\frac{G_A}{S_A}:\frac{G_A+G_B}{S_B}=\frac{G_A}{S_A}:\frac{1.5G_A}{S_B}=1:1.$$

例 2. (多选)如图 8－4 所示，质量分布均匀的甲、乙两个实心正方体放置在水平地面上，它们对地面的压强相同。若要使甲对地面的压强比乙大，下列做法中正确的是 (　　).

A. 沿竖直方向切去相同的体积

B. 沿竖直方向切去相同的厚度

C. 沿水平方向切去相同的质量

D. 沿水平方向切去相同的体积

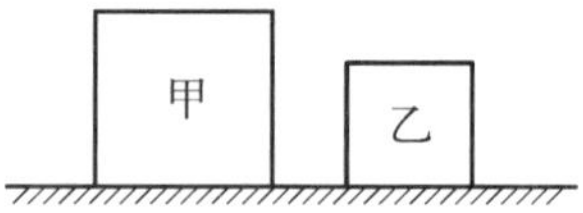

图 8－4

解： 为了解题表述的简洁，我们先引进一个柱体压强的公式。

设一个柱体高 h，横截面积是 S，材料密度是 ρ，放在水平地面上。它对地面的压强是

$$p=\frac{F}{S}=\frac{G}{S}=\frac{\rho gSh}{S}=\rho gh.$$

用这个公式，A、B 选项显然是压强不变。

选项 C 切去相同的质量，ΔF 相同，$S_{甲}>S_{乙}$，所以 $\Delta p_{甲}<\Delta p_{乙}$，$p_{甲}>p_{乙}$。D 切去相同的体积，由于 $\rho_{甲}<\rho_{乙}$，$\Delta F_{甲}<\Delta F_{乙}$，并且 $S_{甲}>S_{乙}$，所以 $\Delta p_{甲}<\Delta p_{乙}$，$p_{甲}>p_{乙}$。C、D 选项都正确。

例 3. 如图 8－5 所示，甲、乙两个正方体物块放置在水平地面上，甲的边长小于乙的边长。甲对地面的压强为 p_1，乙对地面的压强为 p_2 (　　).

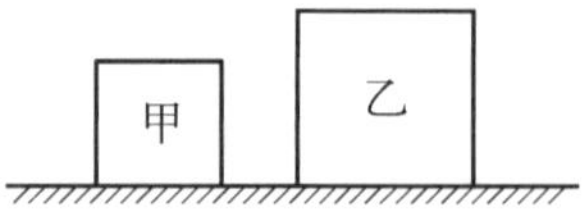

图 8－5

A. 如甲、乙密度相等，将甲放到乙上，乙对地面的压强有可能

变为 p_1

B. 如甲、乙密度相等，将乙放到甲上，甲对地面的压强有可能变为 p_2

C. 如甲、乙质量相等，将甲放到乙上，乙对地面的压强有可能变为 p_1

D. 如甲、乙质量相等，将乙放到甲上，甲对地面的压强有可能变为 p_2

解： 选项 A，如果甲、乙密度相等，$p_2 > p_1$。将甲放到乙上面，乙对地面的压强增大，不可能等于 p_1。

选项 B，如果甲、乙密度相等，乙放到甲上面，

$$p'_1 = \frac{G_{甲} + G_{乙}}{a^2} > \frac{G_{乙}}{a^2} > \frac{G_{乙}}{b^2} = p_2.$$

不可能变为 p_2。

选项 C，如果甲、乙质量相等，甲放到乙上面

$$p'_2 = \frac{2G}{b^2}, \quad p_1 = \frac{G}{a^2}.$$

只要 $b^2 = 2a^2$，乙对地面的压强就变为 p_1。

选项 D，如果甲、乙质量相等，乙放到甲上

$$p'_1 = \frac{2G}{a^2} > \frac{G}{a^2} > \frac{G}{b^2} = p_2.$$

甲对地面的压强不可能变为 p_2。

故选项 C 正确。

例 4. 如图 8－6 所示，A、B 两立方体叠置在一起放于水平桌面上，A 的密度为 ρ_A，B 的密度为 ρ_B，若它们的边长之比为 $l_A : l_B = 1:1$，A 对 B 的压强与 B 对桌面的压强之比 $p_A : p_B = 2:3$，则 $\rho_A : \rho_B =$ ________。若缩小 A 的体积，但保持 A 的形状为立方体，使 A、B 两立方体的边长 $l_A : l_B$ 的比值变为 $1:2$，在这个过程中，压强 $p_A : p_B$ 的比值变化情况为________。

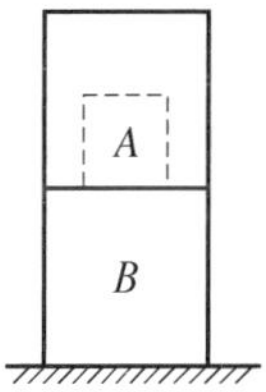

图 8－6

解： 用例 2 中表述的柱体压强的公式来求解。

(1) 当 A 和 B 边长相同时有

$$\frac{\rho_A g l_A}{\rho_A g l_A + \rho_B g l_B} = 2:3,$$

可解得 $$\rho_A : \rho_B = 2:1.$$

(2) A 立方体边长变小时

$$\frac{p_A}{p_B} = \frac{\rho_A g l_A}{\dfrac{\rho_A g l_A^3 + \rho_B g l_B^3}{l_B^2}} = \frac{2}{2\dfrac{l_A^2}{l_B^2} + \dfrac{l_B}{l_A}}.$$

设 $\frac{l_B}{l_A}=x$，可知此结果的分母是一个 $2x^2+\frac{1}{x}$ 型的表达式，变化规律不是一目了然的。我们可以代一些具体的数据进去看看。分别将 $l_A:l_B=1:1$，$l_A:l_B=2:3$，$l_A:l_B=1:2$ 代入，可得 $p_A:p_B=2:3$，$p_A:p_B=36:43$，$p_A:p_B=4:5$。所以 $p_A:p_B$先增大，后减小。

三、液体的压强

这里讨论液体的压强，包含两方面的含义。一方面含义正如本讲开头所述，海水深处有巨大的压强。那么海水深处为什么会有巨大的压强呢？是由于海水的重力。大海深处要承受该处上方巨量海水的重力，所以海水的压强很大。另一方面的含义是，由于液体的体积是基本固定的（液体的不可被压缩性），因此如果外界有一个压强加在某一部分封闭的液体上，液体就可以把这个外加的压强以原来的大小向各个方向传递。下面我们分别加以讨论。

1. 液体内部的压强

要讨论液体表面下深度为 h 处的压强，我们可以取一个高为 h，截面积为 S 的长方体（或者圆柱体），它的重力为

$$F=\rho ghS.$$

式中的 ρ 是液体的密度，g 是该处的重力加速度。这个力 F 全部压在S 的面积上，所以该处的压强便为

$$p=\frac{F}{S}=\rho gh.$$

压强的单位是牛/米^2，也叫“帕斯卡”，简称“帕”。

有了这个公式，我们可以计算一下海底 10 000 米深处海水的压强

$$p=\rho gh=1\times10^3\times9.8\times10\,000=9.8\times10^7(\text{帕}).$$

这是一个多么巨大的压强，意味着每平方米上压上了近一万吨的重物！

例 1. 如图 8－7 所示，容器中装有 10 牛的水，水深 $AB=CD$，容器底面积是液体上表面积的 4 倍，水对上底面（EF、BC 部分）的总压力是________。水对容器底部的压力是__________。

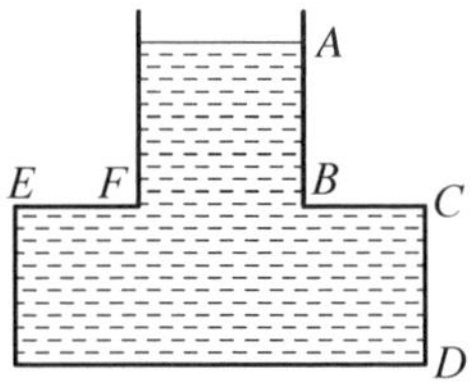

图 8－7

解： 设容器中液体上表面的面积是 S_0，下底面的面积是 $4S_0$，$AB=CD=h$。因为水对容器的上底面有一个压力，这个压力的反作用力作用在水上，所以水对容器下底面的压力大于水的重力。水的重力

$$(S_0h+4S_0h)\rho g=10\text{牛}.$$

水对容器上底面的压力　$F_1=\rho gh\times3S_0=6(\text{牛}).$

水对容器下底面的压力　$F_2=2\rho gh\times4S_0=16(\text{牛}).$

也可以利用水受力平衡　$F_2=10+F_1=16(\text{牛}).$

例 2. 图 8－8 所示是某一自动冲水器的结构示意图。图中的水箱为一圆柱体，其底面直径 $D=0.8$ 米；进水管 A 的管口截面积 $S_A=3$ 厘米^2，管内水速 $v_A=1$ 米/秒；出水管 B 的管内水速 $v_B=1.5$ 米/秒。若要求这个冲水器每隔 5 分钟能自动持续出水 0.5 分钟，求这个冲水器内部 U 形管右边的管长 h 和出水管 B 的截面积 S_B。

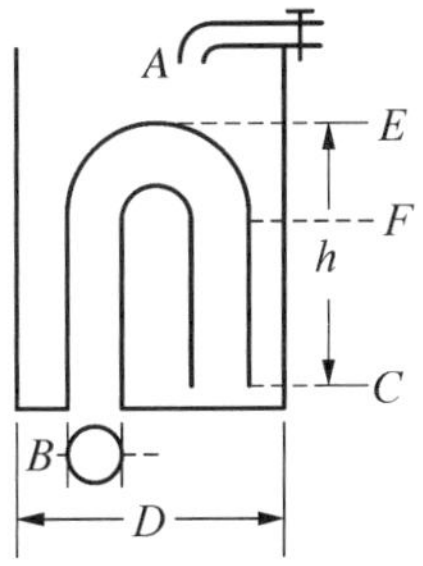

图 8－8

解： 首先要搞清楚这个自动冲水器的工作原理。如果不装这个自动冲水器，直接把进水管 A 接到出水管 B，那么就不断地涓涓细流冲水。使用这个自动冲水器的目的，就是隔一段时间冲一次水，但水流量比较大。A 管向一个空的水箱注水，到 C 处是不会出水的，一直要等水上升到 E 处，才会有水从 B 管流出。水位下降到 F 处，由于虹吸作用出水仍然不会中断，一直到水位下降到 C 处，出水才停止。然后水位又慢慢地上升……如此周而复始。

因为水箱横截面积远大于 B 管截面积，所以在计算水箱横截面积时可以忽略 B 管截面积。

进水过程：
$$v_At_1S_A=\frac{1}{4}\pi\cdot D^2h,$$

解得
$$h=0.18(\text{米}).$$

出水过程：
$$v_Bt_2S_B-v_At_2S_A=\frac{1}{4}\pi D^2\cdot h,$$

解得
$$S_B=22(\text{厘米})^2.$$

例 3. 如图 8－9 所示，这是一个足够长、粗细均匀的 U 形管，先从 A 端注入密度为 ρ_A 的液体，再从 B 端注入密度为 ρ_B、长度为 l 的液柱，平衡时左右两管的液面高度差为 $l/2$。现再从 A 端注入密度为 ρ_C 的液体，且 $\rho_C=\rho_B/2$，要使左右两管的液面相平，则注入的液柱长度为多少？

解： 解这一类题目，一般都是在 U 形管的最低部想象一个横截面，平衡的时候横截面两边液体的压强应该相等。

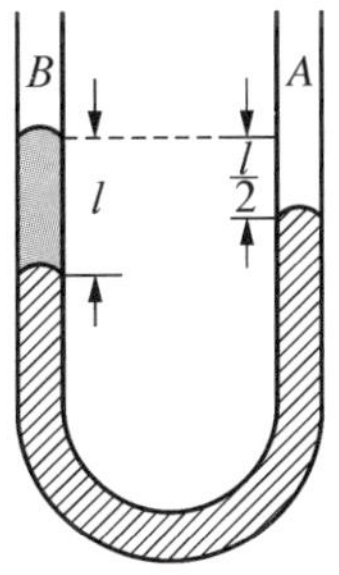

图 8－9

初状态
$$\rho_Bgl=\rho_Ag\left(l-\frac{1}{2}l\right),$$

可解得
$$\rho_A=2\rho_B=4\rho_C.$$

设再注入密度为 ρ_C 的液体的高度为 x.
$$\rho_Bgl=\rho_Cgx+\rho_Ag(l-x),$$
$$x=\frac{2}{3}l.$$

例 4. 如图 8－10 所示，甲、乙两容器内盛有水，80℃时水的深度相同，水对容器底部的压强分别为 $p_甲$ 和 $p_乙$。当水温从 80℃ 降低到 20℃时（不考虑容器的热胀冷缩），则 $p_甲$ 和 $p_乙$ 的

变化情况是 ( ).

A. $p_甲$变小，$p_乙$不变

B. $p_甲$不变，$p_乙$变小

C. $p_甲$和 $p_乙$均变小

D. $p_甲$和 $p_乙$均不变

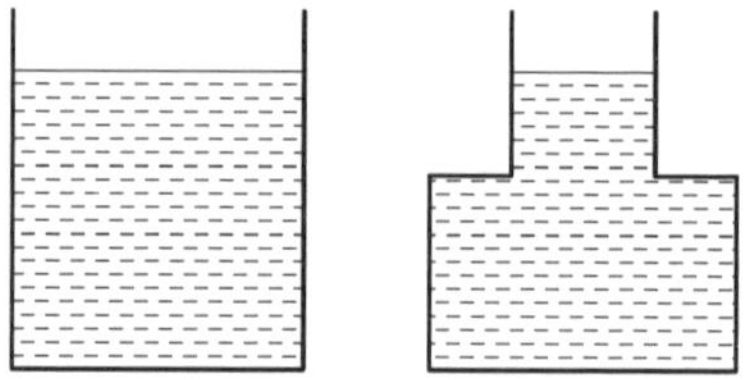

图 8-10

解: 当水温从 80℃ 降低到 20℃ 时，由于热胀冷缩，水的体积变小，密度变大。甲容器中水对容器底部的压强等于水的重力除以容器的底面积。当温度降低时，这两者都不会变化，所以 $p_甲$不变。乙容器中水对容器底部的压强等于 ρgh，当温度降低时，ρ 变大，h 变小，但因为乙容器上部较细，h 变小得比甲容器明显，所以 $p_乙$变小。选项 B 正确。

例 5. 如图 8-11 所示，置于水平桌面上的一个密闭的圆锥形容器内装满了重力为 G 的某种液体。已知：圆锥形容器的容积公式为 $V=\dfrac{\pi R^2 h}{3}$，其中 R、h 分别为容器的底面半径和高。则容器内的液体对容器侧面的竖直压力大小为多少？

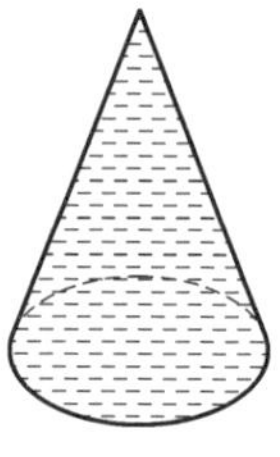
图 8-11

解: 这个题目如果直接用 $p=\rho gh$ 计算压强，然后再计算压力，因为各处液体深度不同，圆锥体各处侧面的面积也不同，需要用到积分的知识。我们利用类比的方法来得到结果。将圆锥体和等高的圆柱体类比。圆柱体内的液体对底面的压力肯定等于液体的重力，而且我们知道圆柱体的体积等于 $V'=\pi R^2 h$，是等粗等高圆锥体体积的 3 倍，可知圆柱体内液体对底面的压力是 $3G$。根据 $p=\rho gh$，圆锥体内的液体对底面的压强和圆柱体是相同的，那么圆锥体内的液体对底面的压力也是 $3G$。由圆锥体内的液体受力平衡可以判断，圆锥体内的液体除了重力 G 之外，其余 $2G$ 就是侧面对液体的竖直压力。这个竖直压力的反作用力作用在容器侧面上，大小为 $2G$，方向竖直向上。

2. 帕斯卡定律

加在密闭液体上的压强，能够大小不变地由液体向各个方向传递。这就是帕斯卡定律。帕斯卡定律最常见的应用就是液压千斤顶。由一个小活塞把一个压强加在密闭的液体上，密闭液体把这个压强按原来的大小传给一个大活塞，大活塞上便会产生很大的力。

例. 在图 8-12 中，A 和 B 为液压传动的两个活塞，C 为圆木棒，D 为墙壁。设它们的面积为 $S_A=S_B/8$，作用在 A 上的力为 F，则 D 所受的压力为多少？

解: 根据帕斯卡定律有

$$\frac{F_A}{S_A}=\frac{F_B}{S_B},$$

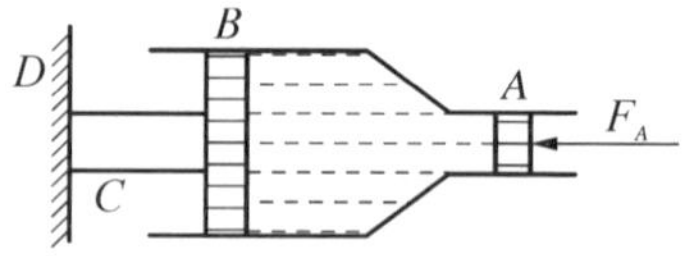

图 8-12

$$F_B=\frac{S_B}{S_A}F_A=8F.$$

木棒 C 能够按原来的大小传递压力，所以 D 所受的压力为 $8F$。

四、气体的压强

地球周围包围着厚厚的空气层(大气层)，由于空气分子的撞击，因此对浸在空气中的物体表面就产生了压强。

液体的压强和气体的压强，虽然名称都叫压强，也都对其他物体有一个压力，但它们产生的原因是不同的。液体内部的压强是由于液体的重力产生的，而气体的压强是由于气体分子的撞击而产生的，跟分子的重力基本没有关系。我们来看一个例子，有一罐水和一罐空气，都密封起来。在地面上，水和空气都有一个压强。然后我们把这两个罐子放到围绕地球飞行的人造卫星中，就会发现水的内部没有压强了(因为液体内部的压强 $p=\rho gh$，人造卫星中完全失重，$g=0$)，而空气内部压强基本不变(因为气体分子仍然在运动，仍然在撞击其他物体)。我们学习了更多的物理知识以后就会知道，一定量的气体在温度不变的时候，体积 V 和压强 p 成反比，即 $p=\frac{c}{V}$。这个公式不难理解，因为气体的体积增大以后，气体分子变得比较稀疏，单位时间内对容器壁的撞击次数减少，压强就变小了。

“马德堡半球实验”是一个很有趣的实验。故事发生在 1654 年，马德堡市长奥托・冯・格里克听说了托里拆利的实验(指测量大气压的实验)，又听说还有许多人不相信大气压强；还有少数人在嘲笑托里拆利，远在德国的格里克很为托里拆利抱不平。他立即找来玻璃管子和水银，重新做托里拆利的实验，断定这个实验是准确无误的。再将一个密封的木桶中的空气抽走，木桶就“砰!”的一声被大气“压”碎了!

有一天，他和助手做成两个半球，直径约 37 厘米(14 英寸)，并请来一队人马，在市郊做起“大型实验”。这是 5 月 8 日，马德堡市风和日丽，一大批人围在实验场上，熙熙攘攘十分热闹。有人支持格里克，希望实验成功；有人断言实验会失败。人们在议论着、争论着、预言着；还有人一边在大街小巷里往实验场跑，一边高声大叫：“市长演马戏了！市长演马戏了……”

格里克和助手当众把两个黄铜的半球壳中间垫上橡皮圈；再把两个半球壳灌满水后合在一起；然后把水全部抽出，使球内近乎真空；最后，把气嘴上的龙头拧紧封闭。这时，周围的大气把两个半球紧紧地压在一起。

格里克一挥手，四个马夫牵来八匹高头大马，在球的两边各拴四匹。格里克一声令下，四个马夫扬鞭催马、背道而拉！好像在“拔河”似的。“加油！加油!”实验场上黑压压的人群一边整齐地喊着，一边打着拍子。4 个马夫，8 匹大马，都搞得浑身是汗。但是，铜球仍是原封不动。格里克只好增加至 16 匹大马使劲拉，八个马夫在大声吆喊，挥鞭催马……

突然，“啪!”的一声巨响，铜球分开成原来的两半，格里克举起这两个重重的半球自豪地向大家高声宣告：“先生们！女士们！市民们！你们该相信了吧！大气压是有的，大气压强是大得这样厉害！这么惊人！……”

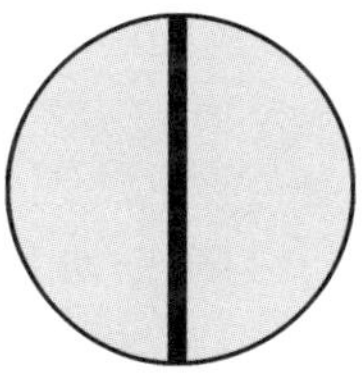
图 8 - 13

例 1. 大气压强为 p_0，马德堡半球的半径是 R(如图 8 - 13 所示)，球体表面积 $S=4\pi R^2$，要把这个抽成真空的马德堡半球拉开，需要的拉力是多少?

解： 有的同学这样计算，半个球的表面积是 $2\pi R^2$，由半个球受力平衡有

$$F = pS = p_0 \times 2\pi R^2 = 2p_0\pi R^2.$$

这样计算是不正确的，因为大气对半球表面各处的压力方向是不同的。我们把右半球分成许多小块[如图8-14(b)所示]，作用在上、下两个对称的小块上的作用力 $\Delta F = p_0 \cdot \Delta S$ 的方向是不同的，它们的一个分量 $\Delta F\sin\alpha$ 相互抵消，另一个分量 $\Delta F\cos\alpha$ 相互叠加。从图8-14(a)中不难看出

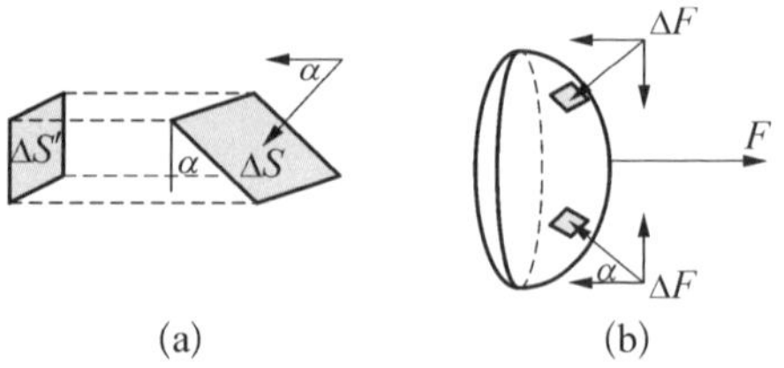

图 8-14

$$\Delta F\cos\alpha = p_0 \cdot \Delta S\cos\alpha = p_0 \cdot \Delta S'.$$

式中的 $\Delta S'$ 是 ΔS 在两个半球分界面大圆上的投影。将半球上所有的小块全部叠加起来有

$$\Sigma\Delta F\cos\alpha = p_0\pi R^2.$$

这就是要将马德堡半球拉开所需要的拉力 F。

例 2. 一端封闭的薄壁玻璃管自重为 G，横截面积为 S，内有一段高为 h 的水银柱，封闭了一定质量的气体。现将玻璃管封闭端用弹簧秤悬挂起来，另一端没入水银槽中，如图8-15所示。当玻璃管没入一定深度后，弹簧测力计的示数为 F。若当时的大气压为 p_0，则此时管内上方气体的压强为________，玻璃管内、外水银面的高度差为________。(设玻璃管壁的厚度不计)

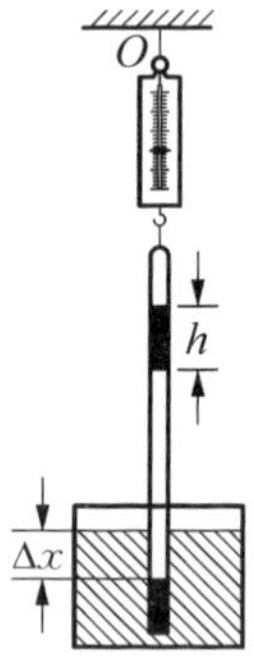

图 8-15

解：(1) 设管内上方气体的压强为 p，由玻璃管的受力平衡有

$$F + pS = G + p_0S,$$

等号左边是向上的力，右边是向下的力。可得

$$p = \frac{G - F}{S} + p_0.$$

(2) 玻璃管下部的气体的压强

$$p' = p + \rho gh = \frac{G - F}{S} + p_0 + \rho gh,$$

设玻璃管内、外水银面的高度差为 Δx，那么有

$$\rho g\Delta x = p' - p_0 = \frac{G - F}{S} + \rho gh,$$

$$\Delta x = \frac{G - F}{S\rho g} + h.$$

例 3. 如图8-16所示，该装置是某医院内给病人输液装置的部分示意图，乙瓶内液体不断通过 Q 管输入病人体内，刚开始输液时，甲、乙两瓶内药液量相等，液面相平。过了一会儿，观察两个输液瓶时会发现(此时两个输液瓶内还有大量的溶液)　　(　　).

A. 甲瓶中的液面高

B. 乙瓶中的液面高

C. 甲、乙两瓶中的液面一样高

D. 以上三种情况均有可能

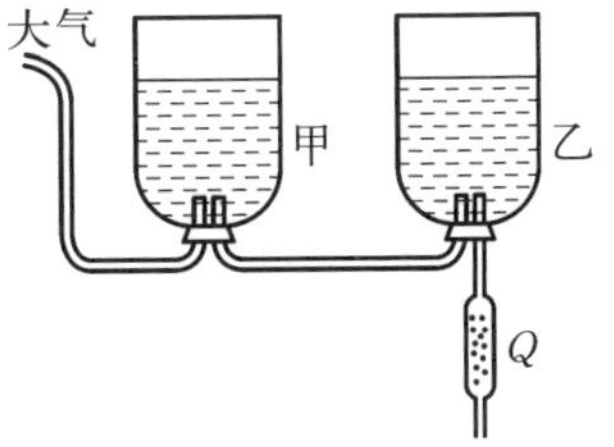

图 8－16

解： 随着乙瓶中的药液滴入人体内，乙瓶中的液面下降，气体体积变大，压强变小。因此甲瓶中的药液会进入乙瓶，甲瓶中的液面也下降，气体体积变大，压强变小，因此外面的空气进入甲瓶。这样，乙瓶中的药液量和气体体积都维持不变，甲瓶药液量逐步减少，气体体积逐步变大，因此乙瓶中的液面会比甲瓶高。选项 B 正确。

例 4. 如图 8－17 所示，贴近甲容器水面有一个旋钮开关 M，开关下方充满了水。乙、丙两容器内水面上方的气体通过细玻璃管相连，甲容器上方与大气相通。如果打开旋钮开关 M，待重新平衡后，关于乙、丙两容器内的气体体积变化的情况是　　（　　）.

A. $V_{乙}$ 增大，$V_{丙}$ 减少，且 $\Delta V_{乙}>\Delta V_{丙}$

B. $V_{乙}$ 减少，$V_{丙}$ 增大，且 $\Delta V_{乙}>\Delta V_{丙}$

C. $V_{乙}$ 增大，$V_{丙}$ 减少，且 $\Delta V_{乙}=\Delta V_{丙}$

D. $V_{乙}$ 减少，$V_{丙}$ 增大，且 $\Delta V_{乙}<\Delta V_{丙}$

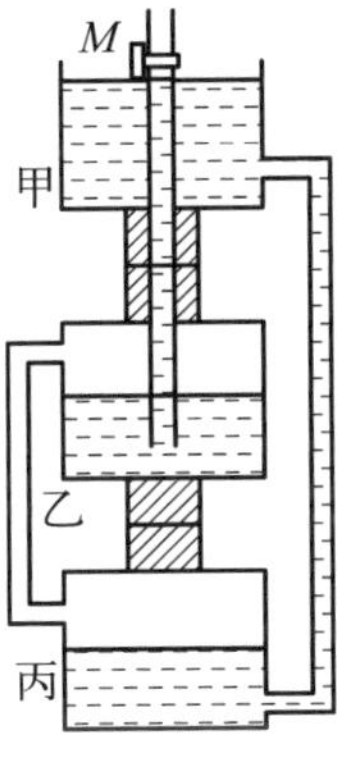

图 8－17

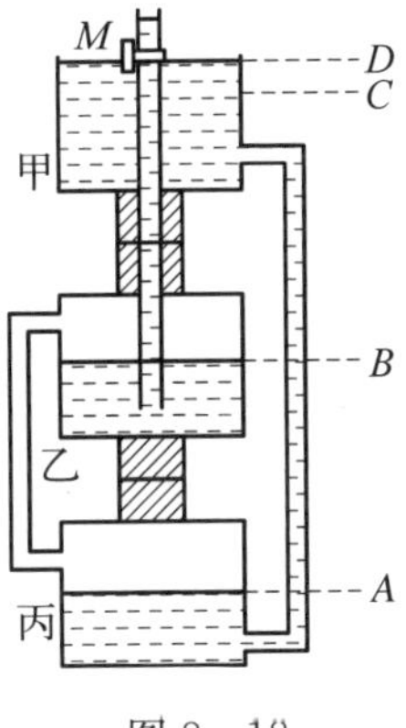

图 8－18

解： 如图 8－18 所示，未打开开关 M 时，丙容器内气压比大气压高 $\rho g\cdot\overline{AC}$，因为 $AC>BD$，所以 M 打开后中间管内的水柱将上升，丙容器内一部分气体转移到乙容器内，甲容器内一部分水转移到丙容器内。因此可以判断 $V_{丙}$ 变小，$V_{乙}$ 增大。由于甲容器内的水减少，AC 的高度减小了，所以乙、丙两容器内气体的压强减小，所以 $V_{丙}+V_{乙}$ 变大，即 $\Delta V_{乙}>\Delta V_{丙}$。

选项 B 正确。

例 5. 如图 8－19 所示，在两端开口的弯管内用两段水柱封闭了一段空气柱，A、B、C、D 四个液面的位置关系如图所示。现将左侧试管底部的阀门 K 打开，释放掉少量水后立刻关闭阀门，A、B、C 液面相对各自原来的位置上升或下降的长度 Δh_A、Δh_B 和 Δh_C 之间的大小关系为　　（　　）.

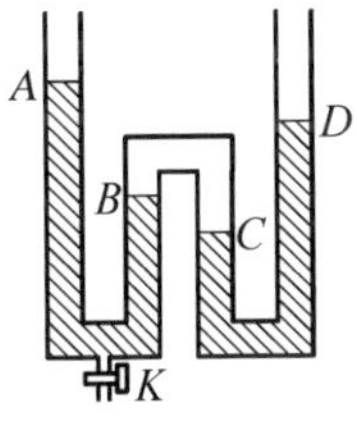

图 8－19

A. $\Delta h_A=\Delta h_B=\Delta h_C$　　　　B. $\Delta h_A>\Delta h_B>\Delta h_C$

C. $\Delta h_A > \Delta h_B = \Delta h_C$　　　　D. $\Delta h_A = \Delta h_B > \Delta h_C$

解： 阀门 K 未打开时，A、B 的高度差等于 C、D 的高度差。BC 内气体的压强 $p = \rho_水 g\overline{AB}$。$K$ 打开释放掉少许水后再关上，A、B 液面都下降了，BC 段气柱的体积变大，压强变小，所以 A、B 的高度差和 C、D 的高度差都将变小。因此最后的结论是：A 液面下降、B 液面下降、C 液面上升；$\Delta h_A > \Delta h_B > \Delta h_C$，选项 B 正确。

•知识巩固•
想想练练

1. 一石碑质量为 100 吨，立在一块柱形基石上，基石高为 1 米，密度是 2.0×10^3 千克/米^3；如果地面受到的压强不能超过 6.86×10^4 帕，则基石的底面积至少是________米^2。

2. 有一种砖的密度为 2.5×10^3 千克/米^3，能承受的压强为 2.45×10^5 帕。若这种砖整齐地堆放在能承受 2×10^6 帕的水平地面上。则砖最多能堆________米高。

3. 如图 8-20 所示，有三个不同形状的容器 A、B、C，它们的底面积相同，盛上同一种液体并使液面在同一高度。若不计容器所受的重力，则下列说法中正确的是（　　）.

A. 容器对桌面的压强和压力都相同

B. 容器对桌面的压强相同，压力不同

C. 液体对容器底部的压强和压力都相同

D. 液体对容器底部的压强相同，压力不同

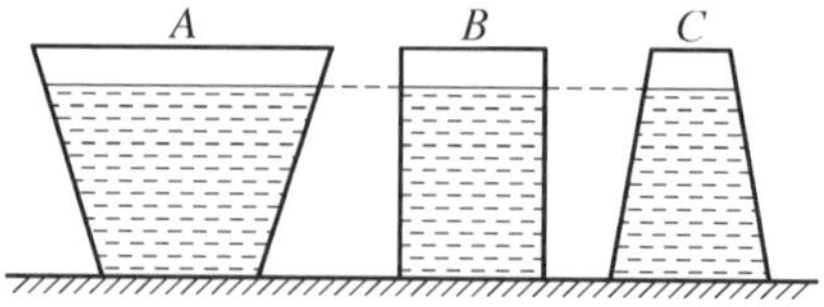

图 8-20

4. 向如图 8-21 所示的玻璃瓶内注入水，然后用插有细玻璃管的软木塞塞紧玻璃瓶，玻璃瓶壁有 A、B 两个孔，也用软木塞子塞住。使细玻璃管内没有水，现将 A、B 处的木塞同时拔去后，则下列说法中正确的是（　　）.

A. A、B 两孔中均无水射出

B. A、B 两孔中均有水射出

C. A 孔中无水射出，B 孔中有水射出

D. A 孔中有水射出，B 孔中无水射出

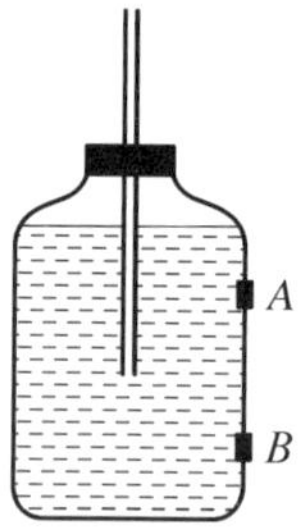

图 8-21

5. 开口大、底面积小的敞口玻璃杯，内装一定质量的某种液体，此时杯底上、下表面受到的压强分别为 $p_上$、$p_下$。当杯内液体温度升高后，液体因膨胀而使液面略有升高，若不计液体质量的变化，则 $p_上$、$p_下$ 的变化情况为（　　）.

A. $p_上$、$p_下$ 均保持不变　　　　B. $p_上$、$p_下$ 均增大

C. $p_上$、$p_下$ 均减小　　　　D. $p_上$ 减小，$p_下$ 不变

E. $p_上$ 增大，$p_下$ 不变

6. 上、下都开口的甲、乙、丙三个筒，下端都用一重力不计的薄片，盖住筒的下端，然后浸入水中，如图 8-22 所示。三个薄片的面积都相同，薄片离水面的深度也都相同，现将 100 克水倒入甲筒中，恰能使薄片下落，那么将 100 克水分别倒入乙筒和丙筒中，则它们各自的薄片（　　）.

A. 都不落下来　　　　B. 都落下来

C. 乙筒薄片落下来，丙筒薄片不落下来　　D. 乙筒薄片不落下来，丙筒薄片落下来

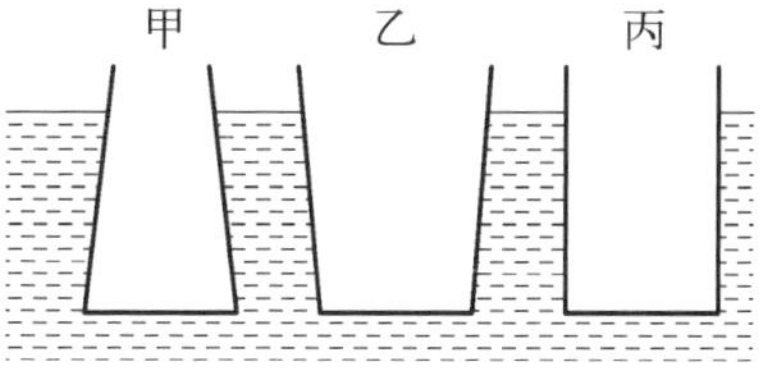

图 8-22

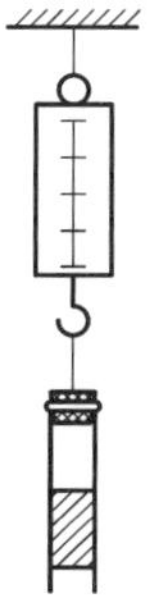

图 8-23

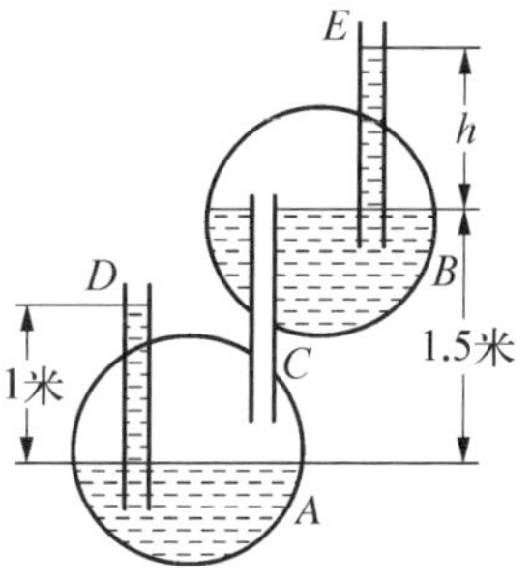

图 8-24

7. 如图 8-23 所示的装置中，粗细均匀的细玻璃管上端塞有橡皮塞，管内一段水银柱将一部分气体封闭在玻璃管内。已知玻璃管和橡皮塞总重为 G，管的横截面积为 S，水银柱高为 h，水银的密度为 ρ，当时大气压为 p_0，管内空气重力不计，则整个装置平衡时，弹簧秤的示数应为多少？管内空气的压强是多少？

8. 如图 8-24 所示，A、B 是两个密闭的球形容器，C、D、E 都是两端开口的玻璃管，它们与容器接口处紧密封接。容器 A、B 和玻璃管 D、E 内盛有水，各水面高度差如图所示。则 E 管内水面高出 B 容器水面的高度 h 等于多少？

•知识巩固• 解题参考

1. 将石碑和基石作为一个整体，由它的受力平衡可得 $G+hS\rho g=S\cdot p$，$100\times 10^4+1\times S\times 2\times 10^3\times 10=S\times 6.84\times 10^4$，可解得 $S=1.5(\text{米})^2$。

2. 设柱形砖堆的底面积是 S，高度是 h，那么有 $Sh\rho g=Sp$，$h=\dfrac{p}{\rho g}=\dfrac{2.45\times 10^6}{2.5\times 10^3\times 10}=9.8(\text{米})$。

3. 三个容器的底面积相同，重力不同，所以 A、B 选项都错误。根据液体的压强 $p=\rho gh$，液体对三个容器底面的压强和压力都相同。C 选项正确。

4. 玻璃管下端处的液体压强等于大气压，所以 A 塞处液体压强小于大气压，B 塞处液体压强小于大气压。C 选项正确。

5. $p_{下}$取决于玻璃杯整体的重力和杯底的面积，显然是不变的。$p_{上}=\rho gh$，当液体热胀后，ρ 变小，h 变大。假设玻璃杯是圆柱体的，那么 $p=\dfrac{mg}{S}$ 不变，现在因为玻璃杯是上大下小，所以和圆柱体的玻璃杯比较，h 增大得较少，所以 p 变小。D 选项正确。

6. 甲筒的薄片恰好落下，说明内、外液体压强相等。乙、丙两筒中的液体的深度都小于甲筒，所以乙、丙两筒的薄片都不落下。A 选项正确。

7. 分析整体，可知弹簧秤的读数等于悬挂物体的总重力，$F=G+\rho ghS$。管内气体的压强 $p=p_0-\rho gh$。

8. 这个容器比较复杂。A 容器水面上气体的压强比大气压强大$\rho_{水}g\times 1$米，A 容器水面上气体和 B 容器水面上气体是连通的，压强相同。所以 E 管内水面也比 B 容器内的水面高 1 米。B 容器内水面比 A 容器内水面的高度差是没有关系的。

第九讲

浮　力

几乎在大多数初中物理教材中，都会提到阿基米德（前 287—前 212）为国王（Heiro）鉴定皇冠的含金量，用排水法来测量皇冠的体积时，发现皇冠变轻了。或者是阿基米德在洗澡时，发现水被漫出浴缸，感觉到自己重量变轻了。然后对一个形状规则的物体（如图 9－1 所示），用液体内部的压强公式 $p=\rho gh$，推导出阿基米德定律，即浮力 $F=\rho_{液}gV_{排}$。这在研究的逻辑上是完全正确的：由定性到定量，由特殊到一般。

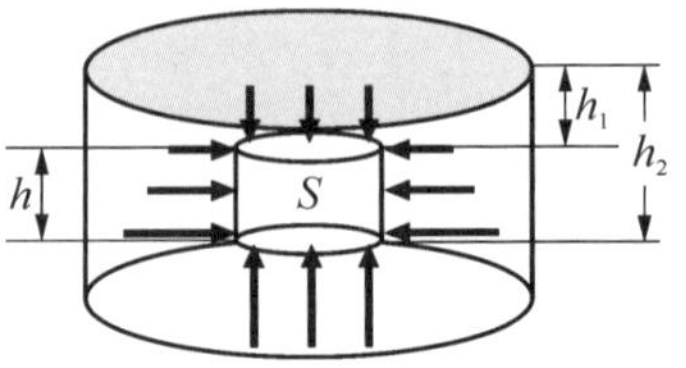

图 9－1

实际的研究情况远非那么简单而有趣。两千多年前，阿基米德生活的 Syracuse 岛是地中海的港口及造船业发达城市。他确立了静力学和流体静力学的基本原理。给出许多求几何图形重心，包括由一抛物线和其弦线所围成图形的重心的方法。阿基米德证明物体在液体中所受浮力等于它所排开液体的重量，这就是阿基米德原理。他还给出抛物旋转体浮在液体中时平衡的稳定性的判断方法。阿基米德发明的机械有引水用的水螺旋，能牵动满载大船的杠杆滑轮机械，能说明日食、月食现象的地球-月球-太阳运行模型等等。但他认为机械发明比纯数学低级，因而没写这方面的著作。阿基米德还采用不断分割法求椭球体、旋转抛物体等的体积，这种方法已具有积分计算的雏形。

阿基米德对浮力的研究，在他的著作《论浮体》中叙述得比较明确。首先在“命题一”中阐述了液体中位于同一水平面的相邻粒子互相挤压，当一个粒子两边受到的挤压不相等时，粒子就会发生水平方向的移动，直至每一个粒子水平方向受到的挤压都相等。每一个粒子都只受到整个液体的竖直向上的挤压。继而在“命题二”中提出：任何静止的液体表面都是以地心为球心的球面。“命题三”：如果物体与水的比重相等，则物体浸入水中后，其顶部不会高于液面。证明：如图 9－2 所示，A 是物块，B 是液块。如果 A 的顶部比 B 的顶部高，两者比重也相等，那么 P 处和 Q 处的压强就不相等。和命题二矛盾。“命题四”：当物体的比重比水的比重小时，物体只能部分在水中。证明：如图 9－3 所示，A 是物块，B 是液块。如

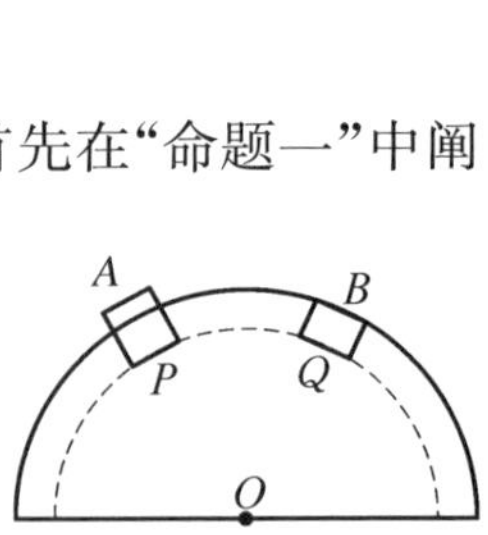

图 9－2

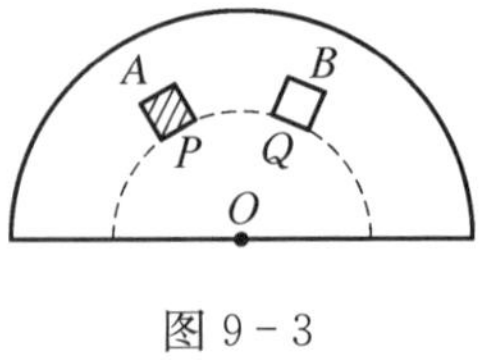

图 9－3

果 A 的比重比 B 的比重小，那么 P 处的压强一定比 Q 处的压强小。同样和命题二矛盾。这两个证明很简单也很科学，与亚里士多德“轻者天然向上”的结论相反，主张轻、重物体都受重力。

阿基米德在“命题六”中提出：用力将比重比液体小的物体按入液体中后该物体将受到一个向上的力，其大小等于与该物体同体积的液体超过物体的重量。在“命题七”中提出：比液体比重大的物体放入液体中时物体将下沉到底，在液体内所减轻的重量等于同体积的液重。这就是现代形式的浮体定律。他还在《论浮体》的上下卷各章中严格而详尽地分析了球形、船体形等各种物体在液体中的沉浮条件。阿基米德的著作，对后来西欧科学的发展起到了重要的启示作用。我们在阅读阿基米德的以上论述时，千万不要忘记他可是一个生活在二千四百多年前的人，阿基米德毫无疑问是一个了不起的天才！

一、有关浮力的几个知识点

1. 浮力的概念

浸在液体或气体里的物体受到液体或气体竖直向上的力叫作浮力。浮力是由于液体或气体对浸入其中的物体上下表面的压力差而产生的，属于弹力的范畴。

失重状态下的浮力：液体的浮力是由于液体内部的压强而产生的，而液体的压强是由于液体的重力而产生的，所以在失重的情况下，液体不产生浮力。气体的压力是由于气体分子的撞击而产生的，在失重状态下仍然存在，但是上下表面压力相同，所以也没有浮力。

2. 阿基米德原理

浸在液体里的物体受到竖直向上的浮力，浮力的大小等于物体排开的液体的重力，这就是阿基米德原理。用公式表示为：

$$F_{浮}=G_{排液}=\rho_{液}gV_{排}.$$

注意：浮力的大小只与物体排开液体的体积及液体的密度有关，而与所浸处液体的深度、物体的质量、密度、形状、运动状态等因素无关。

3. 物体的浮沉条件

物体在液体中的三种静止状态：

(1) 漂浮：$F_{浮}=G_{物}$，$V_{排液}<V_{物}$，$\rho_{液}>\rho_{物}$，如图 9-4(a)所示；

(2) 悬浮：$F_{浮}=G_{物}$，$V_{排液}=V_{物}$，$\rho_{液}=\rho_{物}$，如图 9-4(b)所示；

(3) 沉底：$F_{浮}<G_{物}$，$V_{排液}=V_{物}$，$\rho_{液}<\rho_{物}$，如图 9-4(c)所示。

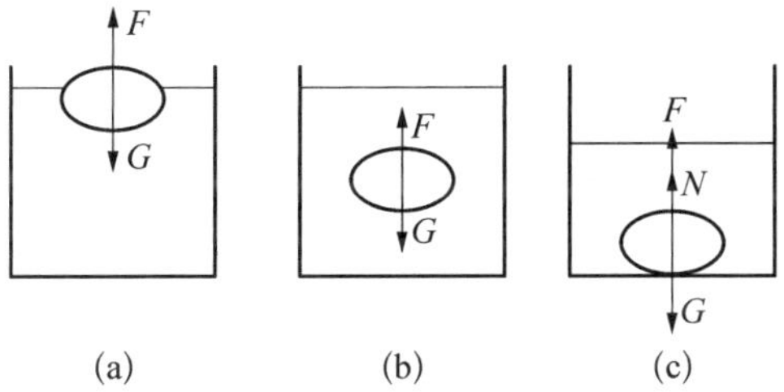

图 9-4

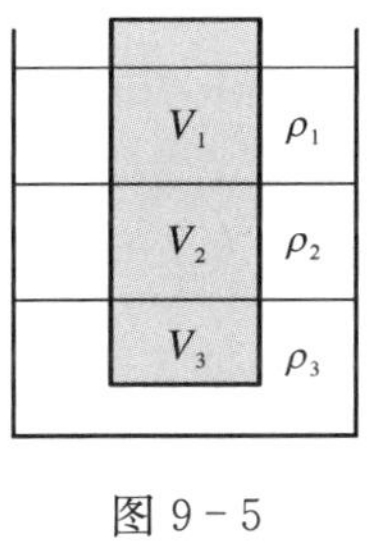

图 9-5

4. 物体浸在分层液体中

如图 9-5 所示，排开液体 ρ_1、ρ_2、ρ_3的体积分别为 V_1、V_2、V_3，则物体受到的浮力大小为

$$F_{浮}=\rho_1 gV_1+\rho_2 gV_2+\rho_3 gV_3.$$

我们知道,浮力是由于液体对物体上、下表面的压力差而产生的。此种情况虽然1、2两种液体对物体的下表面没有压力,但它们产生的压力可以通过液体3传给物体的下表面,所以照样可以对物体产生浮力。

5. 浮心

浮力的作用点叫作"浮心"。如果物体被液体浸没部分的形状是规则的,那么浮心就在浸没部分的几何中心。

阿基米德定律虽然比较简单,但是它和我们以前学习过的"物体的平衡""液体内部的压强""密度""气体的压强"等知识结合起来,题目就会千变万化。下面我们就把有关浮力的题目分类来进行讨论。

二、漂浮的问题

例 1. 船上载着许多钢材,此时甲板离水面的高度为 h_1;把这些钢材都放到水中用绳子悬挂于船下(未触河底),此时甲板离水面的高度为 h_2,则 h_1 与 h_2 相比较 (　　).

A. $h_1=h_2$　　B. $h_1<h_2$　　C. $h_1>h_2$　　D. 无法比较

解: 当钢材载在船上的时候,船受的浮力等于船的自重加上钢材的重力,即

$$F_1=G_{船}+G_{钢}.$$

当钢材都放到水中用绳子悬挂于船下时,钢材也受到水的浮力了,因此

$$F_2=G_{船}+G_{钢}-F_{钢浮}.$$

所以 $F_2<F_1$,即有 $h_1<h_2$,B选项正确。

例 2. 如图 9-6 所示,一水槽内装有部分水,水面上浮有一木质小容器,其露出液面的高度为 h,水的深度为 H,现从水槽内取少部分水倒入容器内,则导致 (　　).

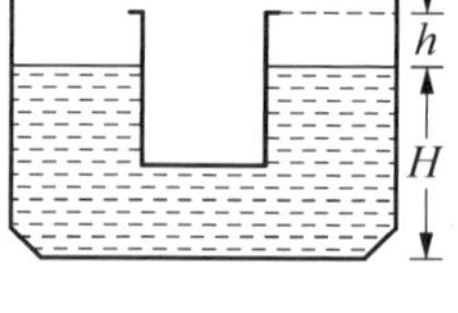

图 9-6

A. h 增大　　B. h 减小

C. H 增大　　D. H 减小

解: 不难判断,h 将减小,因为容器中加了水,重力变大,受到的浮力也要变大,排开水的体积变大,h 减小。直接考虑 H 的变化情况有一定难度,可以换一个角度来思考。因为水槽中小容器和水的总重力不变,所以水槽底部所的压力不变。又因为水槽底部的面积也不变,所以水对底部的压强不变。由 $p=\rho gH$,可知 H 不变。B选项正确。

例 3. 一个密度计,A、B 分别是其最上面和最下面的刻度位置,如图 9-7 所示。这个密度计的测量范围是 1.00×10^3 千克/米^3~1.60×10^3 千克/米^3,把这个密度计放入某种液体中,液面的位置恰好在 AB 的中点 C,则这种液体的密度是 (　　).

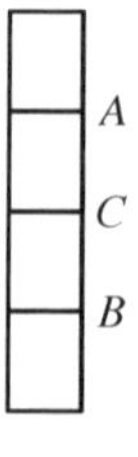

图 9-7

A. 小于 1.30×10^3 千克/米^3　　B. 等于 1.30×10^3 千克/米^3

C. 大于 1.30×10^3 千克/米^3　　D. 无法确定

解：如图 9－8 所示，设密度计的质量是 m，B 之下部分的体积是 V_0，AC 和 CB 部分的长度是 l、截面积是 S。（注意：密度计上部有刻度的部分是粗细均匀的圆柱体，下部玻璃泡内装有铅粒，形状不是圆柱体）

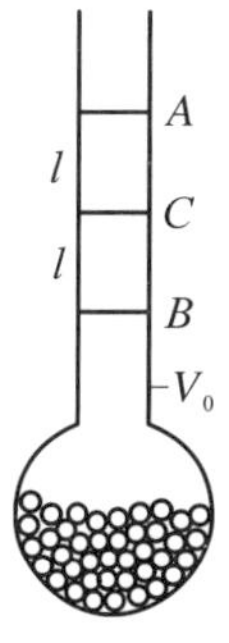

图 9－8

液面在 B 处时 $1.60\times10^3 g\cdot V_0=mg.$

液面在 A 处时 $1.00\times10^3 g(V_0+2lS)=mg.$

液面在 C 处时 $\rho\cdot g(V_0+lS)=mg.$

由以上三式可解得 $\rho=1.23\times10^3\ \text{kg/m}^3.$

由此可见，密度计的刻度是不均匀的，下面的刻度比较稀，上面的刻度比较密。

例 4. 如图 9－9 所示，重物 B 下方有一个容器 C。已知重物 A 的重力 9.8 牛，重物 B 的重力可变，物体系原来静止。当重物 B 的重力逐渐增加到 14.7 牛时，物体 M 即将开始运动（实际上未动）。然后往容器 C 内缓缓注水，当重物 B 的体积有四分之一露出水面时，物体 M 又将开始运动，则重物 B 的密度为多大？

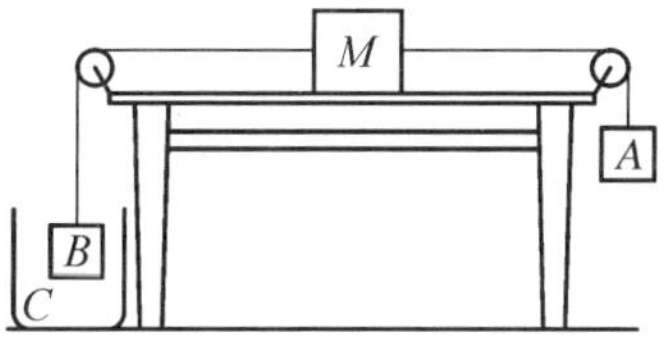

图 9－9

解：这是一个浮力和运动综合的题目。当重物 B 的重力逐渐增加到 14.7 牛时，物体 M 即将开始运动，说明 M 受到桌面的最大静摩擦力

$$f_{sm}=14.7-9.8=4.9(\text{牛}).$$

这个时候的静摩擦力方向是向右的。随着 C 内的水面逐渐上升，B 所受的浮力逐渐增加，当达到

$$G_A+F_{\text{浮}}-G_B=f_{sm}.$$

时，M 又将开始运动，可得

$$F_{\text{浮}}=\rho_{\text{水}}\,g\,\frac{3}{4}V.$$

可解得 $$\rho=\frac{9}{8}\rho_{\text{水}}=1\,125(\text{千克}/\text{米}^3).$$

例 5. 如图 9－10 所示，粗细均匀的蜡烛长为 l_0，它底部粘有一质量为 m 的小铁片。现将它直立于水中，它的上端距水面 h。如果将蜡烛点燃，假定蜡烛燃烧时油不流下来，每分钟烧去蜡烛的长为 Δl，则从点燃蜡烛时开始计时，经________时间蜡烛熄灭（蜡烛的密度为 ρ，水的密度为 ρ_1，铁的密度为 ρ_2）。

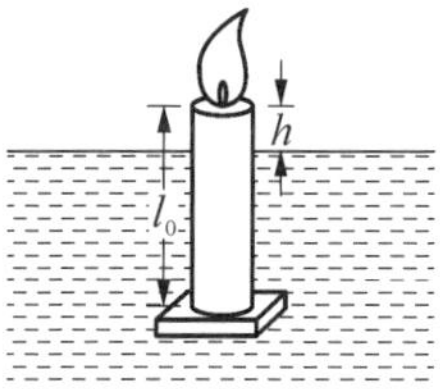

图 9－10

解：解题时要注意，随着蜡烛的燃烧，蜡烛的重力在不断地减小。初始状态

$$mg+l_0S\rho g=\rho_1 g[(l_0-h)S+m/\rho_2].$$

设燃烧到蜡烛的长度为 l 时，蜡烛熄灭（即蜡烛上端和水面齐平）。

$$mg + lS\rho g = \rho_1 glS + \rho_1 gm/\rho_2.$$

以上两式相减，可解得：

$$l_0 - l = \frac{\rho_1}{\rho_1 - \rho}h.$$

燃烧的时间 $$t = \frac{l_0 - l}{\Delta l} = \frac{\rho_1}{\rho_1 - \rho} \cdot \frac{h}{\Delta l}.$$

例 6. 三个完全相同的长方体木块，把它们分别放在三种密度不同的液体里，木块静止时浸入液体的情况是：甲木块大部分浸入；乙木块一半浸入；丙木块小部分浸入，如图 9－11 所示。若将三木块露出液面部分切除，剩下部分分别放入原容器中，则哪一块木块露出液面的部分最大？

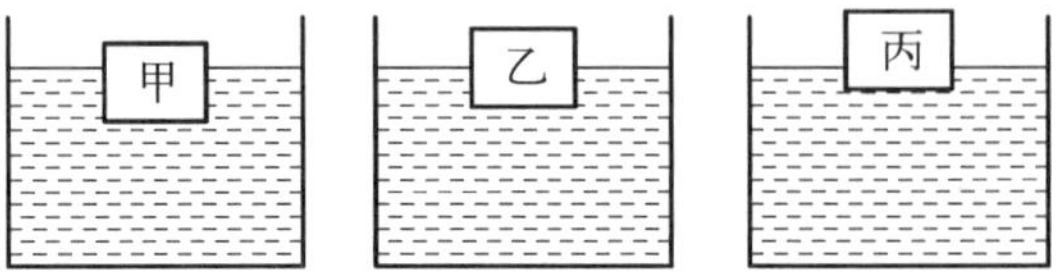

图 9－11

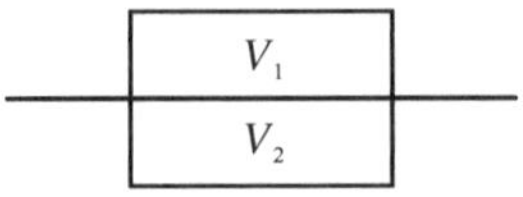

图 9－12

解： 设木块总体积为 V，液面上部分为 V_1，液面下部分为 V_2（如图 9－12 所示），可得

$$\rho_{木} gV = \rho_{液} g(V - V_1),$$

$$V_1 = \frac{\rho_{液} - \rho_{木}}{\rho_{液}}V,$$

$$V_2 = \frac{\rho_{木}}{\rho_{液}}V.$$

截去液面以上部分 V_1 后，同理可得液面以上部分

$$V_1' = \frac{\rho_{液} - \rho_{木}}{\rho_{液}}V_2 = \frac{\rho_{液} - \rho_{木}}{\rho_{液}^2}\rho_{木} V.$$

设 $\frac{1}{\rho_{液}} = x$，可得 $$V_1' = \left(-x^2 + \frac{x}{\rho_{木}}\right)\rho_{木}^2 V_0.$$

用配方法可求得当 $x = \frac{1}{2\rho_{木}}$，即 $\rho_{木} = \frac{1}{2}\rho_{液}$时，$V_1'$ 最大。即乙液体中的木块露出液面部分的体积最大。

三、悬浮的问题

例 1. 容器内原来盛有水银，有一个小铁球浮在水银面上，如图 9－13(a)所示，现在再向容器里倒入油，使小铁球完全浸没在这两种液体中，如图 9－13(b)所示，则 (　　).

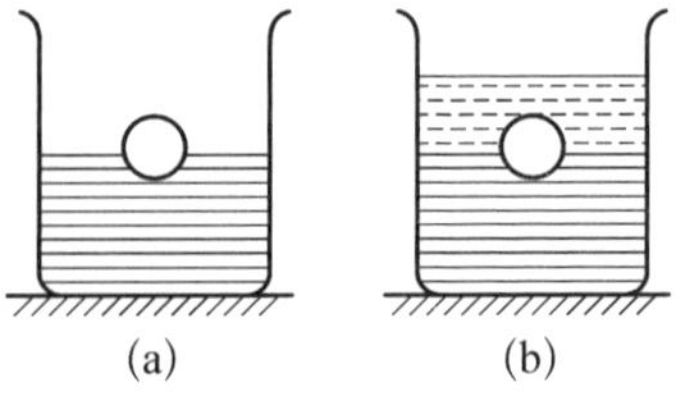

图 9－13

A. 铁球受到的浮力增大

B. 铁球受到油的压力而下沉了一些

C. 铁球上升一些，使它在水银中的体积减小

D. 铁球保持原来的位置不动

解： 铁球受到的浮力不变，始终等于铁球的重力。A 选项错误。油确实对铁球有向下的压力，但也同时通过水银传递给铁球向上的压力，而且后者大于前者，使铁球的位置升高。B、D 选项错误，C 选项正确。加进油之后，假设铁球在水银和油中的体积分别为 $V_{下}$ 和 $V_{上}$，那么铁球受到的浮力为

$$F=\rho_{水银}gV_{下}+\rho_{油}gV_{上}.$$

例 2. 一种液体的密度随深度的增大而增大，它的变化规律是 $\rho=\rho_0+kh$，式中 ρ_0、k 是常数，h 表示深度。设液体足够深，有一个密度为 ρ' 的实心小球投入此液体中，且 $\rho'>\rho_0$，则以下判断中正确的是 (　　).

A. 小球将一沉到底　　B. 小球将漂浮在液面

C. 小球最终悬浮在深 $h=\dfrac{\rho'-\rho_0}{2k}$ 处　　D. 小球最终悬浮在深 $h=\dfrac{\rho'-\rho_0}{k}$ 处

解： 因为题述是小球，所以可以忽略小球上沿和下沿液体密度的不同。小球在液体中悬浮的条件是小球和液体的密度相同，所以有

$$\rho'=\rho_0+k\cdot h,$$

$$h=\frac{\rho'-\rho_0}{k}.$$

D 选项正确。

例 3. 如图 9－14 所示，一个气球下面挂一个金属块，把它们放入水中某处恰能静止。现把金属块及气球的位置轻轻向上移一些，则金属块和气球 (　　).

A. 仍能静止　　B. 向下运动

C. 向上运动　　D. 上下振动

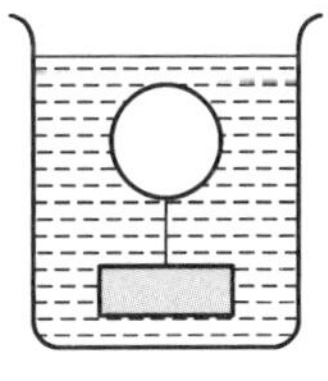

图 9－14

解： 气球和金属块作为一个整体，平衡在水中。总的重力等于水的浮力。如果把金属块及气球的位置轻轻向上移一些，由于气球在水中的深度变小，水的压强变小。根据气体的性质，压强变小体积会变大（在温度不变的前提下），总的浮力

$$F=\rho gV_{金属}+\rho gV_{气球}.$$

会变大，所以金属块和气球向上运动，直至部分气球浮出液面。C 选项正确。

例 4. 物体甲的体积为 25.0 厘米^3，乙的体积为 10.0 厘米^3，现用细线把它们连接起来，放在水中（如图 9－15 所示），恰好平衡。已知细线上的拉力为 0.150 牛，求物体甲、乙的密度。

解： 对甲、乙两个物体分别进行受力分析，设细线上的拉力是 T，

对物体甲　　$F_{浮甲}=G_{甲}+T,$

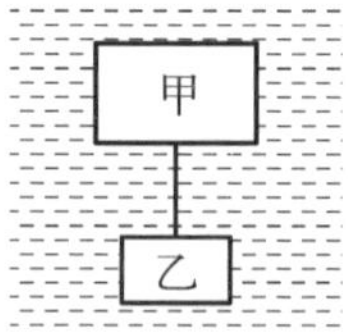

图 9-15

对物体乙 $F_{浮乙} + T = G_{乙}$，

即 $\rho_{水} gV_{甲} = \rho_{甲} V_{甲} g + T$.

$\rho_{水} gV_{乙} + T = \rho_{乙} V_{乙} g$.

代入数据，可解得甲、乙的密度分别为

$\rho_{甲} = 0.39 \times 10^3$ 千克 / 米^3，$\rho_{乙} = 2.53 \times 10^3$ 千克 / 米^3.

例 5. 某食盐溶液的密度随深度 h 变化而变化，变化规律为 $\rho = \rho_0 + kh$，式中 $\rho_0 = 1.0 \times 10^3$ 千克/米^3。为了求出式中的 k 值，现向溶液中投入两只用一根细线系在一起的小球 A 和 B，每个球的体积为 $V = 1$ 厘米^3，其质量分别为 $m_A = 1.2$ 克和 $m_B = 1.4$ 克。当小球 A 球心距水面的距离为 $h = 0.25$ 米时，A、B 两个球均静止，且线是拉紧的，两球心的距离为 $l = 10$ 厘米。试求 k 值的大小。

解： 因为 A 小球的密度较小，所以 A 小球在上面，B 小球在下面。设细线上的拉力是 T，分别对两个小球做受力分析，并列出受力平衡方程。

对 A 小球： $(\rho_0 + kh)gV = G_A + T$，

对 B 小球： $T + [\rho_0 + k(h + l)]gV = G_B$，

由以上两式可解得 k： $k = 1\,000\ \mathrm{kg/m^4}$.

四、含有熔化过程的问题

含有熔化过程的问题一般有一定的难度。常用的解题思路是：① 物体熔化的时候质量不会变，② 物体熔化的时候体积会发生变化，③ 柱形容器内有物体发生熔化时，容器底部受的压强不变。

例 1. 一块冰漂浮在一杯浓盐水中，已知 $\rho_{冰} = 0.9 \times 10^3$ 千克/米^3，$\rho_{浓盐水} = 1.1 \times 10^3$ 千克/米^3，如果冰块完全熔化后，液面将 （　　）.

A. 下降　　B. 上升　　C. 不变　　D. 无法确定

解： 介绍两种思路。

(1) 设冰块的质量是 m，体积是 V。冰块未熔化时，其重力等于所受浮力

$$mg = \rho_{浓盐水} gV_{排}.$$

冰块熔化的过程质量不变

$$mg = \rho_{水} gV.$$

比较以上两式，因为浓盐水的密度比水大，所以 $V > V_{排}$，即冰块熔化成的水去填补原来 $V_{排}$ 的窟窿还有多，所以水面上升。B 选项正确。

改变一下题目的条件，把浓盐水改成水，那么 $V = V_{排}$，冰块熔化成的水恰好去填补原来 $V_{排}$ 的窟窿，水面高度不变。这也是一个经常用到的结论。

(2) 换一种思路，考虑杯底的压强。因为冰块熔化的过程质量不变，所以浓盐水和冰块的总质量不变，杯底受的压强不变。但由于冰块熔化成的水冲淡了浓盐水，使盐水的密度变小，根据 $p=\rho gh$，h 变大，水面上升。

例 2. 一冰块内含有某种不溶于水的物体，放入盛有水的量筒内，正好悬浮在水中，此时量筒液面升高了 4.6 厘米；当冰完全熔化后，水面又下降了 0.44 厘米。设量筒的内横截面积为 50 厘米^2，则该物体的密度为(冰的密度为 0.9 克/厘米^3)。

解: 设用 V、$V_{冰}$、$V_{物}$ 分别表示总体积、冰的体积、物体的体积，用 m、$m_{冰}$、$m_{物}$ 分别表示总质量、冰的质量、物体的质量。从冰块放入水中的过程可知冰块的体积

$$V=h_1S=4.6\times 50=230\text{ 厘米}^3.$$

冰块悬浮在水中　　$mg=\rho_{水}gV$，　$m=\rho_{水}V=0.23$ 千克.

熔化的过程　　$$\frac{m_{冰}}{\rho_{冰}}-\frac{m_{冰}}{\rho_{水}}=h_2S,$$

可得　　$$m_{冰}=\frac{h_2S\rho_{水}\rho_{冰}}{\rho_{水}-\rho_{冰}}=0.198\text{ 千克}.$$

$$m_{物}=m-m_{冰}=0.032\text{ 千克}.$$

$$V_{物}=V-V_{冰}=V-\frac{m_{冰}}{\rho_{冰}}=1\times 10^{-5}\text{ 米}^3.$$

$$\rho_{物}=\frac{m_{物}}{V_{物}}=3.2\times 10^3\text{ 千克 / 米}^3.$$

通过以上两道例题，我们已经知道了：① 纯冰浮在盐水中，冰熔化后水面上升；② 纯冰浮在纯水中，冰熔化后水面不动；③ 含有密度大于水的固体(不溶于水)的冰块浮在纯水中，冰熔化后水面下降。现在我们再分析两种情况：① 含有气泡的冰块浮在纯水中，② 含有木块的冰块浮在纯水中，冰熔化后怎么样？这两种情况，我们都用容器底部受的压强来考虑。这两种情况冰块未熔化时冰块一定是浮在水面上的，熔化前、后杯中物体的总重力不变，容器底部受的压强不变，根据 $p=\rho gh$ 可知水面高度不变。

例 3. 下列四个相同的容器中，液面高度相同，D 容器中的液体(和水不相溶)比水的密度大，如图 9-16 所示。当四个容器中的冰熔化后，A、B、C、D 四个容器中的液面高度分别变为 h_1、h_2、h_3、h_4，则　　(　　).

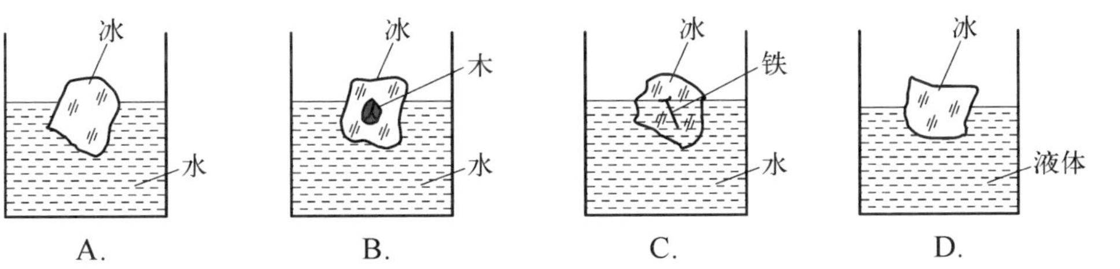

图 9-16

A. $h_4>h_1=h_2>h_3$　　B. $h_1=h_2=h_3=h_4$

C. $h_4>h_1>h_2>h_3$　　D. $h_1=h_2=h_4>h_3$

解： 根据前面的分析，A 和 B 水面高度不变，C 水面高度下降。现在我们来分析 D。

冰熔化成水后质量不变，根据未熔化时的平衡状态可知

$$\rho_{水} gV_{水} = m_{冰} g = \rho_{液} gV_{排}.$$

因为 $\rho_{液} > \rho_{水}$，所以 $V_{水} > V_{排}$，就是说冰熔化成的水填满原来的 $V_{排}$ 以后还有多，所以液面上升。A 选项正确。

例 4. 如图 9－17 所示，某装有水的容器中漂浮着一块冰，在水的表面上又覆盖着一层油。已知水面高度 h_1，油面高度为 h_2，则当冰熔化之后　　(　　).

A. 水面高度 h_1'升高，油面高度 h_2'升高

B. 水面高度 h_1'升高，油面高度 h_2'降低

C. 水面高度 h_1'降低，油面高度 h_2'升高

D. 水面高度 h_1'降低，油面高度 h_2'降低

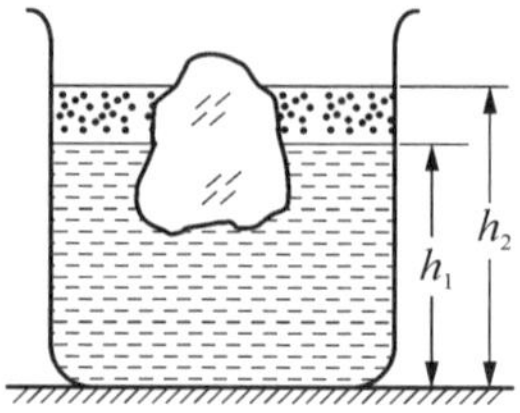

图 9－17

解： 我们考虑容器底部的压强来解决这个问题。冰块未熔化时，水对容器底部的压强为

$$p = \rho_{水} g \cdot h_1 + \rho_{油} g(h_2 - h_1).$$

冰熔化后，$h_2'-h_1'$ 肯定会变小。因为杯中物体总重量不变，所以 p 不变，因此 h_1' 增大。

将上式变形　　$p = (\rho_{水} - \rho_{油})g \cdot h_1' + \rho_{油} gh_2'.$

因为 h_1'增大，所以 h_2'减小。B 选项正确。

例 5. 在柱状容器里注入适量的浓盐水，在盐水中放入一块冰，冰与盐水的质量相等，并始终漂浮在盐水面上。当一半冰熔化之后，发现容器里的盐水面上升的高度为 h，当剩余的冰全部熔化之后，水面将又会上升多少？

解： 设水和盐水的密度分别是 ρ_0，ρ_1，质量都是 m，盐水原来深 h_1。

冰熔化一半后盐水的密度：$\rho_2 = \dfrac{m + \dfrac{m}{2}}{\dfrac{m}{\rho_1} + \dfrac{m}{2\rho_0}} = \dfrac{3\rho_1\rho_0}{2\rho_0 + \rho_1}$；

冰全部熔化后盐水的密度：　$\rho_3 = \dfrac{2m}{\dfrac{m}{\rho_1} + \dfrac{m}{\rho_0}} = \dfrac{2\rho_1\rho_0}{\rho_0 + \rho_1}.$

不论怎么样变化，整体对容器底部的压强总是不变的。

$$\rho_1 gh_1 = \rho_2 g(h_1 + h) = \rho_3 g(h_1 + h + \Delta h).$$

$$\begin{cases}(\rho_1 - \rho_0)h_1 = 3\rho_0 h, \\ (\rho_1 - \rho_0)h_1 = 2\rho_0(h + \Delta h).\end{cases}$$

可解得　　　　　　　$\Delta h = h/2.$

由上面例 4 和例 5 可见，考虑容器底部的压强来解决问题的方法是十分有效的。

五、综合题

所谓综合题，就是在解题过程中除了用到浮力的知识以外，还需要用到其他知识。

例 1. 实心的铝球和铁球全部浸没在水中时，用弹簧秤分别称两球的示数相同。分别把它们全部浸没在酒精中再称时，弹簧秤示数(铝的密度 2.7×10^3 千克/米^3，酒精密度 0.8×10^3 千克/米^3)　　(　　).

A. 仍相同　　　　B. 称铝球时，示数较大

C. 称铁球时，示数较大　　　　D. 无法判断

解: 设弹簧秤的拉力是 F，称量的时候有

$$F + \rho_{水} gV = \rho_{球} gV_{球}.$$

可得

$$V_{球} = \frac{F}{(\rho_{球} - \rho_{水})g}.$$

因为 $\rho_{铁} > \rho_{铝}$，所以 $V_{铁} < V_{铝}$。两球浸在酒精中时和浸在水中时比较，铝球受到的浮力减小得比较多。所以称铝球时，弹簧秤的示数较大。B 选项正确。

例 2. 如图 9－18 所示，A、B、C 是三个用不同材料制成的体积相同的物体。现将它们用相同的弹簧连接于容器底部，然后在容器中注入水使 A、B、C 三物体浸没于水中，三物体静止时的位置如图所示，则　　(　　).

A. A 物体的密度最大　　　　B. B 物体的密度最大

C. C 物体的密度最大　　　　D. 三物体密度相等

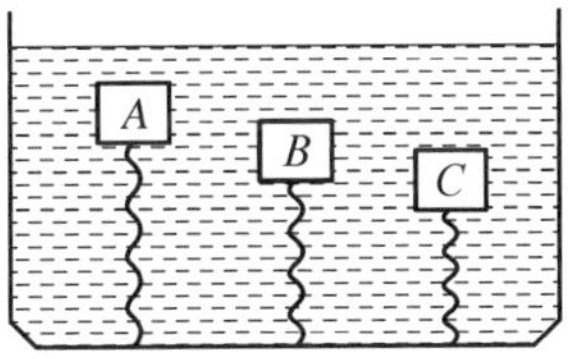

图 9－18

解: 这道题目比较简单，但是要考虑得周到一些。题目没有说明三个物体单独放在水里是沉的还是浮的，因此要分两种情况来考虑。如果三个物体都是沉的，那么弹簧都是被压缩的，C 弹簧缩短最多，三个物体受到的浮力相同，肯定是 C 物体密度最大。如果三个物体都是浮的，那么弹簧都是被拉伸的，C 弹簧拉伸最少，也是 C 物体密度最大。如果三个物体有沉有浮，同样是 C 物体密度最大。C 选项正确。

例 3. 铁链条的一端系着质量 $M=22.8$ 千克，直径 $D=0.4$ 米的实心球，另一端空着。链条长 $L=3.4$ 米，质量 $m=15.6$ 千克，带有链条的球浸没在水池里，如图 9－19 所示。球的体积公式为 $V=\pi D^3/6$，当球平衡时，球心离池底的距离 h 为多少？

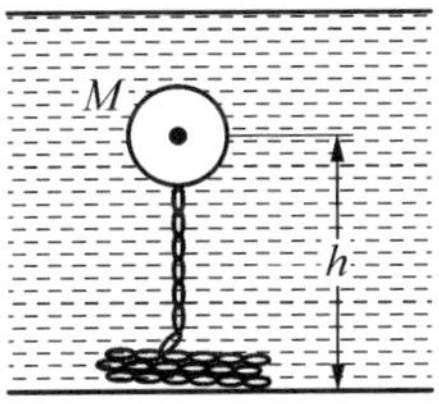

图 9－19

解: 列出受力平衡方程

$$F_{球} + F_{链} = G_{球} + G_{链}.$$

$$\rho_{水} g\left(\frac{\pi \cdot D^3}{6} + \frac{15.6}{\rho_{铁}} \times \frac{h - \dfrac{D}{2}}{3.4}\right) = Mg + \left(h - \frac{D}{2}\right)\frac{15.6g}{3.4}.$$

解得 $$h=2.88\text{ 米}.$$

例 4. 一根轻质小弹簧原长 10 厘米，两端分别连接在容器底部和物体 A 上，将水逐渐注入容器，当物体的一半浸入水中时，弹簧长 12 厘米，如图 9－20(a)所示。把水倒出，改用密度为 0.8×10^3 千克/米^3 的油注入容器，当物体 A 全部浸入油中时，弹簧长 15 厘米，如图 9－20(b)所示。前后两种情况下物体受到的浮力之比为________；物体 A 的密度 ρ 为________千克/米^3。

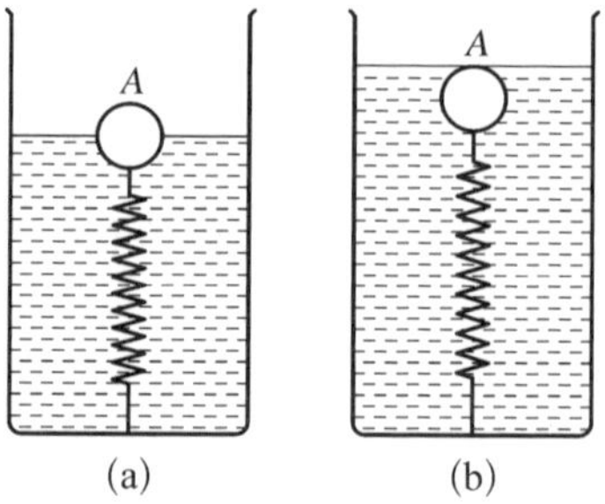

图 9－20

解：(1) 设球的体积为 V，浮力之比

$$F_a:F_b=\rho_{水}\,g\,\frac{V}{2}:\rho_{油}\,g\cdot V=5:8.$$

(2) 两次弹簧都是伸长，弹簧的作用力都是拉力。设弹簧的倔强系数为 k

第一次 $$\rho\cdot g\cdot V+k\cdot x_1=\rho_{水}\,g\,\frac{V}{2}.$$

第二次 $$\rho\cdot g\cdot V+k\cdot x_2=\rho_{油}\,gV.$$

可得 $$\rho=\frac{x_2\rho_{水}-2x_1\rho_{油}}{2(x_2-x_1)}=0.3\times10^3\ \mathrm{kg/m^3}.$$

例 5. 如图 9－21 所示，均匀棒的一端悬挂一个小铁块并一起浸入水中。平衡时棒浮出水面的长度是浸入水中长度的 n 倍。若水的密度为 ρ，则棒的密度 ρ_x 为多少？

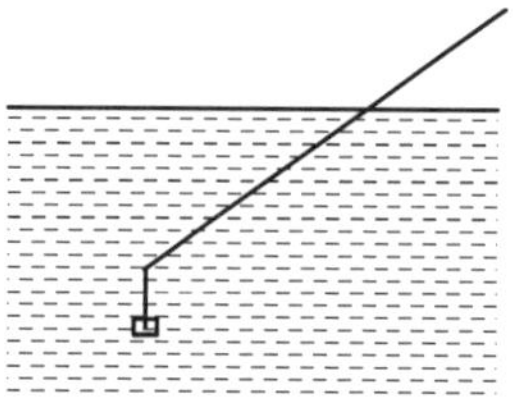
图 9－21

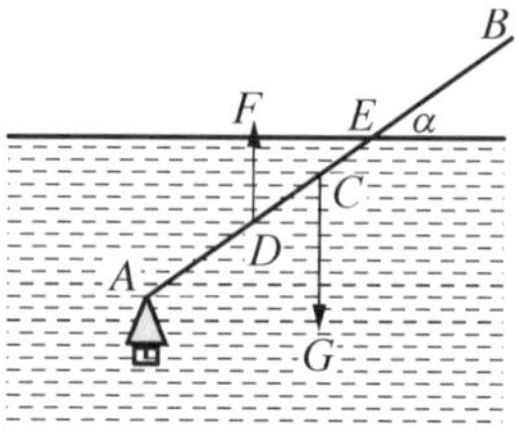

图 9－22

解：这道题目要用到“浮心”的概念，而且需用自己设一个转轴，有一定的难度。

如图 9－22 所示，设 C 是 AB 棒的重心，D 是浮心，棒的横截面积为 S，水下部分 $AE=l$，水上部分 $EB=nl$。取 A 点为转轴，由力矩平衡得：

$$\frac{1}{2}l\cdot\cos\alpha\cdot F=\frac{1}{2}l\cdot(1+n)\cos\alpha\cdot G.$$

棒受的浮力 $$F=\rho\cdot g\cdot l\cdot S.$$

棒的重力 $$G=\rho_x\cdot g\cdot l(1+n)\cdot S.$$

由以上三式可求得　　　$\rho_x=\dfrac{1}{(n+1)^2}\rho$.

知识巩固　想想练练

1. 设想从某一天起，地球的引力减小一半，那么对于漂浮在水面上的船来说，下列说法中正确的是　　(　　).

A. 船受到的重力将减小，船的吃水深度仍不变

B. 船受到的重力将减小，船的吃水深度也减小

C. 船受到的重力将不变，船的吃水深度也不变

D. 船受到的重力将不变，船的吃水深度将减小

2. 密度为 0.6×10^3 千克/米^3 的木块漂浮在水面上时，露出的体积是 V_1，漂浮在密度为 0.8×10^3 千克/米^3 的煤油中，露出的体积为 V_2，那么 V_1 和 V_2 的关系是　　(　　).

A. $V_1>V_2$　　B. $V_1=V_2$　　C. $V_1<V_2$　　D. $3V_1=4V_2$

3. 将质量为 1 000 千克的大木筏置于若干个浮筒上，为了安全起见，每个浮筒至少要有 1/3 体积露出水面。设每个浮筒的质量均为 25 千克，体积为 0.1 米^3，则至少需要这样的浮筒多少个？

4. 在图 9－23(a)中，石料在钢绳拉力的作用下从水面上方以恒定的速度下降，直至全部没入水中。图 9－23(b)所示是钢绳拉力随时间 t 变化的图像。若不计水的摩擦力，则可算出该石料的密度为多少？

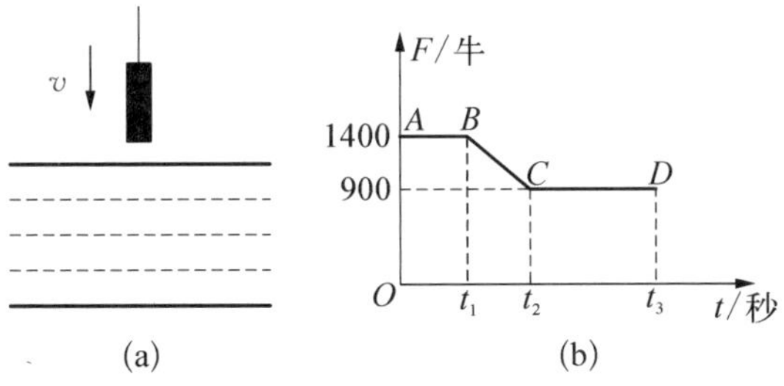

图 9－23

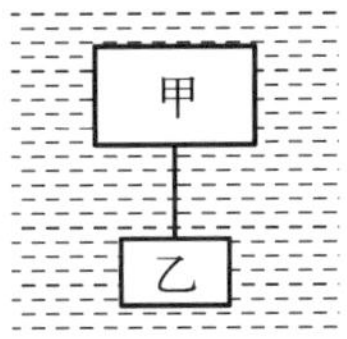

图 9－24

5. 物体甲的体积为 25.0 厘米^3，乙的体积为 10.0 厘米^3，现用细线把它们连接起来，放在水中如图 9－24 所示，恰好平衡。已知细线上的拉力为 0.15 牛，求物体甲、乙的密度。

6. 把密度为 0.6×10^3 千克/米^3 的一长方体木块浸没在水中，至少要在木块下挂一质量为 15.6 千克的铁块，则该木块的质量为________千克，如果改用一不同质量的铁块直接压在木块上，发现木块恰好浸没在水中，则该铁块的质量为________千克。

7. 一个大冰块放在容器中的水里，因为水不够深，所以冰块压到容器的底部，当冰全部熔化后盆内水面将　　(　　).

A. 上升　　B. 下降

C. 位置不变　　D. 结论和冰的体积有关

8. 有一块冰浮在一杯浓盐水中(冰的密度为 0.9×10^3 千克/米^3，浓盐水的密度为 2.1×10^3 千克/米^3)，当冰块全部熔化后，盐水的密度和液面将　　(　　).

A. 密度变大，液面下降　　B. 密度不变，液面不变

C. 密度变小，液面不变　　D. 密度变小，液面上升

9. 图 9－25 中容器内盛有水，一块冰包有小木块和铁钉，漂浮于水面。当冰全部熔化后，水面的高度将　　(　　).

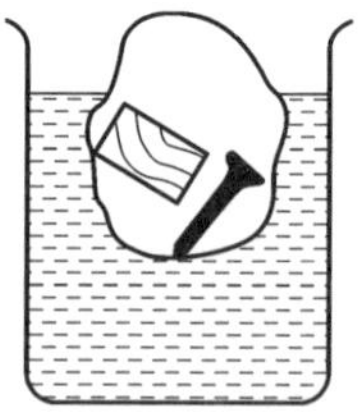

图 9－25

A. 升高　　B. 不变

C. 下降　　D. 以上情形都可能发生

10. 某冰块中有一小石头，冰和石头的总质量是 64 克，将它们放在盛有水的圆柱形容器中恰好悬浮于水中。当冰全部熔化后，容器里的水面下降了 0.6 厘米，若容器的底面积为 10 厘米^2，则石头的密度为多少？

•知识巩固• 解题参考

1. 物体的重力是由于地球的万有引力而产生的，而且和万有引力成正比。如果地球的引力减小一半，那么所有物体的重力都要减小一半。一艘船平衡的时候它的重力的大小等于水对它的浮力的大小，即 $mg=\rho gV$，$V=\dfrac{m}{\rho}$，船的质量 m 和水的密度 ρ 都是和地球引力无关的(地球的引力影响的只是重力加速度 g)，所以船的吃水深度不变。A 选项正确。

2. 设木块体积为 V，那么 $\rho_{木}gV=\rho_{水}g(V-V_1)$，$\rho_{木}gV=\rho_{油}g(V-V_2)$，可得 $\dfrac{V_1}{V_2}=\dfrac{(\rho_{水}-\rho_{木})\rho_{油}}{(\rho_{油}-\rho_{木})\rho_{水}}=\dfrac{(1-0.6)0.8}{(0.8-0.6)1}=\dfrac{8}{5}$。A 选项正确。

3. 大木筏和浮筒整体受力平衡，设需要 n 个浮筒，$Mg+nmg=\rho_{水}gn\dfrac{1}{3}V$，$1\,000\times10+25\times10\times n=10^3\times10\times0.1\times\dfrac{2}{3}\times n$，解得 $n=24$(个)。

4. 从 AB 段可知石料重力 $mg=1\,400$ 牛，从 CD 段可知 $V=\dfrac{\Delta F}{\rho_{水}g}=0.05$ 米^3，可得 $\rho_{石}'=\dfrac{m}{V}=2.8\times10^3$(千克／米^3)。

5. 设绳上的拉力是 T，由甲物体受力平衡有 $\rho_{水}gV_{甲}=\rho_{甲}V_{甲}g+T$。由乙物体受力平衡有 $\rho_{水}gV_{乙}+T=\rho_{乙}V_{乙}g$。代入数据可解得 $\rho_{甲}=0.39\times10^3$ 千克/米^3，$\rho_{乙}=2.53\times10^3$ 千克／米^3。

6. 考虑木块和挂在下面的铁块整体受力平衡，$(m_{木}+m_1)g=\rho_{水}\left(\dfrac{m_{木}}{\rho_{木}}+\dfrac{m_1}{\rho_{铁}}\right)g$，代入数据，可求得 $m_{木}=20.4$ 千克。考虑木块和压在上面的铁块整体受力平衡，$(m_{木}+m_2)g=\rho_{水}\dfrac{m_{木}}{\rho_{木}}g$，代入数据可得 $m_2=13.6$(千克)。

7. 冰块碰到容器底，说明冰受的浮力小于它的重力，即冰融化成的水多于它排开的水，所以冰熔化后容器中的水面上升。A 选项正确。

8. 当冰块熔化后，盐水的浓度变小，密度变小。当冰块漂浮时，它排开盐水的重力等于其自身的重力。因为盐水的密度大于水的密度，所以它排开盐水的体积小于冰块熔化后变成的水的体积，即冰块熔化后液面将上升。D 选项正确。

9. 我们用考虑水对杯底的压力来解决这个问题。初状态，水对杯底的压力等于水、冰、木块、铁钉的总重力。冰全部熔化以后，水对杯底的压力等于水、冰、木块总重力再加上水对铁钉浮力的反作用力，因为铁钉的重力有一部分由杯底的弹力承担了，所以水对杯底的压力肯定是变小了。而水对杯底的压力 $F=\rho_{水}ghS$，F 变小，只能是 h 变小。C 选项正确。

10. 由题述可知 $\rho_{冰}V_{冰}+\rho_{石}V_{石}=64$ 克，由初状态悬浮可得 $V_{冰}+V_{石}=64$ 厘米^3。由末状态水面的下降可得 $\dfrac{\rho_{石}V_{石}}{\rho_{水}}-V_{石}=S\cdot\Delta h$。由以上三式可解得 $V_{冰}=60$ 厘米^3，$V_{石}=4$ 厘米^3，$\rho_{石}=2.5\times10^3$ 千克/米^3。

第十讲

功和机械能

一、功和功率

1. 功

我们前面三讲讲的“物体平衡的条件”“压强”“浮力”都是某一个瞬间的问题，研究的是力的“瞬时效应”。这一讲要讲的“功”是讨论力作用的一个过程，研究的是力的“积累效应”。因此我们也把“功”称为过程量。

功的概念是：功 W 等于力乘以受力物体在力的方向上移动的距离 s，即

$$W = F \cdot s \cdot \cos\alpha.$$

式中的 α 是 F 和 s 之间的夹角。如果 $\alpha < 90^\circ$，力 F 做正功；如果 $\alpha > 90^\circ$，力 F 做负功；如果 $\alpha = 90^\circ$，力 F 不做功。

我们再思考一个问题：为什么把功规定成 $F \cdot s$，而不是 $F \cdot s^2$，或者 $\frac{1}{2}F \cdot s$ 等等？这也是有原因的。只有将功定义成 $W = F \cdot s \cdot \cos\alpha$，它才等于受力物体动能的增量(动能的概念下面会讲到)。到了高中我们还会学习另一个表述力的积累效应的物理量，叫作冲量，定义成 $F \cdot t$。冲量等于受力物体动量 $m \cdot v$ 的增量。

2. 功率

为了描写一个人或者一台机器做功本领的大小，我们引进“功率”的概念。单位时间内所做的功叫作功率。功率的概念在生活和生产中应用要比功多得多。功率 P 定义成

$$P = \frac{W}{t} = \frac{F \cdot s \cdot \cos\alpha}{t} = F \cdot v \cdot \cos\alpha.$$

例 1. 一人从底楼奔上四楼，共用 8 秒的时间，该人上楼时克服重力做功的平均功率最接近于 (　　).

A. 10 瓦　　B. 50 瓦　　C. 100 瓦　　D. 500 瓦

解： 这种估算题，需要我们有一定的生活经验，根据生活经验给出一些数据来估算答案。

假设人的质量 50 千克，每层楼高 3 米，四楼 9 米（注意：按中国人的习惯，四楼只有三个层高），那么人的功率

$$P=\frac{W}{t}=\frac{F\cdot s}{t}=\frac{mg\cdot h}{t}=\frac{50\times10\times9}{8}=5.6\times10^{2}(\text{瓦}).$$

D 选项正确。

例 2. 如图 10－1 所示，高度为 L、横截面积为 S 的物块浮在盛水的杯内，杯内水的高度恰好为 L。已知杯子的横截面积为 $2S$，水的密度为 ρ_0，物块的密度为 $\frac{\rho_0}{2}$，现用外力将物块缓缓地按入水底，则外力所做的功至少是多少？

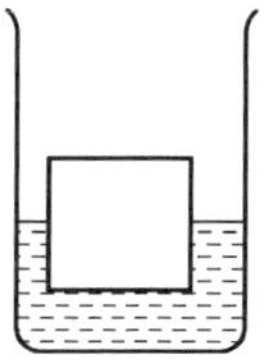

图 10－1

解： 这道题要注意两个问题：第一，因为杯子的横截面积相对物块的横截面积来说不是很大，所以必须考虑木块下行时水面的上行；第二，在水淹没物块之前，因为物块排开水的体积在不断地变化，所以水对物块的浮力是一个变力，外力也是一个变力。当水淹没物块之后，浮力就不会变了，外力也就是一个恒力了。

在水淹没物块之前，物块匀速下行，水面也匀速上行，所以浮力和外力都是均匀变化的，所以可以取中间值作为平均值。这个阶段做的功

$$W_1=\bar{F}\cdot s=\frac{1}{2}(\rho_0 gV-\rho gV)\frac{L}{4}.$$

水淹没物块之后做的功

$$W_2=(\rho_0 gV-\rho gV)\frac{L}{4}.$$

总的功 $$W=W_1+W_2=\frac{3}{16}\rho_0 L^2 gS.$$

例 3. 某自动扶梯以恒定速度 v_1 两次运送某乘客上楼，该乘客第一次站在电梯上不动，第二次相对电梯以 v_2 的速度匀速向上行走。设两次电梯送客做的功分别为 W_1、W_2，则下列关系中正确的是　（　　）.

A. $W_1<W_2$　　B. $W_1=W_2$　　C. $W_1>W_2$　　D. 无法比较

解： 这道题目要从功的定义来考虑 W_1 和 W_2 的大小，有一定难度。我们换一个思路。因为两次人都是匀速运动，都是平衡的，所以电梯对人的作用力相同。两次电梯的速度也相同，因此电梯的功率 $P=F\cdot v$ 相同。第二次因为人在往上走，显然用时较短，即 $t_2<t_1$，而 $W=P\cdot t$，所以 $W_1>W_2$。C 选项正确。

例 4. 如图 10－2 所示，在河中间固定一个细长圆管，管内有一轻质活塞，活塞下端位于水面，面积为 1 厘米^2，质量不计，大气压强为 1.0×10^5 帕。现将活塞缓慢提高 15 米，则在该过程中外力对活塞做功为多少？

解： 此题需要注意两个问题。第一，力 F 需要承担的是被拉起来的那一段水柱的重力，因

此是一个变力。第二，圆管中的液面之所以会跟着活塞升高，是靠外面的大气压将水压上去的。由

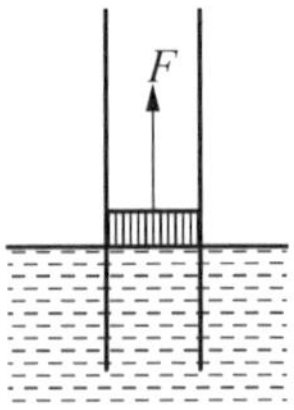

图 10－2

$$p_0 = \rho_水 \cdot g \cdot h.$$

可知一个大气压最多只能使水柱上升的高度

$$h = \frac{p_0}{\rho_水 \cdot g} = \frac{10^5}{10^3 \times 10} = 10(米).$$

所以圆管中的液面上升 10 米之后便不会再上升。此后 F 只要克服大气对活塞的压力即可，F 便是一个恒力了。

第一阶段 $$W_1 = \frac{1}{2}\rho_水 \cdot g \cdot h \cdot S = \frac{1}{2} \times 10^3 \times 10 \times 10 \times 10^{-4} = 50(焦).$$

第二阶段 $$W_2 = p_0 \cdot S \cdot h' = 10^5 \times 10^{-4} \times 5 = 50(焦).$$

总的功 $$W = W_1 + W_2 = 100 焦.$$

例 5. 人体心脏的功能是为人体血液循环提供动力。正常人在静息状态下，心脏搏动一次，能以 1.6×10^5 帕的平均压强将 70 毫升的血液压出心脏，送往人体各部位。若每分钟人体血液循环量约为 6 000 毫升，则此时，心脏的平均功率为________瓦。当人运动时，心脏的平均功率比静息状态增加 20%，若此时心脏每次搏动输出的血量变为 80 毫升，而输出压强维持不变，则心脏每分钟搏动次数为________。

解: 这是一个涉及到对液体做功的问题，我们先推导一个经常用到的公式。如图 10－3 所示，外加的压强 p 把一个液片向右匀速推了 l 的距离，管子的截面积为 S，外力做的功

$$W = F \cdot l = p \cdot S \cdot l = p \cdot \Delta V.$$

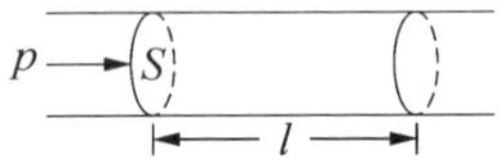

图 10－3

这个公式同样适用于其他形状的管道。

(1) 静止状态下 $$W = p \cdot \Delta V = 1.6 \times 10^5 \times 6\,000 \times 10^{-6}(焦).$$

$$P = \frac{W}{t} = \frac{W}{60} = 16(瓦).$$

(2) 当人运动时 $$P' = \frac{W}{t} = \frac{p \cdot \Delta V}{t}.$$

$$16 \times 1.2 = \frac{1.6 \times 10^5 \times n \times 80 \times 10^{-6}}{60},$$

$$n = 90(次).$$

二、机械能

1. 什么是机械能

当一个物体运动的时候，如果它撞上另一个物体，就能对另一个物体做功。一个物体处在比较高的位置，如果它掉下来，就能对其他物体做功。一个被压缩的弹簧，弹开来的时候能够对其他物体做功。当一个物体具有对其他物体做功的本领时，我们就说它具有能量。由物体的质量和速度决定的能量叫作动能，动能 $E_k=\frac{1}{2}mv^2$。由物体的高度和质量决定的能量叫作重力势能，重力势能 $E_p=mgh$。由物体的倔强系数（说明物体的软硬程度的物理量）和形变大小决定的能量叫作弹性势能。一个物体倔强系数越大、形变越大，弹性势能越大。物体的动能和势能（包括重力势能和弹性势能）之和叫作**机械能**。

2. 机械能和外力做功的关系

显然，物体的机械能和外力对它做的功是密切相关的。一个人推小车，使它由静变动，人对小车做了功，小车的动能增加。运动员把杠铃举高，运动员对杠铃做了功，杠铃的重力势能增加。弓弩手将弓拉开，弓弩手对弓做功，弓的弹性势能增加。以上例子说明当外力对物体做正功的时候，物体的机械能将增加。相反，如果物体对外做功（或者说外力对物体做负功），那么物体的机械能将减少。同学们可以自己举一些例子说明这一点。

3. 机械能守恒

各种机械能是可以相互转换的。物体从高处下落的过程，物体的重力势能转化为动能。弓弩手让箭射出的过程，弓的弹性势能转化为箭的动能。蹦床运动员向下运动的全过程是“重力势能→动能→弹性势能”，向上运动的全过程是“弹性势能→动能→重力势能”。在各种机械能相互转化的过程中，如果只有重力或者弹簧的弹力做功，那么机械能的总量是守恒的。如果还有其他的外力做功，那么机械能总量不守恒。外力做正功，机械能总量增加；外力做负功，机械能总量减少。

例 1. 如图 10－4 所示，连通器左端竖管横截面的半径为 $2R$，右端竖管横截面的半径为 R。左、右水面的高度分别为 h 和 $h/2$。那么当迅速打开开关 K 后，右管水面能够上升到距离底部的最大高度为多少？（不考虑水受到容器壁的阻力）

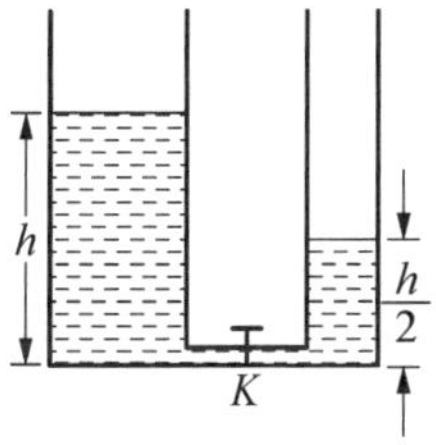

图 10－4

解： 打开开关 K 后，左边的水流到右边去的过程中，只有重力做功，所以机械能守恒。设右边上升到最大高度时左边下降 x，右边上升 $4x$（此时水的速度为零）。由初状态和末状态重力势能相同有

$$mg\left(h-\frac{x}{2}\right)=mg\left(\frac{h}{2}+2x\right),$$

$$x=0.2h.$$

右边高度　　$H=0.5h+0.2h\times4=1.3h.$

例 2. 一质量均匀不可伸长的绳索，A、B 两端固定在天花板上，如图 10－5 所示。今在最

低点 C 施加一竖直向下的力，将绳拉至 D 点，在此过程中，绳 AB 的重心位置将 （　　）.

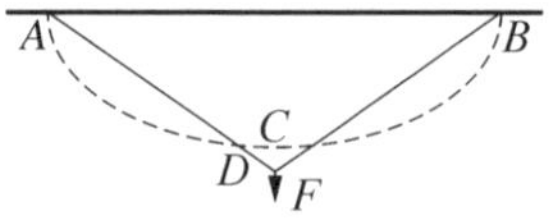

图 10－5

A. 逐渐升高　　B. 逐渐降低

C. 先降低后升高　　D. 先升高后降低

解： 将绳的中点由 C 拉到 D 的过程，外力 F 一直做正功，所以绳子的重力势能增加，即重心升高。A 选项正确。也可以这样解释：将绳的中点由 C 拉到 D 后释放，绳的中点肯定会自己回到 C 点，说明 C 点位置重心最低。（重心最低的位置最稳定）

例 3. 如图 10－6 所示，面积很大的水池内水深为 H，水面上浮着一边长为 a、质量为 m 的正方体实心木块，木块的一半体积浸在水中。现用力将木块缓慢地压入水中直到池底。则整个过程中，外力做多少功？

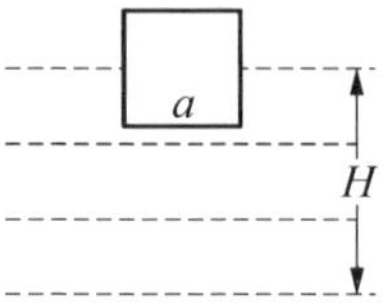

图 10－6

解： 这道题目用功的定义来计算是可以的（水没顶前是变力做功，没顶后是恒力做功）。学了这一讲，我们用能量知识来解决这个问题。

水池的面积很大，意味着水面的高度变化很小。木块有一半浮在水面上，告诉我们 $\rho_{木}=\frac{1}{2}\rho_{水}$。木块从水面上被按到水底，意味着有木块这么大的一块水，从水底到水面上去了。其中一半去填补木块原来排开水的部分，另一半逸散在水面上。这么一个过程增加的总的重力势能，就是外力做的功。

$$W_{外力}=\Delta E_P=\frac{1}{2}m_{水}\,g(H-a)+\frac{1}{2}m_{水}\,g\left(H-\frac{a}{4}\right)-m_{木}\,g\left(H-\frac{a}{2}\right)$$

$$=mg\left(2H-\frac{5}{4}a\right)-mg\left(H-\frac{a}{2}\right)=mg\left(H-\frac{3}{4}a\right).$$

题目中“缓慢”两字意味着木块和水的动能变化可以忽略。

例 4. 如图 10－7 所示，一个质量为 m 的小球，用长为 L 的轻绳悬挂于天花板上的 O 点，小球在水平拉力 F 作用下，从平衡位置 P 很慢地移动到绳与竖直方向成 θ 角的 Q 点，则在此过程中力 F 所做的功为多少？

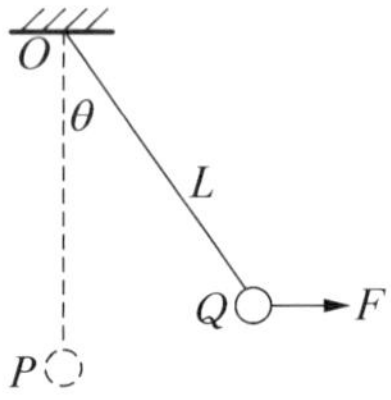

图 10－7

解： 这个问题中，力 F 显然是一个变力，而且不是均匀变化的，所以无法用功的定义来求功。整个过程中，除了重力之外，只有力 F 做功（绳子的拉力不做功），所以力 F 做的功等于小球机械能的增加量。即

$$W_F=\Delta E_P=mgL(1-\cos\theta).$$

题目中“很慢”两字的意义同上例。

例 5. 如图 10－8 所示，我国已兴建不少抽水蓄能水电站。深夜时，用过剩的电能通过水泵把水抽到高处，白天则放水发电，以补充电能不足。若上蓄水池长 150 米，宽 30 米，从深夜 11 时至清晨 4 时抽水，使上蓄水池的水面增高 20 米。而下蓄水池的水面下降 5 米，开始抽水时，上、下蓄水池的水面高度差为 400 米。已知：抽水机的效率为 80%，

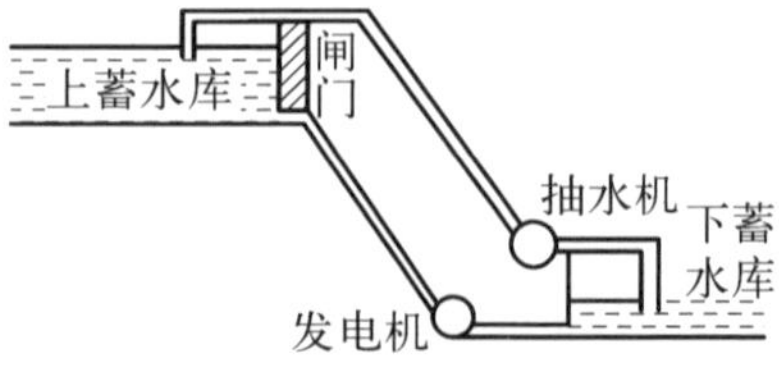

图 10－8

发电机的效率为 60%。则白天给电网补充的电能为________焦，抽水机的输入功率为________千瓦。

解: (1) 白天发电：计算水在上、下蓄水池中的重力势能，都可以取它们重心的高度。因为发电机的效率只有 60%，所以水减少的势能，只有 60%转化为电能。

$$W_{电}=(G\cdot\Delta h)\eta_1=\left[(150\times30\times20\times1.0\times10^3\times10)\times\frac{400+425}{2}\right]\times0.6$$
$$=2.23\times10^{11}(焦).$$

(2) 晚上抽水：因为抽水机的效率为 80%，所以抽水机的输入功率大于水增加的势能。抽水机的输入功率

$$P=\frac{W_{总}}{t}=\frac{\Delta E_{水}}{\eta_2\cdot t}=\frac{(150\times30\times20\times1.0\times10^3\times10)\times\frac{400+425}{2}}{0.8\times(5\times3\,600)}=2.58\times10^4(千瓦).$$

三、简单机械

简单机械的原理和结构，是一切机械制造的基础。中国是最早认知和应用简单机械的国家之一。《农政全书》:“汤旱，伊尹教民田头凿井并以灌田，今之桔槔是也。”这一传说的时代是在公元前 18 世纪。在春秋末，已出现天平、秤、剪、铡、手钳等工具。《物原》:“史佚(周官名)作辘轳”，其他如斜面、滑轮的应用也都很早。

1. 杠杆类简单机械

中国的秤(典型的杠杆)是何时出现的？有所谓黄帝令臣伶造秤之说。杠杆的原理在《墨经》中已有定量的描述:“相衡，则本短标长”“两加焉，重相若，则标必下，标得劝也”，提出本、标、权、重等概念。

(1) 杠杆的工作原理是力矩平衡，$F_1\cdot l_1=F_2\cdot l_2$。根据 l_1 和 l_2 的大小，杠杆可以省力，也可以省距离。

(2) 定滑轮的工作原理也是力矩平衡。将定滑轮的一条直径看成杠杆，轮心作为支点，同样有 $F_1\cdot l_1=F_2\cdot l_2$。因为 $l_1=l_2=r$，所以 $F_1=F_2$。定滑轮不能省力，只能改变力的方向。

动滑轮也可以看作一根杠杆，将动滑轮的水平直径瞬间静止的一端看作支点。因为 $l_1=2l_2$，所以 $F_1=\frac{1}{2}F_2$。动滑轮可以省一半力。

(3) 轮轴的工作原理也可以用杠杆来解释。如果轮半径和轴半径分别为 l_1 和 l_2，那么 $F_1=\frac{l_2}{l_1}F_2$。如果 $l_1>l_2$，就省力；如果 $l_1<l_2$，就省距离。

这三类简单机械的工作原理都是杠杆，所以叫作**杠杆类简单机械**。

我们从前面三种杠杆类简单机械的工作原理中可以总结出一个重要的规律来：简单机械只能省力，不能省功。要省力就必须延长做功的距离。这个规律叫作“功的原理”。

例 1. 如图 10－9 所示，一轻质杠杆受到三个滑轮的作用力，O 是支点，物体 P 重 20 牛，

浸没在密度为 0.8×10^{3} 千克/米^{3} 的煤油里，已知 $AB=BC=CO=30$ 厘米，砝码 $G_1=4$ 牛，$G_2=10$ 牛，若杠杆处于平衡状态，求物体 P 的体积。($g=9.8$ N/kg)

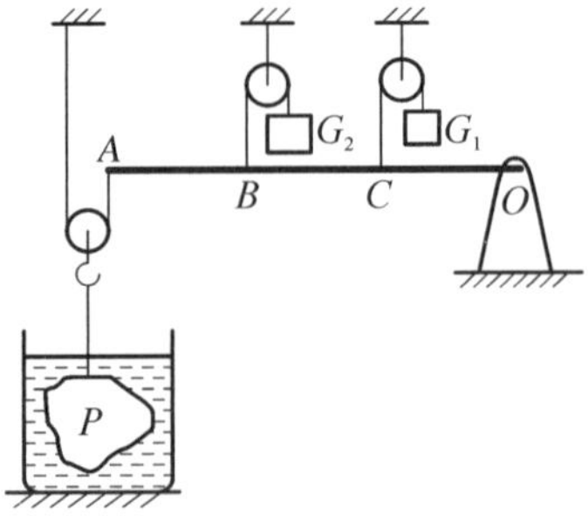

图 10-9

解：这是一个比较综合的题目，表现在① 杠杆受到的力矩不止两个，② 还涉及到浮力的问题。

(1) 由杠杆平衡有

$$F_A\cdot AO=F_B\cdot BO+F_C\cdot CO,$$

可得 $$F_A=\frac{G_2\cdot BO+G_1\cdot CO}{AO}=8(\text{牛}).$$

(2) 由物体的受力平衡，并考虑到 A 处是一个动滑轮则有

$$\rho_{\text{油}}gV+2F_A=G_P,$$

可得 $$V=\frac{G_P-2F_A}{\rho_{\text{油}}g}=510(\text{厘米}^3).$$

例 2. 一名体重为 500 牛的运动员，两个手臂能产生的最大拉力是 1 200 牛。这个人站在地面上，利用图 10-10 所示的装置来提升重物，那么他所能提起的最重物体是多重？

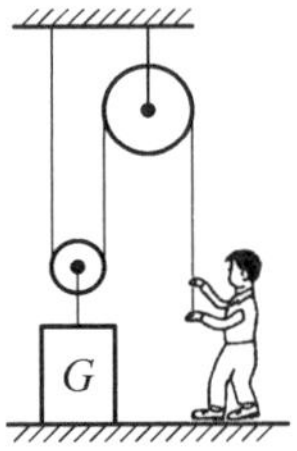

图 10-10

解：这个过程除了要用到定滑轮和动滑轮的性质之外，还要考虑到牛顿第三定律。如果运动员用 1 200 牛的力拉绳子的话，似乎能够提起 2 400 牛的重物(动滑轮可以省一半力)。但考虑到牛顿第三定律，人用 1 200 牛的力拉绳子，绳子也用 1 200 牛的力拉人，人早已离开地面。所以人最多只能以 500 牛的力拉绳子，此时可以提起重物的重量是 1 000 牛。

等我们进了高中，学习了牛顿第二定律之后会知道，如果人沿着绳加速向上爬，还能提起更重一些的物体。但是本题强调了“站在地面上”，所以上述情况不属于本题考虑的范围。

例 3. 人站在地上利用滑轮组提 1 600 牛的重物，该绳最多能承受 500 牛的拉力，请设计一个滑轮组，画出安装示意图。若人站在高处向上提起重物，又该用怎样的滑轮组？(要求滑轮个数尽量少，动滑轮重和摩擦忽略不计)

解：一个滑轮组能够省多少力，我们是这样考虑的——数一数由几根绳子通过动滑轮承担重物的重力，如果有 n 根绳子通过动滑轮承担重物的重力 G，那么拉力就是 $\dfrac{G}{n}$(如果动滑轮组的重力忽略不计)。

本题重物重 1 600 牛，绳子最多只能承受 500 牛的拉力，那么至少由 4 根绳子来承担动滑轮。如果人站在地面上拉，可以设计如图 10-11(a)所示的滑轮组。如果人站在高处向上提起重物，可以设计如图 10-11(b)所示的滑轮组。两次都是有 4 根绳子承担物体的重力，所以

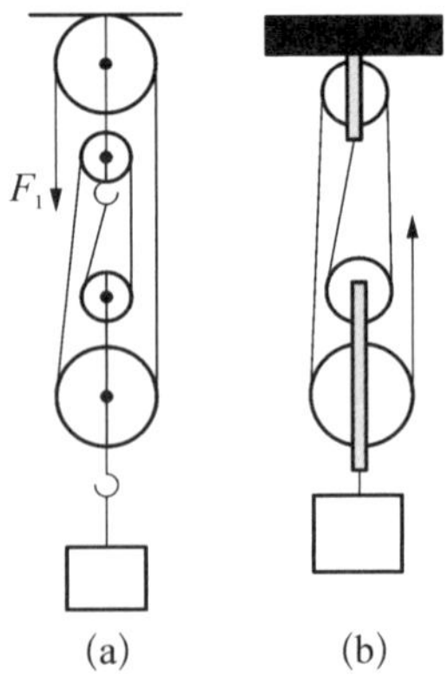

图 10-11

两次所需要的拉力都是

$$F=\frac{G}{4}=\frac{1\,600}{4}=400(\text{牛}).$$

例 4. 辘轳摇把到轴线的距离是 50 厘米，轴半径是 10 厘米。若把 240 牛的水桶从井中匀速提起，应在摇把上加多大的力？如果井深 6 米，那么手摇摇把移动了多少距离？（不考虑轮轴的摩擦）

解：（1）如图 10－12 所示　$F_1 \cdot R=F_2 \cdot r$.

$$F_1=\frac{r}{R}F_2=\frac{10}{50}\times 240=48(\text{牛}).$$

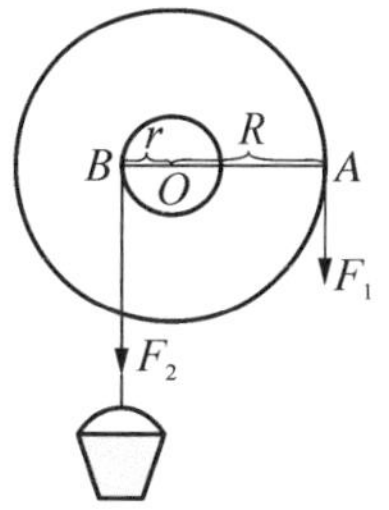

图 10－12

（2）如果井深 6 米，那么需要绕的圈数

$$n=\frac{h}{2\pi \cdot r}=\frac{600}{2\times 3.14\times 10}=9.6(\text{圈}).$$

那么，手摇摇把移动的距离是

$$s=n\times 2\pi \cdot R=9.6\times 2\times 3.14\times 50=3\,014(\text{厘米}).$$

例 5. 图 10－13 中的“神仙葫芦”由半径分别为 R 和 $r(R>r)$ 且固连在同一轴上的两个齿轮和一个动滑轮 C 组成，不计摩擦，当匀速提起重为 G 的物体时（C 滑轮重量不计），所用的拉力 F 是多少？

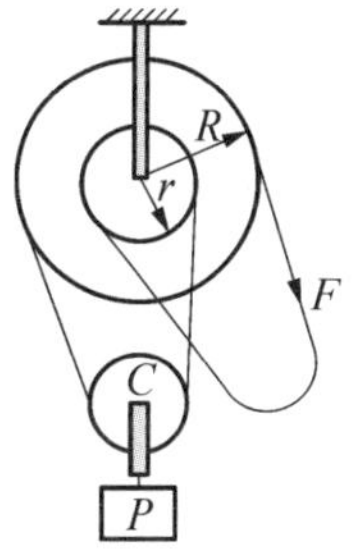

图 10－13

解Ⅰ：“神仙葫芦”是一种比较特殊的简单机械，一般教材中不会讲解它的工作原理。我们用功的原理来研究“神仙葫芦”。

考虑两个齿轮都转过一圈。C 左边的绳子拉上去了 $2\pi \cdot R$，C 右边的绳子放下来了 $2\pi \cdot r$，所以 C 滑轮上升了

$$\frac{2\pi(R-r)}{2}=\pi(R-r).$$

这个过程工人用力 F 把最右边的绳子拉下了 $2\pi \cdot R$。根据功的原理（外力做的功等于物体机械能的增量）应该有

$$F\times 2\pi \cdot R=G \cdot \pi(R-r),$$

$$F=\frac{R-r}{2R}G.$$

解Ⅱ：也可以用力矩平衡来解。设吊住 C 的链条上的拉力是 T（注意：小齿轮左边的链条是松弛的），

$$F \cdot R+T \cdot r=T \cdot R,$$

$$G=2T.$$

同样可得 $$F=\frac{R-r}{2R}G.$$

2. 斜面类简单机械

（1）**斜面**

将一个物体从斜面上拉上去，比直接提上去省力。据说古埃及人就是利用斜面把一块块重达几十吨的大石块拉上去，建成了举世闻名的金字塔。那么斜面到底能够节省多少力呢？我们用功的原理来解决这个问题。一个斜面长 L，顶端高度是 h，将一个重 G 的物块拉上去。假设斜面是光滑的，那么根据功的原理有

$$F\cdot L=G\cdot h,\quad 可得\quad F=\frac{h}{L}G.$$

如果斜面对物块有摩擦力 f，那么

$$F\cdot L-f\cdot L=G\cdot h,\quad 可得\quad F=\frac{h}{L}G+f.$$

（2）**螺旋**

螺旋也是一种常用的简单机械。轿车随车携带的千斤顶就是利用螺旋，能轻而易举地把轿车的一个车轮顶离地面。我们仍然用功的原理来研究螺旋的问题。假设螺旋的手柄长为 L（从力的作用点到螺旋轴线的距离），螺旋的螺距为 d（相邻两道螺纹之间的竖直距离），如果不考虑摩擦，那么设想手柄转一圈，根据功的原理有

$$F\times 2\pi\cdot L=G\cdot d,$$

可得 $$F=\frac{d}{2\pi\cdot L}G.$$

L 一般会比 d 大得多，再要除以 2π，所以螺旋省力是很明显的。

为什么把螺旋也归进斜面类简单机械呢？因为把螺旋展开来就是一个斜面。我们可以剪一张直角三角形的纸，使一条直角边平行于一支铅笔将纸卷在铅笔上，就会看到直角三角形的斜边在铅笔上形成一个螺旋（如图 10－14 所示）。

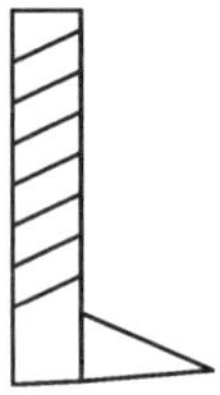

图 10－14

四、机械效率

我们前面在讨论简单机械时，大多考虑的是理想情况。没有摩擦，不考虑机械本身的重量，等等。但实际上这些因素都是难免存在的，由于这些因素的存在，动力做的功势必有一部分变成无用功。我们把动力做的所有功叫作总功，把能够传递到目的物上的功叫作有用功，剩下的克服一些外界因素所做的功就是无用功了。有用功加无用功等于总功，即

$$W_{有用}+W_{无用}=W_{总}.$$

有用功占总功的比例，叫作机械效率 η。机械效率越高的机械性能越佳。

$$\eta=\frac{W_{有用}}{W_{总}}\times 100\%.$$

例 1. 使重 120 牛的物体沿长 10 米，高 2 米的斜面匀速向上运动，沿斜面向上的拉力为 32 牛，则物体所受的摩擦力为多少？这个斜面的机械效率是多少？

解：

$$W_{有用}=mgh=120\times 2=240(焦).$$

$$W_{总功}=FL=32\times 10=320(焦).$$

$$W_{无用}=W_{总}-W_{有用}=320-240=80(焦).$$

摩擦力 $$f=\frac{W_{无用}}{L}=\frac{80}{10}=8(牛).$$

机械效率 $$\eta=\frac{W_{有用}}{W_{总}}=\frac{240}{320}=75\%.$$

例 2. 在杂技表演中，有一种跳板节目，若支点在跳板的中央，当质量为 60 千克的两名男演员同时从距离地面 3 米高处由静止下落到跳板的一端时，静立于另一端的质量为 40 千克的一名女演员被向上弹起 4 米高。若不考虑空气阻力和人的内力做的功。则跳板的机械效率为多少？

解： 两名男演员原来的重力势能是总功，女演员达到最高点时的势能是有用功。跳板的机械效率

$$\eta=\frac{W_{有用}}{W_{总}}=\frac{40\times 4}{2\times 60\times 3}=44.4\%.$$

例 3. 如图 10－15 所示的简单机械是由固定的斜面和滑轮组成的。若斜面的长 L 与斜面高 h 的比值为 2，整个机械的效率为 80%，则使用该机械将重物沿斜面缓慢拉上的过程中，作用力 F 与重物所受重力 G 的比值为多少？

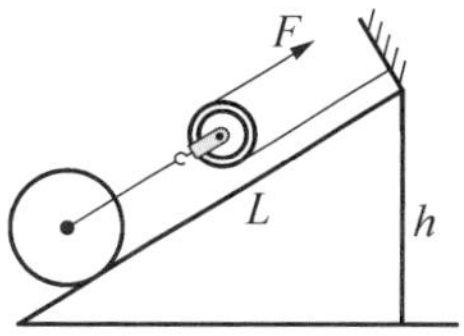

图 10－15

解： 这是一个动滑轮和斜面的综合题。动力 F 做的功是总功，重物升高增加的重力势能是有用功。设动力作用点移动了 s，那么重物移动了 $s/2$。

$$G\cdot\frac{s}{2}\cdot\frac{h}{L}=F\cdot s\cdot\eta,$$

$$\frac{F}{G}=\frac{h}{2\eta\cdot L}=0.3125.$$

例 4. 用滑轮组匀速提升重 2 000 牛的物体，作用在绳子自由端的拉力大小为 625 牛，拉力做功的功率为 1 250 瓦，滑轮组的机械效率为 80%，不计摩擦和绳重。

求：(1) 重物上升的速度；

(2) 如果使用这个滑轮组匀速提升 3 500 牛的物体，那么每股绳子承受拉力是多少？

解： 这是一个比较复杂的题目，需要综合应用各方面的知识来求解。

(1) 有用功率 $$P_{有用}=P_{总}\cdot\eta=1\,250\times 0.8=1\,000(瓦).$$

重物上升的速度 $$v=\frac{P_{有用}}{G}=\frac{1\,000}{2\,000}=0.5(米/秒).$$

(2) 设动力作用点的速度为 $v_{动力}$，那么

$$P_{总}=F\cdot v_{动力},\quad 1\,250=625v_{动力}.$$

$$v_{动力}=2\text{ 米 / 秒}.$$

比较重物上升的速度和动力作用点的速度，连着动滑轮绳子的根数是

$$n=\frac{v_{动力}}{v}=\frac{2}{0.5}=4(\text{根}).$$

动滑轮组的重量 $G_0=625\times4-2\,000=500(\text{牛}).$

改变负重，动滑轮组的重量不会变化。所以每股绳子承受的拉力是

$$F=\frac{3\,500+500}{4}=1\,000(\text{牛}).$$

例 5. 液压千斤顶是利用密闭容器内的液体能够把液体所受到的压强向各个方向传递的原理(帕斯卡原理)制成的。如图 10-16 所示，一个千斤顶大活塞 A 的直径 $D_1=20$ 厘米，小活塞 B 的直径 $D_2=5$ 厘米，手柄的长度 $OC=50$ 厘米，小活塞与手柄的连接点到转轴 O 的距离 $OD=10$ 厘米。现用此千斤顶使质量 $m=4\times10^3$ 千克的重物升高了 $h=10$ 厘米。求 (1) 若此千斤顶的效率为 80%，在这一过程中人做的功为多少? (2) 若此千斤顶的效率为 100%，当重物上升时，人对手柄的作用力 F 至少要多大?

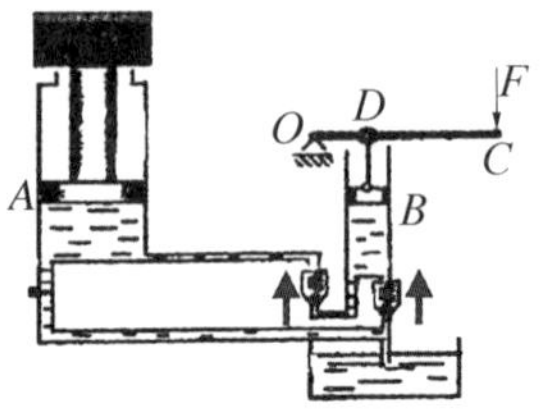

图 10-16

解： 首先要搞清楚这个千斤顶的工作原理。两个阀门都是单向的，液体都只能向上流。当活塞 B 向上运动时，左边阀门关闭，储液缸中的液体通过右边阀门向上流。当活塞 B 向下运动时，右边阀门关闭，小液缸中的液体通过左边阀门向上流进大液缸。如此循环往复，大液缸中的活塞便能把重物顶起。需要把重物放下时，只要打开最左边的阀门，让大液缸中的液体流回储液缸中即可。

(1) 有用功 $W_{有用}=mgh=4\times10^3\times10\times0.1=4\,000(\text{焦}).$

$$W_{总}=\frac{W_{有用}}{\eta}=\frac{4\,000}{0.8}=5\,000(\text{焦}).$$

(2) 液体的压强 $p_{液}=\dfrac{mg}{\pi\cdot r_1^2}=\dfrac{4\times10^4}{3.14\times0.1^2}=1.27\times10^6(\text{帕}).$

对小活塞的作用力

$$F_D=p_{液}\pi\cdot r_2^2=1.27\times10^6\times3.14\times0.025^2=2\,500(\text{牛}).$$

利用杠杆的原理，可得人对手柄的作用力

$$F=\frac{OD}{OC}F_D=\frac{2\,500}{5}=500(\text{牛}).$$

•知识巩固•
想想练练

1. 甲、乙两个形状相同的容器，上端开口。容器内盛有水，两块完全相同的金属块用细线系着浸在同样的深度，水面高度相同，如图 10－17 所示。如将金属块以相同的速度匀速提离水面，则做功多的是 ( ).

A. 甲　　B. 乙　　C. 一样多　　D. 无法判断

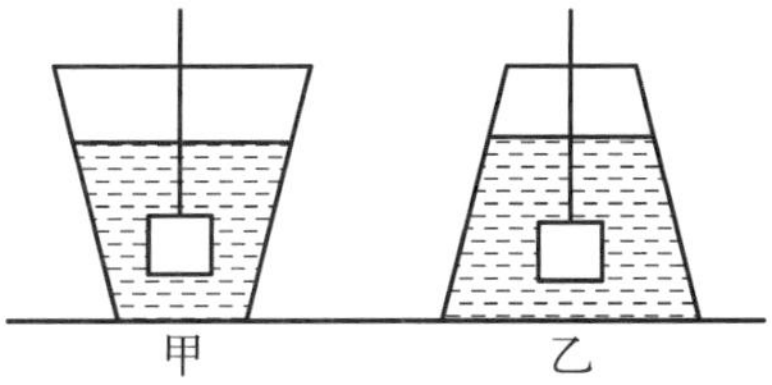

图 10－17

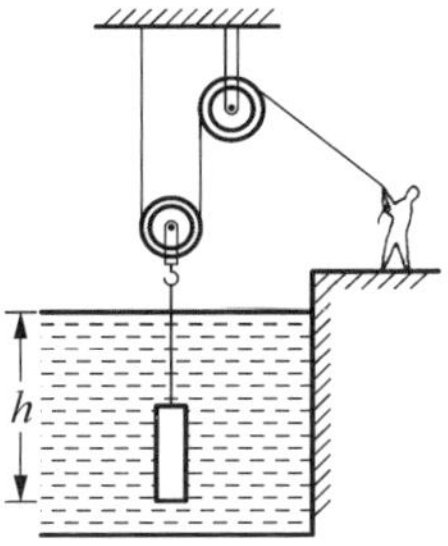

图 10－18

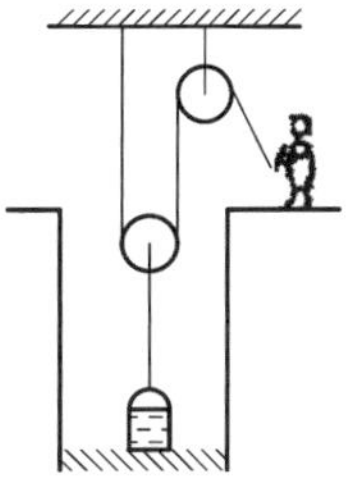
图 10－19

2. 如图 10－18 所示，圆柱形物体高为 2 米，底面积为 200 厘米^2，密度为 2.5×10^3 千克/米^3，某人在河岸边通过图示滑轮装置(滑轮、绳子质量和摩擦均不计)将该物体从水中以 0.2 米/秒的速度匀速拉起，水面高度始终不变，人手中绳子能承受的最大拉力为 400 牛，g 取 10 牛/千克，某时刻，圆柱体底面距离河面 H 为 5 米，从此时算起，经过________秒，绳子将被拉断？该过程中，人所做的功为________焦。

3. 如图 10－19 所示，一人利用滑轮装置，从水面离地面为 10 米深的井中，把质量共为 10 千克的水桶与水提升到地面，由于水桶漏水，每升高 1 米要漏出 0.2 千克的水。若不考虑水桶大小、滑轮、绳的质量和阻力，则该人要将这桶水提到地面所做的功为________焦(计算的起始位置为水桶全部离开水面时)。

4. 如图 10－20 所示，质量为 m 的小球从高为 h 的斜面上 A 点由静止下滑，并进入水平面 BC 滑行，再沿高为 H 的斜面 CD 滑下，最后停在水平地面 E 处，在此过程中，重力做的功为________。

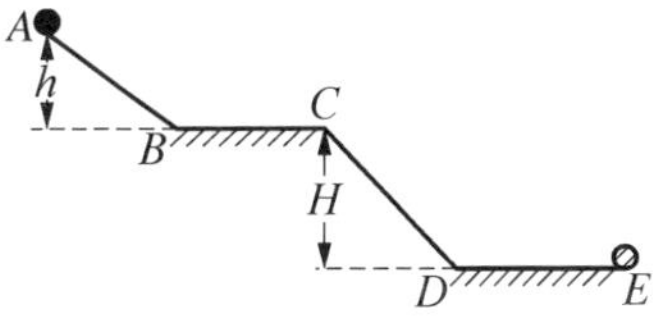

图 10－20

5. 一边长 $a=0.6$ 米的正方体木箱，放在地面上，其质量为 $M=20$ 千克。一个人将木箱慢慢翻滚 $s=12$ 米，则人对木箱做的功为________。

6. 有报道说：有一家厂商发明了一种“手机自生能”技术。装上特制电池，上下左右摇晃，即可产生电能，每摇一分钟可通话两分钟。如果将手机上下摇动一次，相当于将 200 克的重物举高 10 厘米做的功，每秒约摇一次。假设摇动手机做的功全部变成电能，则手机使用时的功率约为________瓦。

7. 设在平直公路上以一般速度行驶的自行车所受阻力约为车、人总重的 0.02 倍，则骑车人的功率接近于 ( ).

A. 1×10^{-1} 千瓦　　B. 1×10^{-2} 千瓦

C. 1 千瓦　　D. 10 千瓦

8. 某人体重为 600 牛，他想坐在吊篮里用滑轮组匀速将自己拉上去，如图 10－21 所示，已知吊篮和动滑轮共重 240 牛，则他所用拉力为（　　）．

A. 280 牛　　B. 420 牛　　C. 600 牛　　D. 240 牛

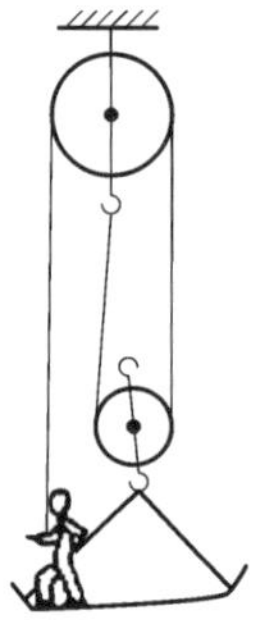

图 10－21

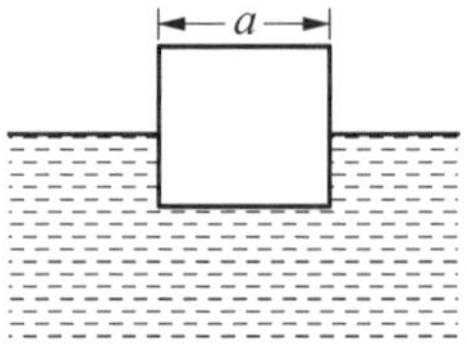

图 10－22

9. 如图 10－22 所示，面积很大的水池内水深为 H，水面上浮着一边长为 a、质量为 m 的正方体物块，物块的一半体积浸在水中。现用力将木块缓慢地压入水中直到池底，则从木块刚好浸没水中开始到最终压到池底的过程中，池中水的能量增加了多少？

•知识巩固•

解题参考

1. 在金属块尚未露出水面的时候，两个拉力做的功是相同的。在金属块露出水面之后，甲容器水面下降得慢，乙容器水面下降得快。所以甲容器的拉力做的功比较多。A 选项正确。

2. 设圆柱体未露出水面前，绳上的拉力为 T，那么有 $2T=\rho_{柱}gV-\rho_{水}gV$，$T=300$ 牛，做的功 $W_1=T\times 2(H-h)=1\,800$ 焦。圆柱体露出水面后拉力逐步增大，设圆柱体露出水面 x 后绳上的拉力 $T=400$ 牛，$800+\rho_{水}gS(2-x)=\rho_{柱}gV$，解得 $x=1$ 米。时间 $t=\dfrac{s}{v}=\dfrac{5-2+1}{0.2}=20$ 秒。

3. 这是一个均匀变化的力做功的问题，可以取它的平均值来计算它做的功 $W=\bar{F}\cdot s=\dfrac{G_1+G_2}{2}s=\dfrac{(10+8)\times 10}{2}\times 10=882$(焦)。

4. 功的定义是力乘以力的方向上的位移，重力在竖直方向上，所以只要考虑小球在竖直方向上的位移即可。$W=mg\times(h+H)$。

5. 木箱每翻过 90°，重心都要先升高再降低。每一次使它的重心升高需要做的功是 $W_0=mg\left(\dfrac{\sqrt{2}}{2}-\dfrac{1}{2}\right)a$。木箱没翻动一次移动了 a，移动 12 米需要翻动的次数是 $n=\dfrac{12}{0.6}=20$ 次。人做的总功是 $W=nW_0=497$ 焦。

6. 一分钟摇动 60 次，做的总功是 $W=60\times 0.2\times 10\times 0.1=12$(焦)。这些电能可以供手机用 120 秒，所以手机的功率是 $P=\dfrac{W}{t}=\dfrac{12}{120}=0.1$(瓦)。

7. 这是一个需要凭生活经验估算的问题。假设人的质量是 60 千克，车的质量是 20 千克，那么车受的阻力是 $f=(60+20)\times 10\times 0.02=16$（牛）。人骑自行车的速度估计为 20 千米/时，那么骑车人的功率为 $P=Fv\approx 89$ 瓦。A 选项正确。

8. 这是一个有趣的问题，我们知道人用手向上拉自己的头发，是不可能把人提上去的。在这个问题中，人为什么可以把自己拉上去呢？主要是因为定滑轮连着天花板，天花板可以通过绳子给人一个向上的力。设人拉绳子的力是 F，将人和吊篮看作一个整体，由这个整体平衡可得 $3F=600+240$（牛）（由 3 根绳子分担整体的重力），$F=280$ 牛。

9. 如图 10－23 所示，从木块刚好浸没水中开始到最终压到池底的过程，实际上就是物块和相同形状的水块交换了位置。由初状态木块的平衡位置可知相同形状的水块的质量是 $2m$。所以水增加的重力势能是

$$\Delta E_{\mathrm{p}}=2mg(H-a).$$

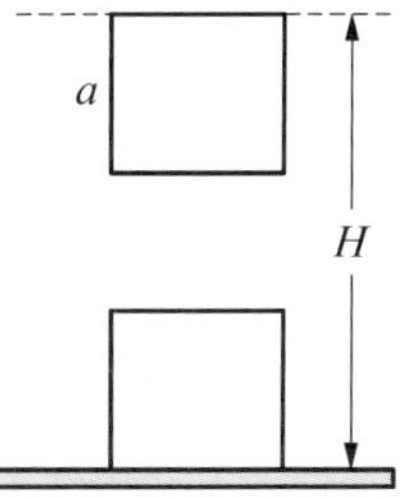

图 10－23

第十一讲

热 能

一、温标和温度计

温度计的制作和改进，对热学的发展起到了两方面的重要作用。第一，要制作温度计，就需要确定温标。确定温标时，需要一些固定的"温度点"，这导致人们发现了一些物质(特别是冰)的熔化点和凝固点固定不变的事实。第二，为了寻找合适的测温物质，促进了人们对一些物质(例如水银、酒精、气体等)热胀冷缩规律的研究。

从 16 世纪开始，伽利略、玻意耳、牛顿、阿蒙顿等科学家都在寻找不同的固定"温度点"，以便制作温度计。测温物质一般都是气体或者液体(固体因为热膨胀现象不明显，不宜作为测温物质)。

到了 18 世纪，有一位叫华伦海特的荷兰人，是一位气象仪器的制作者，并擅长玻璃的吹制技术，他成功制作了第一支比较准确的温度计。1709 年他用酒精作为测温物质，1714 年后又以水银作为测温物质，还选用了三个固定温度点：① 结冰的盐水混合物的温度作为 0°，② 人体血液的温度作为 96°，③ 冰水混合物的温度作为 32°。在 1724 年以后，他又把水的沸点作为 212°。不论在哪一个区间，每一度都是等大而且均匀分布的。这被称作"华氏温标"(Fahrenheit temperature scale)，记作℉。现在英国和美国等不少国家仍在广泛使用华氏温标。

同样在 18 世纪，法国人列缪尔以含有五分之一水的酒精作为测温物质，并发现这种酒精在水的结冰温度和沸腾温度之间，体积由 1 000 个单位变成了 1 080 个单位。因此，他把温度计在水的冰点和沸点之间分成 80 份。这就是"列氏温标"。现在德国仍普遍使用着列氏温标。

除了以上两种温标之外，今天最广泛使用的就是我们所熟悉的"摄氏温标"。它的发明者是瑞典物理学家、天文学家安德斯·摄尔修斯(Anders Celsius，1701—1744)与他的同事施勒默尔。1742 年摄尔修斯把水的沸点定为 0°，冰的熔点定为 100°，中间均匀地分为 100 份，每一份叫作 1°。8 年以后，他的同事施勒默尔才把两个固定点倒过来，把水的沸点定为 100°，冰的熔点定为 0°。现在世界上大多数国家都采用摄氏温标。

例 1. 1724 年，荷兰人华伦海特引入华氏温度。他把一定浓度的盐水凝固时的温度定为 0 华氏度，把纯水凝固时的温度定为 32 华氏度，把标准大气压下水沸腾的温度定为 212 华氏度，中间分为 180 等份，每一等份代表 1 华氏度。用符号 F 表示华氏温度。请写出华氏温度 F 与摄氏温度 t 的转换式。

解：根据题目的叙述，可知华氏温度和摄氏温度不是成正比关系（因为零点不一样），但呈线性关系的（所谓线性关系，就是如果以摄氏温度作为横坐标，华氏温度作为纵坐标，得到的关系图线是一根直线），所以可以设

$$t = aF + b.$$

将水的冰点和沸点的数据代入

$$0 = 32a + b,\quad 100 = 212a + b.$$

可解得 a 和 b，即 $t = \frac{5}{9}F - \frac{160}{9}$（℃），或者 $F = \frac{9}{5}t + 32$。

例 2. 一支刻线均匀但刻度位置不准的温度计，放在 1 标准大气压下的沸水中，读数是 90℃，放在冰水混合物中，读数为 6℃。那么，将它放在温度为 25℃ 的温水中，读数为多少？

解：这是一个不准确的温度计，这一类题目一般总是先要求出它的每一格代表多少温度。

此温度计每一格代表 $$\Delta t = \frac{100^\circ}{90 - 6}.$$

把它放入 25℃ 的水中，上升的格数为

$$N = \frac{25^\circ}{\Delta t} = 21(\text{格}).$$

0℃ 在这个温度计上读数是 6℃，所以 25℃ 的读数是

$$6℃ + 21℃ = 27℃.$$

例 3. 一支刻线均匀但刻度位置不准的温度计，把它放在 1 标准大气压的沸水中，读数是 97℃，把它放在冰水混合物中，读数是 2℃。若用这支温度计去测量某物体的温度时，它的读数恰好等于物体的实际温度，则该物体的温度是多少？

解：一个标准大气压下水的沸点是 100℃，用这支温度计测量只有 97℃。冰水混合物的温度是 0℃，用这支温度计测量是 2℃。从 0℃ 到 100℃ 在这支温度计上只有 97℃ − 2℃ = 95℃，所以这支温度计的每一格代表

$$100 \div 95 = \frac{20}{19}(℃).$$

如果这支温度计的示数恰好等于实际温度，那么有

$$(t - 2)\frac{20}{19} = t,$$

可解得 $$t = 40℃.$$

例 4. 用一支刻线均匀、但读数不准的温度计来测量某物体的温度时，测量值偏低 1℃；当

该物体的温度升高 10℃后，再用这支温度计来测量物体的温度时，测量值却偏高 0.5℃，将该物体的温度继续升高 10℃，此时用该温度计来测量时，测量值将________℃。用这个温度计来测量标准大气压下的沸水温度和冰水混合物的温度时，两者的示数差为________℃。

解：初始状态测量值偏低 1℃；当该物体的温度升高 10℃后，再用这支温度计来测量该物体的温度时测量值偏高 0.5℃，说明 10℃⇔11.5 格。当该物体的温度再升高 10℃时，20℃⇔23 格。因为初始状态测量值偏低 1℃，所以当物体的温度继续升高 10℃时，读数偏高 2℃。

用这个温度计来测量标准大气压下的沸水温度和冰水混合物的温度，即测量温度从 0℃到 100℃，总共要偏差(100÷20)×3=15℃，两者的读数差为 115℃。

例 5. 量程相同、刻度线之间的间隔最小都是 1℃的甲、乙、丙三支酒精温度计，玻璃泡的容积甲稍大一些，乙和丙相同，丙玻璃管的内径稍粗一些，甲和乙相同，由此可判断相邻两刻度线之间的距离是 (　　).

A. 甲最长　　B. 乙最长　　C. 丙最长　　D. 一样长

解：玻璃泡的容积比较大的温度计，玻璃泡内的酒精比较多，升高相同的温度，酒精膨胀的体积就比较大。玻璃管的内径比较细一些，在酒精膨胀的体积相同的情况下，酒精柱升高的高度比较大。所以玻璃泡越大，玻璃管的内径越小的温度计，两刻度线之间的距离越大(也就是灵敏度越高)。A 选项正确。

二、内(热)能的转移

1. “热”到底是什么？

对热的思考，最早可以追溯至亚里士多德时代(公元前 350 年左右)。亚里士多德认为，木头互相摩擦可以生成火，是因为木头里面含有“火的元素”。对物体施加某些作用，物体内部“火的元素”就会释放出来……

到了 17 世纪，“燃素说”的理论第一次被提了出来。人们尝试了各种各样的方法想要从可燃物中提取出被称为“燃素”的纯物质，但最终都宣告失败了。既然不能分离出物质中的“燃素”，那么热的本质是不是物质中所包含的更小的元素呢？于是“热质说”被提出来了。热质一词(caloric)，是现在常用的热量单位卡路里(calorie)一词的由来。当时的科学家一心想要找到所有的热质，包括提出“质量守恒定律”的拉瓦锡，创立“原子论模型”的道尔顿，都曾把热质作为元素来考虑。

18 世纪末，美国人伦福德发现，使用钻孔机将金属圆柱体制成大炮炮身的时候，只要持续加工，大炮就会产生大量的热。难道金属圆筒中含有无穷无尽的热质吗？他开始认真地研究摩擦生热，提出了“运动是一种热质吗？”的问题。

19 世纪初，整个欧洲都在对能量进行着各种各样的研究，能量的定义也逐渐明朗起来。那时关于物体的动能、势能的描述，和我们现在中学物理课本中的描述已经基本相同了。最先对势能和热能进行详细研究的科学家是 1818 年出生于英国的焦耳。他反复地让重物下落，带动叶片搅拌水，定量地研究叶片转动的次数和水温升高的关系(如图 11-1 所示)。根据这个实验，他发现：“让 1 g 水的温度上升 1℃

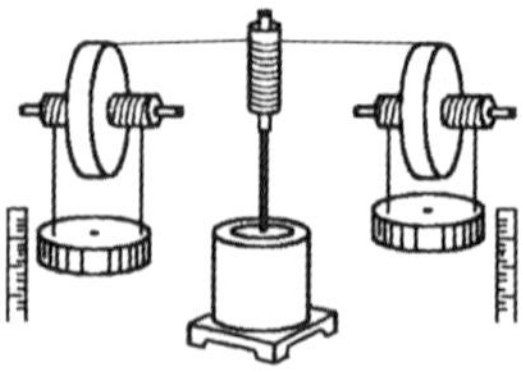

图 11-1

所需要的热量 1 卡路里(简称卡,符号是 Ca)相当于 4.2 焦耳的能量”。今天可能有人会认为这只是两个能量单位的换算,实际上这个关系的建立在物理学发展史上是有重大意义的。一直以来被人们认为毫无关系的势能和热能终于靠这个关系式联系了起来,人们终于认识到“热”也是一种能量。这个关系称为“热功当量”。

2. 内(热)能的改变

内能　组成物体的分子,在永不停息地运动。分子运动的快慢,和物体的冷热程度有关。同一种物质,温度越高分子运动得越快。因此我们也把分子的运动称为热运动,分子由于热运动而具有动能。此外分子之间有相互作用力,因此分子也有势能。一个物体所有的分子具有的动能和势能的总和,叫作这个物体的内能。

改变内能的途径　改变物体内能的方式有两种:做功和热传递。摩擦生热是做功改变物体内能的典型例子,用火给物体加热是热传递改变物体内能的典型例子。

做功使物体的内能发生变化的时候,内能的变化就用功的数值 W 来量度。外界对物体做多少功,物体的内能就增加多少;物体对外界做多少功,物体的内能就减少多少。

热传递使物体的内能发生变化的时候,内能的变化是用热量 Q 来量度的。外界传递给物体多少热量,或者说物体吸收了多少热量,物体的内能就增加多少;物体传递给外界多少热量,或者说物体放出了多少热量,物体的内能就减少多少。

如果同时有做功和热传递发生,那么这个物体的内能改变量 ΔE 就由 W 和 Q 这两个因素共同决定。即内能的改变量

$$\Delta E = W + Q.$$

3. 热传递

热传递的方式有三种:传导、对流和辐射。

传导　我们把水壶装上水放在火上烧一段时间,有时手不小心碰到壶把的金属部分,会感觉非常烫。为什么金属部分会特别烫呢?因为金属内有大量自由电子,接触热源处的自由电子剧烈地振动,撞击构成金属的带电粒子——离子,使附近的离子也振动起来。然后这些电子和离子再撞击远处的电子和离子,使远处的电子和离子也振动起来……这就是热传导现象。那么为什么木头不会发生明显的热传导现象呢?因为木头是绝缘体,里面没有自由电子或者自由电子很少,无法将振动传向远方。传导的快慢和两个物体间的温差成正比,即

$$\frac{\Delta Q}{\Delta t} = k \cdot \Delta t.$$

式中的 Δt 表示发生热传导的两个物体的温差。k 是一个比例系数,与两个物体的表面积大小、表面颜色等多种因素有关。

对流　做一个小实验,点燃一支蜡烛,在蜡烛上方用细线吊起一张螺旋状的纸条,可以看到纸条滴溜溜地旋转。这是由于被加热的空气分子的动能增大,分子间距增大,密度变小,因而获得上升的浮力。变热的气团会上升,腾出的空间由周围的冷空气来填补,这样屋子里的空

气就会形成循环，这种现象叫对流。对流可以使热量从一个地方传递到另一个地方。地球上的气象变化，几乎都是由对流引起的。

辐射　地球上几乎一切现象——雨雪风霜、江河入海、万物生长……都是由于太阳的能量在推动。但是从太阳到地球之间很宽阔的空间都是没有任何物质的(叫作“真空”)，太阳产生的热量不可能是通过“传导”或者“对流”到达地球的。这就要讲到热传导的第三种方式——“辐射”。辐射是热源发出电磁波，在真空中以 3×10^8 米/秒的速度向外传播。电磁波因为波长不同有很多种类，其中红外线对热辐射的作用最大。红外线照射到吸热物体上以后，激发吸热物体表面的分子振动，使吸热物体升温。颜色不同的物体，发射和接收红外线的本领不同，颜色越黑的物体，发射和接收红外线的本领越强。我们做一个有趣的实验：把易拉罐的底和盖都剪掉，用蜡烛的火焰将易拉罐的一边烤黑，然后将易拉罐套住蜡烛(蜡烛短一些，使蜡烛的火焰在易拉罐内部)，两手放在易拉罐附近(如图 11－2 所示)，能感觉到烤黑的一面比较热。

图 11－2

例 1. 某中学的科技研究小组为太空工作站的宇航员设计了如图 11－3 所示的四种电加热水壶方案。其中设计最合理的是　　(　　).

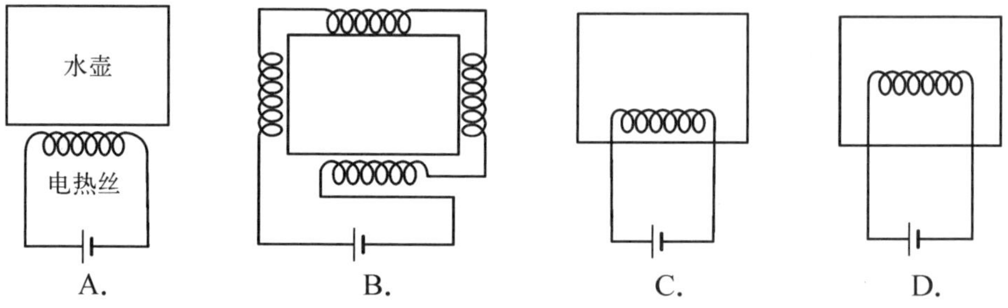

图 11－3

解： 如果是在地面上，应该是 C 方案最合理。下部的水受热以后密度变小，整个壶中的水发生对流，均匀地升温。但是现在是在太空工作站中，处于完全失重的环境中，不会发生对流(对流是因为浮力的作用，浮力的产生是因为重力)，所以 D 方案最佳。电热丝给中部的水加热，然后通过传导使四周的水也热起来。A 和 B 方案电热丝在水壶外面，还要通过辐射把热量传给水壶，肯定不是最佳的方案。

例 2. 把盛有冷水的铝壶放到电炉上加热，则发生热传递三种方式的先后顺序是　　(　　).

A. 对流、辐射、传导　　B. 传导、对流、辐射

C. 传导、辐射、对流　　D. 辐射、传导、对流

解： 电炉产生的热主要通过辐射传给铝壶的底(当然这个过程中对流和传导也有一点，但是不多)。铝是热的良导体，很快壶底就通过传导把热量传给水。底部的水热了，密度变小，和上部的水发生对流(这个过程中传导不是一点也没有，但是不多)。慢慢地整壶水都热了。D 选项正确。

例 3. 如图 11－4 所示的绝热装置中有一双层金属容器。在内层容器中倒入温度为 80℃的水，用温度计Ⅰ测量其温度；在外层容器中倒入相同质量的温度为 20℃的水，用温度计Ⅱ测量其温度。根据每隔相等时间记录的两个温度计的示数，如图 11－5 所示，可绘制出热水的降温图线（用虚线表示）和冷水的升温图线（用实线表示）。相对说来最能反映两个容器内水温变化的图线是　　　（　　）.

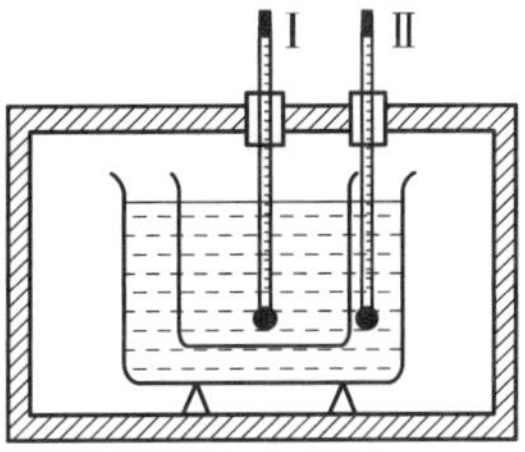

图 11－4

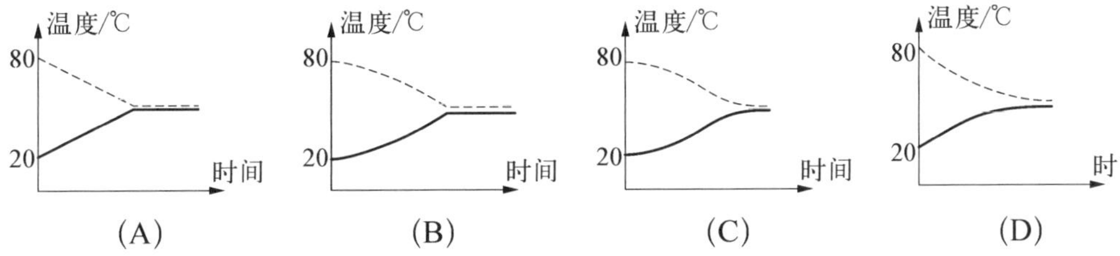

图 11－5

解： 两个容器中水的热交换主要是靠传导。传导的快慢和两个物体间的温差很有关系。一开始两个容器中水的温差较大，热传导比较快。后来两个容器中水的温差越来越小，热传导也越来越慢。温度-时间图线的切线的斜率可以表示温度变化的快慢，所以 D 图相对说来最能反映两个容器内水温变化的规律。

例 4. 当物体中存在温度差时，热量会从温度高的地方向温度低的地方传递。对于一长度为 L、横截面积为 S 的均匀金属棒，当两端的温度差稳定为 ΔT 时，Δt 时间内从高温端向低温端传递的热量 ΔQ 满足关系式：

$$\frac{\Delta Q}{\Delta t}=\frac{k\cdot S}{L}\Delta T.$$

其中 k 为棒材料的导热系数。如图 11－6 所示，长度分别为 L_1、L_2，导热系数分别为 k_1、k_2，的两个横截面积相等的细棒在 D 处紧密对接，两金属棒的另一端分别与温度为 $T_1=400℃$、$T_2=300℃$ 的恒温热源良好接触。若 $L_1:L_2=1:2$，$k_1:k_2=3:2$，则在稳定状态下，D 处的温度为多少？

图 11－6

解： 达到稳定状态后，传进 D 界面的热量必然等于传出 D 界面的热量。

$$\frac{k_1(T_1-T_D)}{L_1}\Delta t=\frac{k_2(T_D-T_2)}{L_2}\Delta t,$$

$$T_D=\frac{k_1L_2T_1+k_2L_1T_2}{k_1L_2+k_2L_1}=375℃.$$

例 5. 北方的冬天比较寒冷，房间内一般都要安装暖气片供暖。在房间暖气片温度保持不变的情况下，房间内的平衡温度将随室外温度的变化而变化。当室外温度为－23℃时，房间内的温度保持 13℃；当室外温度为－18℃时，房间内温度保持 16℃，则房间内暖气片的温度应为

________℃。当房间内温度保持25℃时，室外温度为________℃。

解： 在暖气片和室内空气之间的热传导有

$$\frac{\Delta Q_1}{\Delta t}=k_1\Delta T,$$

在室内空气和室外空气之间的热传导有

$$\frac{\Delta Q_2}{\Delta t}=k_2\Delta T,$$

经过一定的时间达到热平衡以后，有 $\frac{\Delta Q_1}{\Delta t}=\frac{\Delta Q_2}{\Delta t}$，即 $k_1\Delta T=k_2\Delta T$ 。

设暖气片的温度为 T，代入两次的数据：

$$k_1(T-13)=k_2(13+23),$$

$$k_1(T-16)=k_2(16+18).$$

可解得 $$T=67℃.$$

第三次，设室外温度为 T_x，那么有

$$k_1(T-25)=k_2(25-T_x),$$

解得 $$T_x=-3℃.$$

四、热膨胀

热胀冷缩是一个在我们的生活和生产中随处可见的现象。我们在打乒乓球时不小心把球轻轻地踩了一下，使球瘪进去了一小块，尽快把球放在开水中烫一下，球又会重新鼓起来。这就是利用乒乓球内气体的热膨胀，当然前提是踩得不很厉害，乒乓球没有漏气。家里用水壶烧水时，冷水不能装得太满，否则水还没有沸腾就溢出来了，浇灭了煤气的火十分危险。这就是必须要给水的热胀留有余地。在铺设铁轨时，两根铁轨的接头处一定要留有空隙，这就是为了让铁轨夏天在烈日暴晒下有膨胀的空间。以上三个实例，分别和气体、液体、固体的热胀冷缩有关。

1. 固体的热膨胀

固体有确定的形状，固体表面上的每一条线当温度升高的时候都会变长。实验证实，固体的线膨胀是线性的。固体的线膨胀公式

$$L=L_0(1+\alpha\cdot t).$$

式中的 L_0 是固体在0℃时候的长度，α 叫作线胀系数(取决于物体的性质)，t 是摄氏温度，L 是 t℃时固体的长度。

2. 液体的体膨胀

液体没有确定的形状，一般只讨论液体的体膨胀。实验证实，液体的体膨胀也是线性的。

液体的体膨胀公式

$$V = V_0(1 + \delta \cdot t).$$

式中的 V_0 是液体在 0℃时候的体积，δ 叫作体胀系数(取决于液体的性质)，t 是摄氏温度，V 是 t℃时液体的体积。

3. 气体的膨胀

气体在温度不变的情况下，也很容易被压缩，所以气体热胀规律不但和温度有关，同时和外界的压强也有关。在外界压强不变的时候，气体的体积和摄氏温度也是呈线性关系的。比较起来，固体的热膨胀比较小，液体的热膨胀比较大。固体的体胀系数一般比液体的体胀系数要小 2 个数量级。如果气体外界的压强不变，那么某一部分气体的热膨胀比液体和固体都要明显。

4. 反常膨胀

水是一种比较特殊的物质，在 0℃到 4℃的范围内，是热缩冷胀。我们把这种现象叫作“反常膨胀”。水的反常膨胀对自然界生物的生存非常重要，详见例 3。

例 1. 图 11－7 所示为一块矩形金属板，在其右上角切掉一个小正方形。在金属板被加热时可以观察到下列哪种现象？　　(　　).

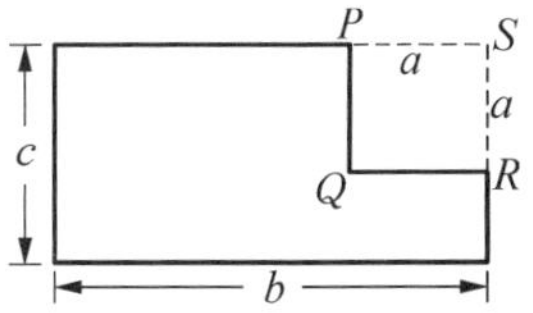

图 11－7

A. $QR > PQ$　　B. $QR < PQ$

C. QR 恒等于 PQ　　D. $QR : PQ = b : c$

解： 如果考虑金属板的每一条边的热膨胀来确定 PQ 和 QR 的长短，有一定的难度。我们可以想象，用一块正方形的金属板 $PQRS$ 将原来的金属板补满成一个矩形。在热膨胀的过程中，补上去的小正方形的边长肯定是相等的，而且整个矩形金属板也肯定是平整的，所以我们可以确定 QR 恒等于 PQ。

C 选项正确。

例 2. 有一把在 0℃时准确的钢直尺，用它在 20℃环境中测量甲铜棒的长度得 $l_1=1$ 米，在－20℃环境中测量乙铜棒长度得 $l_2=1$ 米，设 0℃时甲、乙两棒的长度分别为 l_1'、l_2'，则正确的判断是(铜的热胀系数比钢大)　　(　　).

A. $l_1'<1$ 米，$l_2'<1$ 米　　B. $l_1'>1$ 米，$l_2'<1$ 米

C. $l_1'<1$ 米，$l_2'>1$ 米　　D. $l_1'>1$ 米，$l_2'>1$ 米

解： 因为铜的热胀系数比钢大，20℃时钢尺测得甲铜棒长 1 米，0℃时两者都缩短，而且铜棒缩得明显，所以测得的读数小于 1 米，而 0℃时钢尺是准确的，因此 0℃时甲铜棒的长度 $l_1'<1$ 米。－20℃时钢尺测得乙铜棒长 1 米，0℃时两者都伸长，而且铜棒伸长得明显，所以测得的读数大于 1 米，而 0℃时钢尺是准确的，因此 0℃时乙铜棒的长度 $l_2'>1$ 米。C 选项正确。

例 3. 某高寒地区冬季气温长期保持在零下 20℃，一个小池塘的水面结了一层厚冰，图 11－8 中各点正确的温度应是　　(　　).

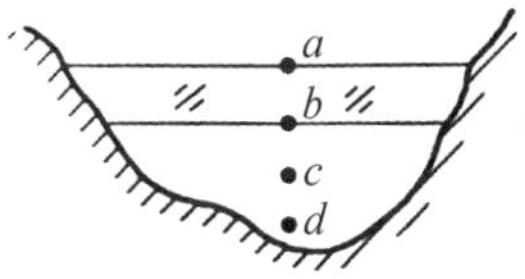

图 11－8

A. $t_a=-20$℃；$t_b=-20$℃；0℃$<t_c<$4℃；$t_d=4$℃

B. $t_a=t_b=0$℃；$t_c=-20$℃；$t_d=4$℃

C. $t_a=-20℃$；$t_b=0℃$；$0℃<t_c<4℃$；$t_d=4℃$

D. $t_a=-20℃$；$t_b=0℃$；$0℃<t_c<t_d<4℃$

解： A 处的冰和$-20℃$的气体长时间地接触，达到热平衡，所以 $t_a=-20℃$。冰下面的水，由于反常膨胀，上面的水温度为 0℃(密度比较小)，下面的水温度为 4℃(密度比较大)。所以 $t_b=0℃$，$0℃<t_c<t_d<4℃$。D 选项正确。

水的反常膨胀对水中生物的生存至关重要。如图所示的高寒地区的水和冰是相对稳定的。如果冰面上的气温更低，那么只不过是冰层更厚一点，冰层下面的水仍然是 0℃到 4℃(自上而下)，冰是热的不良导体，而且 b 处的冰和水的温度都是 0℃，不会发生热交换。水中生物在 0℃到 4℃的水中生活安然无恙。

设想一下，如果没有水的反常膨胀，那么冷的水密度大，往下沉；热的水密度小，往上浮。比较热的水在液面上和气体进行热交换变冷，又往下沉……这样不断地对流，所有的水都越来越冷，最后全部结成冰。水中生物全部动弹不得，这是一种多么糟糕的情况！

例 4. 如图 11-9 所示，一根长 2 米的细铜棒放在水平的支架上，右端紧靠固定的竖直挡板。在细铜棒的左端，有一根可以绕 c 点转动的指针，指针的 ac 段始终靠在细铜棒的左端。当细铜棒的温度发生变化时，指针的上端会指在刻度盘的不同位置，由此可制成一个温度计。现在知道细铜棒的长度随温度的变化关系到为 $L=L_0(1+\alpha t)$。$\alpha=1.7\times10^{-5}/℃$，$cO=5$ 厘米，铜棒左端 b 到 c 的竖直距离为 1 厘米。当细铜棒的温度为 0℃时，指针指在刻度盘的中央 0 刻度的地方。指针在 0 刻度的两侧能够转过的角度均为 30°。求此温度计的测量范围。

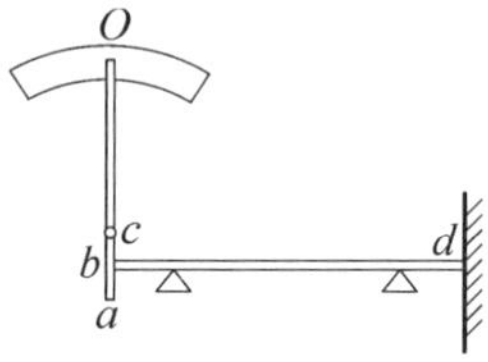

图 11-9

解： 因为指针两边都只能转过 30°，所以细铜棒的膨胀(或收缩)长度

$$\Delta L=bc\cdot\tan30^\circ=0.01\times0.577=5.77\times10^{-3}(\text{米}).$$

由固体受热膨胀有 $$L=L_0+L_0\alpha\cdot t.$$

如果当温度升高 Δt 时，铜棒伸长了 ΔL，那么有

$$L+\Delta L=L_0+L_0\alpha\cdot(t+\Delta t).$$

以上两式相减可得 $$\Delta L=L_0\alpha\cdot\Delta t.$$

即 $$\Delta t=\frac{\Delta L}{\alpha\cdot L_0}=169℃.$$

测量范围： $-169℃\sim+169℃$.

例 5. 如图 11-10 所示是一个用两种不同金属材料制成的等腰三角形框架。AB 和 AC 是铁杆，底边 BC 是铜杆(铜的线胀系数 α_1 大于铁的线胀系数 α_2)，各杆用可以自由转动的铰链连接。现把框架置于光滑水平桌面上，当温度升高时三角形底边上的高 AD 将 (　　).

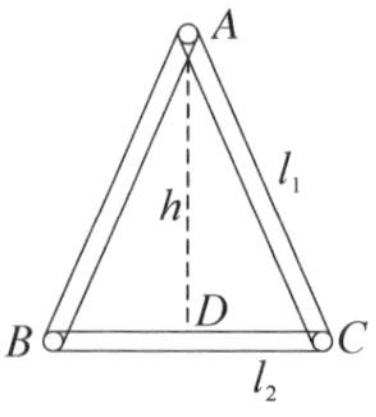

图 11-10

A. 长度增加　　　　B. 长度减小

C. 长度不变　　　　　　　　　　　D. 以上情况都有可能

解： 三角形框架由两种不同的材料构成，所以这个问题比较复杂。设 0℃ 时，$AD = h$，$AC = l_1$，$DC = l_2$，那么有

$$h^2 = l_1^2 - l_2^2.$$

温度升高到 t 度时

$$\begin{aligned} h'^2 &= (l_1 + \alpha_1 t)^2 - (l^2 + \alpha_2 t)^2 \\ &= l_1^2 + 2\alpha_1 l_1 t + (\alpha_1 t)^2 - l_2^2 - 2\alpha_2 l_2 t - (\alpha_2 t)^2 \\ &\approx l_1^2 + 2\alpha_1 l_1 t - l_2^2 - 2\alpha_2 l_2 t. \end{aligned}$$

上式从第二步到第三步的理由是：因为固体的线胀系数很小（一般为 10^{-5} 数量级），平方以后更小，所以含有线胀系数平方的项可以略去。以上两式相减可得

$$h'^2 - h^2 = 2t(l_1\alpha_1 - l_2\alpha_2).$$

由此可见，h' 和 h 哪一个大，要看 $l_1\alpha_1$ 和 $l_2\alpha_2$ 哪一个大，无法确定。D 选项正确。

•知识巩固•
想想练练

1. 一支刻线均匀，但刻度不准的温度计。在测标准大气压下的沸水温度时，示数为 96℃，在测一杯热水的温度时，其示数与热水的真实温度 50℃ 恰好相等。若用此温度计去测量冰水混合物的温度示数是多少？

2. 搅拌水的时候可以对水做功，使水的内能增加，但几乎不可能通过搅拌的方法使一杯水沸腾，请说明理由。

3. 把一根长头发丝剪为两段，分别紧绕在外形相同的木条和铁条上，并用点燃的火柴分别同时烘烤头发丝，其结果和原因是　　（　　）．

A. 绕在木条上的头发丝后烤断，因为木条不易传热，使头发丝温度较低

B. 绕在铁条上的头发丝后烤断，因为铁条容易传热，使头发丝温度较低

C. 绕在铁条上的头发丝后烤断，因为铁条容易传热，使头发丝温度较高

D. 两根头发丝同时被烤断，因为它们的温度相同，都等于火焰的温度

4. 关于内能、热量、温度之间的关系，下列说法中正确的是　　（　　）．

A. 物体放出了热量，温度一定会降低

B. 物体的内能增加，一定吸收了热量

C. 物体的温度升高，内能一定会增加

D. 温度相同的不同物体，它们的内能一定相同

5. 两个气球，一个的白色，一个是黑色，其他条件完全相同，把它们放在相同的低温环境中，结果　　（　　）．

A. 白色气球体积缩小得快　　　　B. 黑色气球体积缩小得快

C. 两个气球体积缩小一样快　　　D. 以上情况都有可能

6. 有人设想在夏天用电冰箱来降低房间的温度。他设想的办法是：关好房间的门窗，然

后打开冰箱的所有门，让冰箱运转。如果不考虑室内外热量的传递，则开机后，室内的温度将 ( ).

A. 有所升高 B. 保持不变

C. 有所降低 D. 有时降低，有时升高

7. 用一把铜尺去测量一根铁条的长度，一次是在冬天 0℃ 环境中测量，一次是在夏天 30℃ 环境中测量，结果 ( ).

A. 两次测量读数相等

B. 冬天测量的读数较大

C. 夏天测量读数较大

D. 读数不相等，但读数大小关系与测量季节无关

8. 一根金属丝 AB 折成如图 11－11 所示形状，当温度升高时，A、B 间的距离将 ( ).

图 11－11

A. 增大 B. 不变

C. 变小 D. 上述三种情况都有可能

9. 室温环境下，同种材料制成的甲球恰好能穿过乙环，如图 11－12 所示。则 ( ).

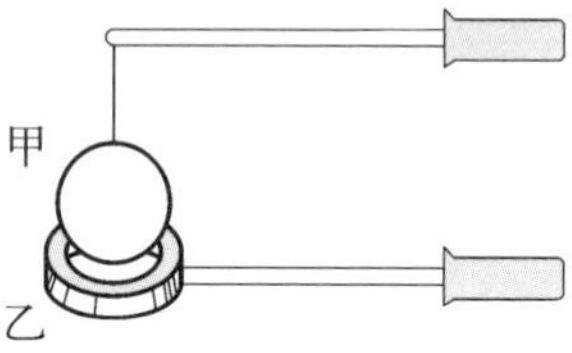

图 11－12

A. 在同一高温环境下同时加热短暂时间后，球不能穿过环

B. 在同一高温环境下同时加热足够长时间后，球不能穿过环

C. 在同一低温环境下同时冷却短暂时间后，球不能穿过环

D. 在同一低温环境下同时冷却足够长时间后，球不能穿过环

1. 这支温度计的每一格代表 $\frac{100-50}{96-50}=\frac{25}{23}$(℃)，冰水混合物的温度是 0℃，0℃ 和准确点 50℃ 差 $50\div\frac{25}{23}=46$(格)，所以温度计的示数是 4℃。

2. 当水温和室温基本相同的时候，通过搅拌是可以使水温升高的(因为外力对水做了功)。但是随着水温的升高，水和周围空气的温差加大，两者之间的热传导加快，散热加快。而且水温越高，散热越快，所以一个人不可能通过搅拌的方法使一杯水沸腾。

3. 铁是金属，内部有大量的自由电子，是热的良导体。由于铁容易把热量传走，头发丝温度较低，不易烤断。而木头是热的不良导体，烘烤后温度较高，头发丝容易烤断。B 选项正确。

4. 物体放出了热量，温度不一定降低，还要看外界有没有对它做功，A 选项错误。物体的内能增加(温度升高)，不一定吸收了热量，也可能是因为外界对它做了功，B 选项错误。温度是物体内能的标志，C 选项正确。温度相同的物体内能不一定相同，比如零度的水和冰，D 选项错误。

5. 黑色的物体最容易放热(也最容易吸热)，所以黑色的气球温度降低得快，缩小得快。B 选项正确。

6. 因为冰箱的工作原理是将里面的热量搬到外面，所以打开冰箱的门让冰箱运转，只能使冰箱里面和外面靠近冰箱门的地方降温。对整个房间而言，因为电流做了功，这些功最后还是变成热能，所以温度慢慢升高。A 选项正确。

7. 用一把铜尺在不同的温度中测量一根铁条的长度，因为铜的热胀系数比铁大，也就是说升高相同的温度，铜的膨胀比较明显，所以在 0℃ 环境中测量，读数比较大。B 选项正确。

8. 想象一个完整的 A、B 之间没有空缺的金属环，当温度升高的时候，AB 这一段金属丝肯定是伸长的。这个想象的金属环的其他部分和题述金属丝的膨胀情况相同，所以 A 选项正确。

9. 甲球质量大，因此热容量比较大，升温降温都比较慢，乙环质量小，热容量比较小，升温降温都比较快。加热短暂时间，乙环已经热胀了，甲球还没有胀。同样，冷却短暂时间，乙环已经冷缩了，甲球还没有缩。所以 C 选项正确。

第十二讲

热量的计算

关于热量的计算有时叫作“量热学”。关于量热学的研究，首先是从确定两个不同温度的物体混合后的温度开始的。现在学习过初中物理的同学都知道，如果不考虑两个物体混合过程中的热量损耗，那么有 $Q_{吸}=Q_{放}$，即 $m_{吸}c_1\cdot\Delta t_1=m_{放}c_2\cdot\Delta t_2$。但是在热学发展的历史上，这些规律的确立却有一个漫长的过程。

在 18 世纪前期，人们对温度和热量两个概念还没有区分得很清楚。因此，对实验测量的是温度还是热量也是含混不清的。彼得堡科学院院士李赫曼在 1744 年曾向学会做了题为《论有一定温度的液体混合时所得到的热量》的报告，文章取质量和温度的乘积作为热量的定义，引入了量热学方程

$$t=\frac{m_1t_1+m_2t_2}{m_1+m_2}.$$

其中 t_1、t_2 是两个物体的初温度，t 是两个物体混合后的温度。今天看来，以上公式明显是错误的。但它是定量研究热学问题的初次尝试，而且包含了合理的成分——如果没有热量的损失，则混合前物体的总热量等于混合后物体的热量。在探索的道路上亦属难能可贵。

英国化学家布拉克，为了检验李赫曼的观点和公式，做了一个实验：他把 32℉(华氏温度)的一块冰和 172℉的同等重量的水混合，发现混合后的温度不是按李赫曼公式计算的 102℉，而是 32℉，这就否定了李赫曼的公式。布拉格由实验得出了另一个结论：在冰的熔化过程中，需要另外一些不易觉察的热量，他用“潜热”来表示它(就是我们今天所知道的熔化热)。

布拉格后来进一步做了一系列两种不同物体混合的实验，并且在演讲中提到过这些实验。正式的结果在他去世后的 1803 年才发表出来，文章中论述了“潜热”和“比热”的概念。由此，布拉格第一个把“温度”和“热量”这两个概念区分开来，从而实现了热学上的一大进步。继而布拉格的学生伊尔文引入了“热容量”的概念，“比热”这一术语是由伽托林于 1784 年引入的。

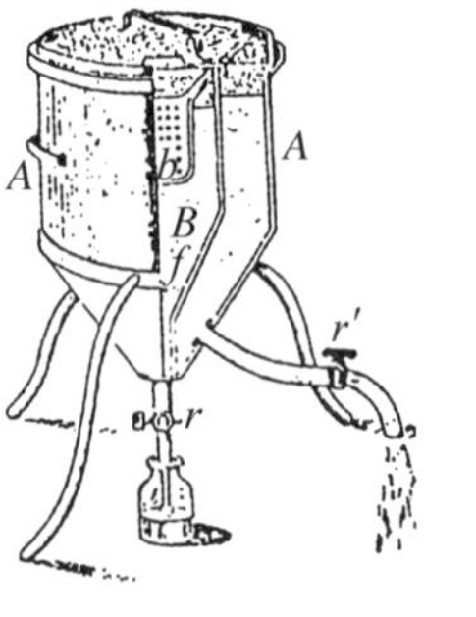

图 12-1

为了测定物体的热容量，拉瓦锡和拉普拉斯设计了一个量热容器。它主要由外桶和内桶构成(如图 12-1 所示)。外桶 A 尽量保持和外界绝

热，内桶 B 由导热良好的金属制成。外桶和内桶之间放满捣碎的冰，内桶中放入加热到 t 度的需要测定热容量的液体。冰和液体热交换以后，部分冰熔化成了水，从下方带有阀门 r 的管道流出。只要测出水的重量，就可以计算出该液体的热容量。

一直到 18 世纪的 80 年代，量热学的一系列基本概念——温度、热量、热容量、潜热等都已形成，并且设计出了测定这些物理量的实验方法，为热学的进一步发展奠定了基础。这个过程经历了半个世纪，是不止一代科学家共同努力奋斗的成果。

1. 比热容

(1) 比热容的概念　比热容是物质的特性之一，每种物质都有自己的比热容。比热容是指单位质量的某种物质，温度升高(或者降低)1℃吸收(或者放出)的热量。

比热容的定义式
$$c=\frac{Q}{m\cdot\Delta t}.$$

比热容的单位：国际单位制中，比热容的单位是焦/(千克·℃)。早期热量的单位是“卡”。1 卡=4.18 焦，1 千卡=1×10^3 卡。

(2) 两个物体混合后热量的计算　如果 A 物体的质量为 m_A，原来的温度是 t_A，B 物体的质量为 m_B，原来的温度是 t_B($t_A>t_B$)，比热容分别是 c_A 和 c_B，A 和 B 混合达到热平衡以后的温度是多少？(不考虑混合过程中 A、B 物体和外界的热交换，混合过程中两个物体的物态都没有发生变化)

设混合达到热平衡以后的温度是 t，那么有
$$m_Ac_A(t_A-t)=m_Bc_B(t-t_B).$$

等号左边是 A 物体放出的热量，右边是 B 物体吸收的热量。从上式可解得
$$t=\frac{m_Ac_At_A+m_Bc_Bt_B}{m_Ac_A+m_Bc_B}.$$

将解得的 t 代入前面一个式子，便可以知道 A 物体放出的热量和 B 物体吸收的热量。

例 1. 把加热到 100℃ 的某铁块投入 m_1 克 20℃ 的水中，混合温度为 40℃；把加热到 100℃ 的该铁块投入 m_2 克 20℃ 的水中，混合温度为 60℃；如果把同样加热到 100℃ 的该铁块投入(m_1+m_2) 克 20℃ 的水中，混合温度为多少？

解： 设铁的比热容为 c_1，水的比热容为 c_2，铁的质量为 m，最终的混合温度为 t_x。

第一次实验　$mc_1(100-40)=m_1c_2(40-20)$，

第二次实验　$mc_1(100-60)=m_2c_2(60-20)$，

第三次实验　$mc_1(100-t_x)=c_2(m_1+m_2)(t_x-20)$，

由前两次实验可解得　$m_1c_2=3mc_1$，　$m_2c_2=mc_1$.

代入第三次实验　$(100-t_x)=4(t_x-20)$.

解得　$t_x=36℃$.

例 2. 在相同的加热条件下,对质量为 m_1、比热容为 c_1 的物体 A 和质量为 m_2、比热容为 c_2 的物体 B 均匀加热,物体 A、B 升高的温度随加热时间的变化情况如图 12－2 所示。根据图像分析可推断出正确结论的是（　　）.

A. 若 $c_1=c_2$,则 $m_1<m_2$

B. 若 $c_1>c_2$,则 $m_1>m_2$

C. 若 $m_1=m_2$,则 $c_1<c_2$

D. 若 $m_1<m_2$,则 $c_1>c_2$

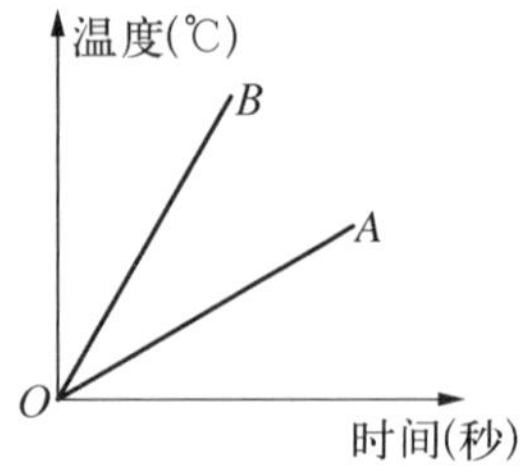

图 12－2

解: 在相同的加热条件下,意味加热功率 P 相同。加热的热量等于物质吸收的热量,即

$$P\cdot t=m\cdot c\cdot\Delta T,$$

$$\Delta T=\frac{P}{m\cdot c}t.$$

$\Delta T\sim t$ 图线的斜率 $k=\dfrac{P}{m\cdot c}$,由图线可知 $k_B>k_A$,所以 $m_Bc_B<m_Ac_A$,即 $m_2c_2<m_1c_1$。D 选项正确。

例 3. 著名物理学家费米根据侦探小说的内容得知,一具质量约 60 千克的尸体大约需要半天时间体温才能从 37℃降至室温 25℃,另外他通过实验室提供的数据还了解到:体重约 60 千克的正常人的比热容与水相当,约为 4 200 焦/(千克·℃)。每千克葡萄糖完全分解释放的热量为 1.6×10^7 焦,此外,尸体的散热量大约为正常人在相同时间内散热量的 60%(主要原因是尸体的温度逐渐降低,和外间环境的温差越来越小,而正常人的体温是恒定的)。根据这些数据估算出一个正常人体内每天必须补充的葡萄糖为多少?

解: 一具尸体半天的散热量

$$Q_1=mc\cdot\Delta t=60\times4\,200\times(37-25)=30.24\times10^5(\text{焦}).$$

60 千克的正常人全天散热量

$$Q_2=2\times Q_1\div60\%=1.008\times10^7(\text{焦}).$$

一个正常人体内每天必须补充的葡萄糖的质量

$$m=\frac{Q_2}{q}=\frac{1.008\times10^7}{1.6\times10^7}=0.63(\text{千克}).$$

例 4. 甲、乙两种液体可以相互混合,它们的密度之比为 $\rho_甲:\rho_乙=5:4$;混合前的体积之比为 $V_甲:V_乙=2:3$;比热容之比为 $c_甲:c_乙=1:2$。假设它们的初温度不等,混合后的共同温度为 t,不计混合过程中的热量损失,则它们达到热平衡后各自相对于它们原来的初温度的温度变化量之比 $|\Delta t_甲|:|\Delta t_乙|$ 为多少?

解: 由　　$\rho_甲:\rho_乙=\dfrac{m_甲}{V_甲}:\dfrac{m_乙}{V_乙}=5:4$ 和 $V_甲:V_乙=2:3$.

可知　　$m_{甲}:m_{乙}=5:6$.

将上式和 $c_{甲}:c_{乙}=1:2$ 代入　$m_{甲}c_{甲}|\Delta t_{甲}|=m_{乙}c_{乙}|\Delta t_{乙}|$,

可得　　$|\Delta t_{甲}|:|\Delta t_{乙}|=12:5$.

例 5. 现有三种不同的液体 A、B、C,它们的初温度分别为 15℃、25℃、35℃。当 A 和 B 液体混合后,其平衡温度为 21℃;当 B 和 C 液体混合后,其平衡温度为 32℃。求 A 和 C 液体混合并到达平衡状态时的温度。

解: 设 A 和 C 混合后的平衡温度为 t,对三次实验分别列出热平衡方程,

$$\begin{cases} m_Ac_A(21-15)=m_Bc_B(25-21), \\ m_Cc_C(35-32)=m_Bc_B(32-25), \\ m_Ac_A(t-15)=m_Cc_C(35-t). \end{cases}$$

由第一个方程可得 $\dfrac{m_Ac_A}{m_Bc_B}=\dfrac{6}{4}$,由第二个方程可得 $\dfrac{m_Cc_C}{m_Bc_B}=\dfrac{7}{3}$,由以上两个式子可得

$$\frac{m_Ac_A}{m_Cc_C}=\frac{2}{7}.$$

将上式代入第三个方程,可解得　$t=30.6℃$.

例 6. 洗澡时将 11℃ 的冷水与 66℃ 的热水充分混合成 550 千克、36℃ 的温水,在混合的过程中有 2.31×10^6 焦的热量损失掉了,则所用冷水为________千克,所用热水为________千克。

解: 本题在冷水和热水混合的过程中有热量损失,在列热平衡方程时必须考虑这一部分热量。

$$m_{冷}\ c\cdot\Delta t_1+Q_{损}=m_{热}\ c\cdot\Delta t_2,$$

$$m_{冷}\ c(36-11)+2.31\times10^6=m_{热}\ c(66-36).$$

混合过程中总的质量不变

$$m_{冷}+m_{热}=550.$$

可解得冷水需要 290 千克,热水需要 260 千克。

例 7. 干燥的泥土比热容为 $c_1=0.84\times10^3$ 焦耳/(千克·℃),受潮含有水分后,其比热容为 $c_3=1.26\times10^3$ 焦耳/(千克·℃)。则这堆泥土所含水分的质量百分比是多少?

解: 含有水分的泥土温度升高的时候,可以认为干泥土和水分分别吸热,也可以想象成湿泥土吸热,这两种想法吸收的热量应该是相同的。所以

$$m_1c_1\Delta t+m_2c_2\Delta t=(m_1+m_2)c_3\Delta t.$$

代入数据　$m_1\times0.84\times10^3+m_2\times4.2\times10^3=(m_1+m_2)\times1.26\times10^3$.

可解得
$$\frac{m_2}{m_1+m_2}=12.5\%,$$

这就是湿泥土所含水分的质量百分比。

例 8. 将一功率为 $P=500$ 瓦的加热器置于装有水的碗中，经过 2.0 分钟后，碗中水温从 $T_1=85$℃上升到 $T_2=90$℃。之后将加热器关掉 1.0 分钟，发现水温下降 1.0℃。试估算碗中所装水的质量。

解： 将加热器关掉后水温会下降，是因为碗中的水在散热。因为从 85℃到 90℃，温度变化不大（水和环境温度的差别基本相同），我们可以近似地认为散热的快慢保持不变。

加热的过程，设每一分钟散失的热量是 q，那么有：

$$P\cdot t=m\cdot c\cdot \Delta T+Q,$$

$$500\times 60=m\times 4.2\times 10^3(90-85)+2q.$$

关掉加热器之后
$$q=m\cdot c\times 1.$$

由以上两式可解得
$$m=2.0(\text{千克}).$$

例 9. 将一杯热水倒入容器内的冷水中，冷水温度升高 10℃，又向容器内倒入同样一杯热水，冷水温度再升高 6℃，若再向容器内倒入同样一杯热水，则冷水温度将再升高多少（不计热量的损失）？

解： 设一杯热水质量为 m_1，温度为 t_1，冷水的质量为 m_2，温度为 t_2。第一杯热水倒进去，列出热平衡方程

$$m_1c[t_1-(t_2+10)]=m_2c\times 10.$$

前两杯热水倒进去，共同列出热平衡方程

$$2m_1c[t_1-(t_2+16)]=m_2c\times 16.$$

可解得
$$m_1:m_2=1:3,\quad t_1-t_2=40℃.$$

再向容器内倒入同样的一杯热水，水温又升高了 t 度。那么有

$$3m_1c[t_1-(t_2+16+t)]=m_2c(16+t),$$

可解得
$$t=4℃.$$

2. 物态变化

我们在前面简单地回顾热学发展史的时候，讲到布拉格由实验得到的一个启示——在冰的熔化过程中，需要另外一些不易觉察的热量，他用“潜热”来表示它。现在我们知道，因为在冰熔化的过程中，温度不变，所以分子的平均动能不变，这些“潜热”主要是增加了分子的势能。现在对这些“潜热”采用了更确切的名称：当物体由固态变成液态的时候，这些“潜热”叫作熔化热；当物体由液态变成气态的时候，这些“潜热”叫作汽化热。

(1) 固态和液态之间的相互转变　固体可以分为两种：晶体和非晶体。物质从固态变成

液态的过程叫熔化。晶体熔化时，有确定的熔化温度，在熔化过程中吸收热量，但温度保持不变。非晶体熔化时，没有确定的熔化温度。在熔化过程中吸收热量温度不断升高。晶体熔化时的温度叫熔点，不同晶体的熔点不同。非晶体没有一定的熔点。单位质量的某种晶体变成同温度的液体所吸收的热量，叫作这种物质的熔化热，可用字母 λ 表示，国际单位制中单位是：焦/千克。质量为 m 的某种晶体熔化时吸收的热量为

$$Q = m \cdot \lambda.$$

物质从液态变成固态的过程叫凝固。晶体凝固时有确定的温度，在凝固过程中放出热量，但温度保持不变。非晶体凝固时没有确定的温度，在凝固过程中放出热量，温度不断降低。晶体凝固时的温度叫作凝固点。同一种晶体的凝固点跟它的熔点相同，非晶体没有确定的凝固点。单位质量的某种液体，变成同温度的晶体时放出的热量叫作凝固热，其大小等于熔化热。

(2) *液态和气态之间的相互转变*　物质从液态变成气态的过程叫汽化。汽化的方式有两种：蒸发和沸腾。蒸发只在液体表面发生，在任何温度下都可以进行。沸腾在液体表面和内部同时进行，温度必须是液体的沸点。沸点是指液体沸腾时的温度，不同液体的沸点是不相同的。沸点和外界气压有关，对同一种液体来说，外界气压越大，它的沸点越高。单位质量的某种液体变成同温度的气体所吸收的热量，叫作这种液体的汽化热，可用字母 L 表示，国际单位制中单位是：焦/千克。质量为 m 的某种液体变成同温度气体时吸收的热量为

$$Q = m \cdot L.$$

物质从气态变成液态的现象叫液化。使气体液化的方法有降温和加压。所有的气体在温度降低到足够低时，都可以液化。气体的液化温度跟压强有关，压强越大，它的液化温度越高，越容易液化。气体液化时，要放出热量，计算方法同汽化。

例 1. 人的体温是由“下丘脑”中特殊神经细胞组织控制的，它对人体体温的变化很敏感，当下丘脑温度高于 37℃时，人体散热机制(如血管舒张，出汗等)就会活跃起来。已知 37℃时蒸发 18 克汗水所需要的能量为 4 300 焦。现有一中年人慢步行走时，每秒钟体内产生的热量为 35 焦，而此时人体通过传导、辐射等方式(不包括出汗)产生的散热功率只有 33 瓦，因此还要通过出汗的方式才能保持 37℃的体温不变。那么此人慢步行走 1 小时出多少汗？

解： 每步行一秒产生 35 焦热量，通过传导、辐射等方式散失掉 33 焦热量，因此剩余 2 焦热量。一小时会剩余 7 200 焦热量。37℃时散发 1 焦热，需要排汗 18/4 300 克。所以此人慢步行走 1 小时出的汗量是

$$7\,200 \times \frac{18}{4\,300} = 30.1(\text{克}).$$

例 2. 为了测定某种合金材料制成的球形工件的比热容，可以先将工件均匀加热到不同温度，然后将其置于 0℃的大冰块上，分别测出工件陷入冰中的深度 h，如图 12－3 所示。已知：当工件初始温度分别为 $t_1=75$℃和 $t_2=100$℃时，对应工件陷入冰中的深度分别为 $h_1=13.6$ 厘米，$h_2=16.7$ 厘米，球的体积 $V_{球}=4\pi r^3/3$，工件的密度约为

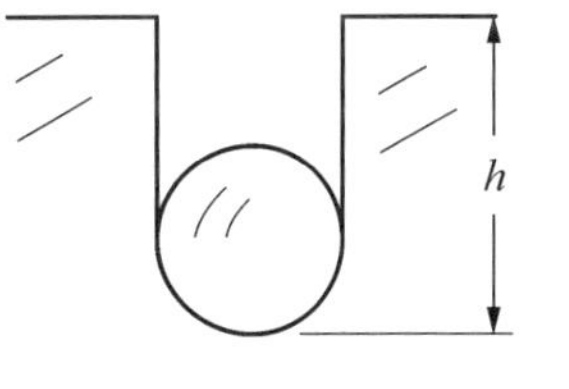

图 12－3

冰的 3 倍。设由冰熔化成的水的温度为 0℃，不计热量损失。冰的熔化热 $\lambda=3.34\times10^5$ 焦/千克。试求该材料的比热容。

解： 因为不计热量损失，所以工件释放的热量等于冰熔化吸收的热量。即

$$m_{工} c_x \cdot \Delta t_1 = m_{冰} \lambda.$$

第一次 $\frac{4}{3}\pi \cdot r^3 \rho_{球} c_x \times 75 = \left[(13.6 - r)\pi \cdot r^2 + \frac{2}{3}\pi \cdot r^3\right]\rho_{冰} \lambda,$

第二次 $\frac{4}{3}\pi \cdot r^3 \rho_{球} c_x \times 100 = \left[(16.7 - r)\pi \cdot r^2 + \frac{2}{3}\pi \cdot r^3\right]\rho_{冰} \lambda,$

可解得 $c_x = 802.5$ 焦/(千克·℃).

例 3. 已知冰的比热容为 2.1×10^3 焦耳/(千克·℃)，冰的熔化热为 3.36×10^5 焦耳/千克，水的比热容为 4.2×10^3 焦耳/(千克·℃)。把质量为 10 克、温度为 0℃的冰和质量为 200 克、温度为 100℃的金属块同时投入质量为 100 克、温度为 20℃的水中，当它们达到热平衡时，它们的共同温度为 30℃。若不计热量损失，求金属块的比热容。

解： 这个问题中有三个物体，而且告诉我们混合以后的末温度是 30℃，那么很明显，冰和水是吸热，金属块是放热。(冰的吸热分两个部分，首先是由 0℃的冰变成 0℃的水吸的热，然后是由 0℃的水变成 30℃的水吸的热)列出热平衡方程

$$m_{水1} c_{水} \cdot \Delta t_1 + m_{冰} \lambda + m_{水2} c_{水} \cdot \Delta t_2 = m_{金} c_x \cdot \Delta t_3.$$

式中第一项是原来 20℃的水吸的热，第三项是冰熔化成的水吸的热。代入数据

$$0.1 \times 4.2 \times 10^3 \times (30 - 20) + 0.01 \times 3.36 \times 10^5 + 0.01 \times 4.2 \times 10^3 \times 30$$
$$= 0.2 \times c_x \times (100 - 30).$$

可解得金属块的比热容 $c_x = 0.63 \times 10^3$ 焦耳/(千克·℃).

相类似的问题，如果把条件和问题交换一下。告诉我们金属块的比热容，求混合以后的末温度，那题目的难度就会明显地提高。因为不知道末温度比 20℃高还是低，只能先估计一种情况，然后列出热平衡方程。如果解出来的结果是合理的(在你估计的范围之内)，那么说明你的估计是正确的。如果解出来的结果不合理(在你估计的范围之外)，那么就要重新列方程求解。

例 4. 80 克水温度降低 1℃所放出的热量刚好能使 1 克 0℃的冰熔化为水。现把 10 克 0℃的冰与 390 克 4℃的水混合，当它们达到热平衡时的温度是多少？

解： 在列方程之前，首先要做一个判断。因为结果有两种可能：一种末状态是 0℃的冰、水混合物；另一种末状态是温度高于 0℃的水。这道题目中冰只有 10 克，而水有 390 克，所以我们先估计是后面一种情况。设末温度是 t，列出热平衡方程

$$m_{冰} \lambda + m_{水1} c \cdot t = m_{水2} c(4 - t),$$

式中 $m_{水1}$ 是冰熔化成的水的质量，$m_{水2}$ 是原来温度是 4℃的水的质量。设 1 克水温度降低 1℃所放出的热量是 q，那么有

$$10 \times 80 \times q + 10 \times q \cdot t = 390 \times q(4 - t),$$

可解得　　　　　　　　$t = 1.9℃$.

这个结果是合理的，在我们估计的范围之内。

我们把题目的条件稍作改变，把 10 克冰改成 20 克冰。仍然估计末状态是温度高于 0℃的水

$$20 \times 80 \times q + 20 \times q \cdot t = 390 \times q(4 - t),$$

解得：　　　　　　　　$t = -0.0975(℃)$.

这个结果就不合理了，说明我们估计错了。达到平衡时的温度是 0℃（冰、水混合物）。

例 5. 因为环境污染，北极的冰山上常年沉积着灰尘，使冰山表面吸收了更多太阳光，加速了冰山的熔化。假设覆盖着灰尘的冰山上表面的吸热速率是 98 瓦/米²（此数据是白天和黑夜的平均值）。若有厚度为 30 米的冰山，如图 12－4 所示，则仅靠阳光的暴晒，在 0℃的海水中，需要约多少天才能将此冰山熔化？

图 12－4

解： 这道题目不知道冰山有多少面积暴露在水面上，也不知道太阳光和冰山表面所成的角度，无法准确地计算结果。我们把冰山近似成一个长方体（见图 12－5）边长为 a，高为 h，太阳光垂直照射到上表面上。

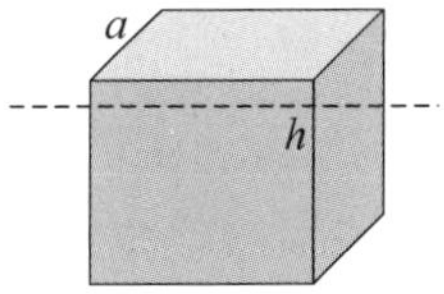

图 12－5

$$a^2 \times 98 \times t = \rho_{冰} a^2 h \times 3.36 \times 10^5.$$

可解得　　　　　$t \approx 1.1 \times 10^3$(天).

例 6. 将 50 克、0℃的雪（可看成是冰、水混合物）投入到装有 450 克、40℃水的绝热容器中，发现水温下降 5℃。那么在刚才已经降温的容器中再投入 100 克同样的雪，容器中的水温又将下降多少度？

解： 设 50 克雪中冰的质量是 m_1，冰的熔化热为 λ，水的比热容为 c，最后的温度是 t℃。

第一次　　　$m_1\lambda + 50 \times 10^{-3} c(40 - 5) = 450 \times 10^{-3} c \times 5,$

第二次　　　$2m_1\lambda + (50 \times 2) \times 10^{-3} c \cdot t = 500 \times 10^{-3} c(35 - t),$

可解得　　　$t = 27.50$ C，则水温要下降　$35 - 27.5 = 7.5$(℃).

例 7. 如图 12－6 所示的装置，可以测定每千克 100℃的水，在 1 个大气压下汽化成 100℃的水蒸气所需吸收的热量 Q。该装置的测量原理是：用加热器使水沸腾，汽化的水蒸气通过凝聚器液化后被收集在量杯中；测量加热器的发热功率及一段时间内在量杯中收集到的水的质量，根据能量守恒关系即可求出 Q 的值。这个汽化装置工作时的散热功率恒定不变，但散热功率的值未知。第一次加热功率为 285 瓦，在 300 秒时间内被冷凝和收集的液体质量为 28.0 克；第二次加热功率为 100 瓦，在 300 秒时间内被冷凝和收集的液体质量为

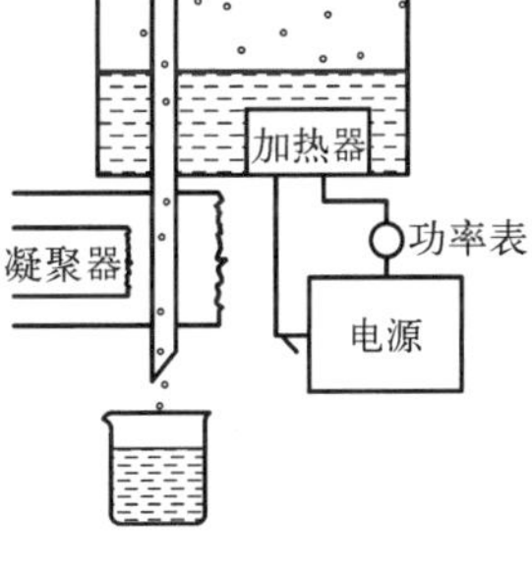

图 12－6

4.0 克。根据以上数据，求每千克 100℃的水在 1 个大气压下汽化成 100℃的水蒸气所需吸收的热量 Q（即汽化热）。

解： 设这个汽化装置工作时的散热功率为 P_1，加热时间为 t，那么

$$(P - P_1) \cdot t = m \cdot Q.$$

第一次加热 $(285 - P_1)300 = 0.028Q$，

第二次加热 $(100 - P_1)300 = 0.004Q$，

可解得 $Q = 2.31 \times 10^6$ 焦.

例 8. 如图 12 - 7 所示，甲容器内装有水，乙试管内也装有水，并通过甲容器密封盖上的孔插入甲容器的水中，乙试管与密封盖之间不漏气。现给甲容器加热，则经过一段时间后（　　）.

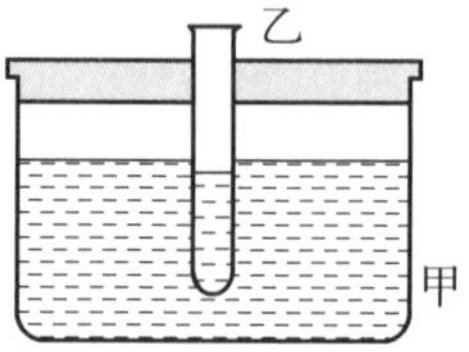

图 12 - 7

A. 甲容器内的水先沸腾

B. 乙试管内的水先沸腾

C. 甲容器、乙试管内的水同时沸腾

D. 甲容器内的水沸腾，乙试管内的水不会沸腾

解： 题目所述的装置，甲容器是密封的，乙容器是敞开的。随着甲容器内水的温度逐步升高，上方气体的压强也逐步升高（大于 1 个大气压）。由于水的沸点和上方的气压正相关，所以甲容器内的水到了 100℃仍然不会沸腾。甲容器内的水不断地通过试管壁把热量传给试管内的水，试管内的水温达到 100℃后即沸腾了。所以乙试管内的水先沸腾。B 选项正确。

•知识巩固•

想想练练

1. 甲、乙两种材料不同的金属块，它们的质量相等，同时投入沸水中充分加热，先把甲金属块从沸水中取出投入一杯冷水中，热平衡后，水的温度升高了 Δt，取出甲金属块（不计水的质量变化），再把乙金属块由沸水中取出投入该杯水中，热平衡后又使水温升高了 Δt，则两金属块的比热关系是（　　）.

A. $c_{甲} < c_{乙}$　　B. $c_{甲} = c_{乙}$

C. $c_{甲} > c_{乙}$　　D. 以上情况都有可能

2. 甲、乙两物体接触时，它们之间没有发生热传递。然后将这两个物体分开，并用一温度计先测量甲的温度，又立即测量乙的温度，如果温度计的第一个读数比第二个读数小，则（　　）.

A. 物体甲原来的温度比物体乙低

B. 温度计原来的温度比物体甲高

C. 物体乙原来含有的热量比物体甲多

D. 温度计原来的温度比物体乙低

3.（多选）在利用混合法测量铜块比热容的实验中，下列情况能导致铜的比热容测量值偏大的是（　　）.

A. 铜块从沸水中拿出来放入小筒时不小心带入了热水

B. 用天平测量铜块的质量时读数偏大

C. 用量筒测量水的体积后，倒入小筒时没有倒干净

D. 温度计测量水的初温时，读数比真实值大

4. 质量为 m_1 的铜质量热器盛着质量为 m_2 的水，它们的共同温度为 t_0，现将一块质量为 m_3、温度为 $t(t<t_0)$的铁块放入量热器水中，设铜、水、铁的比热分别为 c_1、c_2、c_3。求最后温度 t_e。

5. 质量相同的三杯水，初温分别是 t_1，t_2，t_3，而且 $t_1<t_2<t_3$，把它们混合后，如果不计热损失，那么混合温度是多少？

6. 如图 12－8 所示，将质量为 3 千克的 1 200℃ 的铁块先后浸入两个盛有 5 千克水的开口容器中，容器中的水初始水温为 25℃。不计容器壁吸收的热量。当第一个容器中的水温稳定后再将铁块浸入第二个容器中。则第一个容器中水的最后温度为________；铁块的最后温度为________。已知铁的比热容为 0.5×10^3 焦/(千克・℃)，水的比热容为 4.2×10^3 焦/(千克・℃)，大气压强恒为 1 标准大气压。

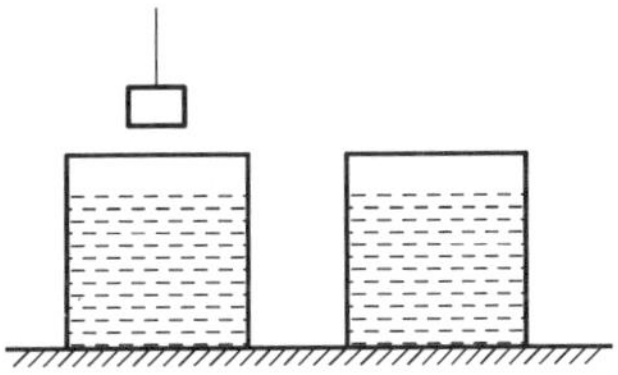

图 12－8

7. 如图 12－9 所示，将一支盛水的试管插入足够多的冰、水混合物中，那么试管中的水（　　）.

A. 很快就会结成冰　　B. 只要经过足够长的时间，水肯定会结成冰

C. 在短时间内水不会结成冰　　D. 时间再长水也不会结成冰

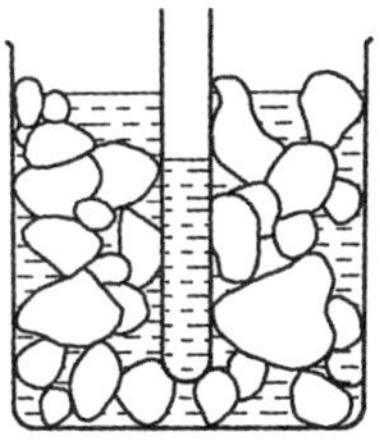

图 12－9

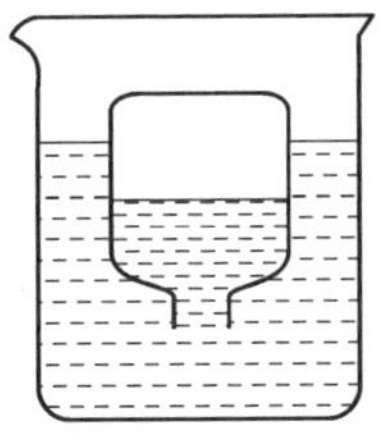

图 12－10

8. 如图 12－10 所示，烧杯中有水，水中倒扣着一玻璃瓶，瓶内水面比烧杯内水面低，当烧杯中的水被加热到一定温度时（　　）.

A. 烧杯和瓶内的水可能都会沸腾

B. 烧杯中的水可能会沸腾，瓶内的水一定不会沸腾

C. 烧杯中的水一定不会沸腾，瓶内的水可能会沸腾

D. 烧杯和瓶内的水一定都不会沸腾

9. 把温度为－5℃ 的冰块，投入到盛有 0℃ 水的隔热容器中，混合后的温度仍为 0℃，下列判断中正确的是（　　）.

A. 冰的质量减少　B. 冰的质量增加　C. 冰的质量不变　D. 以上均有可能

•知识巩固•

解题参考

1. 同一部分水两次升高相同的温度，吸收的热量是相同的。甲、乙两个金属块，质量相同，初温度相同，放出的热量相同，但是乙金属块的末温度较高。根据 $Q=mc\Delta t$，可知乙金属

块的比热较大。A 选项正确。

2. 甲、乙两物体接触时，它们之间没有发生热传递，说明甲、乙两物体温度相同。现在用温度计测出两个物体的温度不同，那就必须考虑温度计吸收的热量了。想象温度计原来的温度比较低，在测量甲物体的温度时，升高了比较多的温度，需要吸收比较多的热量，使测量结果 $t_{甲}$ 低于甲物体原来的温度。立即再测量乙物体的温度，此时乙物体的温度高于温度计的温度，它会把一部分热量传给乙温度计，使测得的温度 $t_{乙}$ 略高于 $t_{甲}$。D 选项正确。

3. 在利用混合法测量铜块比热的实验中，是将铜块放在沸水中充分加热，然后将 100℃的铜块放入温度为 $t_{冷}$ 的冷水中，测出平衡后的温度 t，即可计算出铜的比热 $c_{铜}=\dfrac{m_{水}c_{水}(t-t_{冷})}{m_{铜}(100-t)}$（此式中没有考虑容器吸收的热量）。如果铜块从沸水中拿出来放入小筒时不小心带入了热水，将会使末温度 t 升高，导致铜的比热容测量值偏大。如果 $m_{铜}$ 偏大，会导致铜的比热容测量值偏小。如果用量筒测量水的体积后，倒入小筒时没有倒干净，即 $m_{水}$ 偏大，会导致铜的比热容测量值偏大。如果测量 $t_{冷}$ 偏大，也会导致铜的比热容测量值偏小。因此 A、C 选项正确，B、D 选项错误。

4. 列出热平衡方程 $c_3m_3(t_e-t)=c_1m_1(t_0-t_e)+c_2m_2(t_0-t_e)$，可解得 $t_e=\dfrac{m_1c_1t_0+m_2c_2t_0+m_3c_3t}{m_1c_1+m_2c_2+m_3c_3}$。

5. 这是一道文字题，无法判断末温度是在 t_1、t_2 之间，还是在 t_2、t_3 之间。我们可以假设混合后的水温是 t，且 $t_1<t<t_2<t_3$，那么 $mc(t-t_1)=mc(t_2-t)+mc(t_3-t)$ 可得 $t=\dfrac{t_1+t_2+t_3}{3}$。同样，也可以假设 t 在 t_2、t_3 之间，解得的结果是相同的。

6. 列出第一次的热平衡方程 $3\times0.5(1\,200-t)=5\times4.2(t-25)$，解得 $t=103℃>100℃$，这是不可能的，因为在一个大气压下，水到 100℃就沸腾了。所以实际情况是有少量水气化了，混合温度是 100℃。再列出第二次的热平衡方程 $3\times0.5(100-t)=5\times4.2(t-25)$，解得 $t=30℃$。

7. 试管外面的冰水混合物的温度总是 0℃，试管里面的水温降到 0℃后试管内、外就不会再发生热交换了，所以试管里面的水不会结成冰。D 选项正确。

8. 如图 12－10 所示的情况，玻璃瓶内的气压大于瓶外的气压，瓶内水的沸点要比瓶外水的沸点高。瓶外的水沸腾以后温度不再升高，瓶内的水达到瓶外水的温度之后，就不再有热交换，所以瓶内的水不会沸腾。B 选项正确。

9. 把温度为－5℃ 的冰块投入到盛有 0℃水的隔热容器中后，0℃的水会有一部分热量传给－5℃ 的冰，使部分 0℃的水结成 0℃的冰。B 选项正确。

第十三讲

魔力是什么

一、静电力和磁力

公元前500年左右，希腊的贸易商们为了使来自波罗的海的宝石琥珀变得更加漂亮，经常用布去擦拭它。他们发现，经过擦拭以后的琥珀，能够吸引羽毛，他们认为这种吸引力是一种“魔力”。由于琥珀在希腊语中读作“Electron”，这就是现在英语中“Electric”（带电的）等词的语源。

与此同时，同样具有吸引力的天然磁铁矿也被牧羊人发现了。这个磁铁矿位于希腊的Magnesia，因此Magnesia一词是现在英语中Magnet（磁铁）的语源。作为古希腊“希腊七贤”之一的泰勒斯最先利用琥珀和磁铁进行了实验，并且以“奇特之物”为名称把它们介绍给了当时的贵族们。

作为天然磁铁矿石的一个重要的应用，指南针被公认为中国的四大发明（或曰三大发明）之一。东汉时期的王充在他的著作《论衡》中对司南的形状和做法作了明确的记录。司南是用整块天然磁石经过琢磨制成勺形，并使整个勺的重心恰好落在勺底的正中。勺置于光滑的地盘之上，地盘四周刻有二十四向。11世纪中叶，中国著名的科学家沈括（1031—1095）在他的《梦溪笔谈》中谈到了摩擦法磁化时产生的各种现象：“以磁石磨针锋，则锐处常指南，亦有指北者，恐石性亦不同……，南北相反，理应有异，未深考耳。”就是说用磁石去摩擦缝衣针后，针尖有时指南，也有时指北，可能是因为磁石的性质不同的原因。针尖指着南、北相反的方向，肯定是有原因的，尚未作深入的研究。

日历翻到了16世纪。英国医生威廉·吉尔伯特虽然是一位名医（据说他做过英国女王的御医，女王去世前赠与他大量遗产），但他对科学实验十分感兴趣。他深受英国的唯物主义哲学家和思想家弗朗西斯·培根的影响，反复地进行实验和观察，终于在1600年出版了英国第一本科学书籍——《论磁石》。第一次把地球看作一个大的磁体，对指南针的N极为什么会指向北方这个问题给出了明确的答案。

《论磁石》的6章几乎全部与磁石有关，但是因为静电力和磁力都有吸引的特征，所以作者也在第2章对这两种吸引力作了比较（这是物理学史上第一部关于静电力的科学著作）。吉尔伯特指出，摩擦琥珀后产生的吸引力与磁石的吸引力不同，他将它称为电力，英语名称为

electricity。不仅琥珀，玻璃、水晶、兽皮、硫磺、丝绸、棉花等各种物体经摩擦后是否都会带上电呢？他进行了一次又一次的实验。同时也引起了很多读者提出这样的问题："要使吸引力更大，组合哪两种物质会更好呢？"

现在已经对静电力和磁力的本质搞得比较清楚了。

1. 两种电荷

自然界中只存在两种电荷，人们把用绸子摩擦过的玻璃棒带的电荷叫作正电荷，用毛皮摩擦过的橡胶棒带的电荷叫作负电荷。异种电荷互相吸引，同种电荷互相排斥。通常，原子核内质子所带的正电荷与核外电子所带的负电荷数量相等，对外不显示带电性。中性原子失去电子，对外显示带正电，称为正离子。中性原子得到多余的电子，对外显示带负电，称为负离子。能够发生摩擦起电的两种物质保留电子的能力须有较明显的差别，以利于电子转移。可见摩擦起电并不是创造了电，只是实现了电子的转移。摩擦力做的功，转变成了电能。

2. 静电感应

将一个带电体 C 靠近另一个原本不带电的导体，由于同种电荷互相排斥，异种电荷互相吸引，使后者的两端带上了等量异种电荷。这个过程叫作静电感应(如图 13－1 所示)。发生静电感应以后，有两种方法可以使被感应导体永久地保存电荷：① 分离法：若导体 A、B 两部分可以分开，则感应起电后，将 A、B 分离，然后再移开带电体 C。这样就可以分别使 A、B 带上等量异种的电荷。② 接地法：若导 D 不能分离(如图 13－2 所示)，可在感应起电后，用手接触一下导体，或将导体与地接通一下，导体 D 和地球成为一个大导体，地球是这个大导体的远端，与 C 同种的电荷都到地球上去了。然后先使导体 D 与地球分离，然后再移开 C，整个导体 D 就带与 C 异种的电荷。

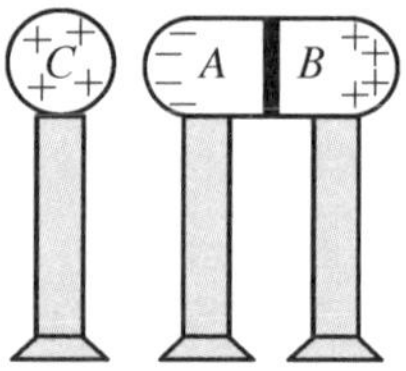

图 13－1

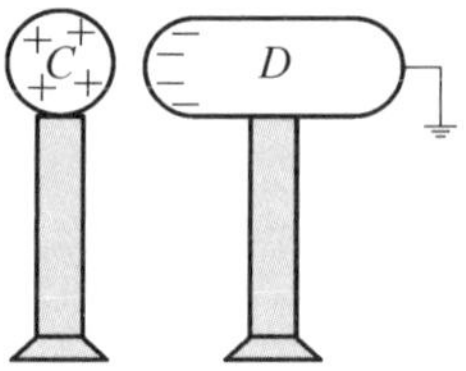

图 13－2

例 1. A、B、C、D 四个带电体，已知 D 带正电，A 和 C 互相排斥，C 和 B 互相吸引，而 B 和 D 也互相排斥，则 (　　).

A. A、C 带正电，B 带负电　　B. A、C 带负电，B 带正电

C. B、C 带正电，A 带负电　　D. A 所带电性不能确定

解: 根据同种电荷互相排斥，异种电荷互相吸引，我们来分析这个问题。因为 D 带正电，B 和 D 互相排斥，所以 B 也带正电。因为 B 和 C 互相吸引，所以 C 带负电。最后，因为 A 和 C 互相排斥，所以 A 也带负电。B 选项正确。

这是一类经常出现的题目，以上是命题者给出的标准解答，难度不高。但如果我们深入地思考一下，两个带同种电荷的导体一定互相排斥吗？请看如图所示的情况，一个椭球形导体原

来带正电(电量较少),另一个球形导体带正电(电量较多),两者靠近的时候,发生了如图 13－3 所示的静电感应,两者是完全可能互相吸引的。如果考虑到这一层情况,很多这一类题目的答案都要另行考虑了。

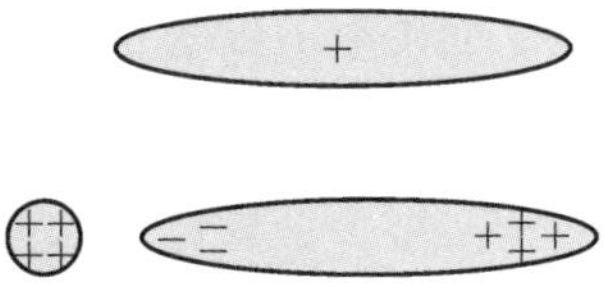
图 13－3

例 2. 将 b、c 两球用绝缘细线悬挂而静止。现用带正电荷的 a 球分别靠近 b、c 两球,发现 a、b 间排斥,a、c 间相互吸引。则下列说法中正确的是(　　).

A. b 球原来一定带正电荷,c 球原来一定带负电荷

B. b 球原来可能带负电荷,c 球原来可能不带电

C. b 球原来一定带正电荷,c 球原来可能不带电荷

D. b、c 两球原来可能带同种电荷

解: 这道题目因为没有告诉我们 b、c 球是否带电,所以要注意:当一个带电的小球靠近一个不带电的小球时,由于静电感应的作用,也是会互相吸引的。如图 13－4 所示,B 原来是不带电的,由于带电的 A 物体的靠近,发生了静电感应,B 的左端聚集了负电荷,右端聚集了正电荷,正、负电荷电量相等。由于两个电荷间的作用力,除了和两个电荷的电量有关外,还和两个电荷间的距离有关。两个电荷离得越近,作用力越大;离得越远,作用力越小。所以 A 电荷对 B 物体左端的负电荷的吸引力比对 B 物体右端的正电荷的排斥力大,所以 A 将会吸引 B 物体。

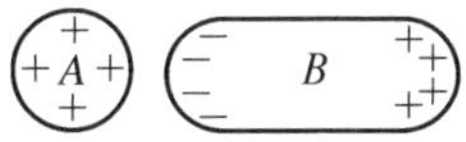

图 13－4

本题 a 球带正电荷,a、b 球排斥,可以断定 b 球一定带正电荷。a、c 球互相吸引,则 c 球可能带负电荷,也可能不带电。C 选项正确。

例 3. 如图 13－5 所示,验电器原来带负电 q,当把一个导体靠近验电器上的金属球(不接触)时,验电器金属箔的张角增大,这说明　　　　(　　).

A. 导体可能带正电荷

B. 导体可能带负电荷

C. 导体可能带正电荷,也可能不带电荷

D. 导体可能带负电荷,也可能不带电荷

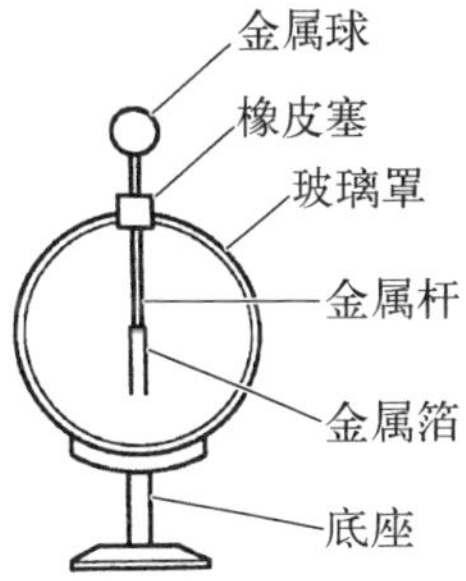

图 13－5

解: 验电器是一种检验物体是否带电的仪器,依据的主要原理是同种电荷互相排斥。验电器的主要结构如图所示,金属球、金属杆和金属箔依靠橡皮塞和地面绝缘。如果验电器原来不带电,当有带电体接触金属球时,两片金属箔因为带同种电荷而互相分开。如果带电体靠近金属球而没有接触,金属箔也会因为静电感应而带电,同样会分开。这两种情况,金属箔都和带电体带的同种电荷。这是最常见的情况。

假设验电器原来带负电 q(当然也可以假设带正电),如果有一个带正电的物体接触金属球,将正电荷 Q 传给它,那么有几种可能:如果 $Q<|q|$,那么金属箔张角变小(金属箔上仍然是负电荷)。如果 $Q=|q|$,那么金属箔闭合。如果 $Q>|q|$,那么那么金属箔张角可能变小也可能变大(金属箔上是正电荷)。有的书上说第三种情况是金属箔先闭合然后再张开,这是不可能看到的。因为电荷的移动是在瞬间完成的,而且金属箔本身有惯性,不可能在瞬间完成闭合再张开。

将一个带电体逐渐移近金属球而不接触,如果带电体带负电荷,那么金属箔张角肯定变

大。如果带电体带正电荷，那么金属箔张角可能变大，也可能变小，在某个特殊情况下也可能完全闭合。

如果一个导体原来是不带电的，不论是接触还是靠近验电器金属球，金属箔张角都是变小，或者完全闭合。

根据以上分析，B 选项显然是正确的。如果带电体带的正电荷的电量明显大于 q，那么 A 选项也是可选的（因为在金属箔上由于静电感应产生的正电荷比原来的 q 多）。

例 4. 现有丝绸、玻璃、塑料薄膜三种材料。通过实验发现，当被丝绸摩擦过的玻璃棒靠近被丝绸摩擦过的塑料薄膜时，两者相互吸引。据此排出三种材料保留电子能力大小的顺序（由大到小，不考虑静电感应的作用） （　　）.

A. 丝绸、玻璃、塑料薄膜　　B. 塑料薄膜、玻璃、丝绸

C. 塑料薄膜、丝绸、玻璃　　D. 丝绸、塑料薄膜、玻璃

解： 丝绸摩擦过的玻璃棒带的是正电荷（这一点必须记住），所以丝绸保留电子的能力优于玻璃。丝绸摩擦过的玻璃棒能够吸引丝绸摩擦过的塑料薄膜，说明塑料薄膜带负电荷，即塑料薄膜保留电子的能力优于丝绸。所以，C 选项正确。

例 5. 已知甲、乙、丙三个电荷，自左至右依次排列在一直线上，且都处于静止状态，由此可以判断 （　　）.

A. 甲、乙、丙带同种电荷

B. 甲、丙带同种电荷，甲、乙带异种电荷

C. 甲、丙带同种电荷，甲、乙可能带同种电荷，也可能带异种电荷

D. 无论甲、乙、丙带何种电荷，均可能使它们同时静止

解： 静止状态是一种平衡状态，三个电荷受的合外力都是零。A 选项甲、丙电荷不可能平衡（甲电荷受的合外力一定向左，丙电荷受的合外力一定向右）。B 选项只要三个电荷所带电量和相互之间的距离合适，是可能都平衡的（甲电荷受乙电荷向右的力、丙电荷向左的力。乙电荷受甲电荷向左的力、丙电荷向右的力。丙电荷受到甲电荷向右的力、乙电荷向左的力）C、D 选项明显是错误的。

B 选项正确。

例 6. 桌面上放有一定量的铁屑，现将两根完全相同的条形磁铁 A 的 N 极和磁铁 B 的 S 极如图 13－6(甲)所示放置在靠近铁屑的上方，吸附一定量的铁屑。如果将吸附有铁屑的两极靠在一起，则吸附在连接处的铁屑会________；如果将一根长度略大于两磁铁间距的软铁棒，轻轻搁在两磁铁上，如图 13－6(乙)所示，则被吸附的铁屑会________。

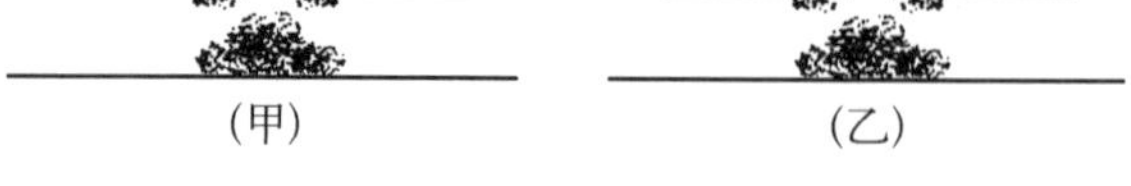

图 13－6

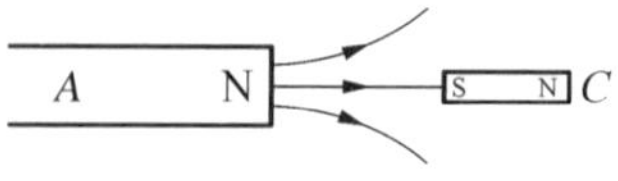

图 13－7

解： A 是永磁体，C 是原来没有磁性的铁屑（见图 13－7），在 A 产生的磁力线的作用下，

C 被磁化了，左端是 S 极，右端是 N 极，这就是 A 能够吸引 C 的原因。甲图中的条形磁铁 A 和 B 也正因为这个原因，可以吸附一定量的铁屑。

如果将图 13－6(甲)中吸附有铁屑的两极靠在一起，可以理解成它们构成了一根长的条形磁铁，我们知道条形磁铁的中部磁性是很弱的，所以原来吸附在连接处的铁屑会减少。若将一根长度略大于两磁铁间距的软铁棒，轻轻搁在两磁铁上[如图 13－6(乙)所示]，那么因为铁的导磁率(导磁率是表征材料导磁性能的一个指标，导磁率越高的材料，磁力线越容易从其中通过)是空气的几千倍，所以左边 N 极发出的磁感线几乎都通过软铁到达右边的 S 极，附近的铁屑就不容易被磁化了。所以原来吸附在连接处的铁屑同样会减少。

例 7. 如图 13－8 所示，用条形磁铁的 N 极在一根钢棒上从左向右沿同一方向摩擦几次，钢棒被磁化后的磁性情况是　　　　(　　).

A. 钢棒左端为 N 极

B. 钢棒右端为 N 极

C. 无法确定钢棒某端的极性

D. 钢棒没有磁性

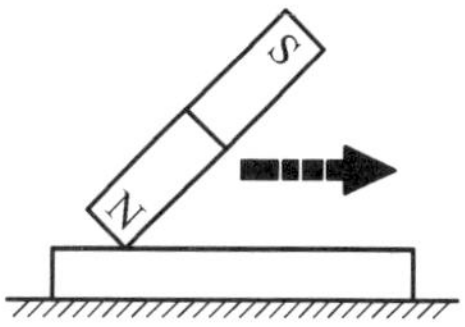

图 13－8

解: 钢棒中的每一个铁分子，都可以看作是一个小磁针。一般情况下，钢棒中铁分子的方向是杂乱无章的，所以对外并不显示磁性。现在用一根永磁体的 N 极多次地在钢棒上向右摩擦，使钢棒中的铁分子的方向被捋顺了，大部分分子小磁针的 S 极都向右。所以钢棒对外呈现左端是 N 极，右端是 S 极。A 选项正确。

例 8. 为了判断一根钢锯条是否有磁性，某同学用它的一端靠近一个能自由转动的小磁针。下列给出了几种可能产生的现象及相应的结论，其中正确的是　　　　(　　).

A. 若小磁针的一端被推开，则锯条一定有磁性

B. 若小磁针的一端被吸引过来，则锯条一定有磁性

C. 若小磁针的一端被吸引过来，则不能确定锯条是否有磁性

D. 若小磁针的一端被推开，则不能确定锯条是否有磁性

解: 若用锯条的一端靠近一个能自由转动的小磁针时，小磁针的一端被推开，说明锯条有磁性，而且锯条靠近小磁针的一端和被推开的小磁针一端是同名磁极。A 选项正确。

如果锯条是没有磁性的，那么不论用锯条去靠近小磁针的哪一端，小磁针都是被吸引过来的。如果锯条有磁性，将锯条和小磁针的异名磁极靠近时，小磁针也是被吸引的。所以小磁针的一端被吸引过来，无法确定锯条是否有磁性。C 选项正确。

二、电流产生的“魔力”

自吉尔伯特研究磁现象以来的二百多年，人们一直把电和磁作为毫无关系的两门学科分别加以研究。一直到 1820 年奥斯特发现电流周围的磁场后，才开始把电和磁联系起来。1820 年 7 月 21 日，奥斯特在哥本哈根发表了《电流对磁针的作用的实验》，他说：“在自由悬挂着的磁针上方，由北向南流动的伽伐尼(一种电池的名称)电流，把磁针的北极向东推。以相同的方向在磁针的下方流过的伽伐尼电流，把磁针的北极向西推。”这就是著名的奥斯特实验。

电流的磁效应并不像有的人认为的那样是奥斯特偶然发现的，实际上他关于电和磁有关

系的思想由来已久。请看以下事实。

(1) 奥斯特在1803年就说过:“我们的物理学将不再是关于运动、热、空气、光、电、磁以及我们所知道的任何其他现象零散的汇总,而是我们将把整个宇宙容纳在一个体系中。”这就是19世纪中具有普遍意义的“自然力之统一”思想的反映。

(2) 1812年发表的“关于化学力和电力的等价性的研究”一文中,奥斯特提出“我们应该检验,电是否以最隐蔽的方式对磁体有所影响。”说明他已经考虑到电和磁的联系。

(3) 1918—1919年和奥斯特共同工作过的J.G. Fochhammer曾谈到“奥斯特一直在寻找这两种大自然力之间的联系”“发现这种至今仍然十分神秘联系的想法,经常盘旋在他的头脑之中”。

奥斯特做了60多个有关的实验,他分别把磁针放在不同的位置,考察电流对他作用的方向和强弱。并且把玻璃、金属、木板、水、石头等物体放在导线和磁针之间,发现它们对电流的磁效应都没有影响。

奥斯特发现电流磁效应的消息传到世界各地,在瑞士日内瓦的法国物理学家Dominique Francois Jeam Arago得知此消息,立即赶回法国,于同年9月11日在法国科学院重复了奥斯特的实验,引起了法国数学家安培的兴趣。一周以后的9月18日,安培向法国科学院报告了他的第一篇论文,在这一报告中提出了著名的确定磁场方向的右手定则(如图13-9所示),所以我们有时称这一规律为“安培右拳定则”。左图中拇指指向电流方向,四指指出磁感线方向;右图中四指指向电流方向,拇指指出N极。安培在这一篇文章中还提出了“地球的磁场是由从东向西做圆周运动的电流所引起的”这一思想。9月25日,安培向法国科学院报告了他的第二篇论文,阐述了两根平行载流导线之间的相互作用,指出当电流方向相同时,两根导线互相吸引;当电流方向相反时,两根导线互相排斥(如图13-10所示)。同年10月安培在总结这方面的工作时,提出了“电压”(电动力)和“电流”的概念。

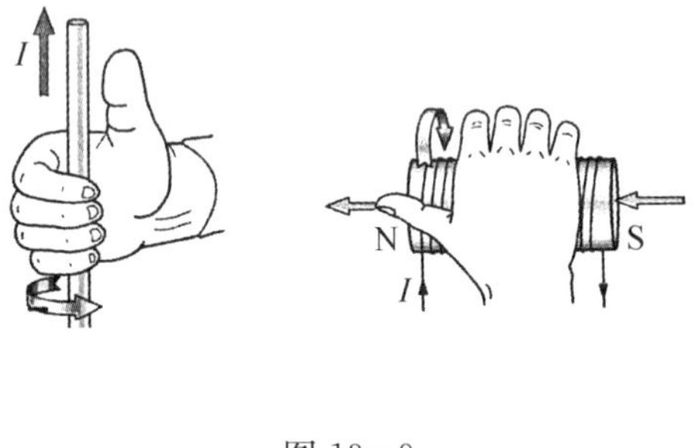

图 13-9

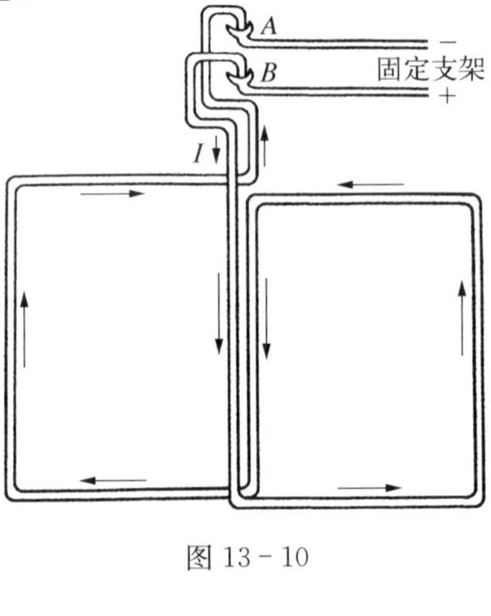

图 13-10

三、磁场对电流的作用力

A、B两根通有同向电流的导线为什么会互相吸引呢?我们可以这样来思考:A导线的电流产生磁场,应用安培右手定则可以确定它在B导线周围产生的磁场的方向。实验证实,一根通电导线在磁场里面会受到作用力。作用力的方向可以用“左手定则”来判定:让左手的拇指、食指和中指两两互相垂直(如图 13－11 所示)，使食指指向磁场的方向，中指指向电流的方向，拇指指出的便是通电导线的受力方向。

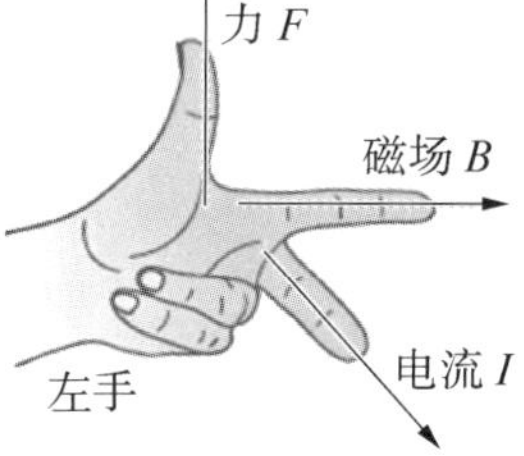

图 13－11

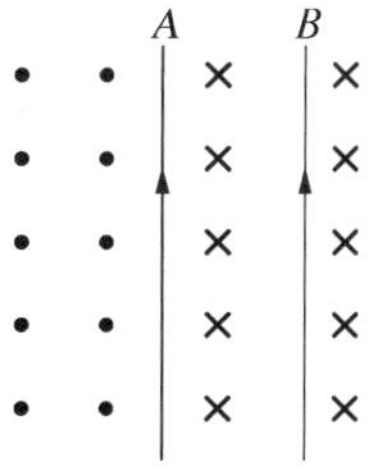

图 13－12

现在我们可以来解释安培讲的两根平行载流导线之间的相互作用了，以两根通有同向电流的导线为例。如图 13－12 所示，我们认为 A 导线的电流是产生磁场的，根据安培右拳定则，可知 B 导线周围的磁场是垂直纸面向里的(用叉表示)。再对 B 导线用左手定则，食指垂直纸面向里，中指向上，拇指指出 B 导线受的力是向左的。当然也可以认为 B 导线的电流是产生磁场的，对 A 导线用左手定则，可知 A 导线受的力是向右的。所以两个同方向的电流互相吸引。

例 1. 在制造精密电阻时。常常采用双线绕法。即把电阻丝从螺线管一端绕到另一端，再从另一端绕回来。如果电流方向如图 13－13 所示，那么　　　(　　).

A. 螺线管左、右两端都没有磁极

B. 螺线管左端为 N 极，右端为 S 极

C. 螺线管左端为 S 极，右端为 N 极

D. 螺线管左端有磁极，右端无磁极

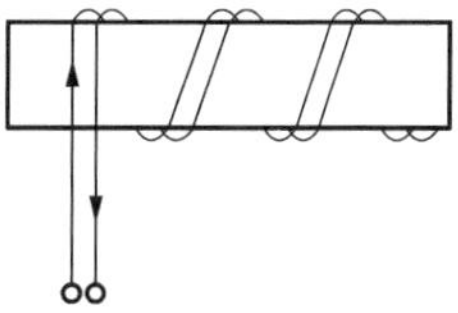

图 13－13

解: 因为双线中的电流方向相反，所以根据安培右拳定则，它们在螺线管中产生的磁场方向也相反，恰好互相抵消。A 选项正确。

例 2. 磁悬浮列车是一种新型的交通工具。它是通过列车上的电磁铁 A、B 与固定在轨道上的磁极 N、S 发生磁排斥而实现悬浮的。当列车在轨道上悬浮起时(如图 13－14 所示)，在电磁铁 A、B 中分别通有(俯视)________和________的电流(均选填“顺时针”或“逆时针”)。

解: 因为同名的磁极互相排斥，所以左边的 A 电磁铁的下端需要是 N 极，右边的 B 电磁铁的下端需要是 S 极。根据安培右手定则，左边的 A 电磁铁俯视应该是顺时针的电流，右边的 B 电磁铁俯视应该是逆时针的电流。

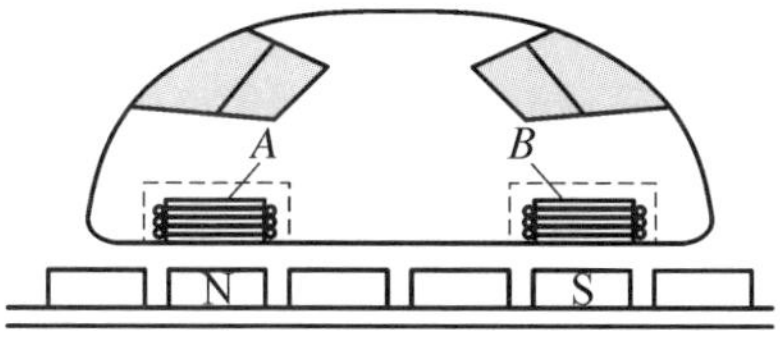

图 13－14

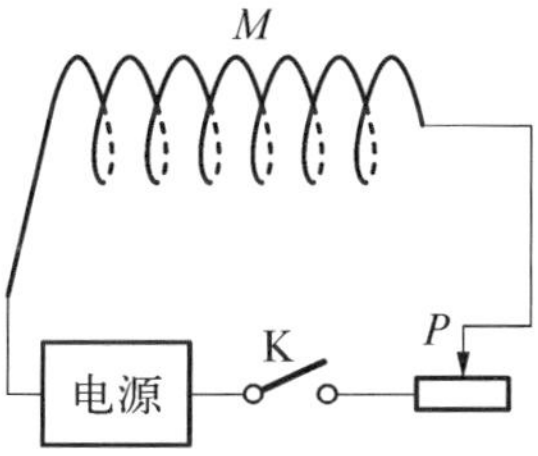

图 13－15

例 3. 如图 13－15 所示，M 是一个用软导线绕成的螺线管，闭合电键 K 后，螺线管的长

度将 (　　).

A. 伸长　　B. 缩短　　C. 不变　　D. 先伸长,后缩短

解: 根据安培得到的同向电流互相吸引的结论,可以把 M 螺线管看成许多根“同向电流”,全都互相吸引。所以螺线管会变短。B 选项正确。

例 4. 如图 13-16 所示,通电螺线管内部放入一小磁针,其 N 极指向右端,则下列说法中正确的是 (　　).

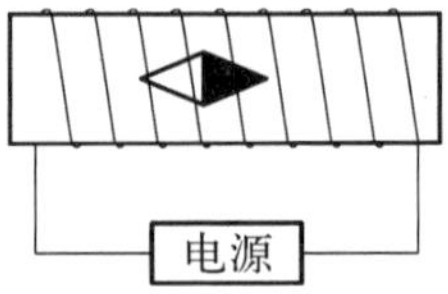

图 13-16

A. 电源左端为正极,螺线管右端为 N 极

B. 电源左端为正极,螺线管右端为 S 极

C. 电源左端为负极,螺线管右端为 N 极

D. 电源左端为负极,螺线管右端为 S 极

解: 首先要注意,不论是条形磁铁还是通电螺线管,内部的磁感线都是从 S 极到 N 极的。通电螺线管内部的小磁针 N 极向右,说明通电螺线管的 N 极在右边。再用安培右手定则,可知从右侧向左看,电流是逆时针方向的,即电源的左端为正极。A 选项正确。

例 5. 如图 13-17 所示,A 球为均匀带正电的绝缘球体,当它绕着自己的轴做逆时针旋转(由上往下看)时,A 球上方的小磁针的 N 极将________,A 球左侧的小磁针的 N 极将________(均选填“指向左”“指向右”“指向上方”或“指向下方”)。

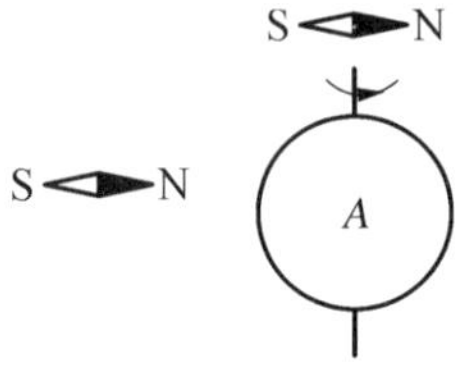

图 13-17

解: 这个问题对解题者的空间观念要求较高。一个带正电的绝缘球体,当它绕着自己的轴做逆时针旋转(由上往下看)时,相当于一个水平放置的线圈里面通有逆时针方向的电流(由上往下看)。应用安培右拳定则可知,这个线圈产生的磁场的 N 极在上方,S 极在下方。线圈上方的磁感线向上,所以 A 球上方的小磁针的 N 极将指向上方。线圈左侧的磁感线向下,所以 A 球左侧的小磁针的 N 极将指向下方。

例 6. 在竖直放置的圆形通电线圈中的圆心位置放一个能在水平面内自由转动的小磁针,如图 13-18,当通以图中所示方向的电流时,小磁针的 N 极将 (　　).

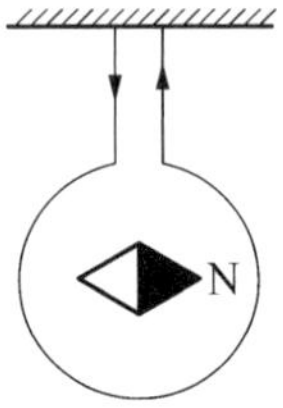

图 13-18

A. 静止不动　　B. 转动 180°,指向左边

C. 转向纸外　　D. 转向纸内

解: 把这个通电线圈看成一个一匝的螺线管,应用安培右手定则可知,这个螺线管的 N 极在纸面外面,S 极在纸面里面。在螺线管内部,磁感线是从 S 极到 N 极的,所以小磁针的 N 极将转向纸外。C 选项正确。

例 7. 电饭煲能自动控制电流加热的程序,把饭煮得甘香柔软而不焦糊。靠的是如图 13-19 所示的自动控制开关,当按下右方的开关按键后,开关横杆把磁铁向上顶,使磁铁吸住感温软铁。这时,发热电阻丝(图中三个小白圈)接通电源开始加热,如图 13-19(a)所示。当锅内的饭沸腾后。锅内的水就会因气化而渐渐减少。当锅内的水蒸干后,锅内的温度就会超过 100℃,当温度达到 103℃时,感温软铁就不受磁铁的吸引。开关的杠杆在弹簧的弹力及自身重力的作用而下降,使接触点分开,发热电阻丝停止发热,如图 13-19(b)所示。与此同时,接通另一保温电路(图中未画出),保持饭的温度在 70℃左右。(1)“当温度达到 103℃时。感温软铁就不受磁铁的吸引”这一现象是什么原因?(2)能用这种电饭锅来煮开

水。并自动保温在70℃左右吗？写下你的判断，并简要说明理由。

解：(1) 永磁体之所以会有磁性，是因为其内部的磁性分子整齐地排列(N极朝一个方向，S极朝另一个方向)。当磁体的温度升高时，分子运动变得剧烈，就会破坏磁性分子整齐的排列，使磁性减弱。(敲击磁体，也会起到同样的作用。)温度达到某一值时，原来的磁体就会失去磁性，这个温度叫作“居里温度”，各种不同材料的居里温度不同。电饭煲中磁性材料的居里温度为103℃。

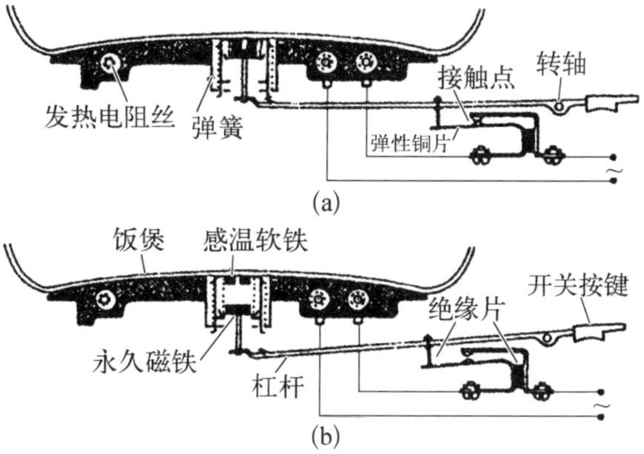

图 13-19

(2) 不能用这种电饭锅来煮开水，并自动保温在70℃左右。因为水的沸点为100℃，在锅内的水全部气化之前，磁铁的温度不会达到它的居里温度。如果用电饭煲来煮开水，结果是水全部烧干。

例 8. 图 13-20 所示是一个密绕通电螺线管的剖面图，A、B 分别是在螺线管轴线上的两点，A 点在螺线管的端面处，B 点在螺线管的内部，则 B 点的磁场 (　　).

A. 比 A 点磁场强

B. 比 A 点磁场弱

C. 与 A 点磁场大小相等

D. 无法确定

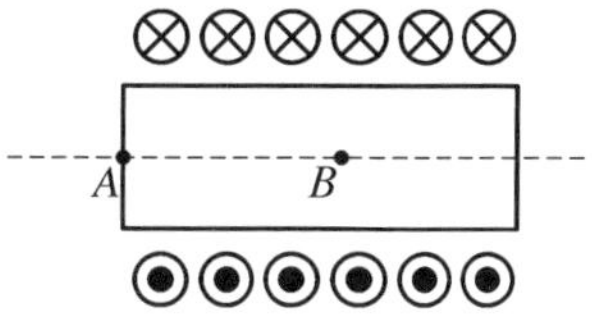

图 13-20

解：这是一个定性的选择题，凭我们的直觉，因为 A 处的磁感线已经开始发散，而磁感线的疏密程度可以表示磁场的强弱，所以 B 处的磁场应该比 A 处强。A是正确选项。

如果希望比较严格地来论证这个问题，我们可以这样考虑。假设在原螺线管的左边再接上一个完全相同的螺线管(电流方向也相同)，那么 A 点和 B 点都是螺线管内部的点，磁场的强弱应该相同了。此时 A 点的磁场可以想象成是由原来螺线管的磁场 A' 和加上去的螺线管的磁场 A'' 叠加而成的(A' 和 A'' 的方向都是水平向左的)，所以 A 点原来的磁场比 B 点的磁场要弱。(到了大学，我们可以证明 A 点磁场的强度是 B 点磁场强度的一半)

1. 带正电的物体靠近悬挂着的通草球时，通草球被吸引，则通草球一定 (　　).

A. 带正电荷　　B. 带负电荷　　C. 不带电　　D. 不带正电荷

2. 把用毛皮摩擦过的橡胶棒接触验电器的金属球，这时验电器的两片金属箔就张开，这时验电器的金属箔是 (　　).

A. 带正电的　　B. 带负电的　　C. 不带电的　　D. 无法确定带何种电荷

3. 三个通草球，任意两个接近时都相互吸引，正确的结论是 (　　).

A. 两个带正电，一个带负电

B. 两个带负电，一个带正电

C. 一个带电，两个不带电

D. 一个带正电，一个带负电，一个不带电

4. 如图 13－21 所示，将甲、乙两个金属半球壳合成一个球体，用一带正电的小球靠近乙球壳，并将两金属半球壳分开后撤走带电小球。如果用一根绝缘导线连接甲、乙两半球壳，则导线中（　　）.

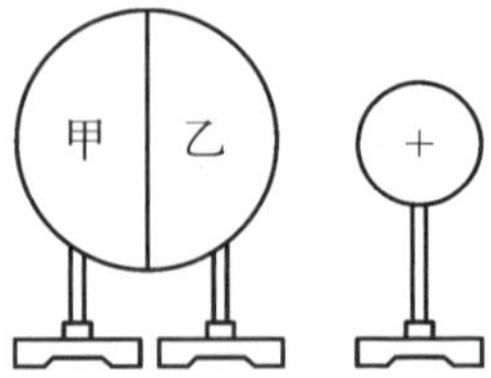

图 13－21

A. 无电流通过，因两半球均不带电

B. 无电流通过，因两半球带同种电荷

C. 有瞬间电流通过，其方向由甲半球流向乙半球

D. 有瞬时电流通过，其方向由乙半球流向甲半球

5. 当验电器带有一定量的电荷后，金属箔张开了一个角度。现用一个带异种电荷的带电体去靠近这个验电器的金属小球，其最终结果是（　　）.

A. 金属箔张角变小　　B. 金属箔张角变大

C. 金属箔张角变为零　　D. 以上情形都可能发生

6. 如图 13－22 所示，两根同样的磁铁的一端分别吸有一根较重的铁钉，现使一根磁棒不动，另一根磁棒的异名磁极去靠近不动的磁棒。会出现的现象是（　　）.

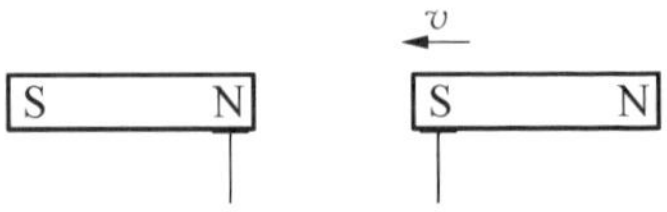

图 13－22

A. 两铁钉下落　　B. 两铁钉被吸得更牢

C. 静止磁棒的铁钉下落　　D. 运动磁棒的铁钉下落

7. 如图 13－23 所示，M、N 两个线圈套在一根光滑绝缘杆 ab 上，它们受力时都能自由移动。当闭合电键 K 后，M、N 两线圈将（　　）.

A. 互相靠拢　　B. 互相离开　　C. 静止不动　　D. 先靠拢后分开

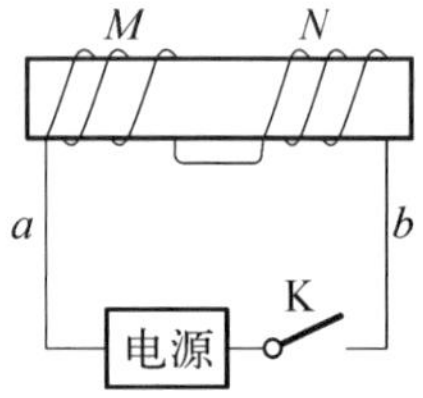

图 13－23

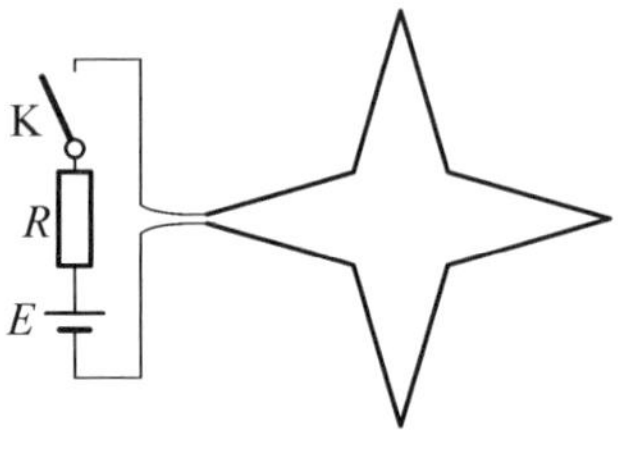

图 13－24

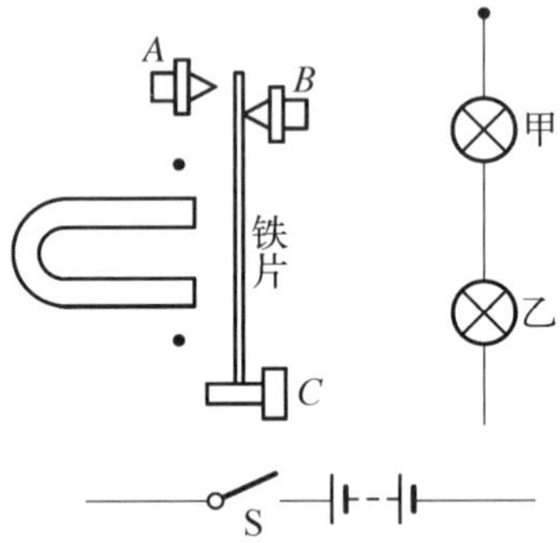

图 13－25

8. 如图 13－24 所示，将一柔软的导线弯成星形，并将其置于光滑水平桌面上，然后将电键 K 闭合，则该星形回路将（　　）.

A. 不会变形　　B. 会变形，所围面积增大

C. 会变形，所围面积减小　　D. 会变形，所围总面积不变

9. 如图 13－25 所示，某同学利用自己绕制的电磁铁设计了一个能使甲、乙两灯交替发光

的电路，请把正确的电路画在图上。（*A*、*B* 为带活动触点的接线柱，*B*、*C* 间为弹性铁片）

•知识巩固•

解题参考

1. 在一般情况下，一个带电物体可以吸引带异种电荷的物体或者不带电的物体（后者是因为静电感应），排斥带同种电荷的物体。因为题干中说的是“一定”，所以 A、B、C 选项都错误，D 选项正确。

2. 用毛皮摩擦过的橡胶棒带的是负电荷，使它接触验电器的金属球，它就把负电荷传给了金属箔。B 选项正确。如果把题目中的“接触”改成“靠近”，那么由于静电感应，金属箔也会张开，此时金属箔带的也同样是负电荷。

3. A 选项，两个带正电的通草球会互相排斥。B 选项，两个带负电的通草球会互相排斥。C 选项，两个不带电的通草球不会互相吸引。所以 A、B、C 选项都错误，D 选项正确。

4. 用一带正电的小球靠近乙球壳，两个半球壳将发生静电感应，将两金属半球壳分开后撤走带电小球，甲半球带正电荷，乙半球带负电荷。如果用一根绝缘导线连接甲、乙两半球壳，会有短暂的电流从甲半球流向乙半球。C 选项正确。

5. 因为是“用一个带异种电荷的带电体去靠近这个验电器的金属小球”，所以带电体和验电器是发生静电感应。假设验电器原来是带正电，带电体是带负电。由于静电感应，验电器的金属球增加正电，金属箔增加负电。B 选项正确。

6. 磁铁能够吸引铁钉，是因为磁铁的磁场使铁钉磁化了。如果将两个磁铁的异名磁极靠近，那么一根磁铁的 N 极发出的磁感线绝大多数都直接进入了另一根磁铁的 S 极，使铁钉磁化的作用明显减弱了。所以 A 选项正确。

7. 此题中的电源未说明正负极，我们假设电源左边是正极，右边是负极。根据右拳定则可知 *M* 线圈左边是 N 极，右边是 S 极。*N* 线圈亦相同。由于两个靠近的磁极互相吸引，所以两个线圈将互相靠拢。如果假设电源左边是负极，右边是正极，那么所有磁极都相反，结论相同。A 选项正确。

8. 利用两根同方向电流互相吸引，反方向电流互相排斥的结论。四角星的每一个角的两边电流都是反向的，互相排斥。所以软导线将趋向圆形。B 选项正确。

9. 连接的线路如图 13－26 所示。当铁片接触 *B* 的时候，乙灯亮，电磁铁有磁性，即将把铁片向左吸动。当铁片接触 *A* 的时候，甲灯亮，电磁铁没有磁性，铁片即将弹回右边。甲、乙两灯交替发光。以上是我们分析的理想情况，在实验的时候，因为铁片来回运动的频率很高，甲、乙又是两个白炽灯（点亮以后熄灭有一定的延时），所以人们看到的很可能是两个灯一直亮着，或者是两灯闪烁，难以看清两灯交替发光。

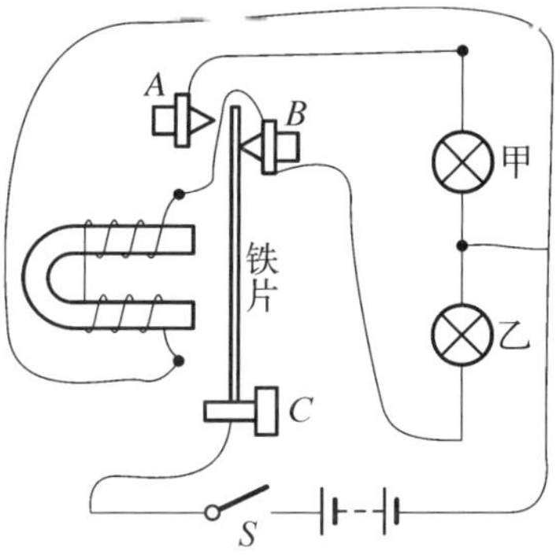

图 13－26

第十四讲

欧姆定律

一、电源的诞生

上一讲我们讨论的静电力都是由静止的电荷产生的，这一讲我们要讨论流动的电荷。要比较长时间地维持电流，就需要电源。

18 世纪 80 年代后半期，意大利北部的博洛尼亚大学医学院的医师伽伐尼在用手术刀解剖青蛙的时候，发现青蛙的腿部发生痉挛。伽伐尼进一步实验，发现只要把两种不同的金属头部磨尖，去触碰青蛙的肌肉，都能够使青蛙的肌肉发生痉挛。伽伐尼认为电流的源头在于肌肉和动物本身，因此将它们命名为动物电。

意大利物理学家伏打

图 14 - 1

意大利物理学家伏打（Alessandro Volta，1745—1827）对伽伐尼的动物电进行了进一步的研究，在他的论文《谈谈伽伐尼的发现》《关于生物电的新文章》中，逐步地把电流和生物体断绝了关系。提出只要是两种金属接触了潮湿的物体，就会出现一种金属带正电而另一种金属带负电的现象。并且排出了一个序列：锌、锡、铅、铁、铜、银（左边的金属带正电，右边的金属带负电）。使用在以上序列中分得越开的两种金属制作电池，效果越好。1800 年，伏打发明了伏打电堆（就是把若干个伏打电池串联起来），据说他得到了拿破仑的奖励，并且成为法国科学院院士。伏打电堆的发明，提供了能够产生稳定电流的电源，使电学的研究从静电走向动电，开辟了一个新的领域。

不过伏打电池有一个比较明显的缺点就是不稳定。比如说用铜板作为电极的伏打电池，刚开始它可以很好地供电，可是随着铜板周围氢气的增加，供电性能就越来越差。这就是所谓的“极化作用”，会影响伏打电池的使用寿命。1821 年，德国物理学家赛贝克发现了一个奇妙的现象。他把两条不同材料的金属线首尾连接起来，构成一个回路（见图 14 - 2）。然后把一个接头加热，另一个接头保持低温，这个回路中就会产生电流。只要保持两边的温度不变，这个电流就非常稳定。这种现象叫作“赛贝克效应”，利用“赛贝克效应”制成的电源叫作

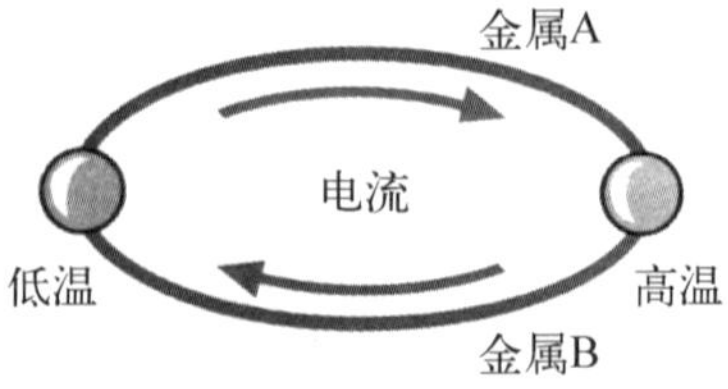

图 14 - 2

温差电偶。

伏打电池的电能是由化学能转化而来的，而温差电偶的电能是由热能转化来的。

二、电阻的概念

什么是电阻？电阻怎么测量？这些问题我们学习过初中物理的同学一般都能回答：电阻就是导体对电流的阻碍作用。测量电阻只要测出它上面的电压和电流强度，然后用欧姆定律即可算出它的电阻。但我们现在讲的是二百多年前的事，那时非但没有电压表、电流表、欧姆定律，连电阻的概念都没有，情况和现在是完全不同的。为了搞清楚电阻的概念是怎么样建立起来的，我们要从电解实验讲起。

由于电源的发明，科学家们能够获得稳定的电流了，他们纷纷利用这个新的工具不断地向各个未知的领域挑战。最先利用电流进行化学研究的是英国皇家研究所的科学家戴维，他是发现电磁感应现象的科学家法拉第的老师。（戴维临终前，一位朋友去看他，问他一生中最伟大的发现是什么，他绝口未提自己发现的众多化学元素中的任何一个，却说："我最大的发现是一个人——法拉第！"）戴维的研究涉及很多方面，其中最受关注的是他在 1807 到 1808 年利用电解的方法发现了钠、钾、钙、锶、钡和镁等 6 种元素。戴维把两个相同材料制成的电极放在盐（比如说氯化钠）的水溶液中，当两个电极接上电源后，两个电极上就会产生氯气和金属钠，这就是电解（如图 14－3 所示）。戴维把一根金属丝并联在伏打电池的两个电极之间，他发现，如果使金属丝变长，相同时间内电极上产生的气体就会增加；如果使金属丝变短，相同时间内电极上产生的气体就会减少，甚至不发生电解。他认为这一现象的原因是金属丝变短后更容易导电，所以在电流到达电极之前便会更多地流入金属丝中。于是他得出一个规律："金属丝的导电能力与金属丝的长度成反比，金属丝越长导电能力越弱，金属丝越短导电能力越强。"他还注意到金属丝的截面积，认为"金属丝的导电能力与其截面积成正比"。他还在 1821 年通过实验发现"如果降低金属丝的温度，其导电能力会增强"。但是戴维的研究只进展到这个地步。1826 年他身患疾病后从英国皇家研究所辞职。1829 年在日内瓦去世，年仅 51 岁。我们可以看到，戴维当时对金属丝导电能力的这些描述，跟我们今天的电阻定律已经非常接近了。电阻定律是这样的：金属丝的电阻

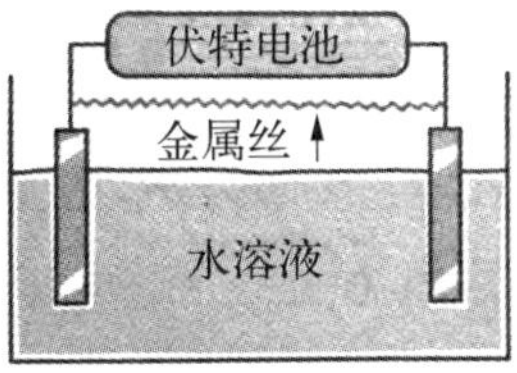

图 14－3

$$R=\rho\frac{L}{S}.$$

式中的 L 是金属丝的长度，S 是金属丝的截面积，ρ 叫作电阻率（与金属的种类有关）。戴维在这个实验中，巧妙地用测量电解生成的气体的多少来间接地测量金属丝导电能力的强弱，这是科学研究中一种重要的方法。

例 1. 一根均匀的电阻丝，测得其电阻值为 R。现将其剪掉 1/3，然后将剩余的 2/3 部分再拉长到原长，则此时这根电阻丝的阻值变为多少？

解：(1) 将原来的电阻丝剪去 1/3，其长度变为原来的 2/3，截面积没有变化。根据电阻定

律,可知其电阻是 $\frac{2R}{3}$。

(2) 将剩余的 2/3 部分再拉长到原长,这个过程电阻丝的体积不变,设原来的截面积为 S,长度为 L,现在的截面积为 S',那么

$$S \cdot \frac{2L}{3} = S' \cdot L,\ S' = \frac{2}{3}S.$$

现在的电阻

$$R' = \frac{3}{2}R.$$

例 2. 某段导线的电阻是 R,把它均匀拉伸到原长的 6 倍,再剪掉 1/6 的长度,则剩下导线的电阻为多少?

解: 将导线拉长的过程,导线的体积不变,所以将导线均匀拉伸到原长的 6 倍后,其截面积变成原来的 1/6。拉长后的电阻

$$R' = \rho\frac{6L_0}{S_0/6} = 36 \times \rho\frac{L_0}{S_0} = 36R.$$

再剪掉 1/6,长度变成原来的 5/6,截面积不变,所以电阻

$$R'' = \frac{5}{6}R' = 30R.$$

例 3. 两块金属板 M 和 N 水平放置,之间夹有一滴水银,当金属板 M 和 N 靠近时,通过精密测量可以发现 M 和 N 之间的电阻将 (　　).

A. 变大　　B. 变小

C. 不变　　D. 以上三种情况都有可能

解: 两块金属板水平放置,水银珠的高相当于导线的长度,水银珠的水平截面积相当于导线的截面积。当两块金属板靠近时,相当于导线的长度变短,截面积变大,所以电阻变小。B 选项正确。

三、电阻的串联和并联

如果我们手头有几个定值电阻,那么我们通过串联或者并联的方式,可以得到更多阻值的电阻。教室里有多盏日光灯,它们是并联后接在电源上的。节日装饰的小彩灯,它们是串联后接在电源上的。应用欧姆定律,很容易得到两个串联电阻的阻值

$$R_{串} = R_1 + R_2.$$

两个并联电阻的阻值

$$\frac{1}{R_{并}} = \frac{1}{R_1} + \frac{1}{R_2}.$$

$$R_{并}=\frac{R_1R_2}{R_1+R_2}.$$

什么叫串联和并联？以及串联、并联电阻计算公式的推导，一般初中教材上都有，我们不再冗述。

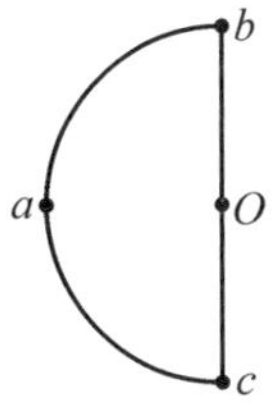

图 14－4

例 1. 用均匀电阻丝制成直径为 D 的半圆圈，如图 14－4 所示，已知 O、a 两点间的电阻为 R，则 b、c 两点间的电阻为多少？

解： 正确解决这个问题的关键是看明白 O、a 两点间的电阻和 b、c 两点间的电阻是由电阻丝怎么样连接而成的。O、a 两点间的电阻，先是由电阻丝 ab 和 bO 串联，ac 和 Oc 串联，然后再两路并联而成的。因此有

$$R_{ao}=\frac{R_{abo}\cdot R_{aco}}{R_{abo}+R_{aco}}=R,$$

$$R_{abo}=R_{ab}+R_{bo},$$

$$R_{aco}=R_{ac}+R_{co}.$$

因为电阻丝是均匀的，截面积相同，材料也相同，所以由电阻定律可知

$$R_{ab}:R_{bo}=R_{ac}:R_{co}=\frac{1}{8}\pi D:\frac{D}{2}=\frac{1}{4}\pi.$$

由以上各式可解得 R_{ab} 和 R_{ob}。

b、c 两点间的电阻，先是由电阻丝 ab 和 ac 串联，bo 和 oc 串联，然后再两路并联而成的。

$$R_{bc}=\frac{R_{bac}\cdot R_{boc}}{R_{bac}+R_{boc}},$$

$$R_{bac}=2R_{ab},\quad R_{boc}=2R_{bo}.$$

可解得
$$R_{bc}=\frac{8\pi R}{(\pi+2)^2}.$$

例 2. 电阻 R_1、R_2 串联时的总电阻为 20 欧，则并联时的总电阻　（　　）.

A. 一定小于 5 欧　　B. 一定大于 5 欧小于 10 欧

C. 一定小于或等于 5 欧　　D. 一定大于 10 欧

解： $R_1+R_2=20$ 欧，满足上式的 R_1、R_2 有多种可能。两个电阻的并联阻值

$$R_{并}=\frac{R_1\cdot R_2}{R_1+R_2}=\frac{R_1(20-R_1)}{20}.$$

用配方法求上式的极值

$$R_{并}=\frac{R_1(20-R_1)}{20}=\frac{-(R_1^2-20R_1)}{20}=\frac{-(R_1-10)^2+100}{20}.$$

由此可见当 $R_1=10$ 欧(即 $R_1=R_2$)时，$R_{并}$有极大值 5 欧。C 选项正确。

这里我们得到一个很有用的结论：如果两个电阻的阻值之和是一个定值 R_0，那么当它们的阻值相等的时候，它们的并联阻值最大，为 $\frac{R_0}{4}$。

例 3. 如图 14－5 所示的电路是由十二个不同的电阻组成的，已和 $R_1=12$ 欧，其余电阻阻值未知，测得 A、B 间总电阻为 6 欧。今将 R_1 换成 6 欧的电阻，则 A、B 间的总电阻为多少欧？

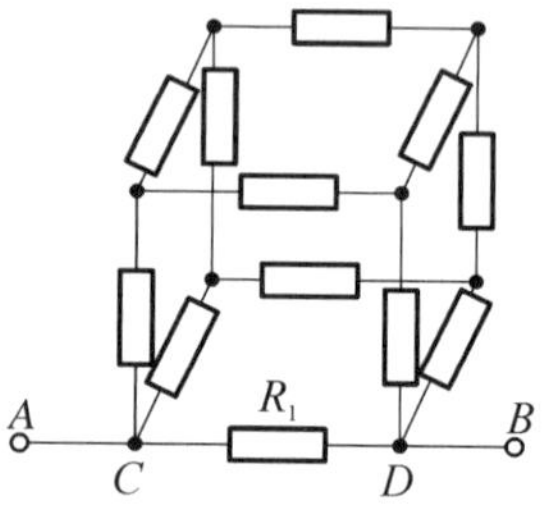

图 14－5

解： 这是一个很复杂的电路，而且除了 R_1 以外的电阻的阻值都未知，我们可以用等效替代的方法来解决这个问题。设除了 R_1 以外所有电阻的总阻值为 R'(该电阻的两端就是 C、D)，根据题意有

$$\frac{R_1\cdot R'}{R_1+R'}=6(\text{欧}).$$

将 $R_1=12$ 欧代入，可解得 $R'=12$ 欧。然后把 R' 和 $R_1'=6$ 欧并联，总电阻是

$$R_{合}=\frac{R'\cdot R_1'}{R'+R_1'}=\frac{12\times 6}{12+6}=4(\text{欧}).$$

这里将除了 R_1 以外的十一个电阻等效替代成 R'是解题的关键。

例 4. $2(n+1)$个阻值均为 R 的电阻通过导线首尾连成一圆环，如图 14－6 所示，相邻的两个电阻之间均可引出一接线柱，从而构成一变阻器。利用该变阻器可获得不同阻值的个数为 ________个；最大阻值为________。

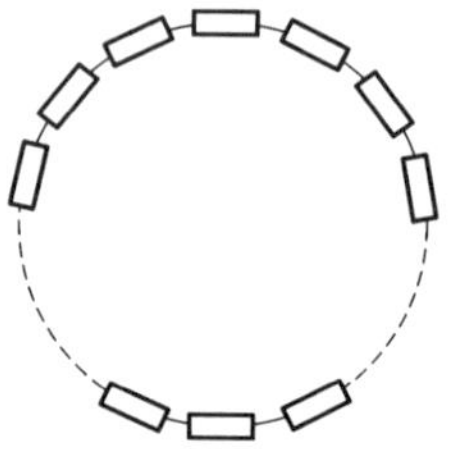
图 14－6

解： 不论用哪两个接线柱，都是两串电阻的并联，而且两串电阻的阻值之和总是 $(2n+1)R$。根据例题 2 推导的结论，虽然电阻的个数是奇数，两串电阻不可能一样多，但两串电阻的个数越接近，并联电阻的阻值越大，两串电阻的个数差得越多，并联电阻的阻值越小。所以利用该变阻器可获得不同阻值的个数为 n 个。最大的阻值为

$$R_{max}=\frac{nR\cdot(n+1)R}{(2n+1)R}=\frac{n(n+1)}{2n+1}R.$$

例 5. 现有 10 欧、20 欧、30 欧的电阻若干，假设这三种电阻的成本与它们的电阻值成正比，现在需要得到另外一些新电阻，并且只能利用现有电阻采用串、并联的方式得到，以下电阻中最便宜的是(不考虑导线等费用)（　　）.

A. 7.5 欧　　B. 12 欧　　C. 15 欧　　D. 18 欧

解： 这是一个比较复杂的题目，首先需要想出利用已有的电阻，怎么串、并联才能得到四个选项中的阻值，然后再算价格。结果如下(图 14－7 至图 14－10)所示：

等效电阻(欧)		价格
7.5	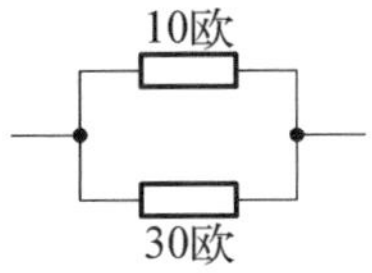 图 14－7	40
12	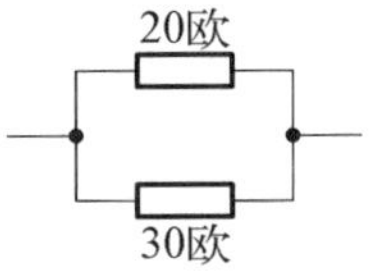 图 14－8	50
15	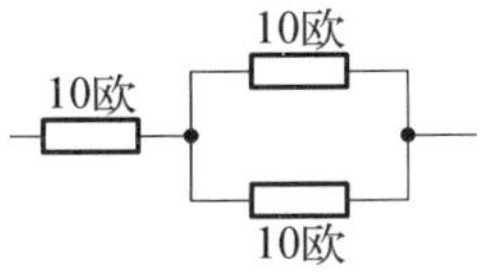 图 14－9	30
18	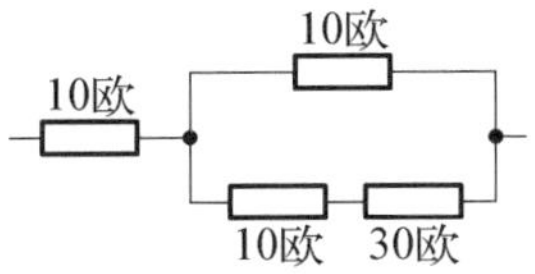 图 14－10	60

C 选项正确。

四、欧姆定律的建立

欧姆曾是德国的一位中学教师，后来成为著名的物理学家，他对电学发展有杰出的贡献。在欧姆那个时代，测量仪器的功能和精度远不及现在，根本没有电压表和电流表，连电阻这一基本概念也尚未建立起来，他的困难比我们能够想象的还要多得多。欧姆要研究电流的规律，首先需要一种测量电流强度的仪器，他巧妙地把奥斯特关于电流磁效应的知识和库仑扭秤结合起来，制成一个电流扭力秤。其方法是这样的：将磁针的中点用金属丝悬挂起来，使磁针平行于通电导线且位于导线上方。通电后电流的磁场使磁针偏转，通过扭转金属丝，使磁针回到原来的和导线平行的位置。现在我们知道，通电导线周围的磁场强弱与电流成正比，金属丝的扭转角度也和扭力矩成正比，因此扭转角度和电流大小成正比。

欧姆一开始用伏打电池做实验，但这种电池容易极化，使输出电压不稳定。后来他改用塞贝克的温差电偶作电源，这种电源的优点是电动势稳定而且可调节（通过调节温度实现）。欧姆制作的温差电池的大致结构如图 14－11 所示。$abb'a'$是用金属铋铸成的一个倒 U 形框架，ab 和 $a'b'$分别铆接在铜片 $abcd$ 和 $a'b'c'd'$上。欧姆将 ab 端放进沸水中，$a'b'$端放进冰水混合物中，形成 100℃ 的温差。cd 端和 $c'd'$放进水银槽 m 和 m' 中，这两个水银槽就是温差电偶的电极。此电池比较稳定，输出的电压仅与温差有关。

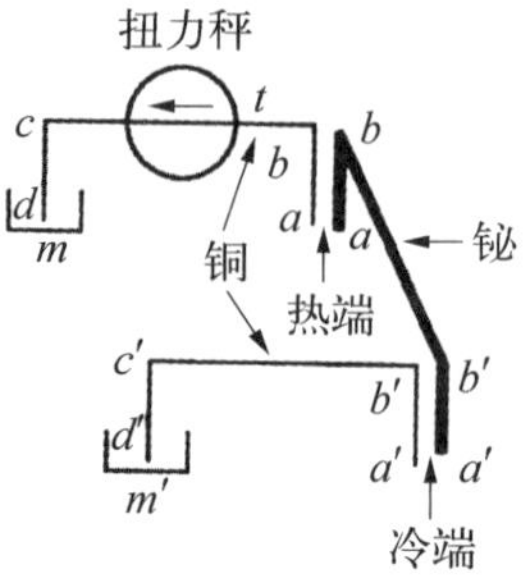

图 14－11

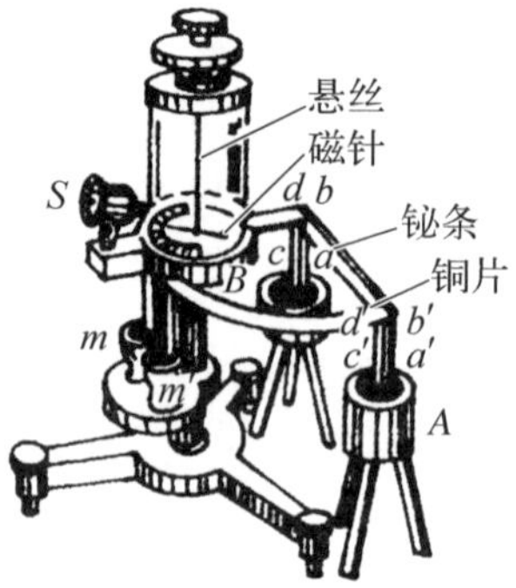

图 14－12

欧姆的实验装置如图 14－12 所示。A 中装冰水混合物，B 中装沸水，m、m'是两个电极，S 是观察磁针的放大镜。欧姆从同一根导线上切下了八段导线(截面积相同)，长度分别为 2、4、6、10、18、34、66、134 英寸。他先后把这些导线的两端接入水银槽 m、m'中，测得不同的扭转角度。如果用 θ 表示扭转角度，L 表示铜导线的长度，欧姆发现实验数据有以下关系：

$$\theta = \frac{A}{B + L}.$$

这个规律和我们今天普遍使用的全电路欧姆定律已经完全一样了：

$$I = \frac{\mathscr{E}}{r + R}.$$

欧姆肯定 A 和温差电偶有关，他称之为"激发力"(今天我们叫电动势)。B 与温差电偶内部的阻碍作用有关(今天我们叫作电源的内阻)。L 和 θ 当然就对应于现在的电阻和电流了。在初中物理中，因为我们一般忽略电源的内阻，所以 B 这一项就没有了，电动势的大小就等于电源两端的电压。如果用 U 表示电阻两端的电压，欧姆定律可以表达成

$$I = \frac{U}{R}.$$

例 1. 按图 14－13 所示的用伏安法测量电阻，如果考虑到电压表，电流表本身都有一定的电阻(即不是理想的，理想的电流表电阻为零，电压表的电阻为无穷大)，那么测量值和实际值的关系应该是 (　　).

A. 测量值比实际值大　　B. 测量值比实际值小

C. 测量值等于实际值　　D. 以上情形都有可能

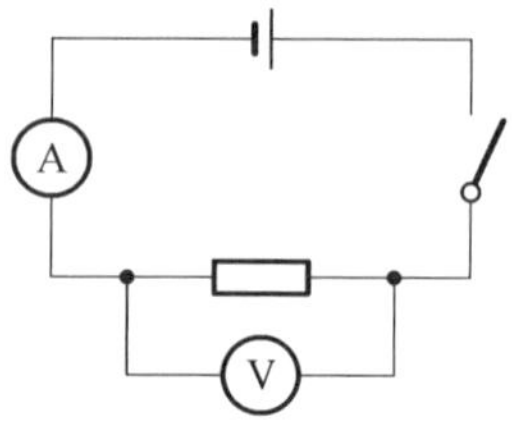

图 14－13

解： 这是用欧姆定律测量电阻的最基本的方法(也叫伏安法)。如果电压表、电流表本身都有一定的电阻，那么需要考虑两个电表的接法。如图所示的接法，叫作电流表外接。这种接法电压表测的是待测

电阻上的电压，而电流表测的是待测电阻和电压表的电流之和（比待测电阻上的电流大）。实验结果 $R_x=\frac{V}{I}$，因为 I 偏大，所以 R_x 偏小。B 选项正确。

如果把电流表接在待测电阻的边上，叫电流表内接。此时电流表读数准确，电压表读数偏大（测的是电阻和电流表的电压之和），所以 R_x 偏大。虽然电流表外接和电流表内接都是有误差的，但我们应该根据待测电阻的大小来确定采用哪一种接法。如果电阻的阻值比较大（比电流表的电阻大得多），应该用电流表内接。如果电阻的阻值比较小（比电压表的电阻小得多），应该用电流表外接。同学们想一想为什么。

例 2. 一个电阻 R 允许通过的最大电流是 I，为了把它串联到电流是 nI 的电路中去（$n>1$）。必须给它并联一个电阻 R_x，R_x 和 R 的阻值之比是多少？

解： 这种方法叫作并联分流。因为干路电流是 nI，电阻 R 只能通过 I，所以分流电阻 R_x 通过的电流是 $(n-1)I$。又因为两个电阻上电压相同，所以它们的电阻和电流成反比。即

$$\frac{R_x}{R}=\frac{I}{(n-1)I}=\frac{1}{n-1}.$$

例 3. 一个标有“12 伏，0.2 安”字样的小灯泡，为了使它在 24 伏电压的电路上正常工作，可以（　　）.

A. 设法再找一个同样的灯泡，并联起来使用

B. 串联一个 2.4 欧的电阻

C. 并联一个 60 欧的电阻

D. 串联一个 60 欧的电阻

解： 要把额定电压为 12 伏的小灯接在 24 伏的电源上使用，那么肯定是要找一个电阻帮它分掉 12 伏的电压。并联肯定是错误的，A、C 选项错误。两个电阻（小灯也是电阻）串联，要各分一半电压的条件是两个电阻阻值相同。小灯的电阻

$$R-\frac{U}{I}=\frac{12}{0.2}=60(\text{欧}).$$

D 选项正确。A 选项如果改成串联，那也是正确的。

例 4. 如图 14－14 所示的电路，当滑动变阻器 R_3 的滑片 P 向右滑动时，两电压表读数变化是（　　）.

A. V_1 增大，V_2 增大　　B. V_1 减小，V_2 减小

C. V_1 增大，V_2 减小　　D. V_1 减小，V_2 增大

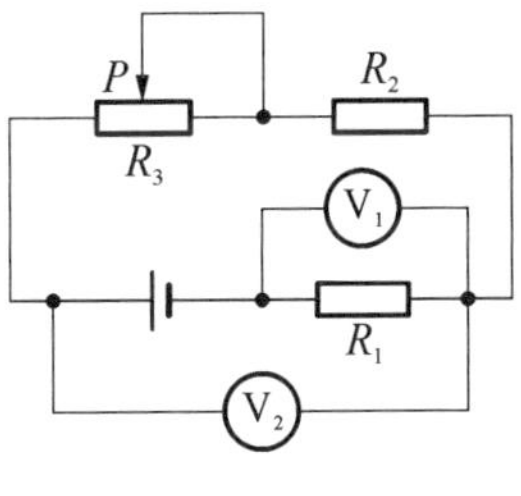

图 14－14

解： 图中电路是三个电阻串联，总电阻为三个电阻阻值之和。当滑动变阻器的滑片 P 向右滑动时，滑动变阻器的阻值变大，总电阻变大，总电流 I 变小。电压表 V_1 的读数 $U_1=I\cdot R_1$ 变小。

电压表 V_2 的读数 $U_2=I(R_2+R_3)$，因为式中 I 和 R_3 都在变化，所以无法确定 U_2 的变化。换一个思路 $U_2=U-I\cdot R_1$，式中的电源电压 U 是恒定的。因为电源电压是左边高右边低，而电路中的电流

是顺时针的，R_1 上的电压是右边高左边低，所以式中用的是减号。这样可以判断当 I 变小的时候，U_2 变大。D 选项正确。

例 5. 如图 14－15 所示，闭合电键 K，当滑动变阻器的滑片 P 在某两点之间来回滑动时，电流表的示数范围是 1.0～2.0 安，电压表的示数范围是 7.2～2.4 伏，则电源电压为多少？

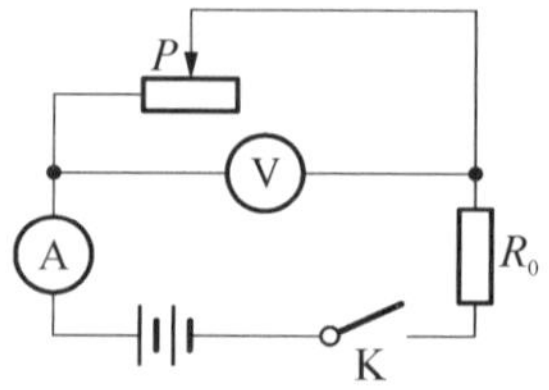

图 14－15

解： 电路是两个电阻串联，电压表测的是滑动变阻器上的电压，如果电源电压是 U，电压表的读数可以表达成

$$U_V = U - I \cdot R_0.$$

所以当滑片 P 在两个点中比较左边的点时，电阻较小，电流表读数较大，电压表读数较小，应该是(2.0 安，2.4 伏)。当滑片 P 在两个点中比较右边的点时，电阻较大，电流表读数较小，电压表读数较大，应该是(1.0 安，7.2 伏)。由此列出方程组：

$$\begin{cases} 2.4 = U - 2.0R_0, \\ 7.2 = U - 1.0R_0. \end{cases}$$

可解得 $U = 12$(伏).

例 6. 如图 14－16 所示的电路中，AB 为粗细均匀的、长为 L 的电阻丝，电源电压为 U_0。以电压表的读数 U 为纵坐标，滑动触片离 A 点的距离 x 为横坐标，则 U 随 x 变化的图线应为下图 14－17 中的 (　　).

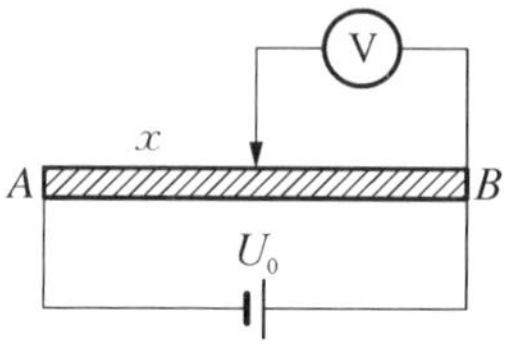

图 14－16

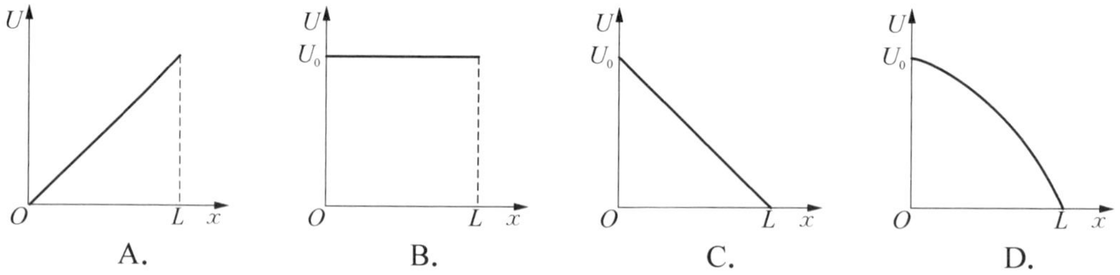

图 14－17

解： 因为电阻丝的总电阻不变，所以电路中电流 I 不变。电路的本质是左半段电阻丝和右半段电阻丝串联，电压表测量右半段电阻丝上的电压。电压表的读数

$$U = U_0 - I \cdot \rho \frac{x}{S}.$$

由此可见：① U 和 x 呈线性关系，② 图线的斜率 $-\dfrac{I \cdot \rho}{S}$ 是负的。所以 C 选项正确。

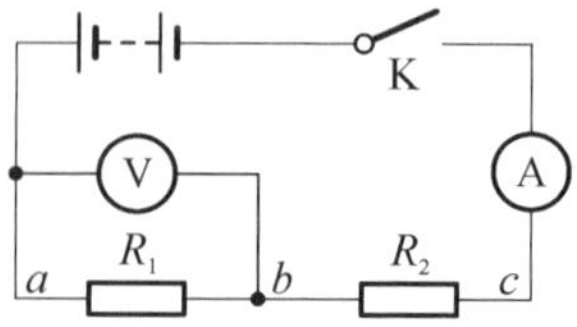

图 14－18

例 7. 如图 14－18 所示的电路中，$R_1 = 6$ 欧，电源电压为 9 伏，电压表的示数为 6 伏，电流表的示数为 1 安。如果再取一个定值电

阻 R 接入电路，要使电流表的示数变为 1.5 安，试问：

(1) R_2 的阻值为多大？

(2) R 的阻值应为多大，怎么样接入电路？

(3) R 接入电路后，电压表的读数为多少？

解：(1) R_1 和 R_2 串联电流相同：

$$I_1=I_2=\frac{U_1}{R_1}=\frac{6}{6}=1(\text{安}).$$

$$R_2=\frac{U_2}{I_2}=\frac{U-U_1}{I_2}=\frac{9-6}{1}=3(\text{欧}).$$

(2) 电源电压为 9 伏，所以只要总电阻为 6 欧，电流表的示数就会是 1.5 安。要达到这个目的有多种方案。

① 在 R_1 上(即 a、b 两点间)并联一个电阻：

$$R_{\text{并}}=R_{\text{总}}-R_2=6-3=3(\text{安}),$$

$$\frac{R\cdot R_1}{R+R_1}=3(\text{安}).$$

由以上两式可解得　　　　$R=6(\text{欧}).$

② 在 a、c 两点间并联一个电阻：

$$\frac{1}{R_{\text{总}}}=\frac{1}{R_1+R_2}+\frac{1}{R},$$

$$R=\frac{(R_1+R_2)R_{\text{总}}}{(R_1+R_2)-R_{\text{总}}}=\frac{9\times 6}{9-6}=18(\text{欧}).$$

(3) 第①种方案：　　$U_{V1}=\frac{U}{2}=\frac{9}{2}=4.5(\text{伏}).$

第②种方案，电压表示数不变，仍为 6 伏。

例 8. 如图 14－19 所示电路，已知 $R_1=R_3=2R_2=2R_4$，A_2 的示数为 0.5 安，A_3 的示数为 0.3 安，则 A_1 的示数为多少安？

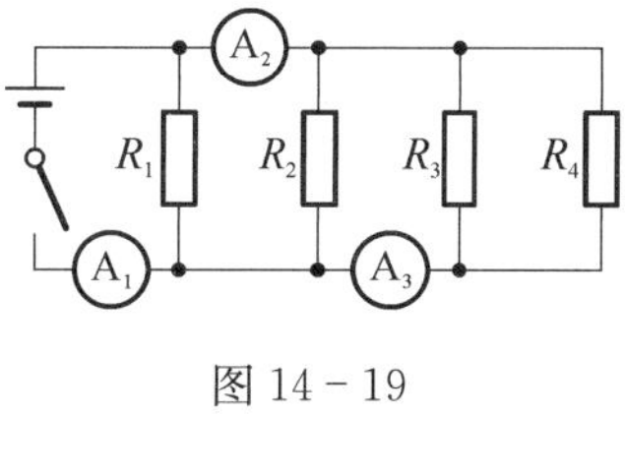

图 14－19

解：四个电阻并联，电压相同。因为 $R_1=R_3=2R_2=2R_4$，所以 $I_1=I_3=\frac{1}{2}I_2=\frac{1}{2}I_4$。$A_3$ 表测的是 R_3 和 R_4 的电流之和，A_2 表测的是 R_2、R_3 和 R_4 的电流之和，所以两个表的读数之差就是 R_2 上的电流，即

$$I_2=0.5-0.3=0.2(\text{安}),$$

$$I_1=\frac{1}{2}I_2=0.1(\text{安}).$$

A_1 表测的是四个电阻的电流之和，所以

$$I_{A1}=I_1+I_2+I_{A3}=0.1+0.2+0.3=0.6(\text{安}).$$

1. 如图 14－20 所示，变阻器的电阻丝 M、N 间的总电阻为 R，滑片 P 从 M 点向右移动到 N 点的过程中，a、b 两点间的电阻的变化情况是（　　）.

A. 电阻由 0 增大到 R

B. 电阻由 0 增大到 $R/2$

C. 电阻由 0 增大到 $R/2$，再减小到 0，最大值为 $R/2$

D. 电阻由 0 增大到 $R/4$，再减小到 0，最大值为 $R/4$

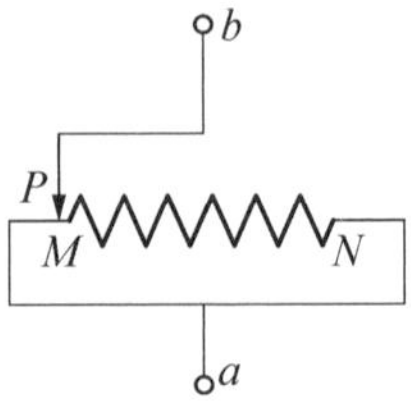

图 14－20

2. 如图 14－21 所示，每个电阻都是 300 欧，则 a、b 间的总电阻是多少？

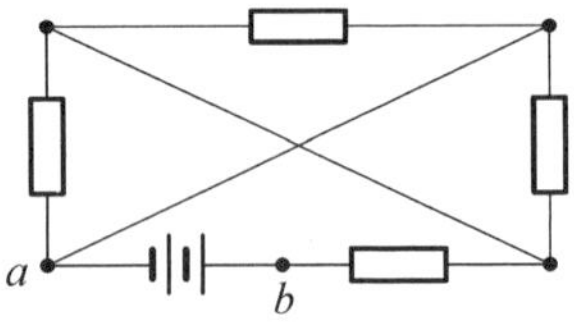

图 14－21

3. 长度为 1 米的双股电线，其左端分别为 A_1 和 A_2，右端分别为 B_1 和 B_2。该双股导线某处由于导线绝缘层老化剥落，发生漏电现象，可等效认为漏电处两导线之间连接了一个电阻 R_0。为寻找漏电处位置进行如下测量：(1) 断开 B_1、B_2，测得 $R_{A_1A_2}$ 为 0.7 欧，(2) 连接 B_1B_2，测得 $R_{A_1A_2}$ 为 0.3 欧，(3) 断开 A_1、A_2，测得 $R_{B_1B_2}$ 为 0.9 欧。漏电处距离 $A_1(A_2)$ 的距离为________米，漏电处的电阻 R_0 为________欧。

4. 图 14－22 中是用均匀电阻丝组成的正六边形，关于 a，b，c、d 任两点间电阻的大小，正确的说法是（　　）.

A. R_{ab} 最大　　　　B. R_{ad} 最小

C. $4R_{ab}=3R_{bc}$　　　　D. $8R_{ab}=5R_{ac}$

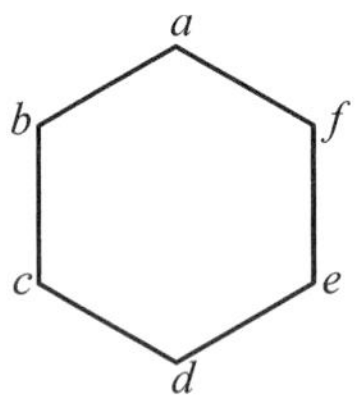

图 14－22

5. 将一个阻值为 $6R$ 的电阻丝围成一个如图 14－23 所示的等边三角形 ABC，D、E、F 分别为三条边的中点，它们与 A、B、C 处共有 6 个接线柱，其中 D、F 接线柱用导线短接，构成一电阻器。则利用该电阻器可获得不同的电阻值，其最大值和最小值分别是多少？（不包括零电阻）

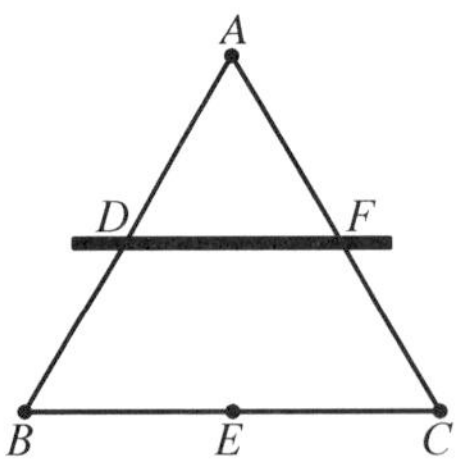

图 14－23

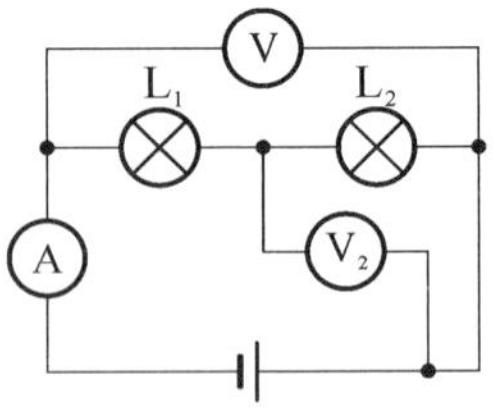

图 14－24

6. 图 14－24 中电源电压 10 伏保持不变，L_1 灯的电阻 100 欧，L_2 灯的电阻 400 欧，当 L_1 灯丝烧断后，各表读数（　　）.

A. 电流表读数为 0.025 安，V 读数为 0，V_2 读数为 10 伏

B. 电流表读数为 0，V_2 读数为 0，V 读数为 0

C. 电流表读数为 0.02 安，V_2 读数为 8 伏，V 读数为 0

D. 电流读数为 0，V_2 读数为 0，V 读数为 10 伏

7. 如图 14－25 所示的电路中，电源电压为 6 伏。当闭合电键后，电灯都不亮。现用电压表检查各段电路的电压，结果 $U_{ef}=U_{df}=U_{ea}=U_{eb}=U_{ec}=6$ 伏。下列判断中正确的是　　　　(　　).

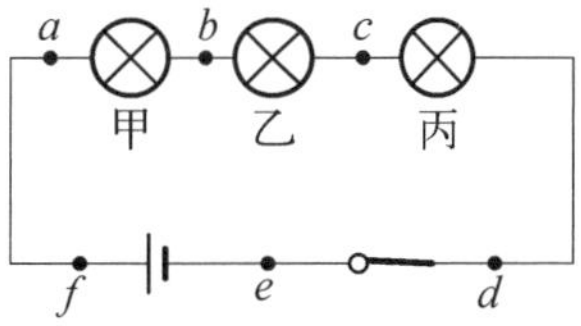

图 14－25

A. 电源可能发生了故障，而三个灯没有问题

B. 电源和丙灯没有问题，而甲、乙两灯发生开路

C. 电键接触不良而开路，而电灯可能都没有问题

D. 丙灯发生了开路

8. 如图 14－26 所示，已知 $R_1=R_2$，保持电压 U 不变，当电键 K 闭合后　　　　(　　).

A. 电流表、电压表的读数均不变

B. 电流表读数不变，电压表读数变为原来的 2 倍

C. 电压表读数不变，电流表读数变为原来的 2 倍

D. 电流表、电压表的读数均变为原来的 2 倍

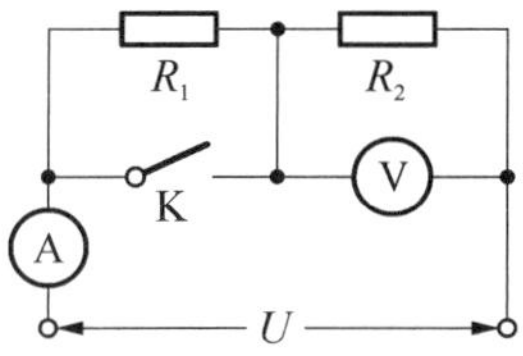

图 14－26

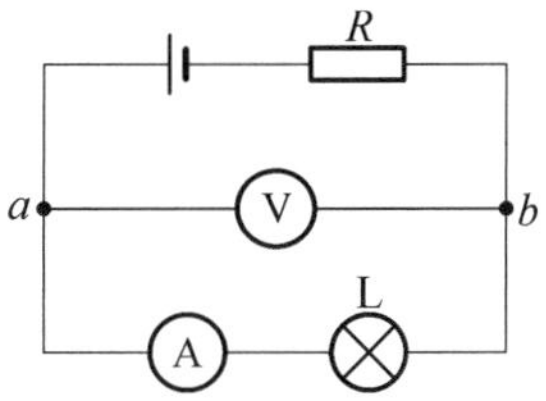

图 14－27

9. 如图 14－27 所示，如果在 a、b 两点之间再并联一个灯泡，则　　　　(　　).

A. 电流表示数增大，电压表示数减小　　B. 电流表示数减小，电压表示数增大

C. 电流表示数增大，电压表示数增大　　D. 电流表示数减小，电压表示数减小

10. 有两只电阻 R_1 和 R_2，当它们串联后接入某电源两端时，通过电阻 R_1 与 R_2 的电流是 2 安；当它们并联后接在同一电源上时，则干路中的电流至少是多少？

知识巩固　解题参考

1. a、b 之间的电阻，是由 MP 和 PN 两个电阻并联而成，而这两个电阻之和是一个定值。在这种情况下，当两个电阻的阻值相等的时候，它们的并联阻值最大，为整个电阻的 1/4。具体推导见第三部分的例题 2。D 选项正确。

2. 这个电路的联法是上面三个电阻并联，再和下面一个电阻串联，然后接在电源上。所以 a、b 之间的总电阻是 $\frac{300}{3}+300=400$ 欧。

3. 等效电路如图 14－28 所示，可列出下列三个方程：$2R_1+R_0=0.7$，$2R_1+\frac{2R_2R_0}{2R_2+R_0}=0.3$，$2R_2+R_0=0.9$。可

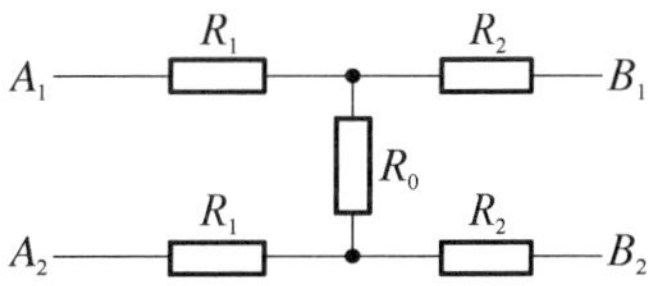

图 14－28

解得 $R_0=0.6$(欧),$R_1=0.05$(欧),$R_2=0.15$(欧).

漏电处离 A 端的距离 $l_1=\dfrac{R_1}{R_1+R_2}l=0.25$(米).

4. a,b,c,d 任两点间电阻都是两个电阻的并联,而两个电阻的阻值之和又是一个定值,所以当两个电阻的阻值相等(或者尽量接近)的时候,并联电阻越大;当两个电阻的阻值越悬殊的时候,并联电阻越小(具体推导见第三部分的例题 2)。设每一边的电阻是 r,那么 $R_{ad}=\dfrac{3}{2}r$,$R_{ac}=\dfrac{4r\cdot 2r}{4r+2r}=\dfrac{4}{3}r$,$R_{ab}=\dfrac{5r^2}{5r+r}=\dfrac{5}{6}r$。D 选项正确。

5. 等效电路如图 14－29 所示。根据第三部分的例题 2 的推导,不难判断最小的电阻 $R_{AD}=\dfrac{R}{2}$,最大的电阻 $R_{AE}=\dfrac{3}{2}R$。

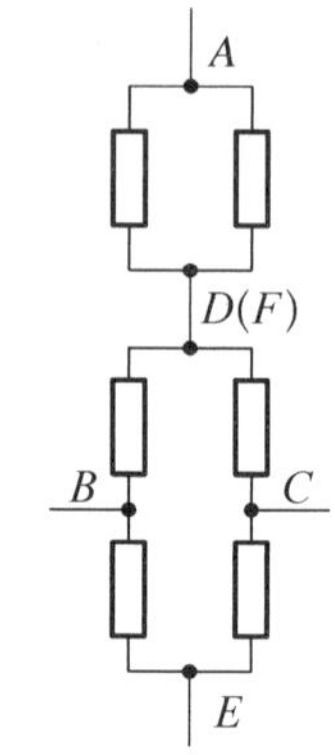

图 14－29

6. 这个电路是 L_1 和 L_2 两个灯串联之后接在电源上。L_1 灯丝烧断后,电路中没有电流了,因此电流表和电压表 V_2 的读书都是零。电压表 V_1 通过电流表接在电源上,读数为 10 伏。D 选项正确。

7. 这是一种检测电路故障的常用方法。因为 $U_{ef}=U_{df}=6$ 伏,说明电源、电键都没有问题。因为 $U_{ea}=U_{eb}=U_{ec}=6$ 伏,说明 af 导线、甲灯、乙灯都没有问题。那么就只有丙灯(或者丙灯两边的导线)开路了。D 选项正确。

8. 电键打开的时候,是两个电阻串联,电流表的示数是 $\dfrac{U}{2R}$,电压表的示数是 $\dfrac{U}{2}$。电键合上后,就只剩一个 R_2 了,电流表的示数是 $\dfrac{U}{R}$,电压表的示数是 U。D 选项正确。

9. 在 a、b 两点之间再并联一个灯泡,干路电流 I 增大,电阻 R 上的电压 U_R 增大,电压表的读数等于电源电压减去 U_R,变小。电流表读数等于电压表读数除以灯 L 的电阻,变小。D 选项正确。

10. 有两只电阻 R_1 和 R_2,当它们串联后接入某电源两端时,通过电阻 R_1 与 R_2 的电流是 2 安,说明 $R_1+R_2=\dfrac{U}{2}$ 安。把它们并联后接在同一电源上,最小的电流发生在它们的并联电阻最大,即 $R_1=R_2$ 的时候。此时的电流 $I_{\max}=\dfrac{U}{\frac{U}{8}}=8$ 安。

第十五讲

欧姆定律的应用

欧姆定律在生活、生产和科研中有极其广泛的应用。我们在初中阶段学习的尽管都是最基本的串联、并联电路，但实际应用中千变万化的复杂电路都是由这一些基本电路组合而成的。所以我们必须掌握好这些基本的电路。这一讲我们根据电路的构型和要求将电路分成若干种类型，给同学们分别做介绍。

一、混联电路的计算

所谓混联电路，就是电路中同时包含了串联和并联的接法。解决混联电路的基本方法是等效替代，就是将两个串联（或者并联）的电阻等效成一个电阻，然后再依次和其他的电阻并联（或者串联）。

例 1. 在图 15－1 示电路中，电源电压保持不变，此时电流表的示数为 I_1，现将电阻 R_1 与 R_2 对换后，发现电流表示数不变，如将 R_1 与 R_3 对换，发现电流表的示数为 I_2，且 $I_1:I_2=3:2$，则可判断 $R_1:R_2:R_3$ 为多少？

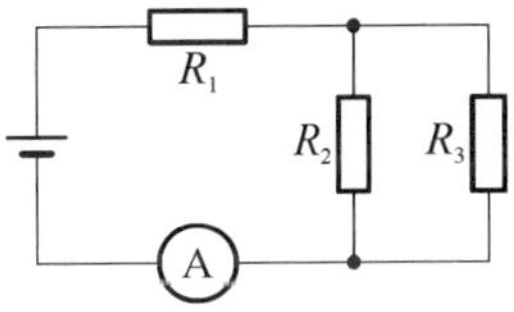

图 15－1

解： 这是一个最简单的混联电路，R_2 和 R_3 先并联，然后和 R_1 串联。将电阻 R_1 与 R_2 对换，要电流表示数不变，必须有 $R_1=R_2$。将 R_1 与 R_3 对换，电流表示数为 I_2，且 $I_1:I_2=3:2$。那么，应该有对换前后电路总电阻之比为 2∶3，即

$$R_3+\frac{R_1R_2}{R_1+R_2}=\frac{3}{2}\left(R_1+\frac{R_3R_2}{R_3+R_2}\right).$$

可解得 $$R_3=2R_1.$$

所以 $$R_1:R_2:R_3=1:1:2.$$

例 2. 图 15－2 中 A、B、C 分别为某三角形导体框架的三个顶点。将一电源接在 A、B 两端点时流过 AB 边的电流大小为 0.72 安，当把电源接在 B、C 两端点时流过 AB 边的电流大小为 0.4 安。那么，当把该电源接在 A、C 两端点时，流过 AC 边的电流大小为多少？

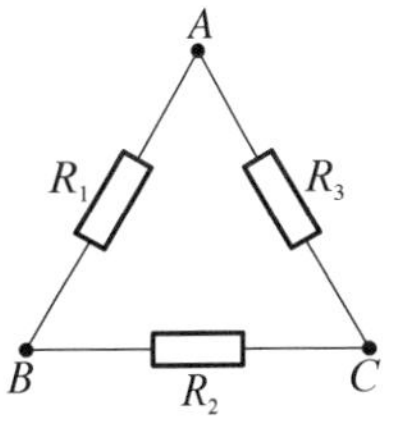

图 15－2

解: 不论将电源接在三角形的哪两个端点上，都是两个电阻串联然后和第三个电阻并联。

将电源接在 A、B 两端点上 $I_1=\frac{U}{R_1}=0.72$(安).

把电源接在 B、C 两端点上 $I_1=\frac{U}{R_1+R_3}=0.4$(安).

将以上两式相除，可得 $R_3:R_1=0.8$.

把电源接在 A、C 两端点上时，流过 R_3 的电流

$$I_3=\frac{U}{R_3}=\frac{U}{0.8R_1}=\frac{0.72}{0.8}=0.9(\text{安}).$$

例 3. 图 15－3 所示为某均匀电阻薄板，现测得接线柱 A、B 两点间的电阻为 R，如果将该电阻板均匀分成 9 块，(a、b、c、d 都是没有电阻的导体条)，再挖去其中一小块，则此时 A、B 间的电阻变为多少？

解: 将该电阻板均匀分成 9 小块，设每一小块两条对边之间的电阻为 r，那么 A、B 之间的等效电阻可以看成是三串 3 个 r 串联，然后并联。挖去任何一个小块，那么 A、B 之间的等效电阻可以看成是两串 3 个 r 串联，一串 2 个 r 串联，然后 3 串并联。没有挖去小电阻板的时候 $R_{AB}=R$，可知 $r=R$。挖去任何一个小块电阻板之后，设 A、B 之间的等效电阻为 R'_{AB}，那么有

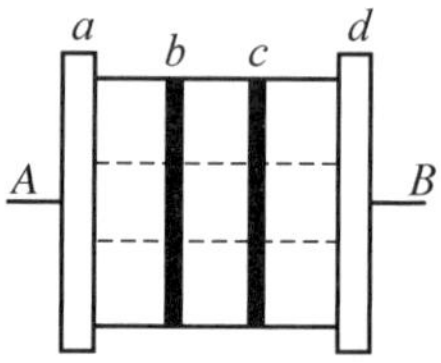

图 15－3

$$\frac{1}{R'_{AB}}=\frac{1}{3R}+\frac{1}{3R}+\frac{1}{2R}.$$

可得 $$R'_{AB}=\frac{7}{6}R.$$

这里必须要说明的是，没有挖去一小块电阻板之前测量 A、B 之间的电阻时，两边必须有两条没有电阻的导体条。挖掉一小块电阻板之后，中间必须加上两条没有电阻的导体条(图 15－3 中加粗的线条)。否则以上计算不能成立。同学们想想看为什么。

例 4. 如图 15－4 所示，滑动变阻器 R 的总电阻为 60 欧，定值电阻 $R_0=60$ 欧，电源电压 18 伏。断开电键 K，电压表的示数为 9 伏，然后闭合电键 K，则通过 R_0 的电流为多少？

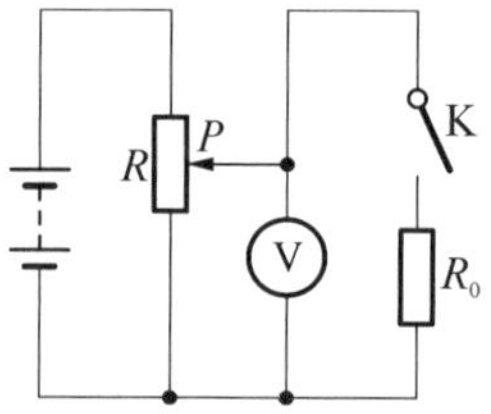

图 15－4

解: 这个电路是滑动变阻器一种很重要的应用，叫作分压电路。闭合电键 K，就是 R_0 和滑动变阻器 R 的下半段并联，然后和滑动变阻器 R 的上半段串联后接在电源上。

电源电压为 18 伏。断开电键 K 后电压表的示数为 9 伏，说明 P 在滑动变阻器的中点。合上电键后总电阻

$$R_{总}=\frac{\frac{R}{2}\cdot R_0}{\frac{R}{2}+R_0}+\frac{R}{2}=50(\text{欧}).$$

总电流　　$I=\frac{U}{R_{总}}=\frac{9}{25}$(安).

通过 R_0 的电流　　$I_0=I\cdot\frac{\frac{R}{2}}{\frac{R}{2}+R_0}=0.12$(安).

例 5. 如图 15－5 所示的电路中，R_1 的电阻值为 R，R_2、R_3、R_4的电阻值都相等，电流表的电阻忽略不计，电路两端的电压 U 恒定不变。当电键 K_1、K_2同时合上或同时打开时，发现电流表的示数不变，那么未知电阻 R_x的阻值为多少?

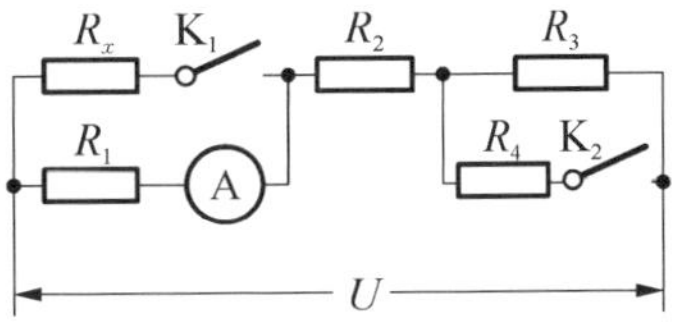

图 15－5

解: 设 $R_2=R_3=R_4=r$，电流表读数是 I。当 K_1、K_2同时合上时

$$U=IR+\left(I+\frac{IR}{R_x}\right)\left(r+\frac{r}{2}\right)=I\cdot\left[R+\left(1+\frac{R}{R_x}\right)\frac{3}{2}r\right].$$

当 K_1、K_2同时打开时

$$U=I(R+2r).$$

由以上两式可解得　　$R_x=3R$.

例 6. 在图 15－6 所示电路中，已知 $R_0=17.6$ 欧，将 K 接通 a 时，电阻 R_1 上的电压为 1 伏，流过电阻 R_2 的电流为 0.2 安，将 K 接通 b 时，电阻 R_1 上的电压为 1.2 伏，流过电阻 R_2的电流为 0.15 安，则电阻 R_x 的阻值为________欧，电阻 R_1 的阻值为________欧。

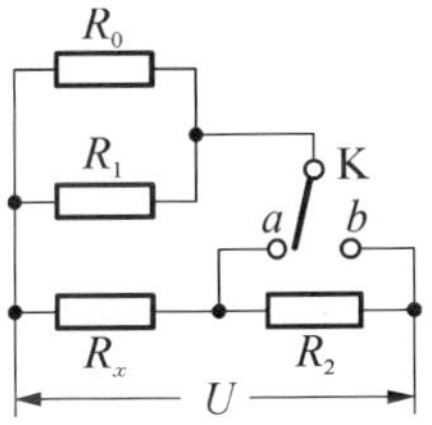

图 15－6

解: 这个电路中的电阻比较多，但是串、并联关系还是很清楚的。K 接通 a 时，是 R_0、R_1 和 R_x 并联，然后和 R_2 串联。K 接通 b 时，是 R_x 和 R_2 串联，然后和 R_0、R_1 并联。

(1) K 接通 b 时　　$U=U'_1=1.2$(伏).

K 接通 a 时　　$U_2=U-U''_1=1.2-1=0.2$(伏)，

可得　　$R_2=\frac{U_2}{I_2}=\frac{0.2}{0.2}=1$(欧).

K 接通 b 时　　$R_x=\frac{U}{I_2}-R_2=\frac{1.2}{0.15}-1=7$(欧)，

(2) K 接通 a 时　　$I_0=\frac{U''_1}{R_0}=\frac{1}{17.6}$(安)，　$I_x=\frac{U''_1}{R_x}=\frac{1}{7}$(安).

$$I_1=I_2-I_0-I_x=0.2-\frac{1}{17.6}-\frac{1}{7}=\frac{1}{3\,080}(安).$$

$$R_1=\frac{U_1''}{I_1}=\frac{1}{\frac{1}{3\,080}}=3\,080(\text{欧}).$$

例 7. 某汽车电动机和车灯的电路如图 15－7 所示，只闭合电键 S_1 时，电流表示数为 10 安，再闭合电键 S_2 时，电流表示数为 58 安。若电源电压为 12.5 伏，定值电阻 R 的阻值为 0.05 欧，电流表内阻不计，车灯电阻不变，则因电动机工作导致车灯的工作电压降低了多少？

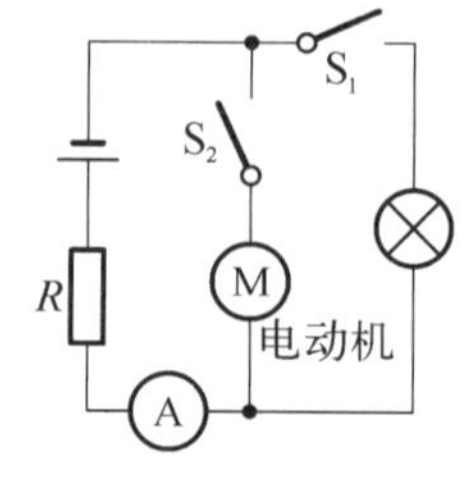

图 15－7

解： 电路很清楚，先是电动机和灯泡并联，然后和 R 串联后接在电源上。设电源电压为 U_0，只闭合 S_1 时，灯上的电压

$$U_{L1}=U_0-U_R=U_0-I_1R=12.5-0.05\times10=12(\text{伏}).$$

再闭合 S_2 后，灯上的电压

$$U_{L2}=U_0-U_R'=U_0-I_2R=12.5-0.05\times58=9.6(\text{伏}).$$

灯上的电压减小了

$$\Delta U=U_{L1}-U_{L2}=12-9.6=2.4(\text{伏}).$$

例 8. 如图 15－8 所示电路中，$R_1=R_2=4$ 欧，$R_3=3$ 欧，$R_4=6$ 欧，电流表的电阻不计，当 K 接通时，电流表的示数为多少？（A、B 两端电压为 12 伏）

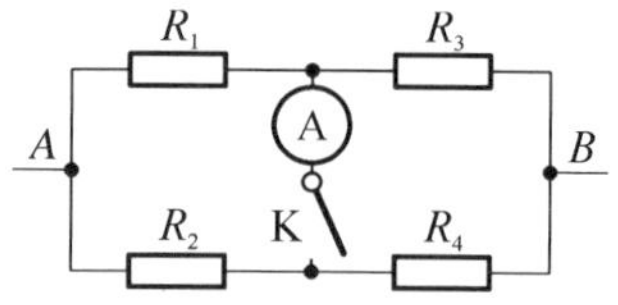

图 15－8

解： 因为电流表的电阻不计，所以这个电路是 R_1 和 R_2 并联，R_3 和 R_4 并联，然后两部分串联。不难计算出总的电阻

$$R=\frac{R_1R_2}{R_1+R_2}+\frac{R_3R_4}{R_3+R_4}=2+2=4(\text{欧}).$$

总电流 $$I=\frac{U_{AB}}{R}=\frac{12}{4}=3(\text{安}).$$

通过 R_1 的电流 $$I_1=\frac{I}{2}=1.5(\text{安}).$$

通过 R_3 的电流 $$I_3=\frac{R_4}{R_3+R_4}I=\frac{2}{3}\times3=2(\text{安}).$$

电流表的示数为 $$I_A=|I_1-I_3|=|1.5-2|=0.5(\text{安}).$$

如果 A 为正 B 为负的话，通过电流表的电流方向向上。

二、电路中电流的变化

当电路中的某一个元件（例如电阻）发生变化时，电路中的电流一般会发生变化。判断整个电路或者某一条支路中的电流怎么变化，是我们求解电路问题的一项基本功。

前面在介绍电阻定律的时候，我们讲到过材料的电阻率 ρ 和温度有关，大多数材料的电阻率都是随着温度的升高而变大。本讲的题目中，电阻中的电流发生变化的时候，电阻的温度难免会或多或少地发生变化，为了不使题目的难度过高，我们默认电阻值是固定不变的。(实际上如果温度发生比较大的变化，电阻的变化还是很明显的。例如室温下的灯泡和正常工作时的灯泡，电阻会差几十倍)

例 1. 如图 15－9 所示，电源电压不变，滑动触片 P 向右移动时，两电流表的读数都要发生变化。当 P 移动到某一位置时，电流表 A_1 的读数增加了 0.5 安，则关于电流表 A 的变化的判断正确的是　　(　　).

A. 读数增加，增加的数值大于 0.5 安

B. 读数增加，增加的数值等于 0.5 安

C. 读数增加，增加的数值小于 0.5 安

D. 读数减小，减小的数值小于 0.5 安

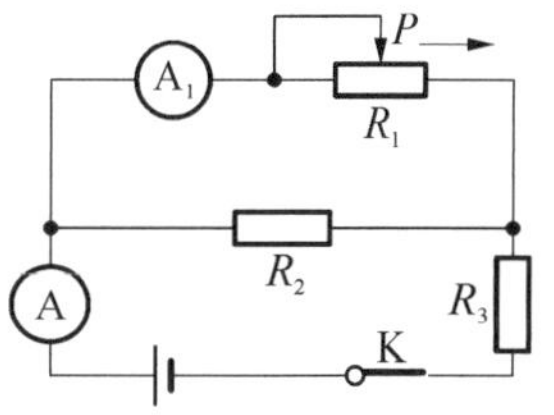

图 15－9

解： 电路是 R_1 和 R_2 并联，然后和 R_3 串联。当 R_1 的滑动触头向右移动时，R_1 的阻值变小，电路的总电阻变小，电流表 A 的读数变大。因为 R_3 的电压变大，所以 R_2 上的电压 $U_2 = U - U_3$ 变小(式中 U 是电源电压，不会变)，电流也变小。电流表 A_1 的读数增加了 0.5 安，R_2 的电流变小，因此电流表 A 的读数增加，但增加的数值小于 0.5 安。C 选项正确。

例 2. 如图 15－10 所示电路中，电源电压保持不变，当滑动变阻器的滑键 P 自 a 向 b 移动过程中，图中各电表示数变化的情况是　　(　　).

A. A、A_1、A_2 变大，V 变小

B. A、A_1、V 变大，A_2 变小

C. A、A_2、V 变小，A_1 变大

D. A、A_1、V 变小，A_2 变大

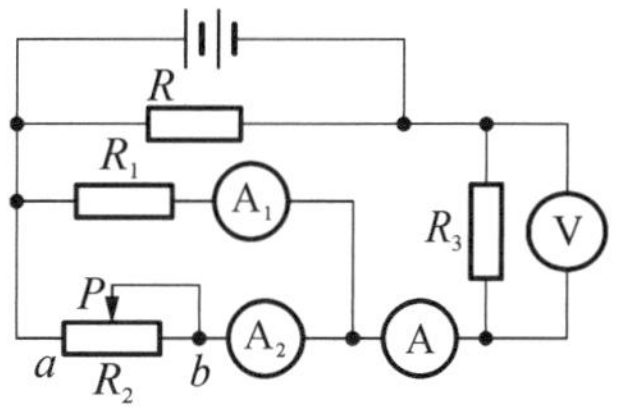

图 15－10

解： 这个电路中虽然电阻和电表比较多，但连接方式还是比较清楚的，R_1 和 R_2 并联，然后和 R_3 串联，最后和 R 并联后接在电源上。当滑动变阻器的滑键 P 自 a 向 b 移动时，R_2 的阻值变大，流过 R_3 的电流变小，所以 V 和 A 示数都变小。因为 V 示数变小，所以 R_1、R_2 上的电压 U_{12}(等于电源电压减去 V 示数)变大，因此 A_1 示数变大。因为 $I_2 = I - I_1$，所以 A_2 示数变小。C 选项正确。

例 3. 在如图 15－11 所示的电路中，电源电压保持不变，R_0、R_1 和 R_3 均为定值电阻，R_2 为滑动变阻器。闭合电键 S，三个电表 A_1、A_2 和 V 的示数分别为 I_1、I_2 和 U。如果将 R_2 的滑片向 b 端移动，则三个电表示数的变化情况是　　(　　).

A. A_1 增大，A_2 不变，V 增大

B. A_1 减小，A_2 增大，V 减小

C. A_1 增大，A_2 减小，V 增大

D. A_1 减小，A_2 不变，V 减小

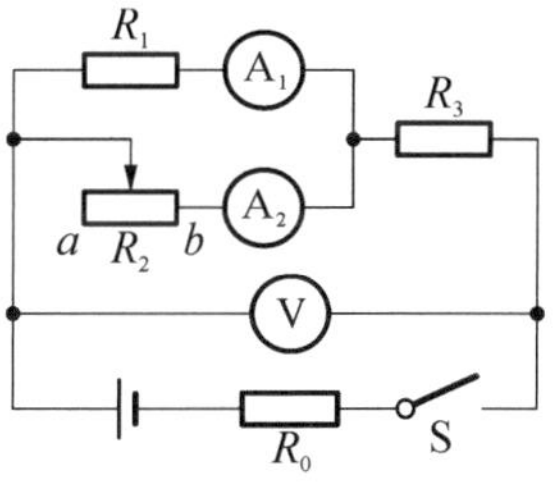

图 15－11

解： 当 R_2 的滑片向 b 端移动时，R_2 的阻值变小，所以总电阻变小，总电流 I 变大。因为电压表的读数 U 等于电源电压减去 R_0 上

的电压 $I \cdot R_0$，所以 U 变小。R_1、R_2 上的电压等于 U 减去 $I \cdot R_3$，也是变小的，所以 R_1 上的电流 I_1 变小。R_2 上的电流 $I_2=I-I_1$，所以 I_2 变大。B 选项正确。

例 4. 如图 15-12 所示是一个分压电路。$R_1=160$ 欧，允许通过的最大电流是 0.15 安，电源电压是 14 伏，电压表的量程为 15 伏，滑动变阻器上标有“120 欧 0.15 安”的字样。当滑片 P 自 A 向 B 移动的过程中，问：(1) 各元件是否安全？(2) 在不损坏电路元件的前提下，电压表示数的变化范围是多少？

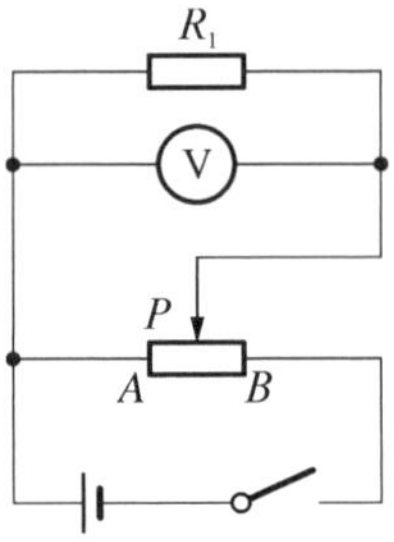

图 15-12

解：(1) 所谓“安全”就是通过 R_1、R_{AP}、R_{PB} 的电流都不能大于它们允许通过的最大电流，电压表的读数不能大于它的量程。先看 R_1，电源电压是 14 伏，R_1 的阻值是 160 欧，最大电流是

$$I_{1\max}=\frac{14}{160}\text{A}=0.087\,5(\text{安})<0.15(\text{安}).$$

所以 R_1 是安全的。电压表的量程是 15 伏，大于电源电压，所以电压表也肯定是安全的。因为 R_{AP} 上的电流小于 R_{PB} 上的电流，所以需要重点考虑 R_{PB}。滑片 P 放在靠近 B 端时，PB 段的电流

$$I''_{PB}=\frac{14}{\dfrac{120\times 160}{120+160}}(\text{安})=0.2(\text{安})>0.15(\text{安}).$$

所以 R_{PB} 不安全。

(2) 设 P 滑到某一位置时，流过 R_{PB} 的电流恰好为 0.15 安，此时电压表读数为 U。那么，可列出方程

$$I_m=\frac{U}{R_1}+\frac{U}{R_{AP}},$$

$$0.15=\frac{U}{160}+\frac{U}{120-\dfrac{14-U}{0.15}},$$

$$U^2+4U-96=0.$$

可解得 $$U=8(\text{伏}).$$

所以在不损坏电路元件的前提下，电压表示数的变化范围是 0～8 伏。

例 5. 如图 15-13 所示的电路图中，定值电阻 R_1 为 3 欧，滑动变阻器 R_2 的最大阻值为 12 欧，电源电压恒定为 6 伏，电流表的电阻不计。求当滑片 P 移动时，电流表示数的变化范围。

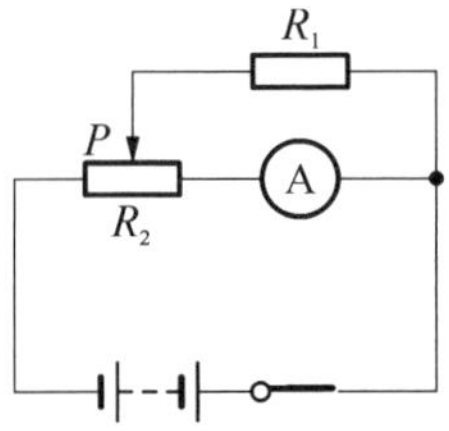

图 15-13

解：设 P 右边部分的电阻为 r，电路总电阻

$$R=(R_2-r)+\frac{R_1 r}{R_1+r}=\left(12-r+\frac{3r}{3+r}\right).$$

电路总电流
$$I=\frac{U}{R}=\frac{6}{12-r+\frac{3r}{3+r}}.$$

电流表读数
$$I_A=\frac{R_1}{R_1+r}I=\frac{18}{36+12r-r^2}=\frac{18}{72-(r-6)^2}.$$

由上式可看出，当 $r=6$ 欧时，电流表有最小读数 $I_{Amin}=0.25$ 安；当 $r=0$ 或 12 欧时，电流表有最大读数 $I_{Amax}=0.5$ 安。

例 6. 如图 15－14 所示的电路中，当滑动变阻器 R 的滑片 P 从 B 向 A 滑动的过程中，电压表 V_1、V_2 示数的变化量的大小分别为 ΔU_1、ΔU_2，则　（　　）.

A. $\Delta U_1<\Delta U_2$　　B. $\Delta U_1>\Delta U_2$

C. $\Delta U_1=\Delta U_2$　　D. 因为无具体数据，故无法比较

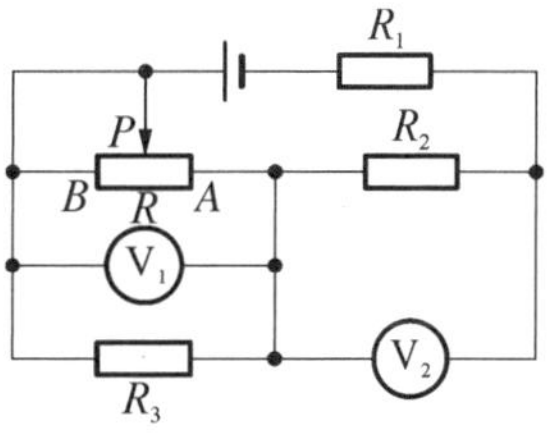

图 15－14

解： 这个电路是 R 的右半段和 R_3 并联，然后和 R_2、R_1 串联接在电源上。当滑动变阻器 R 的滑片 P 从 B 向 A 滑动时，电路总电阻变小，总电流变大，所以 R_2、R_1 上的电压都变大。V_1 表的示数等于电源电压减去 R_2、R_1 上的电压，电源电压不会变，因此 V_1 表的示数变小。V_1 表变小的示数值等于 R_2、R_1 上电压的增大值，所以 $\Delta U_1>\Delta U_2$。B 选项正确。

例 7. 如图 15－15 所示电路中，电源电压保持不变。R_1、R_2 均为定值电阻。当滑动变阻器 R 的滑动触头 P 由左向右移动时　（　　）.

A. 电流表 A_1 的示数始终在增大，A_2 示数先减小后增大

B. 电流表 A_2 的示数始终在增大，A_1 示数先减小后增大

C. 电流表 A_1 示数先增大后减小，A_2 示数先减小后增大

D. 电流表 A_2 示数先增大后减小，A_1 示数先减小后增大

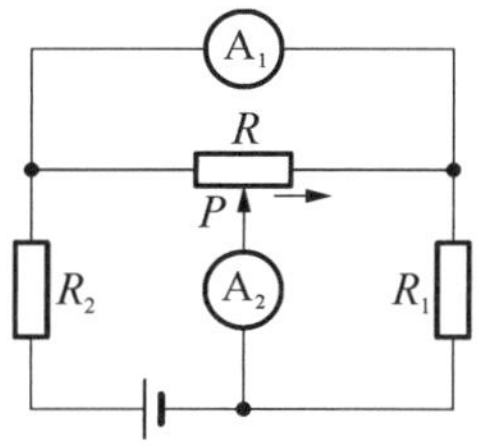

图 15－15

解： 这道题目有一定的难度。首先要看清楚这个电路的联法，是 R 的左、右半段和 R_1 并联，然后和 R_2 串联接在电源上，如图 15－16 所示。A_1 测的是 R_1 和 $R_右$ 中的电流之和，A_2 测的是 $R_左$ 和 $R_右$ 中的电流之和。当 $R_左=R_右$ 时，它们的并联电阻值极大，即上边三个电阻的 $R_并$ 先变大后变小，上边三个电阻的 $U_并$ 先变大后变小。下面分两个阶段讨论。设电路总电阻为 R，总电流为 I。

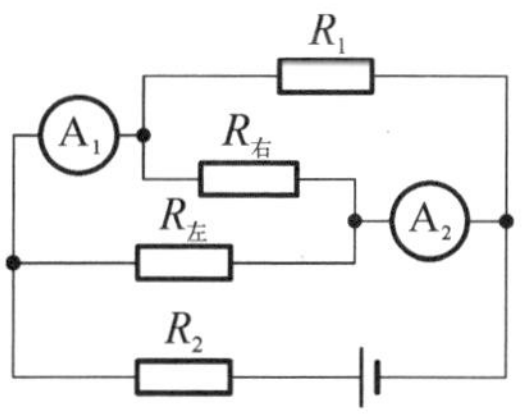

图 15－16

（1）P 到达中点前，R 变大，I 变小。$R_并$ 变大，$U_并$ 变大，I_1、$I_右$ 变大，所以 A_1 示数变大。因为 I 变小，所以 $I_2=I-I_1$ 变小。

（2）P 到达中点后，R 变小，I 变大，$U_并$ 变小。因为 $I_左$ 变小，所以 $I_1=I-I_左$ 变大。因为 I_1 变小，所以 $I_2=I-I_1$ 变大。

A 选项正确。

三、隐形电路的改画

有一类电路不容易看清楚它的连接关系（例如图 15－15 所示即为此种类型），我们姑且称

之为“隐形电路”。碰到这一类题目，首先要把电路改画成串、并联比较清楚的形式如图 15 - 16 所示。改画的方法一般是：① 先找到两个电阻是并联的或者是串联的(如图 15 - 16 中的 $R_{左}$ 和 $R_{右}$)；② 把这两个电阻等效成一个电阻，再找哪一个电阻和它串联或者并联(如图 15 - 16 中的 R_1)；③ 如此重复，直到把所有电阻都连上去。

如果隐形电路中有理想的电压表或者电流表，那么可以先把电压表全部删去(因为理想电压表的电阻是无穷大的)，把电流表全部接通(因为理想电流表的电阻是零)。这样可以看得比较清楚。将电路改画成串、并联比较清楚的形式后，再把电流表和电压表接进去。

例 1. 阻值都是 R 的五个电阻连接如图 15 - 17 所示，则 A、B 之间的等效电阻值为多少？

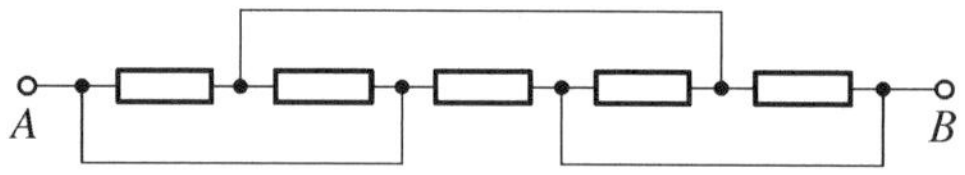

图 15 - 17

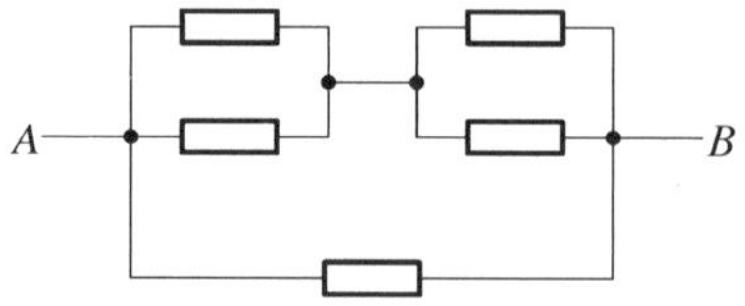

图 15 - 18

解： 这个电路左边两个电阻是并联，右边两个电阻也是并联，然后串联起来，再和中间一个电阻并联，如图 15 - 18 所示。

只要能够画出这个显性电路，便很容易计算出总电阻是 $\frac{R}{2}$。

例 2. 如图 15 - 19 所示，当 K 闭合后，电压表 V_1 的示数为 4 伏，电压表 V_2 的示数为 6 伏，电流表 A 的示数为 1 安，将 R_2 和 R_3 对换位置后，V_1、V_2 和 A 的示数均不变。求：(1) 电源电压，(2) R_2 两端的电压。

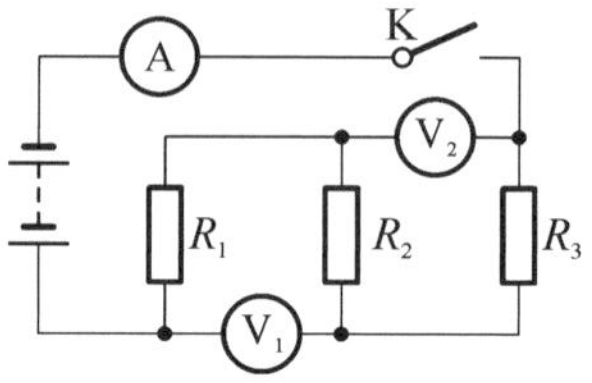

图 15 - 19

解： 这个电路看似三个电阻并联，实际上将两个电压表拿开，就很容易看出三个电阻是串联。V_1 测的是 R_1 和 R_2 的电压之和，V_2 测的是 R_2 和 R_3 的电压之和。

(1) 由题给数据可得

$$R_1 + R_2 = \frac{U_2}{I} = \frac{4}{1} = 4(\text{欧}),\quad R_2 + R_3 = \frac{U_1}{I} = \frac{6}{1} = 6(\text{欧}).$$

将 R_2 和 R_3 对换位置，V_1、V_2 和 A 的示数均不变，说明 $R_2 = R_3$。

由以上三个方程可得　$R_1 = 1$ 欧，$R_2 = R_3 = 3$(欧).

电源电压　$U = I(R_1 + R_2 + R_3) = 7$(伏).

(2) R_2 两端电压　$U_2 = I \cdot R_2 = 3$(伏).

例 3. AB、BC、AC、AD、BD、CD 六根阻值均为 R 的电阻线连接如图 15 - 20 所示，则 B、C 之间的等效电阻为多少？

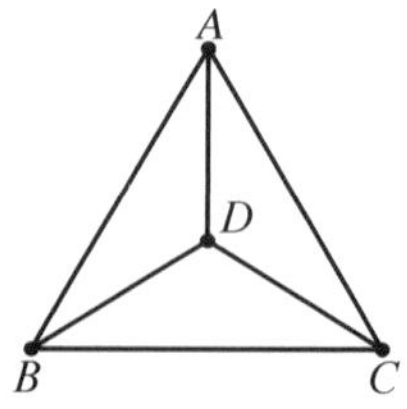

图 15 - 20

解： 这个电路中找不到任意两个电阻是并联或者串联的。我们可以把电路改画成如图 15－21 所示的样子。上面五个电阻我们称之为“电桥”，R_1、R_2、R_3、R_4 四个电阻称为桥臂，R_5 就是桥。如果四个桥臂的电阻值不是成一定的比例关系，电桥电路我们在中学阶段是不会解的。当四个桥臂满足

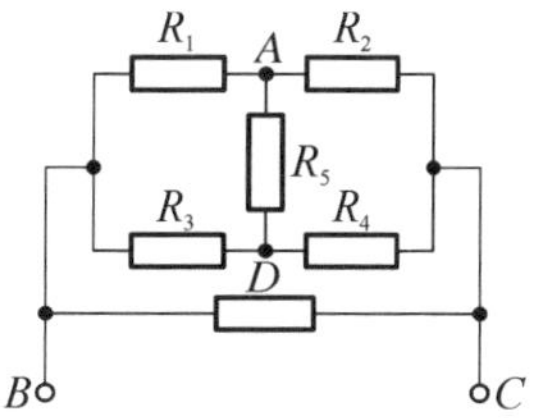

图 15－21

$$R_1 : R_2 = R_3 : R_4$$

的关系时，不难证明桥 R_5 上是没有电流的。我们把满足这种关系的电桥叫作平衡的电桥，平衡的电桥我们可以将桥 R_5 删去。此时的电路可以看作先是 R_1、R_2 串联，R_3、R_4 串联，然后再并联。

本题的电路显然是一个平衡的电桥，不难计算 B、C 之间的等效电阻为 $\frac{R}{2}$。

例 4. 如图 15－22 所示，已知 $R_2=R_4$，$R_5=5$ 欧，电流表 A_1、A_2示数分别为 3 安和 7 安。若 A、B 间的电压一定，则 R_5 两端的电压为多少？

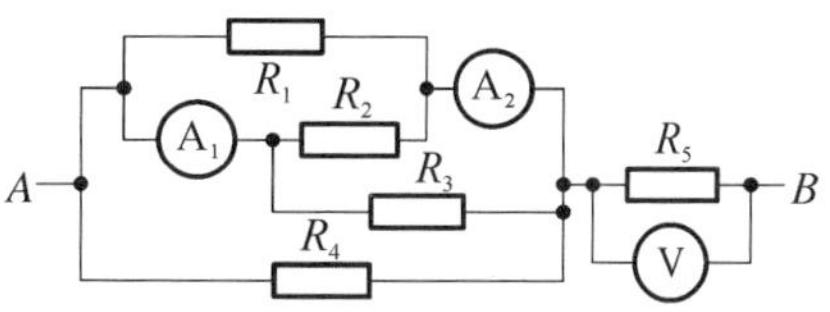

图 15－22

解： 这个电路将电流表都接通，电压表删去，可以看出是 R_1、R_2、R_3、R_4 四个电阻并联，然后和 R_5 串联。电流表 A_1 测的是 R_2 和 R_3 的电流之和，A_2 测的是 R_1 和 R_2 的电流之和，电压表 V 测的是 R_5 上的电压。

因为 $R_2=R_4$，$U_2=U_4$，所以 $I_2=I_4$。

$$I_1+I_2=I_1+2I_2+I_3=I_1+I_2+I_3+I_4=I_5=3+7=10(\text{安}).$$

所以 $$U_5=I_5R_5=10\times5=50(\text{伏}).$$

例 5. 如图 15－23 所示的电路，a、b、c 分别表示电流表或电压表，电表都是理想的，则下列各组电表示数中可能实现的是（　　）.

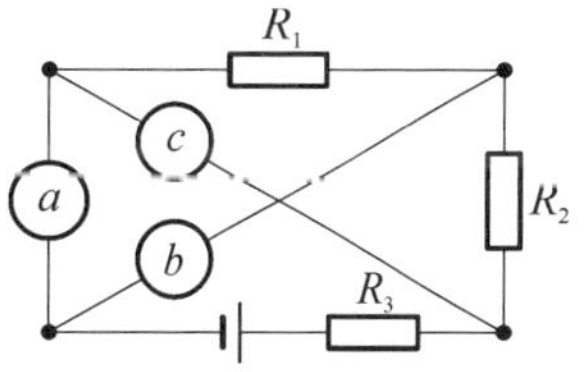

图 15－23

A. a 示数为 1 安，b 示数为 2 伏，c 示数为 0.5 安

B. a 示数为 2 伏，b 示数为 1 安，c 示数为 0.5 安

C. a 示数为 0.5 安，b 示数为 1 安，c 示数为 2 伏

D. a 示数为 2 伏，b 示数为 0.5 安，c 示数为 1 安

解：（1）画出显性电路，如图 15－24 所示。

（2）如果 b 是电压表，a 和 c 是电流表，那么 a 和 c 的读数应该相等。A 选项错误。

（3）如果 a 是电压表，b 和 c 是电流表，而且 b 的示数大于 c 的示数，这是可以的。B 选项正确。

（4）如果 c 是电压表，a 是电流表，那么 a 表读数肯定为零。C 选项错误。

（5）如果 a 是电压表，b 和 c 是电流表，那么 b 的示数应该大于 c 的示数。D 选项错误。

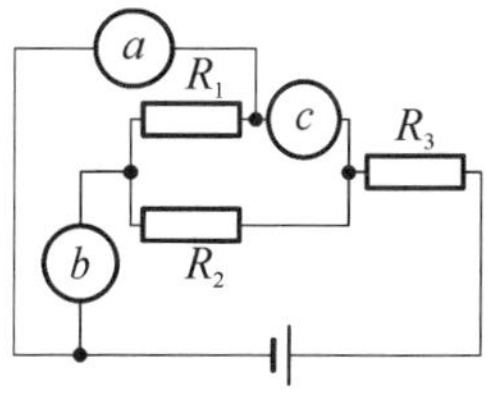

图 15－24

例 6. 在如图 15－25 所示的电路中，电源电压不变，电流表、电压表都是理想电表，当滑动变阻器 R' 的滑片 P 从 a 端移到 b 端时，电压表和电流表的示数如何变化？

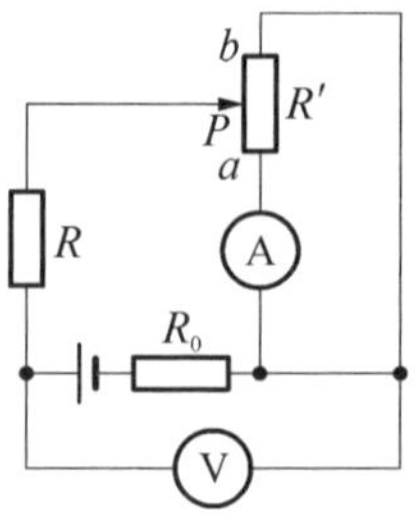

图 15－25

解： 先将电路改画成显性电路，如图 15－26 所示。R' 的上、下两部分并联，然后和 R、R_0 串联。因为 R' 的上、下两部分阻值之和是一个定值，所以当上、下两部分阻值相等的时候，它们的并联阻值最大。在滑动变阻器 R' 的滑片 P 从 a 端移到 b 端的过程中，电路总电阻 $R_{总}$ 是先变大再变小，电路总电流 I 是先变小再变大。设电源电压是 U_0，那么电压表的读数

$$U = U_0 - I \cdot R_0.$$

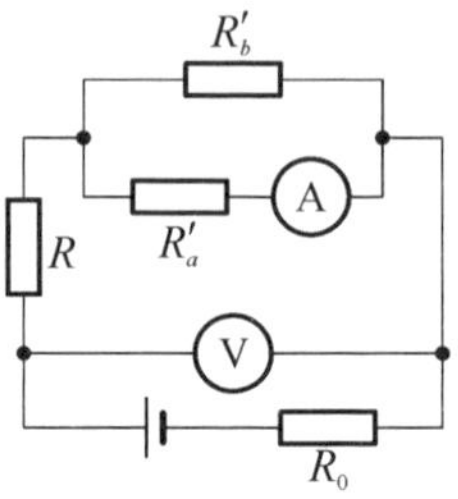

图 15－26

所以电压表的读数先增大后减小。

在滑动变阻器 R' 的滑片 P 从 a 端移到变阻器中点的过程中，总电流 I 变小。并联部分的电压

$$U_{并} = U_0 - I \cdot R_0 - I \cdot R.$$

逐渐变大。又因为 R'_b 变小，所以通过 R'_b 的电流 I_b 肯定变大。电流表的读数 $I_a = I - I_b$ 变大。在滑动变阻器 R' 的滑片 P 从变阻器中点移到 b 端的过程中，总电流 I 变大，并联部分的电压变小。R'_a 的阻值变大，所以电流表的示数变小。

最后的结论是：电压表的示数先增大后减小，电流表的示数一直变小。

四、用图线表示物理量变化规律的问题

表示两个物理量 x 和 y 的变化关系的基本方法大致有三种：

第一种是表格法，就是列出 x 和 y 的横列表格，同一竖列可以看出 x 和 y 的对应关系。表格法的优点是简单易行，缺点是 x 和 y 的变化规律不是很一目了然。

第二种是图线法，就是画出 $y \sim x$ 图。图线法的优点是 x 和 y 的变化规律一目了然，缺点是利用 x 和 y 的关系进行计算比较困难（尤其是图线是曲线的时候）。

第三种是函数法，就是将 y 表示成 x 的函数。函数法的最大优点是用来计算严谨准确，但当 x 和 y 的关系比较复杂的时候，要得到函数关系的表达式是比较困难的。

本讲我们专门介绍一些用图线给出已知条件的题目，初中阶段的图线也大多是直线。

例 1. 如图 15－27 所示电路，改变滑动变阻器 R_1 的滑片位置，两电压表示数随电流表示数的变化图线如图 15－28 所示。则下列判断中正确的是（　　）.

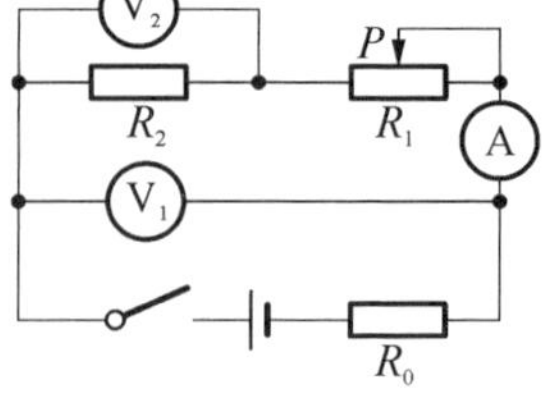

图 15－27

A. 电压表 V_1 示数变化图线为 a，且电阻 R_0 为 1 欧

B. 电压表 V_1 示数变化图线为 a，且电阻 R_0 为 2 欧

C. 电压表 V_1 示数变化图线为 b，且电阻 R_0 为 1 欧

D. 电压表 V_1 示数变化图线为 b，且电阻 R_0 为 2 欧

解:(1) 当电路中电流变化的时候,电压表 V_2 的读数和电流成正比,所以电压表 V_2 示数变化图线为 a。而且 $R_2=\dfrac{U_2}{I}=\dfrac{4}{4}=1$(欧).

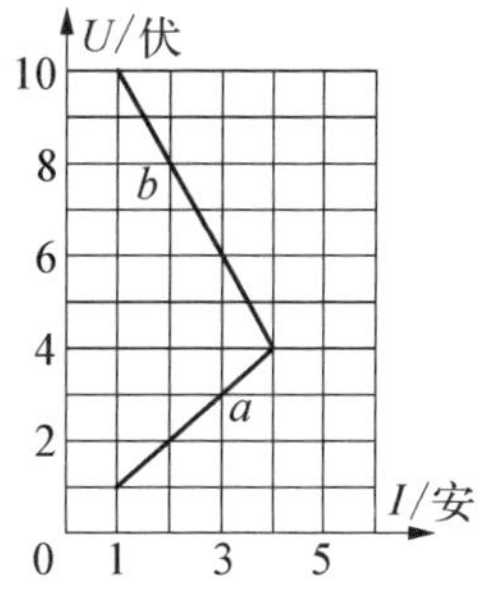

图 15-28

(2) 电压表 V_1 的示数 $U_1=U_0-I\cdot R_0$(U_0 是电源电压),所以 U_1 和 I 呈线性关系,而且斜率是负的,因此电压表 V_1 示数变化图线为 b。b 图线的斜率的相反数就是 R_0,即

$$R_0=-k=\frac{10-4}{4-1}=2(\text{欧}).$$

所以 D 选项正确。

例 2. 在图 15-29 所示的电路中,电源电压保持不变,R_1 为定值电阻,R_2 为滑动变阻器。闭合电键 S,将滑动变阻器的触头 P 从最左端滑到最右端,两电压表的示数随电路中电流变化的完整过程图线如图 15-30 所示。

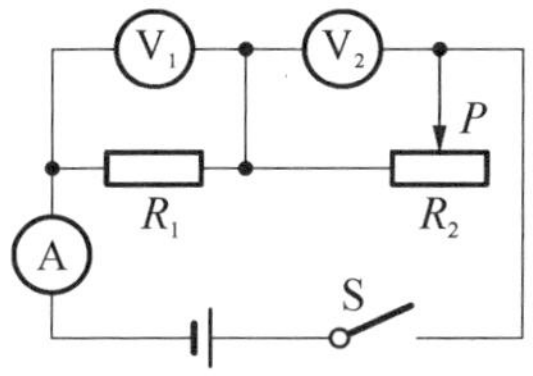

图 15-29

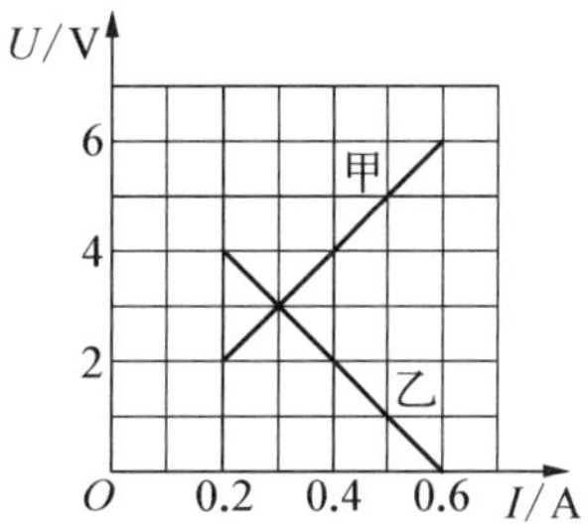

图 15-30

(1) 哪一根图线是电压表 V_2 示数的图线。滑动变阻器的最大阻值为________欧。

(2) 如果将定值电阻 R_1 阻值换为 20 欧,同样将滑动变阻器的滑动触头 P 从最左端滑到最右端。请画出两电压表的示数随电路中电流变化的完整过程图线。

解:(1) 设电源电压为 U_0,那么 V_2 的示数

$$U_2=U_0-I\cdot R_2.$$

可见 U_2 和 I 呈线性关系,斜率是负的,所以图线乙是电压表 V_2 示数的图线,图线甲是电压表 V_1 示数的图线,当 R_2 的滑动触头拉到最右边时,R_2 上的电压是 4 伏,电流是 0.2 安,所以 R_2 的最大电阻值

$$R_{2\max}=\frac{4}{0.2}=20(\text{欧}).$$

当 R_2 的滑动触头拉到最左边时,V_2 的示数为零,由图线甲可知电源电压为 6 伏,R_1 的阻值是 10 欧。

(2) 如果将定值电阻 R_1 阻值换为 20 欧,电源电压是 6 伏。滑动触头 P 拉到最左边时,电流是 0.3 安。滑动触头 P 滑到最右边时,两个电阻上电压都是 3 伏。因此 $U\sim I$ 图线如图 15-31 所示。

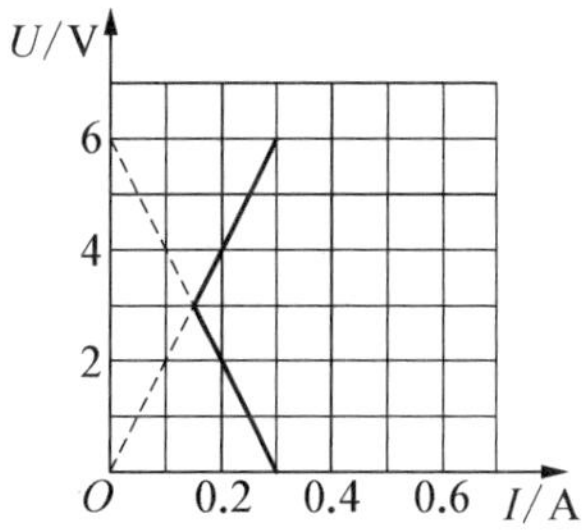

图 15-31

例 3. 半导体电阻的大小随温度的变化会发生明显的改变，用半导体材料制成的电阻叫热敏电阻。热敏电阻可以用来监控汽车元件温度的变化，图 15－33 所示是热敏电阻的阻值随温度变化的规律图，现将该电阻与阻值为 50 欧的电阻 R_0 组成如图 15－32 所示的电路，电源电压 U 为 12 伏，当电流表的示数为 0.2 安时，热敏电阻的温度为多少？

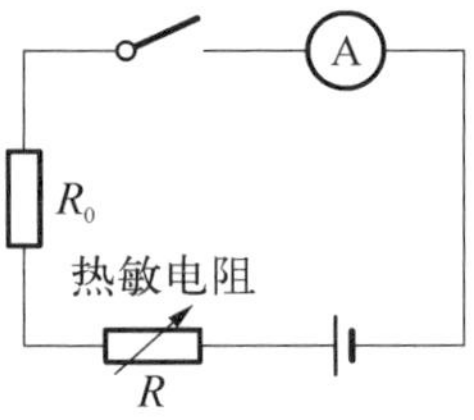

图 15－32

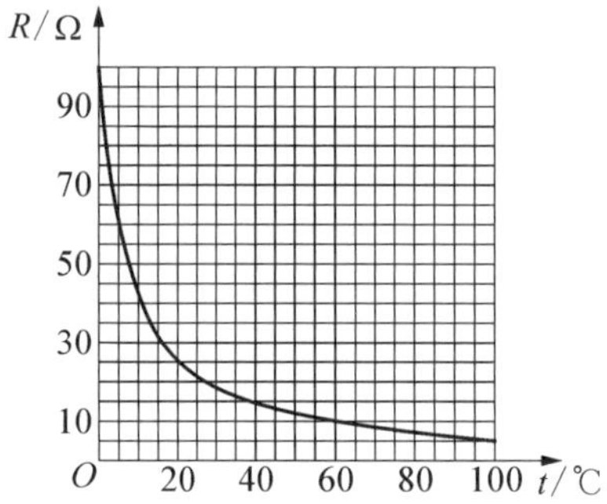

图 15－33

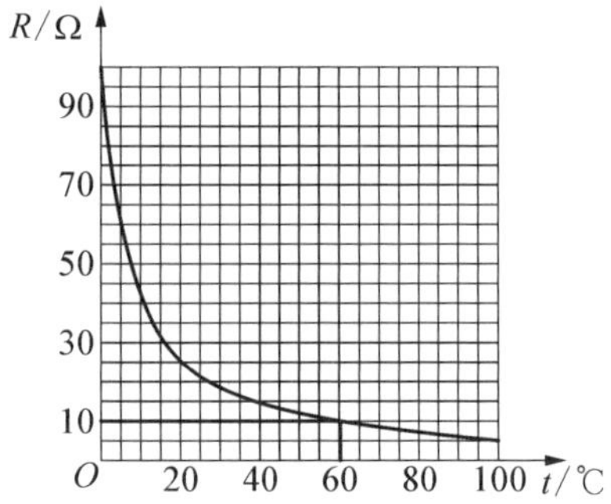

图 15－34

解： 根据欧姆定律

$$I \cdot R + I \cdot R_0 = U,$$

$$0.2 \times 50 + 0.2R = 12.$$

可得

$$R = 10(\text{欧}).$$

在图 15－34 上作一条 $R=10$ 欧的水平线，与曲线交于(60℃，10 欧)的点。因此，热敏电阻的温度为 $t=60$℃。

1. 如图 15－35 所示电路中，$R_1=3$ 欧，$R_3=6$ 欧，电压表 V_1 的示数为 11 伏，电压表 V_2 的示数为 14 伏，则 R_2 的阻值为多少？

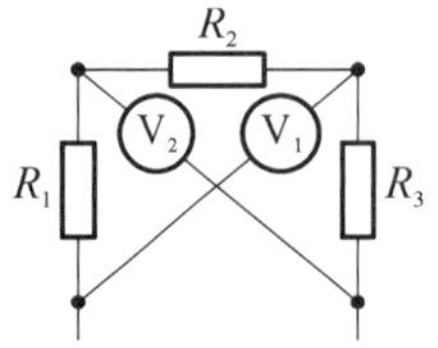

图 15－35

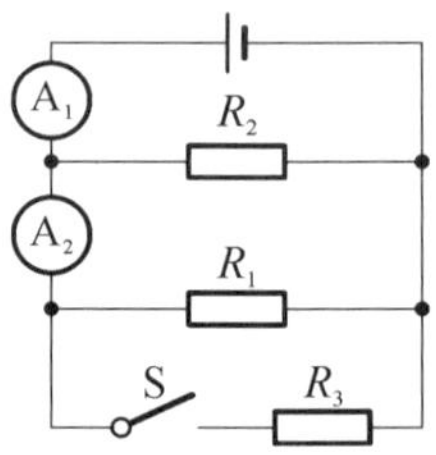

图 15－36

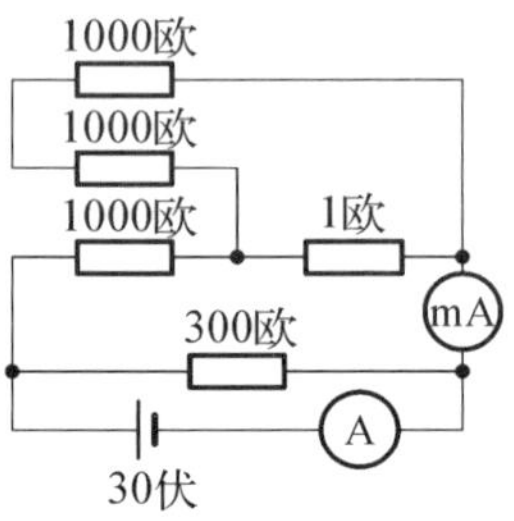

图 15－37

2. 如图 15－36 所示的电路中，电源电压保持不变，开关 S 闭合前，电流表 A_1、A_2 的示数比为 5∶3，开关 S 闭合后，两电流表的示数比为 3∶2，则 R_1、R_3 的大小关系是（　　）.

A. $R_1<R_3$　　B. $R_1>R_3$　　C. $R_1=R_3$　　D. 无法确定

3. 如图 15－37 所示的电路较为复杂，采用合理的近似，可以计算出 A 表与 mA 表的示数分别为多少？

4. 如图 15－38 所示，电源电压恒为 6 伏，滑动变阻器 R 的滑片 P 位于中点，则下列情况中,可使电阻 R_0 两端的电压最接近 3 伏的是　　(　　).

A. $R=20$ 欧,$R_0=10$ 欧　　B. $R=200$ 欧,$R_0=400$ 欧

C. $R=200$ 欧,$R_0=10$ 欧　　D. $R=20$ 欧,$R_0=400$ 欧

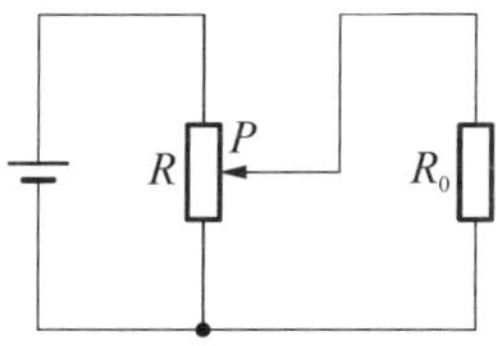

图 15－38

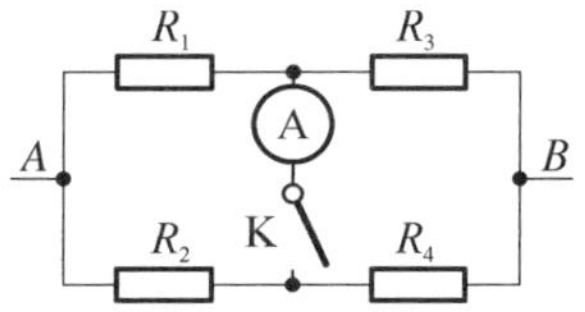

图 15－39

5. 如图 15－39 所示电路中,A、B 两端电压为 12 伏,$R_1=R_2=4$ 欧,$R_3=3$ 欧,$R_4=6$ 欧,安培表的电阻不计,当电键 K 接通时,电流表的示数为多少?

6. 如图 15－40 所示电路中,电路两端电压不变,R_1、R_2 为定值电阻,当滑动变阻器 R_3 的滑片 P 向上移动时,则　　(　　).

A. A_1 示数减小,A_2 示数增大　　B. A_1 示数减小,A_2 示数减小

C. V 示数减小,A_1 示数增大　　D. V 示数增大,A_2 示数增大

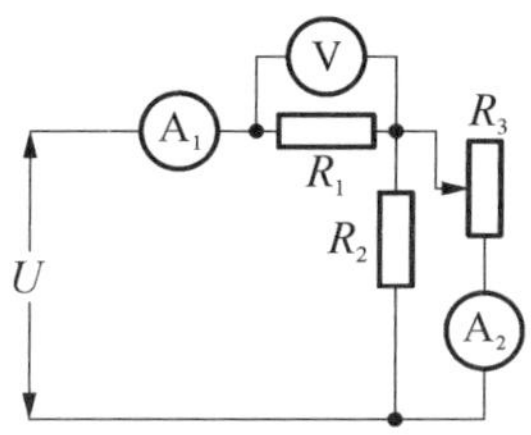

图 15－40

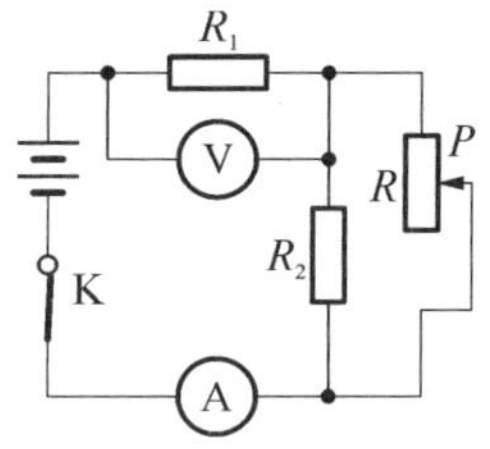

图 15－41

7. 如图 15－41 所示的电路中,电源电压不变,当闭合电键 K 后,滑动变阻器的滑片 P 由上向下移动时,两电表的示数都要发生变化,电压表示数的变化量大小与电流表示数的变化量大小的比值将　　(　　).

A. 增大　　B. 减少　　C. 不变　　D. 不能确定

8. 如图 15－42 所示,总电流 $I=0.4$ 安,$R_1=R_2=2$ 欧,$R_3=1$ 欧。则下列对通过 R_2 的电流的判断中正确的是　　(　　).

A. 向下通过 0.1 安的电流　　B. 向上通过 0.1 安的电流

C. 向下通过 0.2 安的电流　　D. 向上通过 0.2 安的电流

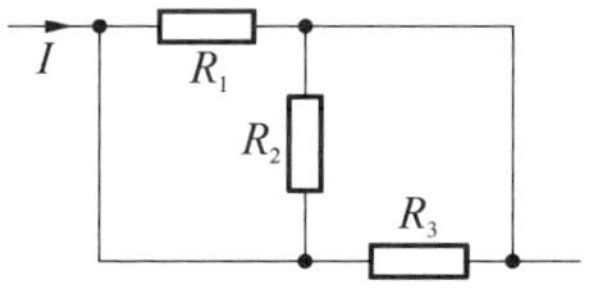

图 15－42

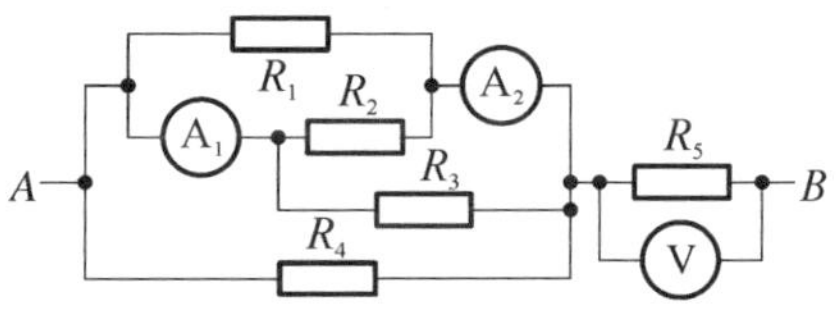

图 15－43

9. 如图 15－43 所示,已知 $R_2=R_4$,$R_5=5$ 欧,电流表 A_1、A_2 的示数分别为 3 安和 7 安。

若 A、B 间的电压一定，则 R_5 两端的电压为多少伏？

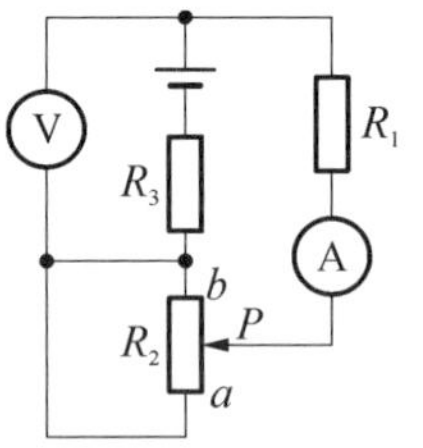

图 15－44

10. 如图 15－44 所示的电路中，当滑动变阻器的滑片 P 由 a 端向 b 端滑动时 （　　）.

A. 电流表示数减小，电压表示数增大

B. 电流表示数增大，电压表示数减小

C. 电流表示数先增大后减小，电压表示数先减小后增大

D. 电流表示数先减小后增大，电压表示数先增大后减小

11. 如图 15－45(a)所示的电路中，电源电压保持不变。将滑动变阻器 R 的滑片 P 由 a 端移到 b 端，电压表 V_1、V_2 的示数与电流表 A 示数的变化关系图线如图 15－45(b)所示。根据图线可以知道，滑动变阻器 R 的最大阻值为________欧，定值电阻 R_2 的阻值为________欧。

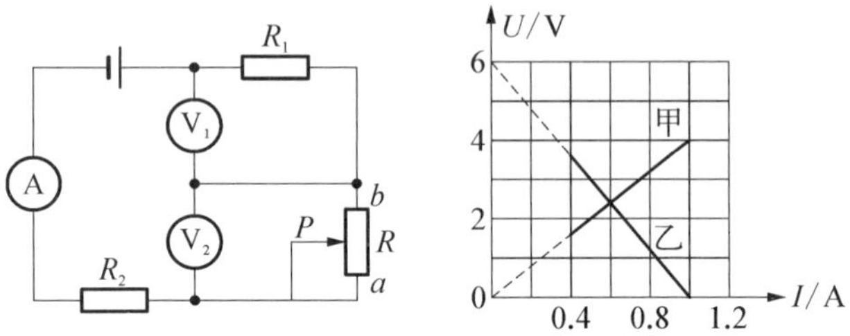

(a)　　(b)

图 15－45

•知识巩固• 解题参考

1. 该电路是三个电阻串联，V_1 测的是 R_1 和 R_2 两个电阻上的电压之和，V_2 测的是 R_2 和 R_3 两个电阻上的电压之和。设电路中的电流为 I，则有 $U_1=I(R_1+R_2)$，$U_2=I(R_2+R_3)$。可解得 $R_2=\dfrac{U_1R_3-U_2R_1}{U_2-U_1}=\dfrac{11\times 6-14\times 3}{14-11}=8$(欧)。

2. S 闭合前，R_1、R_2 并联，A_1 测的是总电流，A_2 测的是 R_2 的电流。电键闭合后，三个电阻并联，A_1 测的是总电流，A_2 测的是 R_2 和 R_3 的电流之和。S 闭合前有 $\dfrac{R_1}{R_2}=\dfrac{I_2}{I_1}=\dfrac{3}{5-3}=\dfrac{3}{2}$，S 闭合后有 $\dfrac{R_1}{R_{23}}=\dfrac{I'_{23}}{I'_1}=\dfrac{2}{3-2}=\dfrac{2}{1}$。设 $R_1=R$，则 $R_2=\dfrac{2}{3}R$，$R_{23}=\dfrac{1}{2}R$。又因为 $R_{23}=\dfrac{R_2R_3}{R_2+R_3}$，可得 $R_3=2R$。因此 $R_3>R_1$。A 选项正确。

3. 根据串、并联电路的计算公式可知，两个大小悬殊的电阻串联的阻值基本等于阻值大的电阻，两个大小悬殊的电阻并联的阻值基本等于阻值小的电阻。这样可知 mA 表以上部分的电阻约等于 1 000 欧，所以 mA 表的读数 $I_1=\dfrac{30}{1\,000}=0.03$ 安，A 表的读数 $I_2=\dfrac{30}{1\,000}+\dfrac{30}{300}=0.13$ 安。

4. 要在 R_0 上得到 3 V 的电压，就要使 R_0 和 $R/2$ 并联的电阻尽量接近 $R/2$。根据上一道题目讲的原理，R_0 要尽量大，R 要尽量小。D 选项正确。

5. S 闭合时，R_1 和 R_2 并联，R_3 和 R_4 并联，然后再串联。R_1 和 R_2 并联的电阻 $R'_1=$

$\frac{R_1R_2}{R_1+R_2}=2$ 欧，R_3 和 R_4 并联的电阻 $R'_2=\frac{R_3R_4}{R_3+R_4}=2$ 欧，前后两部分的电压 $U_{12}=U_{34}=\frac{U_{AB}}{2}=6$ 伏。通过 R_1 的电流 $I_1=\frac{U_{12}}{R_1}=1.5$ 安，通过 R_3 的电流 $I_3=\frac{U_{34}}{R_3}=2$ 安，所以 A 表的读数 $I_A=I_3-I_1=0.5$ 安。

6. 电路是 R_2 和 R_3 并联，然后和 R_1 串联。移动触头向上移动 R_3 变大，总电阻变大，总电流 A_1 示数变小，V 示数变小。并联部分电压等于总电压减去 V 表示数，变大，所以 R_2 的电流变大。A_2 表示数等于总电流减去 R_2 的电流，变小。B 选项正确。

7. 电压表的示数表示 R_1 两端的电压，电流表的示数表示 R_1 上的电流。由欧姆定律 $U_1=R_1I$，有 $\Delta U_1=R_1\Delta I$，$\frac{\Delta U_1}{\Delta I}=R_1$，$R_1$ 是一个定值。C 选项正确。

8. 这三个电阻是并联的。因为 $R_1:R_2:R_3=2:2:1$，所以 $I_1:I_2:I_3=1:1:2$。题示 $I_1+I_2+I_3=0.4$ 安，所以 $I_2=0.1$ 安，方向向上。B 选项正确。

9. R_1、R_2、R_3、R_4 四个电阻是并联，然后和 R_5 串联。A_1 测的是 R_2 和 R_3 的电流之和，A_2 测的是 R_1 和 R_2 的电流之和，即 $I_2+I_3=3$ 安，$I_1+I_2=7$ 安。因为 $I_2=I_4$，所以总电流 $I=I_1+I_2+I_3+I_4=I_1+I_2+I_3+I_2=3+7=10$(安)。$U_5=I\cdot R_5=10\times5=50$(伏)。

10. 这个题目有一定的难度，等效电路如图 15 - 46 所示。R_2 上、下两部分是并联，当它们的阻值相等的时候并联阻值最大，所以总电流是先变小再变大，即 A 表的读数是先变小再变大。V 表的读数等于电源电压减去 R_3 上的电压，R_3 上的电压等于总电流乘以 R_3，所以 V 表读数是先变大再变小。D 选项正确。

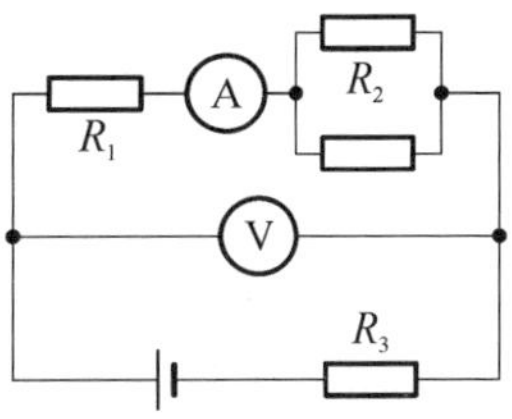

图 15 - 46

11. 由电压表 V_1 的图线甲可得 $R_1=\frac{U_1}{I}=\frac{4}{1}=4$(欧)。列出电压表 V_2 的图线乙的方程 $U_R=U-I(R_1+R_2)$，取(1,0)和(0,6)两点代入上式，得到两个方程 $6=U-0\times(R_1+R_2)$，$0=U-1\times(R_1+R_2)$，可解得 $U=6$ 伏，$R_2=2$ 欧。对整个电路 $I=0.4$ 安时用欧姆定律 $0.4=\frac{6}{R_1+R_2+R_{max}}$，解得滑动变阻器的最大值 $R_{max}=9$ 欧。

第十六讲

电流做功

一、电灯泡的问世

当电在人类社会中逐渐开始普及时，电灯泡也问世了。人们经常以为最先发明电灯泡的人是爱迪生，其实这个说法并不完全准确。

人类使用白炽灯泡已有 128 年的历史了。早在爱迪生之前，英国物理学家、化学家、工程师斯旺从 19 世纪 40 年代末即开始进行电灯的研究。经过近 30 年的努力，斯旺最终找到了适合做灯丝的碳丝。白炽灯的发明，美国通常归功于爱迪生，英国则归功于斯旺。两位发明家的竞争十分激烈，专利纠纷不可避免。后来，两人达成协议，合资组建了爱迪生-斯旺电灯公司，在英国生产白炽灯。1845 年，辛辛那提的斯塔尔最早提出可以在真空泡内使用碳丝。英国的斯旺按照这种思路，试用一条条碳化纸作灯丝。但是，因当时抽真空的技术还太差，灯泡中的残余空气使得灯丝很快烧断。这种灯的寿命相当短，仅有一两个小时，不具有实用价值。1878 年，真空泵的出现，使斯旺有条件再度开展对白炽灯的研究。1878 年 12 月 18 日，斯旺试制成功了第一只白炽电泡。此后不久，他还在纽卡斯尔化学协会上展示过他的碳丝灯泡。当他的有关白炽电灯的实验报道在美国发表之后，也给了爱迪生不少帮助。1879 年，爱迪生也开始投入对电灯的研究，他认为，延长白炽灯寿命的关键是提高灯泡的真空度和采用耗电少、发光强且价格便宜耐热材料作灯丝。爱迪生先后试用了 1 600 多种耐热材料，结果都不理想。1879 年 10 月，爱迪生采用碳化棉线作灯丝，把它放入玻璃球内，再启动抽气机将球内抽成真空。结果，碳化棉灯丝发出的光明亮而稳定，足足亮了 10 多个小时。这样，碳化棉丝白炽灯诞生了，爱迪生为此获得了专利。之后爱迪生还一直致力于白炽灯的改进，为了提高灯泡的质量，延长灯泡的寿命，爱迪生想尽一切办法寻找适合制灯丝的材料。爱迪生在研制白炽灯泡灯丝材料的过程中，曾试验过棉线、木材的细条、稻草、砂纸、线、马尼拉麻绳、马鬃、钓鱼线、麻栗、硬橡皮、栓木、藤条、玉蜀黍纤维，甚至人的胡须、头发。1880 年，爱迪生又研制出碳化竹丝灯，使灯丝寿命大大提高，同年十月，爱迪生在新泽西州自行设厂，开始进行批量生产，这是世界最早的商品化白炽灯。至 1880 年 5 月初，爱迪生试验过的植物纤维材料共约 6 000 种。在很长的一段时间里，爱迪生派遣了很多人前往世界各地寻找适合制作灯丝的竹子。直至 1908 年的 9 年间，日本竹一直是供应碳丝的主要原料。1881 年，白炽灯正式投产。而爱迪生同时还建立了相应的发电站和输电网。这样就使得爱迪生后来居上，成了人们公认的白炽电灯的发明家。英国的斯旺也于1881年在新堡郊外本威尔设厂。1907年，贾斯脱发明拉制钨丝，制成钨丝白炽灯。1908年，现代的钨丝白炽灯由美国发明家库利奇试制成功。发光体是用金属钨拉制的灯丝，这种材料的特点是熔点高，在高温下仍能保持固态。1913年，美国的朗缪尔发明螺旋钨丝，并在玻壳内充入氮，以抑制钨丝的挥发。这是继灯丝由炭丝改钨丝后白炽灯的又一重要革新。直到目前为止，充气仍然是抑制钨丝蒸发的基本措施。1912年，日本的三浦顺一为使灯丝和气体的接触面尽量减小，将钨丝从单螺旋发展成双螺旋，发光效率有很大提高。1915年发展到充入氩氮混合气。1935年，法国的克洛德在灯泡内充入氪气、氙气，进一步提高了发光效率。

由以上白炽灯发明、发展的历史可见，绝大多数伟大的科学技术发明，都是众多科学家共同努力的结果。

电流流过灯丝的时候，使灯丝发热以致发光，我们就说电流做了功。电流做功的本质就是电能转变成了其他形式的能量。比如电动机是使电能变成机械能，电炉是使电能变成热能，灯泡是使电能变成光能等等。我们是这样定义电压的：如果电量 q 流过导线的横截面积时，电流做的功是 W，那么我们就说导线两端的电压是 U。所以电流做的功

$$W = q \cdot U = I \cdot t \cdot U.$$

这就是电功的计算公式。电功的单位就是能量的单位“焦耳”。

在物理学的发展历史上，有过一个计算电热的焦耳定律，表达成

$$Q = I^2 \cdot R \cdot t.$$

这个方程看似和前一个根据电压的定义得出的计算电功的公式是等价的，其实不然。只有在纯电阻电路中，这两个公式才是等价的。如果电路中含有非纯电阻的器件（比如冰箱、空调、电风扇等含有电动机的家用电器），那么这两个公式就是不一样的，前一个公式计算的是电流做的总功，后一个公式计算的是转化为热能的电功。

为了比较两个灯泡的亮度（实际上就是比较单位时间里面电流做的功），我们还需要一个物理量叫作电功率。它被定义成单位时间内电流做的功，计算方法是

$$P = \frac{W}{t} = U \cdot I = I^2 \cdot R.$$

本讲的所有例题和习题中，都假设灯泡的电阻不会变化。

例1. 如图16－1所示，当电键S闭合后，A、B、C 三盏灯泡的亮度相同。三盏灯泡中电阻最大的是灯泡________，电阻最小的是灯泡________。

解： B 灯上的电压大于 A 灯上的电压，现在 $P_A = P_B$，根据 $R = \frac{U^2}{P}$，可知 $R_B > R_A$。C 灯上的电流大于 A 灯上的电流，现在 $P_A = P_B$，根据 $R = \frac{P}{I^2}$，可知 $R_C < R_A$。因此 B 灯的电阻最大，C 灯的电阻最小。

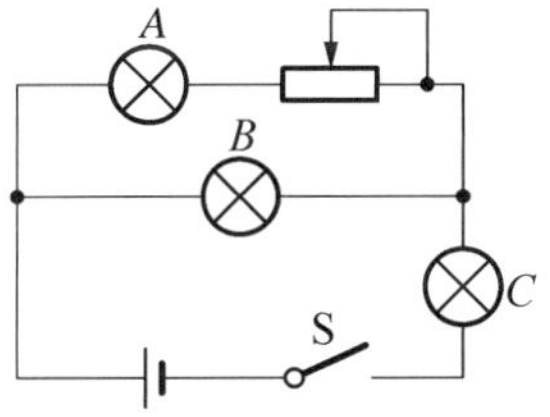

图16－1

例 2. 在如图 16－2 所示的电路中，电源电压保持不变，此时三个灯泡的亮度相同。将滑动变阻器的滑片 P 向右稍微移动一小段，以下关于三个灯泡亮度之间关系的判断中，正确的是 (　　).

A. 丙灯最亮，乙灯最暗

B. 丙灯最亮，甲灯最暗

C. 乙灯最亮，甲灯最暗

D. 乙灯最亮，丙灯最暗

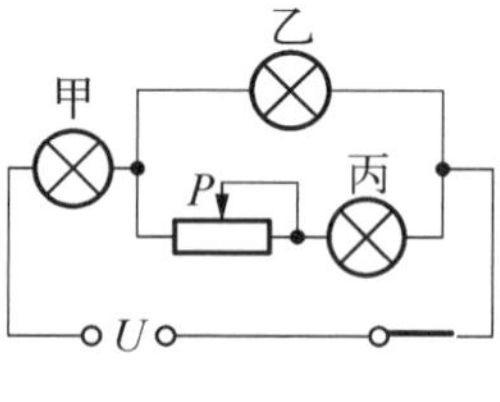

图 16－2

解： 当滑动变阻器的滑片 P 向右稍微移动一小段之后，电路总电阻变大，总电流变小，因此甲灯变暗。因为总电流变小，甲灯上电压变小。并联部分电压等于总电压减去甲灯电压，应该变大，所以乙灯变亮。因为总电流变小，乙灯电流变大，丙灯电流等于总电流减去乙灯电流，所以丙灯变暗。现在还剩最后一个问题：甲灯和丙灯哪个更暗？甲灯电流的减少量应该等于丙灯电流的减少量减去乙灯电流的增大量，所以丙灯电流减小得更多，因此丙灯最暗。D 选项正确。

例 3. 如图 16－3 所示，额定电压为 110 伏的 A、B 两盏电灯，额定功率分别为 100 瓦和 25 瓦。把它们接到 220 伏的电路上，欲使它们都能正常发光且电路消耗的电能最少，正确的电路是 (　　).

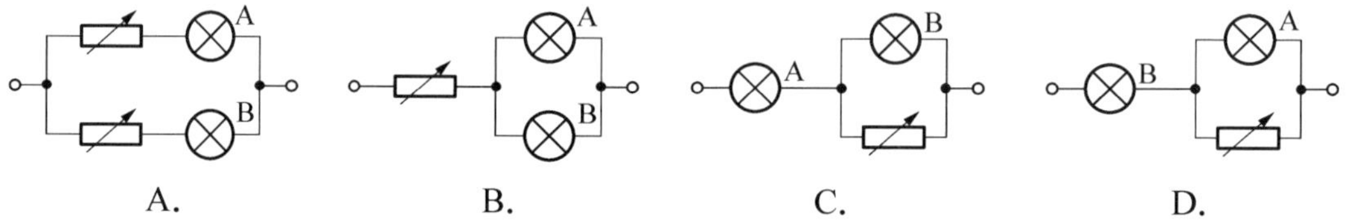

图 16－3

解： 本题有多种思考方法，我们现在用比较电功率的方法来讨论。电源电压为 220 V，电灯泡额定电压是 110 V，要灯泡都能正常发光，必须前、后两部分各分得 110 V 电压。又因为前、后两部分是串联的，它们的电流相同，即前、后两部分电功率相同。

(A)、(B)两个电路都是可以正常发光的。滑动变阻器消耗的电功率(*即无用功*)也相同，都是 100＋25＝125(瓦)。

A、B 两个灯泡的电阻分别为

$$R_A = \frac{U^2}{P_A} = \frac{110^2}{100} = 121(欧).$$

$$R_B = \frac{U^2}{P_B} = \frac{110^2}{25} = 484(欧).$$

所以(C)电路中 B 灯泡并联上一个电阻后是可以等于 A 灯泡的电阻的，电灯可以正常发光。并且滑动变阻器上的电功率(*即无用功*)等于 100－25＝75(瓦)。

(D)电路 A 灯泡并联上一个电阻不可能等于 B 灯泡的电阻，所以(D)电路电灯不可能正常发光。

最后的结论是：(A)、(B)、(C)三个电路都能正常发光，(C)电路的电功率最小。

例 4. 如图 16－4 所示的电路图中，L_1，L_2 为相同的灯泡，三个灯泡都发光。当滑动变阻器的滑片 P 由 a 端移到 b 端的过程中，灯泡的亮度变化情况是 (　　).

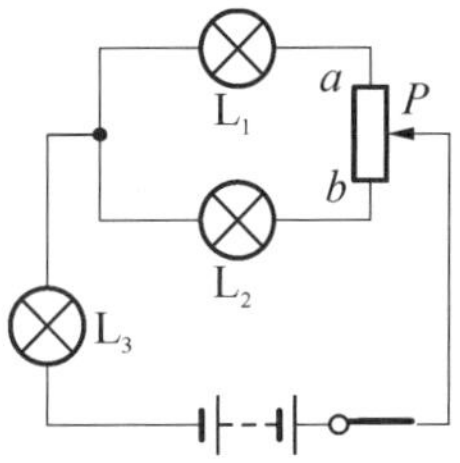

图 16－4

A. L_1 变暗，L_2 变亮，L_3 不变

B. L_1 变亮，L_2 变暗，L_3 变暗

C. L_1 变暗，L_2 变亮，L_3 先变暗后变亮

D. L_1 变亮，L_2 变暗，L_3 先变亮后变暗

解：在第十二讲第三节的例 2 中，我们推导过一个结论：如果两个电阻的阻值之和是一个定值，那么当它们阻值相等的时候，它们的并联阻值最大。

本题中并联部分上、下两部分的电阻之和是一个定值，所以在滑动变阻器的滑片 P 由 a 端移到 b 端的过程中，当 P 滑到 a、b 中点的时候，并联部分电阻最大，总电路中电流最小，所以 L_3 先变暗后变亮。

L_1 和 L_2 的亮度变化情况，我们需要分段讨论。① P 从 a 端移到中点的过程，并联部分电压增大，下部电阻减小，所以 L_2 的电流增大。因为总电流减小，所以 L_1 的电流肯定减小。② P 从中点移到 b 端的过程，并联部分电压减小，上部电阻增大，所以 L_1 的电流减小。因为总电流增大，所以 L_2 的电流肯定增大。因此整个从 a 到 b 的过程都是 L_1 的电流减小，L_2 的电流增大。C 选项正确。

例 5. 普通的白炽灯泡的发光效率比较低，而目前市场上流行的节能灯的发光效率就比较高，但是节能灯的价格比较贵，人们常常为选择哪一种灯而举棋不定。下表列举了某种型号的白炽灯和节能灯的部分数据：

	功率(瓦)	寿命(时)	单价(元)	每度电费(元)
白炽灯	60	1 000	1.22	0.61
节能灯	10	5 000	36.6	0.61

已知上述两种灯泡正常工作时的发光亮度相同，如果纯粹从经济角度出发，要想让使用节能灯更合算的话，最少使用的时间为 (　　).

A. 1 080 小时　　B. 1 120 小时　　C. 1 153 小时　　D. 1 200 小时

解：需要花费的钱，包括买灯泡的钱和电费两部分。设使用 t 小时以后，使用白炽灯和使用节能灯花费的钱相等，可列出方程

$$0.06t\times0.61+\frac{t}{1\,000}\times1.22=0.01t\times0.61+36.6.$$

等号两边第一项是电费，第二项是买灯泡的费用。可解得 $t=1\,153$(时)。但要注意，买灯泡的个数只能是整数。由以上方程的解可知需要买 2 个白炽灯。再重新列方程：

$$0.06t \times 0.61 + 2 \times 1.22 = 0.01t \times 0.61 + 36.6,$$

可解得 $t = 1\,120(\mathrm{h})$.

所以 B 选项正确。

例 6. 如图 16 - 5 所示的电路中，三只灯泡都能发光。当滑片 P 向右移动时，下面判断中正确的是 (　　).

A. 灯 L_1 和 L_3 变暗，灯 L_2 变亮

B. 灯 L_1 变暗，灯 L_2 变亮，灯 L_3 亮度不变

C. 灯 L_1 中的电流变化值小于灯 L_3 中的电流变化值

D. 灯 L_1 两端的电压变化值小于灯 L_2 两端的电压变化值

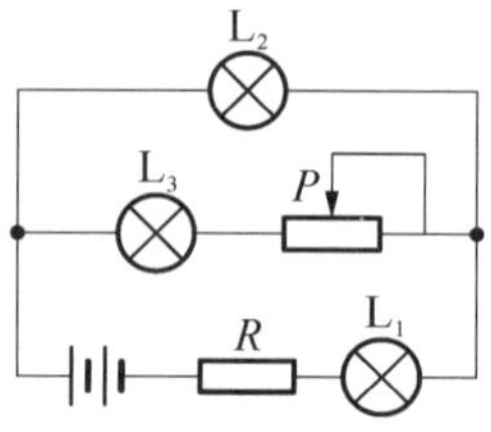

图 16 - 5

解：(1) 当滑片 P 向右移动时，电路总电阻变大，总电流 I_1 变小，所以灯 L_1 变暗。

(2) 因为总电流变小，R 和 L_1 上的电压变小，并联部分电路的电压 $U_{并}$ 变大，所以 L_2 变亮(L_2 的电流也变大)。通过 L_3 的电流

$$I_3 = I_1 - I_2. \quad ①$$

I_1 变小，I_2 变大，所以 I_3 变小，L_3 变暗。

(3) 当滑片 P 向右移动一个小的距离时，由①式可得

$$I_3 - \Delta I_3 = I_1 - \Delta I_1 - (I_2 + \Delta I_2). \quad ②$$

②式减去①式可得 $-\Delta I_3 = -\Delta I_1 - \Delta I_2$.

所以 $\Delta I_3 > \Delta I_1$.

(4) 因为 $U = U_R + U_1 + U_2$.

电源电压 U 是一个定值，U_R、U_1 变小，U_2 变大，所以 U_1 变小的值小于 U_2 变大的值。A、C、D 选项正确。

二、直流电和交流电的争论

电池产生的电流称为直流电。直流电的英语是“Direct Current”(简称 DC)，顾名思义就是“笔直的电流”，它的方向不会发生变化。另一种电流叫作交流电，它的流动方向每隔一定的时间就会改变一次。英语中称这种电流为“Alternating Current”(简称 AC)，意思就是“交替的电流”。在我们的生产和生活中，交流电的应用比直流电要广泛得多。我们家里用的都是交流电。

最初爱迪生用直流电让电灯泡发光。他认为发电厂的地点可以选在纽约金融区的珍珠街，那里有很多餐馆和办公室，应该会是用电需求比较大的地方。要让约一万个电灯泡发光，所需要的蒸汽机和发电机的功率大约为 1 200 马力。爱迪生成立了“爱迪生电器照明公司”，该公司于 1882 年正式开始运营。由爱迪生电器照明公司建立的珍珠街发电站高峰时曾用直流电为一万多个电灯泡提供过电能。

但是直流输电有一个明显的缺点，就是消耗在输电线上的电能很多。而且当通过输电线的电流增大时，消耗在输电线上的电能迅速增大。这个问题使爱迪生很头疼。

如果需要将电功率为 P 的电能以电压 U 输送给用户，那么输送的电流

$$I=\frac{P}{U}.$$

设输电导线的电阻为 R，那么损耗在输电导线上的电功率

$$P_{损}=I^2R=\frac{P^2}{U^2}\cdot\rho\frac{L}{S}.$$

分析一下上式，输送的功率 P 取决于用户的需要，输送的距离 L 取决于发电厂到用户的距离，这两个量一般无法改变。为了减小 ρ，可以选用好一些的材料。为了增大 S，可以用粗一些的输电线，但这两个措施都将提高成本。因此为了减小损耗在输电导线上的电功率，最有效的方法是提高输送的电压。但是直流电的电压取决于发电机的构造，能够提高的幅度有限。这就是爱迪生头疼的原因。

出生于克罗地亚的尼古拉·特斯拉于1884年渡海来到美国，到他所崇拜的爱迪生电器照明公司就职。他是一位天才的数学家和物理学家，进入公司不久他就建议公司向交流输电的方向发展。但是这和爱迪生的观点发生了冲突，特斯拉在爱迪生的公司仅工作了一年便离开了，独立创建了自己的公司。他很快就获得了交流输电方面的专利，凭一己之力和强大的爱迪生集团抗衡。

1888年，特斯拉在美国电器工程师协会的大会上发表了一篇关于交流输电系统的报告。这篇报告引起了亿万富翁、西屋电气公司的创始人乔治·威斯汀豪斯的关注。于是他们协商一致，在威斯汀豪斯的支持下，特斯拉一举将交流输电系统推广到整个美国。

在人口稠密的都市，因为发电厂离用户距离较近，所以直流输电和交流输电区别不大。但是越往边远的地方，输电线路越长，交流输电的优势就越明显。主要是因为交流电利用变压器能够随意地改变电压，升高电压或者降低电压都很方便。发电厂产生交流电之后，用升压变压器将电压升高，输送到用户附近后，再用降压变压器将电压降下来。这样可以在输送的过程中，节省大量电能。1893年在芝加哥召开的万国博览会上，特斯拉和西屋公司的展示取得巨大的成功。随后，西屋公司又中标了尼亚加拉瀑布的发电和输电的建设权，在尼亚加拉瀑布上安装了第一台水轮发电机。据说现在那台交流发电机上还刻着尼古拉·特斯拉的名字。

例 1. 某灯泡直接连在电压不变的电源两端，灯泡的电功率为16瓦，现通过长导线将该灯泡连接到原来的电源上，灯泡的电功率为9瓦，若灯泡电阻保持不变，则长导线上消耗的电功率是多少瓦？

解： 设电源电压是 U，灯泡的电阻是 R，那么将灯泡直接接在电源上的时候有

$$16=U^2/R.$$

将灯泡通过长导线接到电源上的时候，设长导线的电阻是 R_0，那么有

$$9 = \frac{U^2}{(R_0 + R)^2}R.$$

由以上两式可得 $R : R_0 = 3 : 1.$

因为灯泡和长导线是串联的，通过的电流相同，所以

$$P : P_0 = I^2R : I^2R_0 = R : R_0 = 3 : 1,$$

长导线上消耗的电功率 $P_0 = \frac{P}{3} = \frac{9}{3} = 3(\text{瓦}).$

例 2. 某同学家里只用一只“220 V 100 W”的电灯时发光的实际功率是 81 瓦。给该户人家供电的距离较远的供电所的输出总电压是 220 V，(1) 在电线上损失的功率是多少？(2) 如果这户人家想接 10 盏这样的灯(并联)，将会发生怎么样的情况？

解：(1) 灯泡的电阻 $R_L = \frac{220^2}{100} = 484(\text{欧})$；

只用一盏灯 $P = I^2R_L$， $81 = I^2 \times 484$；

可得 $I = \frac{9}{22}(\text{安}).$

总功率 $P_{\text{总}} = U \cdot I = 220 \times \frac{9}{22} = 90(\text{瓦}).$

损耗的功率 $P_{\text{损}} = P_{\text{总}} - P_{\text{灯}} = 90 - 81 = 9(\text{瓦}).$

(2) 输电导线的电阻 $r = P_{\text{损}}/I^2 = (90 - 81)/(9/22)^2 = 53.8(\text{欧}).$

10 盏灯并联的总电阻是 48.4 欧，灯泡分到的电压

$$U_L = \frac{48.4}{48.4 + 53.8} \times 220 = 104(\text{伏}).$$

灯泡的实际功率 $P = \frac{U_L^2}{R_L} = \frac{104^2}{484} = 22.3(\text{瓦}).$

此时，灯泡非常暗，甚至完全不亮了。由此可见在输电距离比较远的时候，必须采用高压输电。

例 3. 从发电站输出的功率为 200 千瓦，输电线的总电阻为 0.05 欧，用 100 伏和 11 千伏的电压输电的两种情况下，在输电线上损失的电压各是多少伏？输送到用户的电压各是多少伏？在输电线上损失的功率各是多少千瓦？

解：用 100 伏电压输电

$$I = \frac{P_{\text{出}}}{U} = \frac{200 \times 10^3}{100} = 2\,000(\text{安}).$$

$$U_{损}=I\cdot R_{线}=2\,000\times0.05=100(\text{伏}).$$

$$U_{用户}=U-U_{损}=100-100=0(\text{伏}).$$

$$P_{损}=I^2R_{线}=2\,000^2\times0.05=2\times10^5(\text{瓦}).$$

用 11 千伏电压输电

$$I'=\frac{P_{出}}{U'}=\frac{200\times10^3}{11\times10^3}=\frac{200}{11}(\text{安}).$$

$$U'_{损}=I'\cdot R_{线}=\frac{200}{11}\times0.05=\frac{10}{11}(\text{伏}).$$

$$U_{用户}=U'-U'_{损}=11\times10^3-\frac{10}{11}=10\,999(\text{伏}).$$

$$P'_{损}=I'^2R_{线}=\left(\frac{200}{11}\right)^2\times0.05=16.5(\text{瓦}).$$

利用变压器能够很方便地改变交流电的电压。关于变压器的具体工作原理，我们到高中再学习。这里我们先简单地介绍一下变压器的基本构造和工作规律。

如图 16－6 所示是变压器构造的示意图。变压器是由闭合铁芯和绕在铁芯上的两个线圈组成的。一个线圈跟电源连接，叫原线圈(也叫初级线圈)；另一个线圈跟用电器连接，叫副线圈(也叫次级线圈)。两个线圈都是用绝缘导线绕制成的，铁芯由涂有绝缘漆的硅钢片叠合而成。

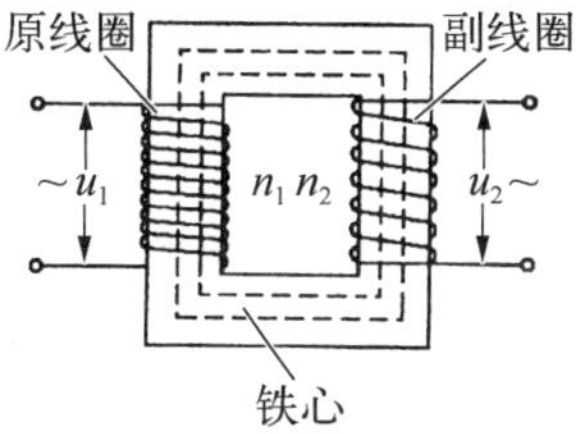

图 16－6

现在我们介绍一下理想变压器的工作规律。所谓理想变压器，就是外界输给原线圈的电功率等于副线圈对外输出的电功率的变压器。设原、副线圈的匝数分别为 n_1 和 n_2，原、副线圈的路端电压分别为 U_1 和 U_2，原、副线圈的工作电流分别为 I_1 和 I_2，那么有

$$\frac{U_1}{U_2}=\frac{n_1}{n_2}\quad 和\quad \frac{I_1}{I_2}=\frac{n_2}{n_1}.$$

例 4. 某发电机的输出功率 $P=100$ 千瓦，发电机端电压 $U=250$ 伏，向远处送电的输电线的总电阻 $R=8$ 欧，要想在输电线上的功率损失不超过输送功率的 5%，用户得到的电压又恰好是 220 V。那么：

(1) 应该怎样安装变压器？画出输电线路的示意图；

(2) 求出所用变压器的原、副线圈的匝数比。

解： 输电线路如图 16－7 所示，因为

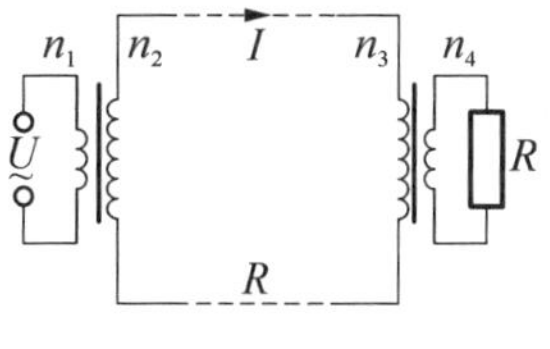

图 16－7

$$P_{损}=P\times5\%=10^5\times5\%=5(\text{千瓦}).$$

$$P_{损}=I^2\cdot R,$$

$$I=\sqrt{P_{损}/R}=\sqrt{5\,000/8}=25(\text{安}).$$

$$U_2 = P/I = 1 \times 10^5/25 = 4\,000(\text{伏}).$$

$$U_3 = U_2 - I \cdot R = 4\,000 - 25 \times 8 = 3\,800(\text{伏}),$$

$$\frac{n_1}{n_2} = \frac{U_1}{U_2} = \frac{250}{4\,000} = \frac{1}{16}.$$

$$\frac{n_3}{n_4} = \frac{U_3}{U_4} = \frac{3\,800}{220} = \frac{190}{11}.$$

例 5. 输送 4.0×10^6 瓦的电能，若发电机输出电压为 2 000 伏，选用变压器升压后应用截面积为 4.25 厘米^2 的铜导线，把电能送到 400 千米远处，线路损失的功率为 5.0×10^5 瓦。已知铜的电阻率 $\rho=1.7\times10^{-8}$ 欧米。(1) 应选用匝数比为多少的升压变压器？(2) 在用电区使用降压变压器，其原线圈两端的电压为多大？

解：(1) 铜线电阻 $R = \rho\dfrac{2L}{S} = 1.7\times10^{-8}\times\dfrac{2\times400\times10^3}{4.25\times10^{-4}} = 32(\text{欧}).$

$$P_{\text{损}} = I_{\text{线}}^2 \cdot R_{\text{线}},\quad I_{\text{线}} = \sqrt{\frac{P_{\text{损}}}{R_{\text{线}}}} = \sqrt{\frac{5\times10^5}{32}} = 125(\text{安}).$$

发电机电流 $I_1 = \dfrac{P_1}{U_1} = \dfrac{4.0\times10^6}{2\,000} = 2\,000(\text{安}).$

对升压变压器 $\dfrac{n_1}{n_2} = \dfrac{I_{\text{线}}}{I_1} = \dfrac{125}{2\,000} = \dfrac{1}{16}.$

(2) 电能输送到用电区，在输电线上要分去一部分电压，所以降压变压器原线圈两端的电压

$$U_3 = U_2 - I_{\text{线}} R_{\text{线}} = 32\,000 - 125\times32 = 2.8\times10^4(\text{伏}).$$

三、生活中的电流做功

时至今日，我们的生活早已离不开电。电流做功在我们的生活中无时没有，无处不在。我们生活中的电流做功主要可以分成三大类，第一类是电能转化成机械能，转化途径主要是电动机，如电风扇、电动自行车和汽车、空调、冰箱等。第二类是电能转化成热能，转化途径主要是电阻，例如电炉、取暖器、白炽灯等等。第三类是电子类产品，转化途径主要是集成电路，例如电视机、电脑、手机等等。不论哪一类，绝大多数电能最后都是变成了热能。

在电流做功的过程中，能量的转换有一个效率的问题。例如电风扇，我们消耗的是电能，需要的是机械能，但是难免有一部分电能通过导线发热或者摩擦生热变成了热能。我们可以把机械能叫作有用功，电能叫作总功，热能叫作无用功。有用功和总功的比，就叫作效率。在电流做功的过程中，能量的总量是不会变化的，只能从一种形式转化为其他的形式。这就是能量守恒的规律。

例 1. 电动自行车轻便、实用、无污染，很受人们喜爱。下表中列出了某种型号电动自行车的相关数据，若某人骑该自行车在 2 小时内匀速行驶 36 千米，且此人的质量为 60 千克，则这辆电动自行车匀速行驶时的工作电流为多少？

质量（千克）	40
电能转化为机械能的效率 η	75%
工作电压（伏）	32
速度（米/秒）	≤20
骑自行车人的质量为 60 千克时平均阻力（牛）	18

解： 机械功率 $$P_{机}=F_{阻}\cdot v=18\times\frac{36}{2\times 3.6}=90(\text{瓦}).$$

电功率 $$P_{电}=\frac{P_{机}}{\eta}=\frac{90}{0.75}=120(\text{瓦}).$$

这辆电动自行车匀速行驶时的工作电流

$$I=\frac{P_{电}}{U}=\frac{120}{32}=3.75(\text{安}).$$

例 2. 如图 16－8(a)所示，是一种家用电熨斗的电路原理图，电压为 220 伏，虚线框内为加热电路。R_0 是定值电阻，R 是可变电阻（电阻值均不受温度影响）。(1) 该电熨斗温度最低时的耗电功率为 121 瓦，温度最高时的耗电功率为 484 瓦。求 R_0 的阻值及 R 的阻值变化范围。(2) 假定电熨斗每秒钟散发的热量 q 跟电熨斗表面温度与环境的温差关系如图 16－8(b)所示，现在在温度为 20℃ 的房间使用该电熨斗来熨烫毛料西服，要求熨斗表面温度为 220℃，且保持不变，问应将 R 的阻值调为多大？

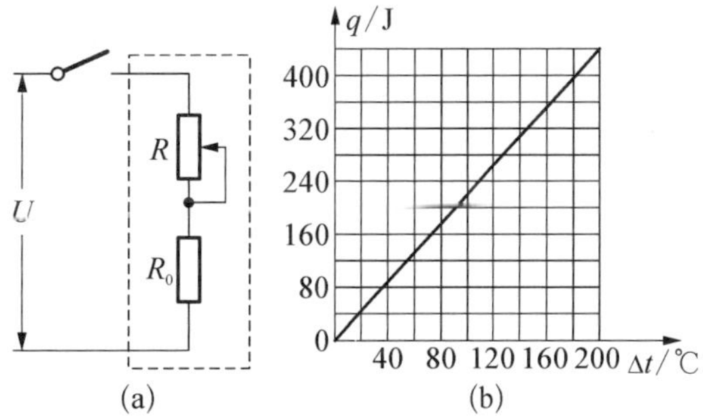

图 16－8

解：(1) 将 R 的阻值调为零的时候，电炉的电功率最大，也就是该熨斗温度最高的时候。因此

$$R_0=\frac{U^2}{P}=\frac{220^2}{484}=100(\text{欧}).$$

(2) 由图线可知，温差为 200℃ 时，散热速率为 440 焦/秒，熨斗正常工作时要保持恒温，必须电功率等于散热功率，即

$$P=\frac{U^2}{R+R_0},$$

$$440=\frac{220^2}{100+R},\quad 可得\quad R=10(欧).$$

例 3. 某同学在家中测算电冰箱的耗电，他将家中其他用电器断开而只使用电冰箱，观察电度表转盘的转动情况。测量得电冰箱在制冷时，转盘每 12 秒转动一圈；而电冰箱在保温时，转盘每 120 秒转动一圈。电度表上标明“每千瓦时转动 2 000 圈”。该同学还测得电冰箱每小时制冷 10 分钟，保温 50 分钟。若按每月 30 天计算，该电冰箱每月消耗电能多少？

解： 电度表上标明“每千瓦时转动 2 000 圈”，就是转盘每转一周表示消耗 0.000 5 度电。因此制冷时电冰箱的功率是

$$P_1=\frac{1\,000\times 3\,600}{2\,000\times 12}=150(瓦).$$

保温时电冰箱的功率是

$$P_2=\frac{1\,000\times 3\,600}{2\,000\times 120}=15(瓦).$$

该电冰箱每月耗电

$$W=\left(\frac{P_1}{6}+\frac{5P_2}{6}\right)\times 30\times 24\times 3\,600\div 1\,000=27(千瓦小时).$$

例 4. 图 16-9 所示是额定功率为 500 瓦电饭锅的电路示意图。R_1、R_2 分别表示加热电热丝。电键 S 是一个温度控制开关，当锅内食品温度低于 103℃ 时，电键 S 处于________（选填“闭合”或“断开”）状态，使电饭锅以额定功率对锅内食品加热；当温度超过 103℃ 时，电键 S 会自动转换状态，减小电饭锅的加热功率，起到保温作用。若电饭煲在保温时消耗的电功率是加热时的 1/5，则电热丝 R_1 的电阻值为________Ω。

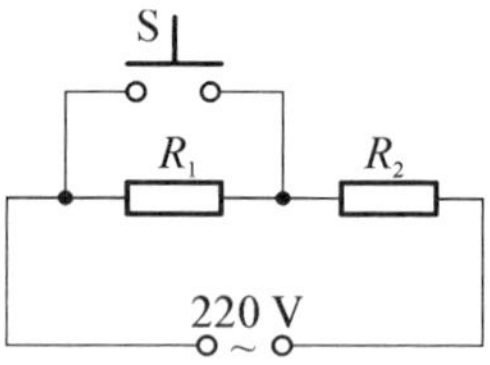

图 16-9

解：(1) 当锅内食品温度低于 103℃ 时，需要比较大的电功率，因此电键 S 应该闭合，使电路电阻较小，电功率较大。

(2) 一般用电器标明的功率都是它的最大功率，所以此电饭煲加热时的功率是 500 瓦，保温功率是 100 瓦。

$$R_2=\frac{U^2}{P_{额}}=\frac{220^2}{500}=96.8(欧).$$

$$R_{总}=\frac{U^2}{P_{保温}}=\frac{220^2}{100}=484(欧).$$

所以 $$R_1=R_{总}-R_2=484-96.8=387.2(欧).$$

1. 如图 16－10 所示的电路中，电源电压保持不变，当闭合电键 S 后，将滑动变阻器的滑片向左滑动时　　　(　　).

A. 灯 L_1、L_3 变亮，灯 L_2 变暗

B. 灯 L_1、L_2 变亮，灯 L_3 变暗

C. 灯 L_2、L_3 变亮，灯 L_1 变暗

D. 灯 L_1、L_2、L_3 都变亮

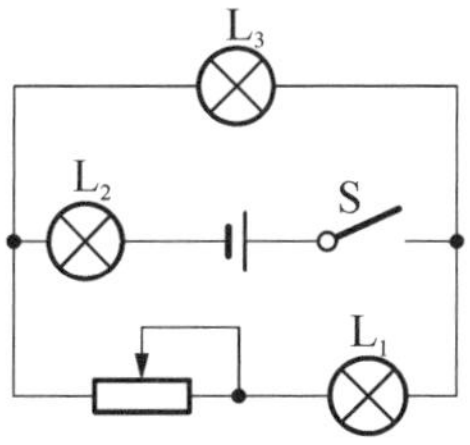

图 16－10

2. 将某灯泡接到电压不变的电源两端，灯泡的电功率为 40 瓦。如果将灯泡和某电阻 R 串联后再接到上述电源的两端，电阻的电功率为 3.6 瓦，不考虑灯泡的电阻随温度而发生变化，且灯泡的电阻小于 R，则此时灯泡的电功率为多少瓦？

3. 将某灯泡接到电压不变的电源两端，灯泡的电功率为 16 瓦。如果将灯泡和某电阻 R 串联后再接到上述电源两端，电阻 R 的电功率为 3 瓦。若灯泡的电阻不变，则此时灯泡的电功率为多少瓦？

4. 如图 16－11 所示，当电键 K 闭合后，A、B、C 三个灯泡的亮度相同。现将滑动变阻器的滑片 P 稍向右移动，则三个灯泡的亮度关系为　　　(　　).

A. A、B、C 三个灯泡的亮度仍然相同

B. A 灯最亮，B 灯最暗

C. C 灯最亮，B 灯最暗

D. B 灯最暗，A、C 灯的亮度仍然相同

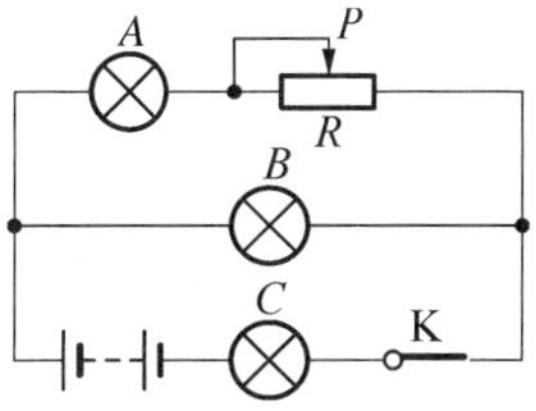

图 16－11

5. 通常情况下，电阻的阻值会随温度的变化而改变，利用电阻的这种特性可以制成电阻温度计，用来测量较高的温度。如图 16－12 所示的电路中，电流表量程为 0～25 毫安，电源电压恒为 3 伏，R 为滑动变阻器，电阻 R_t 作为温度计的测温探头。当 $t \geqslant 0℃$ 时，R_t 的阻值随温度 t 的变化关系为 $R_t = 20 + 0.5t$。先把 R_t 放入 0℃ 环境中，闭合电键 S，调节滑动变阻器 R，使电流表指针恰好满偏，然后把测温探头 R_t 放到某待测温度环境中，发现电流表的示数为 10 毫安，该环境的温度为________℃；当把测温探头 R_t 放到 480℃ 温度环境中，电路消耗的电功率为________瓦。

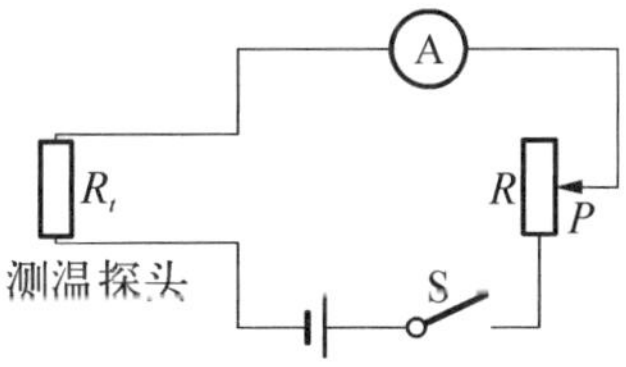

图 16－12

6. 某生产流水线上的产品输送线及计数器如图 16－13 所示。其中 S 为一光源，R_1 为光敏电阻(有光照射时，阻值较小)，a、b 间接一电压表。光敏电阻两端的电压随时间变化的图象如图 16－14 所示。水平传送带匀速前进，每当产品从传送带上通过 S 与 R_1 之间时，射向光敏电阻的光线会被产品挡住。已知计数器电路的电源电压恒为 6 伏，R_2 的阻值为 20 欧，则光敏电阻在有光照和光被挡住两种状态下的电阻值之比为________；光敏电阻在 1 小时内消耗的电能为________焦。

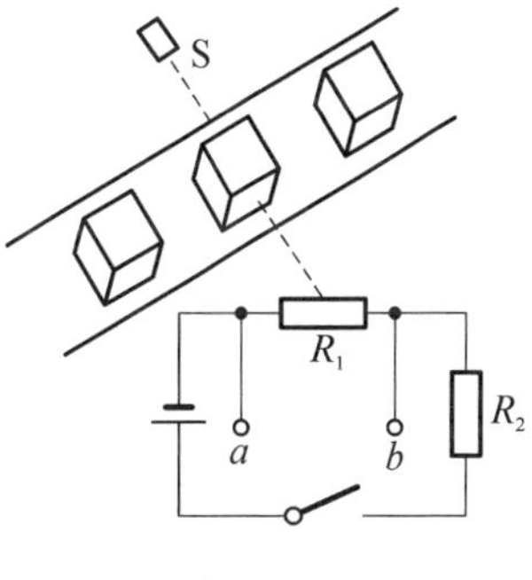

图 16－13

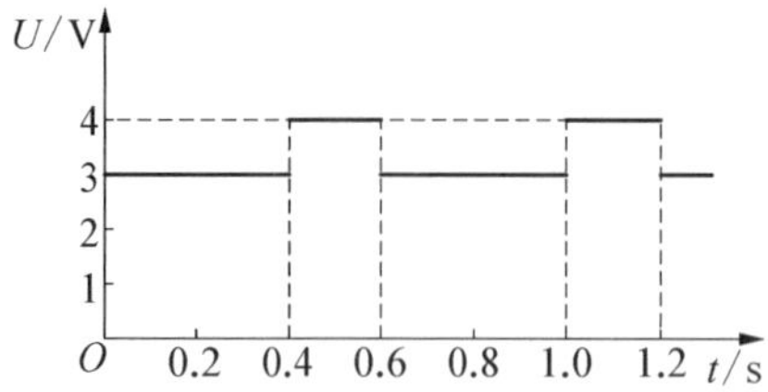

图 16－14

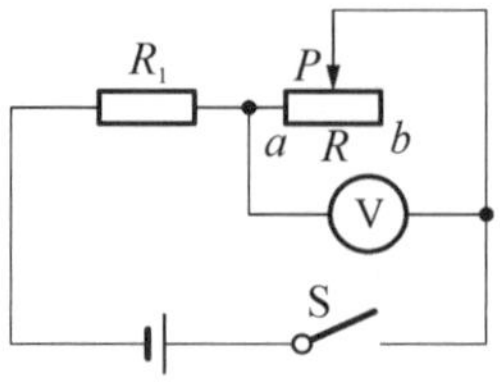

图 16－15

7. 如图 16－15 所示的电路，闭合 S，当滑片 P 置于滑动变阻器中点时，电压表示数为 4 伏；当滑片置于滑动变阻器的 b 端时，电压表示数变化了 2 伏，此后 15 秒内定值电阻 R 产生的热量为 60 焦。下列结果中正确的是　　　　　　　　　　　　　　　　（　　）.

A. 电源电压为 10 伏

B. R_1的阻值为 18 欧

C. 滑动变阻器 R 的最大阻值为 9 欧

D. R_1 先后两次消耗的电功率之比 4∶3

8. 如图 16－16 所示的电路中，R_1 为 5 欧，R 和R_2 为 10 欧，A、B 间的电压U 为 10 伏。则 A、B 间的总电阻为________欧，电阻 R 消耗的电功率为________瓦。

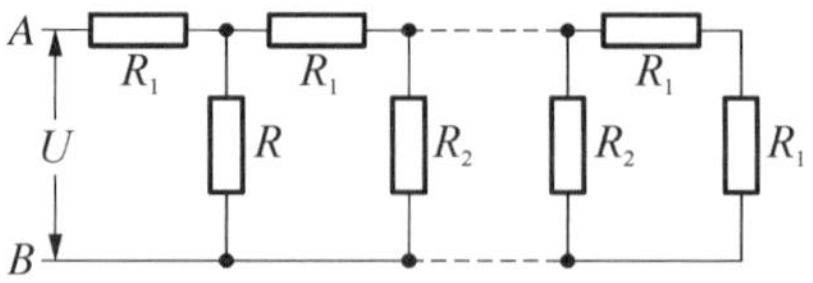

图 16－16

•知识巩固•

解题参考

1. 电路是 L_1 和变阻器串联后和 L_3 并联，再和 L_2 串联。当滑动变阻器的滑片向左滑动时，L_1 支路电阻变小，总电阻也变小，总电流变大，因此 L_2 变亮。并联部分电压等于电源电压减去 L_2 上的电压，变小，所以 L_3 变暗。因为总电流变大，L_3 的电流变小，所以 L_1的电流变大，L_1 变亮。B 选项正确。

2. 灯的电阻 $R_L=\dfrac{U^2}{P}$，串联上电阻之后电阻的功率 $P_R=\left(\dfrac{U}{R_L+R}\right)^2R=3.6$ 瓦。因为 $R_L<R$，所以 $R_L=R/9$。在串联电路中，功率和电阻成正比，所以灯泡的功率 $P'_L=\dfrac{1}{9}P=0.4$ 瓦。如果没有 $R_L<R$ 的条件，将会有两个解（见下题）。

3. 灯的电阻 $R_L=\dfrac{U^2}{P}=16$ 欧，串联上电阻之后电阻的功率 $\left(\dfrac{U}{R+R_L}\right)^2R=3$ 瓦。由以上两个方程可得 $\dfrac{R}{R_L}+2+\dfrac{R_L}{R}=\dfrac{16}{3}$，解得 $\dfrac{R}{R_L}=3$ 或者 $\dfrac{R}{R_L}=\dfrac{1}{3}$。此时灯的功率 $P=\left(\dfrac{U}{R+R_L}\right)^2R_L$，以上两种情况灯的功率分别为 1 瓦和 9 瓦。

4. 将滑动变阻器的滑片 P 稍向右移动，R 阻值变小，整个电路阻值变小，总电流变大，C 灯泡变亮。并联部分电压 $U_{并}=U_{电源}-U_C$，变小，B 灯泡变暗。A 灯的电流$I_A=I_C-I_B$，现在 I_C 变大，I_B 变小，I_A 肯定变大，而且比 I_C 变大得还要多。原来三个灯一样亮，现在是 A 灯最亮，C 灯稍亮一些，B 灯变暗。B 选项正确。

5. 对整个电路用欧姆定律 $\dfrac{3}{20+R}=0.025$，求得 $R=100$ 欧。第一次测温：$\dfrac{3}{20+0.5t+100}=0.01$，解得 $t=360℃$。第二次测温 $I=\dfrac{3}{20+480\times0.5+100}=\dfrac{1}{120}$（安），电功率 $P=IU=3\times\dfrac{1}{120}=0.025$（瓦）。

6. 因为光敏电阻无光照时电阻较大，因此由图中电压较高时为挡光的时间。设有光照射和无光照射时光敏电阻的阻值分别为 R'_1 和 R''_1，那么 $\dfrac{6}{20+R'_1}R'_1=3$，$R'_1=20$ 欧，$\dfrac{6}{20+R''_1}R''_1=4$，$R''_1=40$（欧）。因此 $R'_1:R''_1=1:2$。一个周期内光敏电阻耗电 $W_0=\left(\dfrac{6}{20+20}\right)^2\times20\times0.4+\left(\dfrac{6}{20+40}\right)^2\times40\times0.2=0.26$（焦），一小时内耗电 $W=W_0\times\dfrac{3\,600}{0.6}=1\,560$（焦）。

7. 当滑片从中点滑到 b 端时，电压表由 4 伏变为 6 伏。两处电流分别为 $I_1=\dfrac{4}{R/2}=\dfrac{8}{R}$，$I_2=\dfrac{6}{R}$，即 $3I_1=4I_2$。用欧姆定律 $U=4+I_1R_1$，$U=6+I_2R_1$，可解得 $U=12$ 伏。电流做功 $I_2^2\cdot R_1\cdot t=60$，解得 $R_1=R=9$ 欧。功率之比 $P_1:P'_1=I_1^2R_1:I_2^2R_1=16:9$。

8. 这种电路无穷的问题必须能够重复，否则无法解决。从电路的右端看起，两个 R_1 串联等于 10 欧，10 欧和 R_2 并联等于 5 欧；5 欧再和一个 R_1 串联又等于 10 欧，10 欧再和一个 R_2 并联又等于 5 欧……一直到电路的左端，可知 A、B 间的总电阻为 10 欧。总电流 $I=\dfrac{U}{R}=\dfrac{10}{10}=1$（安），到左边第一个 T 字节点处分流，各分得 0.5 安。电阻 R 消耗的电功率 $P=I^2R=0.5^2\times10=2.5$ 瓦。

第十七讲

在天宫课堂讲授物理

一、中国空间站

"中国载人空间站"(简称"中国空间站",China Space Station,亦称"天宫空间站")是在轨组装成的中国空间实验室系统。2010 年至 2015 年间建造,2022 年在轨建成。

"中国空间站"的在轨运行高度为 400～450 千米,倾角 42～43 度,设计寿命 10 年,可长期驻留 3 人,总重量达 180 000 千克,能用于做较大规模的空间科研、应用与观察。

"中国空间站"初期建造了三个舱段,包括一个核心舱和两个实验舱,每个都约 20 000 千克,均是密封加压舱。整个空间站呈 T 字形,"天和核心舱"居中,实验舱Ⅰ(问天实验舱)和实验舱Ⅱ(梦天实验舱)分别连接于核心舱的两侧。核心舱的前端设两个对接口,可分别对接和停靠载人的"神舟"系列飞船;后端设有后向对接口,用于对接和停靠"天舟"系列货运飞船,给

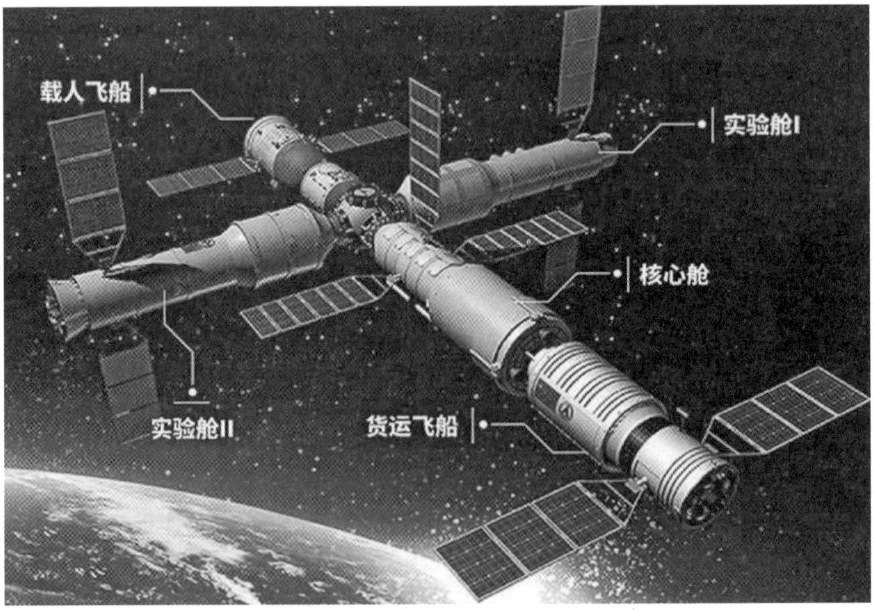

"中国空间站"结构示意(资料图片)
图 17-1

空间站以补给。空间站上还设气闸舱，用于航天员的出舱活动。空间站配置的机械臂则用于辅助对接、补给、出舱和科学实验的各项操作。空间站在天运行期间，最多可驳接一艘货运飞船、两艘载人飞船。

“中国空间站”建成后，随即开展了一系列科学研究，因此也是名副其实的太空实验室，譬如已进行了太空医学和生物学、生物工程、空间技术、材料科学、教育活动、地球物理学及对地观测等多方面的科学与技术的实验和研究性应用。“中国空间站”也助推中国空间科学研究进入世界先进行列，为人类文明的发展作贡献。

1992 年，中国政府确立了国家载人航天工程分三步走的战略：第一步，发射两艘无人飞船和一艘载人飞船，开展空间应用实验；第二步，在第一艘载人飞船发射成功后，突破载人飞船和空间飞行器(如轨道舱)的交会对接技术，并利用载人飞船技术改装、发射一个 8 000 千克级的空间实验室，以解决有一定规模的、短期有人照料的空间飞行器应用问题；第三步，建造载人空间站，解决有较大规模的、长期有人照料的空间飞行器应用问题。

2011 年 9 月 29 日发射“天宫一号”就是“三步走”中的第二步，这是中国载人航天工程发射的第一个目标飞行器，也是中国第一个空间实验室，还是中国进行第一次太空授课的课堂。

二、“天宫一号”授课

“天宫一号”分为“资源舱”和“实验舱”。与以往的“神舟”系列飞船的三舱式相比，“天宫一号”少了一个“返回舱”。它的前舱是“实验舱”，为全密封环境，在完成与载人航天器“神舟十号”对接后，航天员可以进入“天宫一号”实验舱工作、训练以及必要的活动，航天员睡觉也在实验舱内。在整个载人航天工程中，“天宫一号”主要承担两项使命：一是突破交会对接技术和组合体控制技术；二是作为空间实验室的雏形，验证空间站关键技术，为将来空间站的建设打下基础。

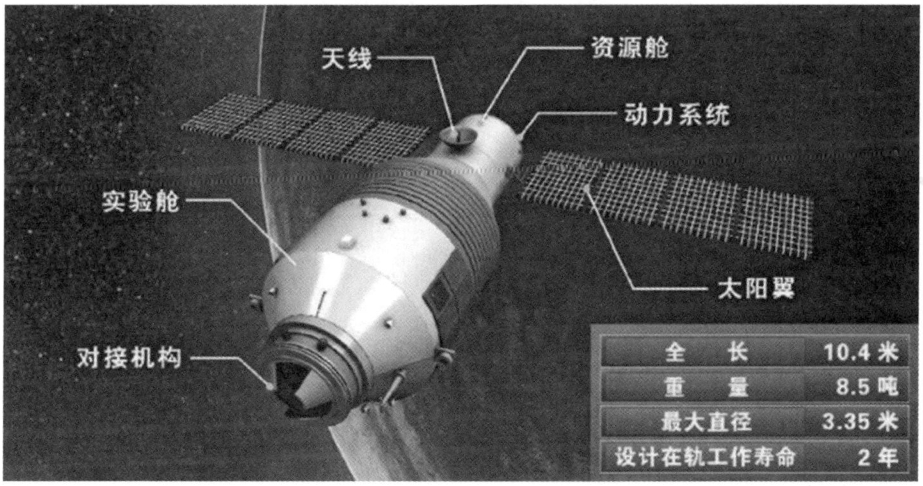

“天宫一号”目标飞行器结构示意(资料图片)
图 17 - 2

按预定计划，2013 年 6 月 11 日，“长征二号 F”运载火箭在酒泉卫星发射中心载人航天发射场点火起飞，将“神舟十号”载人飞船发射升空。中国航天员聂海胜、王亚平、张晓光搭乘“神舟十号”飞船出征太空。飞船入轨后，按照预定程序，先后与已在太空中飞行的“天宫一号”进行一次自动交会对接和一次航天员手控交会对接。两次交会对接均成功后，航天员就进驻了“天宫一号”，并相继开展航天医学实验、技术试验及太空授课活动了。在完成组合体飞行与指定活动后，“神舟十号”于 2013 年 6 月 26 日返回着陆场，而“天宫一号”则转至相对长期的运行轨道。2016 年 3 月 16 日，“天宫一号”正式终止数据服务，2018 年 4 月 2 日再入大气层，销毁了部分器件。

“神舟十号”发射前的舱内情况以及“神舟十号”与“天宫一号”将交会对接的画面(资料图片)
图 17 - 3

“神舟十号”载人飞船在太空飞行的 15 天内，主要完成了四项任务：一是为“天宫一号”在轨运行提供人员和物资天地往返运输服务，进一步考核交会对接、载人天地往返运输系统的功能和性能；二是进一步考核组合体对航天员生活、工作和健康的保障能力，以及航天员执行飞行任务的能力；三是进行航天员空间环境适应性、空间操作工效的研究，开展空间科学实验、航天器在轨的维修试验和空间站等关键技术的验证试验，并且首次开展面向地面上广大青少年的太空科学讲座，这是一项极富意义的科普活动；四是进一步考核工程各系统执行飞行任务的功能、性能和系统间的协调性。其中的太空科学讲座，就是我们要重点介绍的。

2013 年 6 月 20 日上午，三位航天员开展了中国首次太空授课活动，课堂就设在太空飞行的“神舟十号”与“天宫一号”组合体内。因此，也被称作“神舟十号”太空科普教育活动或称“天宫一号”太空授课。

这是别开生面的天地大讲堂，航天员为全球青少年作了在微重力(失重)环境下的基础物理理论的讲述，演示了多种微重力环境下的物理实验。这些都使广大青少年朋友对物理世界产生不一样的感受，开阔了眼界，激发了创新的欲望，将梦想与现代科技事业结合起来，对造就未来的科技人才有非常重要的意义。

地面主课堂设在位于北京的中国人民大学附属中学内。当天上午 10 时 11 分，地面课堂建立了与“天宫一号”的双向通信链路。三位航天员饶有趣味进行了质量的测量、单摆、陀螺的运动，以及在微重力状况下的水膜与水球的形成、与水球有关的各类实验，展示了在太空微重力环境下物体的运动状况，以及液体的表面张力等多方面在地面上看来不可思议的奇异物理

“神舟十号”科普教育活动太空授课地面主课堂中聚精会神的学生们(资料图片)
图 17－4

现象。整个课堂教学活动均以视频形式与地面课堂中的师生们进行频繁的交流与互动。第一堂太空授课由航天员王亚平主讲,聂海胜辅助授课,张晓光担任摄像师。

航天员在太空的衣食住行

按课程设置,第一项讲授内容是了解航天员在太空的衣食住行。

太空与地球的物理环境截然不同。那么,在太空中,航天员的衣食住行与在地面上究竟有什么不同呢?

在这次航天任务中,在飞船上升、返回与交会对接时,航天员都要穿上舱内航天服,在万一飞船发生泄漏、压力突然降低等故障时,可保护航天员的安全。但正常在轨飞行时,他们是不用穿航天服的,可穿工作服或运动服,以便于工作和运动。

在太空吃饭就变得不那么容易了。要把各类食品都封在袋里,吃一个打开一个,吃不完的时候,要封好袋口。有的航天食品要加工成能一口放进嘴巴的单个食品,以方便航天员食用。吃饭过程中所产生的碎屑也都要收集起来,否则会在舱内漫天飞扬。给航天员所准备的食品,品种很丰富,譬如有诱人的虾仁炒鸡蛋、黑椒牛柳等传统的中式食品。航天员吃饭前可使用轨道舱内的加热装置,对食品加热,这样在太空中就能吃到热饭热菜了。在太空喝水,航天员可不能像地面一样使用水杯,需要把水从储水箱灌注到水袋中,再将水袋中的水慢慢挤入嘴里。航天食品专家们还特意为航天员准备了柠檬茶、葡萄汁等饮品,让航天员能换换口味。

航天员们都有自己的卧室,但卧室里并没有床。为了防止睡着以后被漂走,他们会把睡袋固定在卧室的墙壁上。睡觉前,航天员会戴上防噪声耳塞和眼罩,调暗灯光,在优雅的环境中进入梦乡。

除了卧室外,“天宫一号”与“神舟十号”组合体被分成不同的功能区域。发射、交会对接和返回时,航天员在飞船返回舱(神舟十号)。飞船轨道舱(天宫一号)主要是航天员加热食品和进餐、更衣、解决个人卫生的地方。当然,“天宫一号”也是航天员工作、娱乐、锻炼身体和睡眠的区域。

航天员的太空中有趣的生活场景(截屏图片)
图 17-5

在距离地球约 360 千米的太空中,航天员们在天空宛若漂浮在水中的鱼儿一样,可以任意游弋。这,就是航天员们的精彩生活,与地面完全不一样的衣、食、住、行。

理 解 失 重

那么,为什么航天员的衣食住行会与地球上我们日常的生活有这么大差异?是什么原因造成的呢?

同学们显然都会回答“是失重”。

那么,在太空舱中的“失重”,是不是指物体受到的重力都消失了呢?

答案显然是否定的。在地面上,物体由于都受到地球的引力而呈现重力 F,其来源就是我们已经知道的“万有引力”,可表示为:$F=G(mM)/R^2$(其中 G 为引力常数,M 为地球质量,m 为地表物体的质量,R 为地球半径,近似等于 6 400 千米),也可导出重力公式:$F=mg$(其

中 g 为地球引力场中的重力加速度)。

我们知道,“天宫一号”在轨运行的地面高度约为 346 千米,根据我们已经学过的万有引力公式来计算,其实“天宫一号”里的物体受到的引力仅比地面减少了 9.9%,那为什么我们看到的这些物体好像都是飘起来的呢?

请留意,上述的这个数值是指在“天宫一号”相对于地球静止不动时的情况。而实际上,“天宫一号”相对于地球是以 $v=7.9$ 千米/秒的“第一宇宙速度”,在离地表 346 千米的太空绕地球做匀速圆周运动的。不妨举个较形象的例子来帮助我们理解:用细绳一端绑住一块小石头,用手拉住细绳另一端,让该石块得到细绳的拉力做绕手的圆周运动。一旦松手,石块就不能做圆周运动了。这说明,要使物体做圆周运动必须给该物体提供“向心力”,但这块获得了“向心力”的石头并不会因为手拉着(提供石头做圆周运动的向心力)而朝着手的方向运动。若手突然松开细绳,石头也不会向原来拉住它的手的方向或其反向运动,而是沿着松手一刹那时的圆弧做切向运动。

“天宫一号”环绕地球所做的圆周运动也类似上述绕手做圆周运动的石块,也需要有向心力的维系,这份向心力就是由地球对它的引力提供的(好比上例中的绳子的拉力),只要保持特定的运动速度,它是不会朝着地球方向运动的,只是在速度过大时,它会挣脱地球的引力而飘走。

我们日后在高中物理有关“匀速圆周运动”课题中,会深入学习,专题探讨。为了保证“天宫一号”做匀速圆周运动。请记住:必须为“天宫一号”提供一个“向心力”,而这个向心力就是万有引力,也就是它处于离地心 $R=6\,400+346=6\,746$(千米)处所受的重力。

我们不妨对舱内航天员作一次受力分析:在轨运行的“天宫一号”内,航天员受到了两个力:航天器的支承力为 $F_{支}$,地球引力导致的重力 mg',其合力提供了能做匀速圆周运动的“向心力”,也就存在着 $mg'-F_{支}=mv^2/R$ 的关系。但实践表明,在“天宫一号”内的航天员是处于失重状态的,人与器物间没有任何相互挤压的作用,谁也没有能力支撑谁,谁也不需要对方的支撑。再说,在飞行中的航天器内,也无所谓“上下”的位置概念,当然若将朝地球方向定位“下”,那么其反方向则为“上”了。为此,在“天宫一号”内,上式中的 $F_{支}=0$,那就可解得 $v=\sqrt{Rg'}$。我们分别将 $g'-8.82$ 米/秒^2(“天宫一号”轨道处的重力加速度小于地面上的重力加速度),$R=6\,746$ 千米之值代入,得到 v 近似为 7.71 千米/秒。因此,“天宫一号”只要保持着以接近这个速度绕地球做匀速圆周运动,其舱内物体都会呈现失重状态(严格地说是“微重力状态”)。

其实,这种“飘”起来的“失重感”,在我们日常生活中也常能体会到。譬如,把物体放在一架台秤的秤盘上,这个物体对秤盘压力的大小,就可以通过台秤指针的示数反映出来。当物体静止不动的时候,压力的大小,就等于该物体自身重力的大小。然后,我们把整个系统搬进电梯,在电梯加速下降的时候,我们会发现指针的示数变小了。

实际上,在电梯加速下降时物体的重力并没有发生变化,示数的减小只是表明物体对台秤的压力变小了。我们就可以把这种现象称作“失重”。我们平时坐电梯或者是在娱乐过程中,在加速下降的时候,都曾体验过这种“失重”的感觉。

再进一步实验,假如我们突然松开双手,让这个物体与台秤一起做自由下落运动呢?很显然,台秤的指针会霎时指向零。表明此时物体跟秤盘间的压力消失了。这种现象就被称作“完全

(a) 物体静止时，对台秤压力的大小就等于它自身重力　　(b) 电梯加速下降时，物体对台秤压力减小了

图 17－6

失重现象”。那是因为此时物体与台秤各自的重力分别提供了它们各自做自由下落的“加速度”。这时，物体对台秤完全没有了相互挤压的作用，也就出现了“漂着”的感觉了。

当物体与台秤一起做自由下落运动时，台秤的指针指到了零位(截屏图片)

图 17－7

我们再回到“天宫一号”上的物体。其实，“天宫”里面的所有物体，都在绕着地球做匀速圆周运动，它们也都受到了万有引力，这个万有引力就提供了它们做圆周运动的向心力，这就类似于台秤与秤盘上的物体相互挤压作用变成零一样，我们才能看到它们都处于漂浮的状态。因此，航天器中物体表现出的“失重”，并不是说物体失去了重力，而只是测不出它们的重力了。

王亚平用“大力神功”轻轻一推“悬空打坐”的聂海胜(央视截屏图片)

图 17－8

正因为在“天宫一号”内一切皆“失重”，才有可能让指令长聂海胜能上演“悬空打坐”，而王亚平用手指轻轻一点，聂海胜就被推走，且上下翻滚起来，简直成了身轻如燕的“武林高手”。这些都是在地面上看不到的神奇的失重现象！

失重环境下物体质量的测量

那么，处于失重环境，航天员该怎样测出身体的质量呢？

我们知道，在地面上，常常可以用多种方法测量物体的质量。对于质量较小的物体，譬如在中药房，我们发现药剂师是用戥子(小型杆秤)来测量药材质量的；我们去买菜买水果的时候，常发现商店里是用托盘秤来测量蔬菜或水果质量的；而进入物理实验室做实验时，我们又是常用弹簧测力计先测出物体所受的重力，再通过 $G=mg$ 来算出物体质量的。第一个例子是直接测量中药的质量，后两个例子其实都是通过测量物体的受力大小来换算成质量的。

那么，这些在地面上测质量的方法，在太空中还能用吗？

王亚平老师向同学们展示了两个型号完全一致的弹簧秤，在弹簧底端分别挂上了两个质量不同的物体。如果在地面，由于两个物体质量不同，受地球的引力不同，两根弹簧的伸长量肯定是不同的。根据胡克定理，在弹性范围内，弹簧的伸长量与所受外力成正比。但是，在"天宫"中，这两个弹簧却停留在了同一位置，因为所测的物体都"失重"了，因此根本无法显示出两个物体质量的差别。

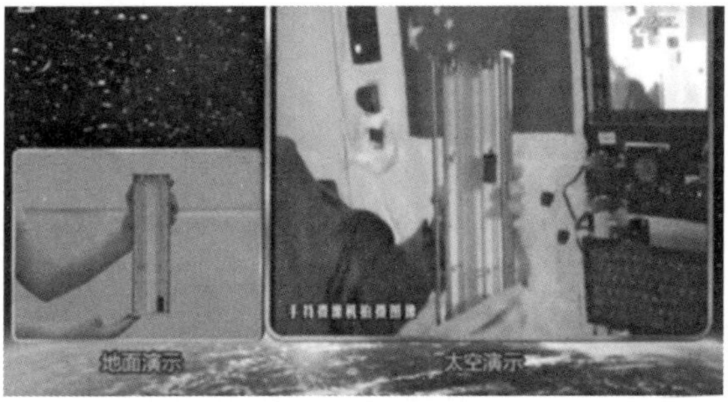

当弹簧的底端分别固定了两个质量不同的物体时，在地面与太空弹簧的伸长量不同(视频截图)

图 17－9

那么，在太空中，航天员想要知道自己是胖了还是瘦了，该怎么办呢？

不用担心，科学家为他们设计了专门的测质量装置——质量测量仪。

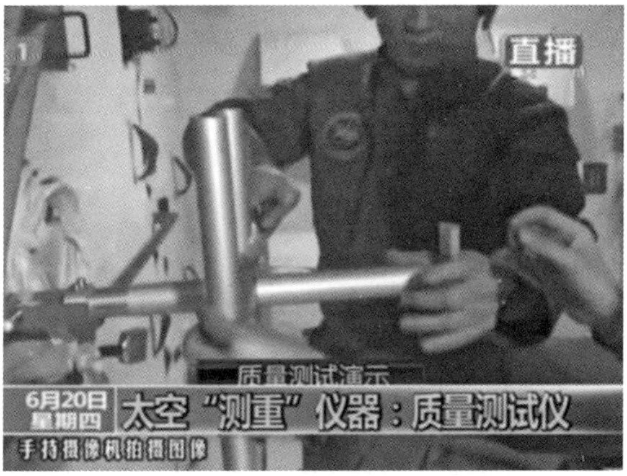

在太空专门用于测质量的装置——质量测量仪(截屏图片)

图 17－10

太空质量测量仪带有一个人体支架、一个腹撑、一个"弹簧-凸轮"机构和一套光栅测速系统。只要将待测人员固定在质量测量仪上，用连接运动机构的钢丝绳将他拉到指定位置。当拉力使他回到初始位置时，就可很方便地测出他的质量了。这台质量测量仪所用的原理就是我们已学过的牛顿第二定律 $F=ma$。我们知道，物体受到的力等于它的质量乘以加速度。只要我们想办法测出力和加速度，也就可以算出它的质量了。

这台测量仪采用传感器，能较精确地测到被测者身体移动时的速度变化量和时间值，依靠这两个数据可推算出被测者在测量时的加速度 a；而"弹簧-凸轮"机构能产生把待测者拉回到初始位置的力 F，最后根据牛顿第二定律，被测者的身体质量 m 等于物体所受的力 F 除以它的加速度 a，即 $m=F/a$。

说得更具体一点：在地面上，由于存在重力加速度 g，我们可通过 $F=mg$ 这个公式，得到物体所受到的重力 F 与 g 的关系，来求得该物体的质量，也就是 $m=F/g$。但在微重力环境下，g 很小，几乎可以忽略。为此，只能采用 $m=F/a$ 来测物体的质量。这个式子理解起来比较抽象，但可以用实际生活中比较形象的例子来帮助我们理解。

用同样马力的发动机去驱动一辆大货车，再去驱动一辆小轿车，可以发现哪一辆的启动速度更快一点呢？当然是小轿车快咯。那为什么快呢？就在于两者质量大小的不一样。因为是"同样马力"，表明 F 大小一样，m 小，a 就大；m 大，a 就小。作了这样形象化的类比思考后，对抽象公式的理解也就容易了。

其实，在太空中，航天员的体重测量是非常重要的，尤其是航天员长期逗留在太空，会产生骨密度丢失、肌肉损失等，这些都会对体质有很大损害。因此，航天员日常的体重测量成了非做不可的功课，这有助于监测自身健康状况的变化。再说，以后人类肯定会去月球或其他星球上建立基地，那时候我们不但要从地球上运送物资和零件上去，甚至会在太空或基地上生产物资或零件。那么，怎么检验所生产的物资或零件的质量是否达标？因此，正确地测出物体的质量也就必不可少了。

那么，在太空中除了用上述装置来测质量外，还有别的方法可以测出质量吗？

王亚平老师展示了刚才演示实验的弹簧，她将两根悬挂不同质量物体的弹簧拉到同一位置后松手。同学们可发现它们的振动频率明显不一样，这一现象倒是与地面上完全一致的。那么，我们可不可以利用这一现象来设计一种测质量的方法？

其实，在地面上，我们测量物体所受的重力，确实常用弹簧秤。根据胡克定律：$F=-k\cdot x$ 或者 $\Delta F=-k\cdot\Delta x$。式中 k 为劲度系数，也称“倔强系数”或“弹性系数”，对于用不同材质与结构制成的弹簧，k 都有自己特定数值，它们等于弹簧伸长（或缩短）单位长度时的弹力。胡克定律指出：弹簧在其弹性限度范围内发生弹性形变时，它的弹力与弹簧的伸长量（或压缩量）成正比。公式中的负号表示弹簧所产生的弹力方向与其伸长（或压缩）的方向相反。在太空微重力情况下，重力 F 几乎为零，那么弹簧的伸长量 Δx 也必然为零。所以，在天宫实验室里，无论在弹簧下端悬挂多重的物体，弹簧都不会发生形变，即弹簧的伸长量 Δx 几乎总是为零。至于王亚平老师留给同学们思考的问题，是否可以这样来破解：对于同样劲度系数 k 的弹簧，底下悬挂的物体质量不一样时，只要从外部施加一个扰动后，我们能看到的它们上下往复所做振动的频率是不一样的，也就是它们做一次全振动所花的时间是不一样的，这个时间值在物理学上也称“周期”。因此，只要分别测出它们各自的周期，就可以算出物体相应的质量了，因为物体质量与振动周期之间是有确定关系的。

太空“单摆”运动演示

王亚平老师本想在太空演示一个单摆实验。她拿出一个支架，将系着小球的绳的另一端连接在支架上，构成了我们地面上常见的单摆装置。现在，她把拴着细绳的小球放到图示的位置松手，本想小球会出现来回摆动现象，但令她很失望的是，小球并没有像在地面一样做往复摆动。

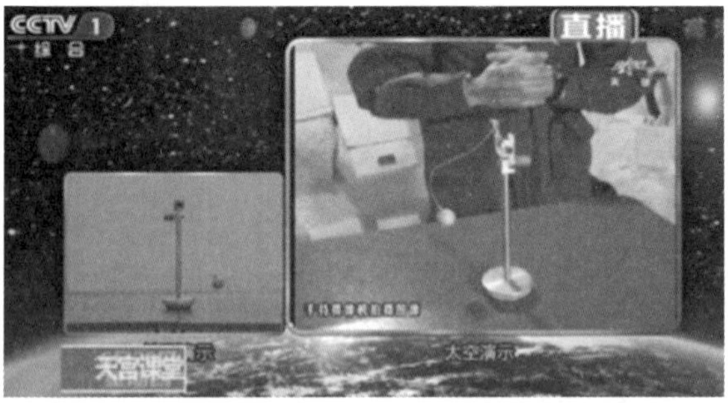

挂小球的悬线小角度偏离垂直位置后，松手放开小球，它并没有像在地面一样往复摆动起来（截屏图片）

图 17 - 11

把小球抬高一点后再松手，它还是没有做往复摆动。这是为什么呢？

因为在太空中，小球处于失重状态，它不能拉紧悬绳，也就没有了回复力。所以，它不能像在地面一样做往复摆动。那么，我们推一下小球,它又会如何运动呢?

非常神奇,小球竟然能绕固定点做圆周运动了。

(a) 给小球很小的初速度,它在垂直平面上做圆周运动　　(b) 小球也会绕固定点在斜向平面上做圆周运动

图 17-12

接着,王亚平老师把悬挂小球的短臂往上抬起一个角度,推动小球后,它仍然会做圆周运动。

这是由于在太空中,小球处于失重状态,即使我们给小球一个很小的初速度,它也会忠实地朝推力方向前行,直至细线被拉直了,才不得不绕着固定点做圆周运动。但是,在地面上,却需要有足够大的初速度,才能实现小球绕固定点的圆周运动。对比地面的单摆运动,太空的实验效果真的很不一样。也就是说,在太空根本无法构成单摆。我们不妨来作一个简析:

我们平时在地面解析单摆运动,首先得弄清小球的受力情况:当单摆的摆角小于 5 度(小角度)时,小球的往复摆动可以被认为是做“简谐振动”。此时,小球受到了悬线的拉力及重力。若将竖直方向的重力分解(向量的平行四边形分解)为:沿悬线方向的径向分力和与悬线垂直的切向分力(如图 17-13 所示),后者正是导致小球做摆动的外力。在地面上,悬线的一端被固定,另一端悬挂小球时,由于重力作用,这根悬线是绷紧的,小球沿着圆弧摆动的切向力也是客观存在的。

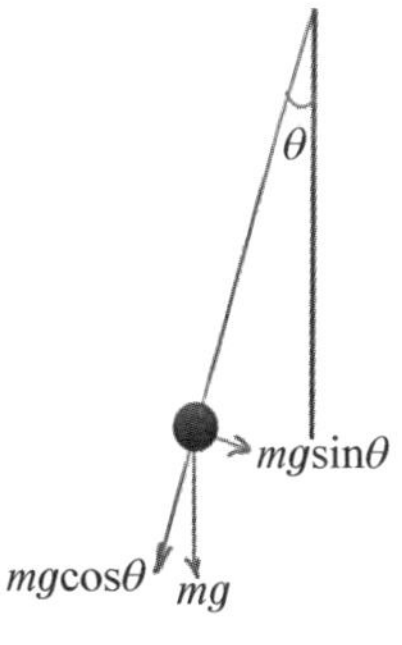

单摆小球的受力分析

图 17-13

“天宫”处于微重力(失重)的太空环境,小球失重了,那个“单摆”的悬线就不再能被绷紧,也不再有与悬线垂直的重力的摆动分力了,当然无法摆动起来。此时,无论对小球朝哪个方向,哪怕施一点点微小的推力,小球获得的这一点点的初速度,就会沿着推力方向一直向前运动,直至把悬线拉直后被迫绕着悬线的固定端做圆周运动。圆周运动的平面可以是任何方向上的。

太空陀螺运动演示

王亚平老师拿出一只陀螺,这可是同学们小时候都很喜欢的玩具,并解释道:我们知道高速旋转的陀螺具有很好的定轴性。陀螺的这一特性在天上、地上是完全一样的。因此,“天宫”上许多设备都是靠陀螺组合运转来控制平衡的,并用来测量航天器的姿态。接下来,她给大家演示的现象在地面上是很难做到的,但在太空失重环境下就显得很容易实现。

“同学们仔细看哦！现在我把这个静止的陀螺放到这里,给它顶端一点干扰。你们看到了吗？现在这个静止的陀螺在翻滚着向前运动,它的轴向也一直做着变化。”

用陀螺定轴性原理来测量航天器的姿态

图 17-14

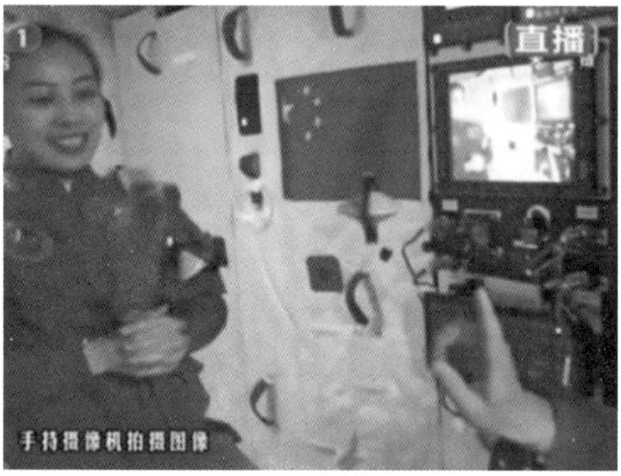

旋转陀螺不翻滚,静止陀螺在翻滚

图 17-15

王老师把它抓回来,让陀螺旋转起来,把这个旋转的陀螺放到同样的位置,也在顶端给它同样一个干扰,这次它就不再翻滚了,而是晃动着向前运行。等王老师把陀螺抓回来后,再取出一个陀螺,它俩是同样型号的,为了让同学们看得更清楚一点,把它俩靠近放置,一个静止,一个旋转,再分别给它们同样的干扰力,可以对比一下它们的运动状况。非常有意思的是,静止的陀螺在翻滚着向前运动,而旋转的陀螺虽然在晃动,但它的轴向基本上没有发生改变。

王老师做的两个陀螺运动状态的演示表明：旋转陀螺的定轴性在太空中如同地面上一样,依然保持着。

考古发现,陀螺已有 5 000 多年的历史了。古人早已发现：在没有外力干扰的情况下,绕轴高速旋转物体的这根轴就会在空间保持方向不变。尽管当初只是作为一种玩具,但后来还是被技术专家相中,将陀螺的这种定轴性原理用于生活的方方面面。譬如在飞机、轮船、导弹等运动物体上几乎都用上了陀螺的定轴性原理,就连太空舱上也有不少地方应用着陀螺原理,来明确自己当前的运行姿态。难怪曾在美国麻省理工学院获得“全球第一个惯性导航博士学位”、现已 103 岁高龄的“陀螺泰斗”——陆元九院士会深情地说:“陀螺这个关键的航天器件,在我们心中成了一个性格独立、脾气倔强的活生生的生命。”

我们常见的枪管与炮筒上都带有膛线,使它们射出的子弹与炮弹在射向目标的路程中都是高速旋转着前行的,因其高速旋转,才能在射程再大的情况下,瞄准的方向也不会变,从而保证它们奔向精准锁定的目标。弹头若不做高速旋转,一旦出膛,它们只要受到空间哪怕极小的扰动，其弹道都会飘移，弹头甚至会翻跟头。这就是应用了旋转陀螺的定轴性原理。从航天员王亚平的演示中可见，陀螺的这种特性无论在地面还是太空都是一样的。

天体物理学家指出，在宇宙中正在做高速自转的"中子星"（脉冲星）应该算是"最大的陀螺"，它会周期性地发射脉冲信号。我们知道，恒星在演化末期，缺乏继续燃烧所需要的核反应原料，内部辐射压会降低，由于其自身的引力作用而逐渐坍缩，电子被压入原子核，形成中子，恒星便依靠中子的简并压力与引力保持平衡，这就成了"中子星"。典型的中子星半径只有几千米到十几千米，质量却达到太阳质量的 1 至 2 倍。因此，其密度可以达到每立方厘米上亿吨。由于恒星在坍缩的时候角动量守恒，坍缩成半径很小的中子星后其自转速度会变得非常大。天文学家已证实，脉冲星的自转周期竟然小到 0.001 4 秒！即每秒可自转 700 多次。这便成了一个高速旋转的"超级陀螺"。由于脉冲星的高致密性，也就带来其自转的高稳定性，其旋转稳定度竟达到几亿年的时间内才相差 1 秒的精度。由此，世界上不少科学家都在探索，怎样利用"脉冲星"的这种高稳定性开发出用于未来宇宙探索的标准时钟，可用作未来的星际导航。这下，"脉冲星"岂不成了宇宙中的"超级大陀螺"了吗？

太空水膜制作演示

王亚平老师接着给大家演示一些与水（液体）相关的有趣现象。我们把她幽默的话语展示如下：

同学们看，这是一个我们在太空中使用的饮水袋。这里有一个止水夹，现在把它打开。如果在地面，这时水肯定是会流下来的。但是，在太空失重环境下，水是不会自己流出来的。我想，如果诗人李白在"天宫"中生活，大概也写不出"飞流直下三千尺"的诗句了。因为在失重状态下根本就不可能会"飞流直下"。（教学幽默）

接下来，我要挤出一个小水滴。你们看到这个可爱的小水滴，有没有想到"晶莹剔透"这个词呢？真想多做几个，把它们穿成一串水晶项链送给你们。（想象力太丰富了）

好，为了避免它到处乱飞，我要用独特的方式来收集它（一口吞下水滴）。嗯，正好可以润润我的嗓子呢。

紧接着，王老师展示了金属圈和水袋，把水袋打开，金属圈慢慢地放进水袋里，轻轻地拉出来，构成了一张布满金属圈的漂亮水膜。看来在失重状态下，普通水也可以形成这么大的水膜，这在地面上是绝不可能做到的。因为在地面上有重力的影响，水膜一出水就容易破裂，而在太空失重状态下，水的表面张力就会"大显神威"，所以就能轻松地形成薄薄的水膜了。王老师接着发问：那么，这个水膜结实吗？我们可以验证一下。现在，她轻轻地晃动它。即使来回晃动，水膜也不会轻易地破裂，仅是甩出了几滴小水滴。接下来，她要试着把一个"中国结"贴到水膜的表面上，看它能不能承受住这个"中国结"。王老师果然慢慢地把"中国结"贴到水膜表面了。看来，这张水膜还是挺"结实"的。

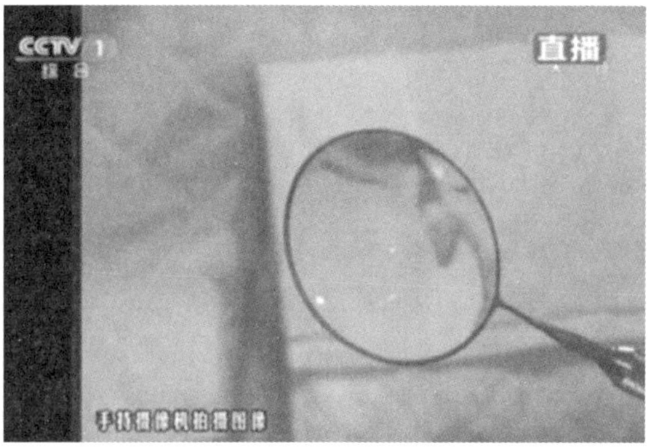

一张结实的水膜经得起来回晃动
图 17－16

竟然能在水膜表面贴上一个“中国结”
图 17－17

太空水球制作演示

由于处于失重状态，在太空中我们还能见到很多在地面上难以见到的景象。接下来，王老师做了神奇的太空水球。

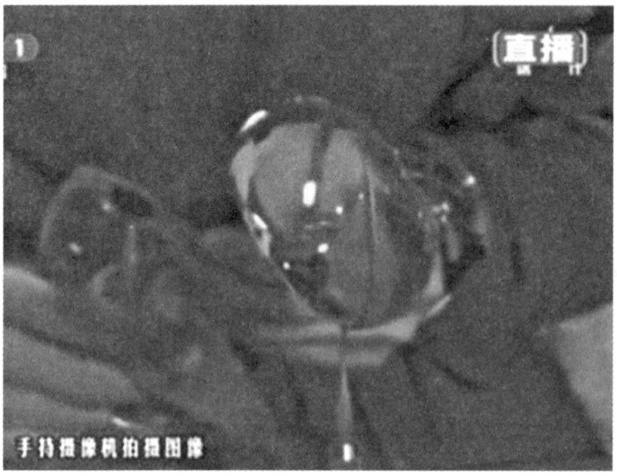

往水膜上不断加水可逐步形成水球
图 17－18

水球中显现航天员王亚平的脸部倒影
图 17－19

王老师还是重新做了一张水膜。再往水膜上一点一点加水，使水膜逐渐变厚，最终变成一个亮晶晶的大水球了。在地面上，这可是绝对做不成的。

当她把水球中间的小气泡抽去，再用注射器往水球中间注入一个大气泡，从另一侧也注入一个大气泡。这两个气泡居然并没有融合成一个大气泡，而是各自单独地存在于大水球中。看来，不一样的环境确实会有不一样的现象！

接着，王老师把气泡抽了出来，把带红色的液体注入到水球中，红色的液体在水球中慢慢地扩散开了。透明的水球已经变成了一个红色的水球了。

水球演示让我们十分吃惊。若要在地面上制作水球，至多能构成一个小小的带尖尖尾巴的椭球形水滴。若是要吹成水泡，还必须在水中加入了肥皂液以减小其表面张力的情况下，才能做到(就是孩童爱玩的“吹肥皂泡”游戏)，根本无望制成太空中这么标准滚圆的大水球。

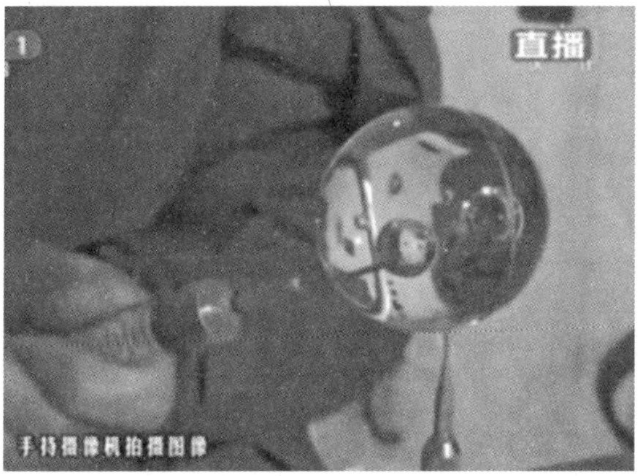

往水球的中间注了两个气泡，并没有融合到一起
图 17－20

再注入红色液体，在水球中红色散布开了
图 17－21

王老师在水球中注入红色液体的迅速扩散的演示，也让我们明白：在太空中分子的扩散运动微小颗粒的“布朗运动”是依然存在的。但是，若指望在太空的失重环境中能调成像地面上那种颜色分层的鸡尾酒，那就完全不可能了。倒入杯中各种酒会发生意想不到的扩散现象。这又是为什么呢？

同学们若要直观地感受天宫课堂——太空授课的全过程，不妨打开视频：

https：//www. bilibili. com/video/av91797301

•知识巩固•

想想练练

1. 太空课堂激发了同学们探索太空的好奇心，也会对失重状况下水的张力等有了终生难忘的记忆。课堂上，航天员与地面课堂同学们的互动，回答了同学的提问，但广大同学们仍感觉不过瘾，课后他们刻不容缓地提出自己的疑问或“高见”。不少同学还广泛搜集资料，继续研究，学而思，思而问。太空课堂激起的波澜，震荡不息。请问，你有什么问题要向太空课堂老师们请教的？会有什么质疑吗？

2. 本次太空授课主要围绕“失重”的实验演示，着眼于地面课堂的同学们已学过的相关物理知识与原理，同时兼顾实验的安全可靠，实验器材体积小、质量轻等条件。为此，被选中的实验都是经过反复推敲、精挑细选的，具有科普性、可视性、教育性和可实施性四方面特点。基于这样的思考与定位，你对空中课堂的授课有些什么好的建议？你能推荐或设计什么实验，能带到太空舱去做？

第十八讲

“中国空间站”首次授课

2021 年是“中国空间站”建设的关键年。只要留心一下我国载人航天事业发展的节奏与速度，就会感受到“中国空间站”的建设确实已获得令人吃惊的加速度。

2021 年 4 月 29 日，“天和”核心舱发射入轨。同年 6 月 17 日，搭载三名航天员聂海胜、刘伯明、汤洪波的“神舟十二号”载人飞船就完成了与“天和”核心舱的自主快速交会对接。三名航天员进入“天和”核心舱，进行了设备调试和模块测试，并完成了出舱活动。

四个月后的 2021 年 10 月 16 日，搭载“神舟十三号”载人飞船的遥十三运载火箭，又在酒泉卫星发射中心精准发射，顺利地将翟志刚、王亚平、叶光富三名航天员送入了太空。当天，“神舟十三号”载人飞船在太空采用自主快速交会对接模式，成功对接于“天和”核心舱的径向端口。从此，开启了由这三名航天员在轨驻留长达 6 个月的我国航天纪录。此时的“神舟十三号”载人飞船与对接的“天和”核心舱，以及与此前已对接上的“天舟二号”“天舟三号”货运飞船一起，构成了四舱（船）组合体，初显了建设中的“中国空间站”的雄姿。

2022 年后，我国相继完成了包括两次“天舟”货运飞船、两次“神舟”载人飞船和“问天”实验舱、“梦天”实验舱的发射，以及实现在轨交会对接、航天员出舱活动和“神舟十三号”载人飞船返回等 40 多项太空任务，最终全面建成“中国空间站”。因此，2022 年也被称为“中国空间站”的收官之年。

“中国空间站”建成之后，我们就可以利用自己的空间站来进行各项相关的科学实验任务，并开展“天宫课堂”的系列授课。当然，也会尽可能满足国外科学家入驻“中国空间站”的申请。因此，“中国空间站”的建设对世界科学技术的进展也具有极大的意义，并将成为未来人类太空研究的主要基地之一。

2021 年 12 月 9 日，建设中的“中国空间站”的“天宫课堂”第一课正式开讲。这堂课是在时隔 8 年之后，中国航天员再次向全球直播的太空科普课，但这次的课堂是位于在建中的“中国空间站”内，意义非凡。这堂“天宫课堂”授课必将会被载入中国教育发展史册。

这堂课执教的“太空教师”就是航天员翟志刚、王亚平、叶光富。

“太空教师”翟志刚、王亚平、叶光富
图 18 - 1

这堂太空授课活动也进行了国内外全程现场直播，实现天地互动。在中国科技馆设立了地面主课堂，在广西南宁、四川汶川、我国香港和澳门分设了四个地面分课堂。1 420 多名中小学生代表有幸参加了地面课堂太空授课的现场活动。

在中国科技馆设立的地面主课堂中，同学们积极要求与航天员对话（央视截屏）
图 18 - 2

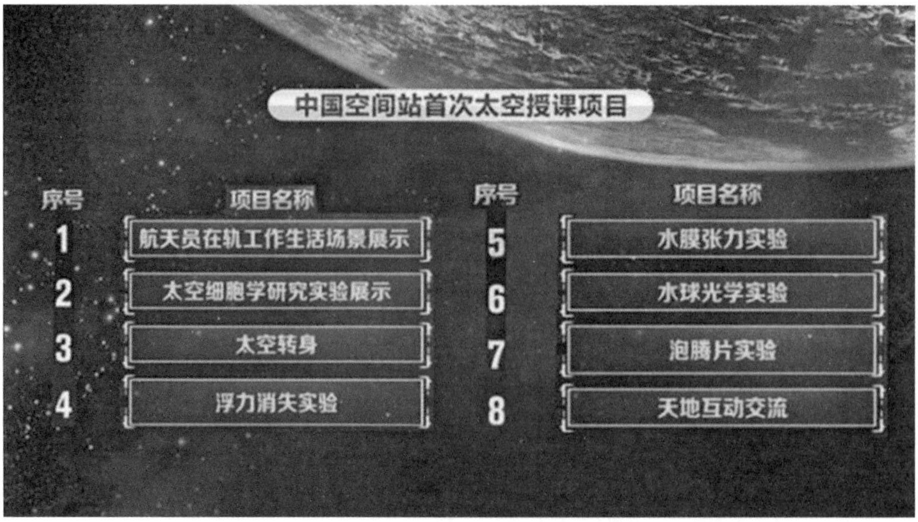

2021 年 12 月 9 日"中国空间站"首次授课的项目表(央视截屏)
图 18－3

一进课堂,画面中旋转着的陀螺便扑面而来。

"天宫课堂"内飘着一只旋转着的陀螺(央视截屏)
图 18－4

航天员在轨工作生活介绍

王亚平老师漂浮着先向大家展示"天和"核心舱的小柱段。这里有三个睡眠区,一个卫生区。小柱段的尽头停靠的是"神舟十三号"载人飞船和"天舟二号"货运飞船。在王老师的睡眠区,她用家人的照片和喜欢的小物品装扮了一下。晚上,她还能与家里人打电话。

王老师介绍:失重环境会导致在轨航天员的血液分布与地面不同。下肢的血液会上涌,所以他们的面部看起来会"胖乎乎"的。为了保持健康,必须采用多种方法来对抗失重对人体产生的不良生理效应。其中,在轨锻炼就成了航天员生活很重要的部分。为此,舱内设置了不

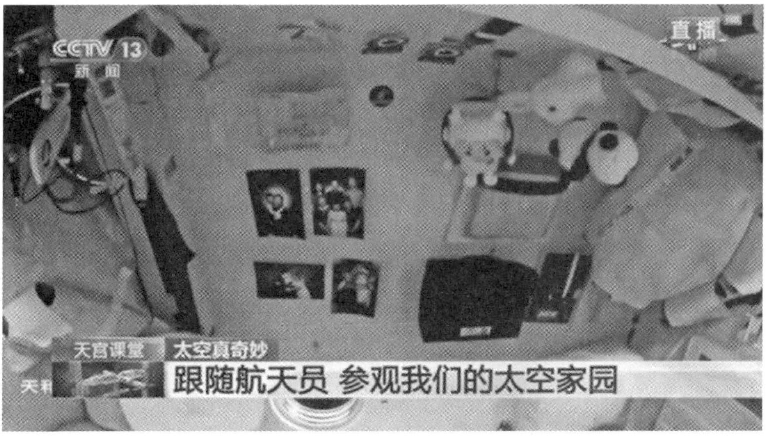

航天员王亚平卧室的一角(央视截屏)
图 18 - 5

航天员王亚平在“中国空间站”与地面出发时的照片对比(央视截屏)
图 18 - 6

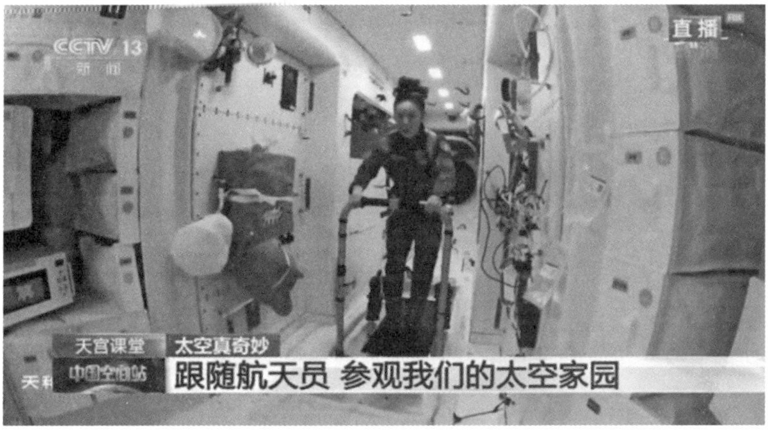

王亚平在太空跑步机上(央视截屏)
图 18 - 7

少锻炼身体的设备，诸如太空跑步机，也称“太空跑台”。为了在失重环境下使用跑步机，他们需要穿戴上束缚装置以固定自身。为了授课的直观效果，王老师还特意穿上束缚装置来展示跑步状态。为了减少跑步对舱体的冲击，科研人员还专门为此设计了一套缓震系统。平时，他们会根据专家们设计的个性化方案每天不间断地锻炼，这也被称作“运动处方”，就像药品处方一样守护着航天员的健康。

在太空厨房区域，王老师介绍了他们储存一日三餐的太空橱柜、热风加热装置、微波加热装置、饮水分配器以及食品冷藏箱……

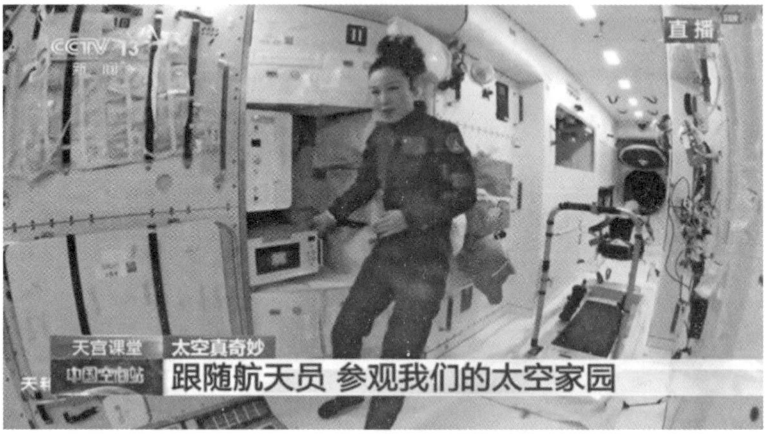

王亚平手指的是太空微波加热装置，用于给食品加热（央视截屏）
图 18-8

水是生命之源，航天员的生活离不开水。图片中的饮水分配器就是他们取用生活水的地方。随着技术的进步，中国空间站已经实现了水的再生，空间站的每一滴水都会物尽其用。

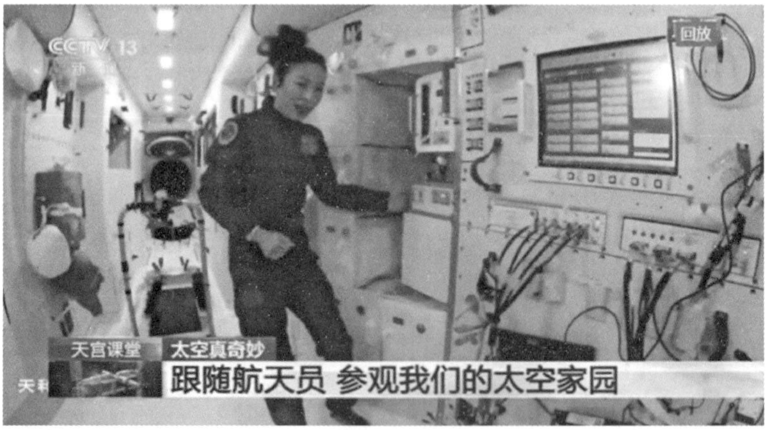

“天和”核心舱内的饮水分配器和食品冷藏箱（央视截屏）
图 18-9

王老师向地面课堂师生重点介绍的是他们的锻炼设备——太空自行车。这辆特殊的自行车不仅能够锻炼航天员的下肢肌肉与灵活性，还能锻炼上肢。她倒立着，用双手握住自行车的

王亚平老师展示用自行车锻炼上肢肌肉与灵活性(央视截屏)
图 18－10

踏板不断转动,旨在锻炼臂力与灵活性。

自行车的旁边是他们开展实验研究用的机柜。目前,他们已开展了包括物理学、材料科学和生命科学等方面的不少研究项目。

人们往往会对爱因斯坦相对论解释者常提到的“天上一日,人间三年”,产生误解,并由此猜测:飞入太空的人会变得更年轻。因为根据相对论导出的不同惯性系之间时间进度的关系,可以通俗地理解成:运动的钟比静止的钟走得慢,而且运动速度越快,钟走得越慢;接近光速时,钟就几乎停止了。但人们忘了相对论所讨论的前提条件是接近光速(即 300 000 千米/秒)的情况,而“中国空间站”围绕着地球飞行速度仅为第一宇宙速度(7.9 千米/秒),与光速之比几乎要相差 37 000 多倍呢。假如以“中国空间站”运行于地外 346 千米高度,根据圆周长公式,可算得它绕地一周的行程为 40 192 千米。若以它的速率达到 8.1 千米/秒计算,绕行地球一周所花的时间为 5 088 秒,约为 1.41 小时。也就是说,每隔 1.41 小时,宇航员们就经历了一次白天与黑夜,也就相当于地上人们的 1 天。而从地上 24 小时来计算,“中国空间站”差不多绕了地球整整 16 圈还多(相当于地上的 16 天)。所以,较准确的表述,只能说“天上一天,人间十六天”才符合实际。当然,“中国空间站”是不可能以接近光速来运行的,因为一旦超越第三宇宙速度(16.7 千米/秒)时,整个航天器就会挣脱了太阳系的引力束缚而直奔外太空去了。假如航天器的速度接近光速,那么它的质量就会变得无穷大了。

从实验结果来看,航天员若较长时间待在太空,他们的身体状况也并不像人们想象的那样会“变得年轻”。相反,不少宇航员的身体甚至会出现较大的损伤,并且有些损伤是不可逆转的。2013 年,美国航空航天局曾对 27 名从空间站返回的航天员进行了全面体检,他们人均在太空待了 108 天。体检报告显示,不少航天员的眼睛发生异常,其中 9 人视神经周围出现肿胀,6 人眼球后部被压扁。可见,长期处于微重力环境,确实会造成航天员视力发生不可逆转的改变。报告还显示,其中不少航天员骨质疏松、肌肉力量下降。由此,我们也理解:为什么航天员在太空必须坚持每天约两小时的体育锻炼,也就是为了保持骨骼、肌肉等运动系统的健康;哪怕胃口再不好,他们也得强迫自己每天摄入规定的食物量,因为适量的营养才能保障他们正常的工作和机体的免疫力。再说,航天员在舱内颅内压力也会增高。在太空中,航天员的睡眠并不总是良好的,毕竟宇宙射线会不时地穿过舱壁，他们哪怕闭着眼睛都能“看见”高能粒子在视网膜留下的闪光。所以，太空生活并不像人们想象的那么美好，充满浪漫的“诗与远方”，倒是危险无处不在。航天员们为人类探索宇宙的奥秘，需要有多么伟大的人格力量和付出生命代价的牺牲精神！

由此也可理解，为什么我国载人航天科学家团队会在“中国空间站”上，为航天员配备了上述的跑台、自行车、拉力器、企鹅服等各类“秘密武器”的缘由了。

下面，我们简要介绍“天宫课堂”所讲授的部分与物理学有关的内容和实验演示。

太空转身的演示

当地面课堂的学生请教：在太空中能跟在地面一样正常行走吗？

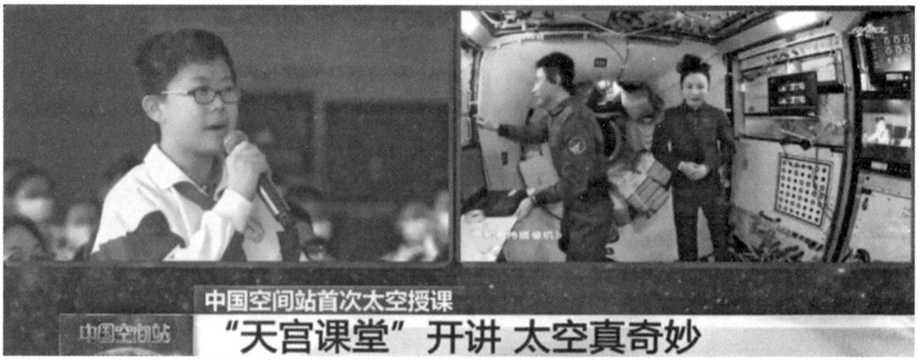

“天宫课堂”老师与地面课堂同学们对话(央视截屏)
图 18 - 11

王亚平老师接过话题，不假思索地解释：大家看到刚才他们三位在舱内讲授时都是飘来飘去的，现在她就请叶老师尝试在太空舱内像在地面一样行走，会是怎样的效果。

叶光富老师松手站稳准备演示太空行走了，可刚跨步，不由得叫起来：“哎，我飘起来了。”

大家看到了，在太空中由于没有了重力，没有了摩擦力，他们根本无法像在地面一样行走，只能是飘来飘去的。在舱内移动时还不时要借助舱壁上的把手。而且不光是走路，就连太空转身也跟地面上有很大的差别。为了说明这种现象，王亚平老师发令：“同学们，现在你们听我的口令：全体起立，向后转。”地面课堂的同学都齐刷刷地起立，再向后转身。

现在轮到航天员了。王亚平请叶光富老师也尝试一下在空中悬浮着不借助任何把手，来个太空转身。(叶光富尝试转身)

大家看到：叶老师上半身向左转的时候，下半身总是向右转。上半身向右转的时候，下半身却总是向左转。整个身子上下总是相对于自己的质量中心拧着的。

那么，究竟怎样才能完成太空转身呢？王老师请叶老师尝试用在地面游泳的姿态来试一下。叶光富老师双手由前向后滑动，反复用力滑动，可身子并不能转动。

她再请叶老师用吹气的方式来试一下。叶老师用力连吸了几口气，然后拼命吹气，但还是无法转动身子。

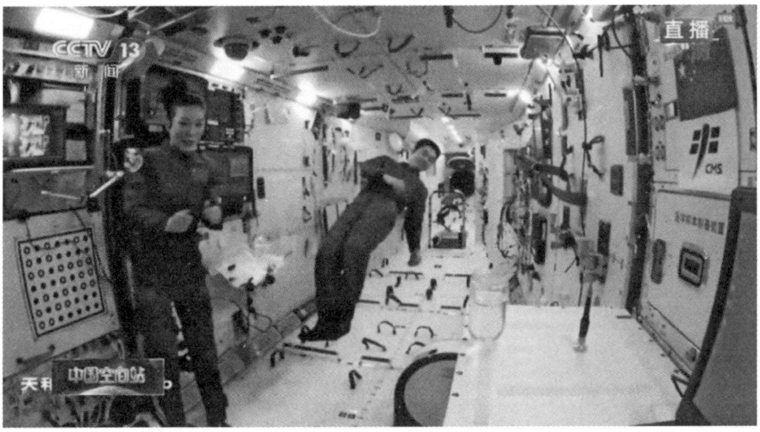

航天员叶光富上身左转,下身却右转了(央视截屏)
图 18-12

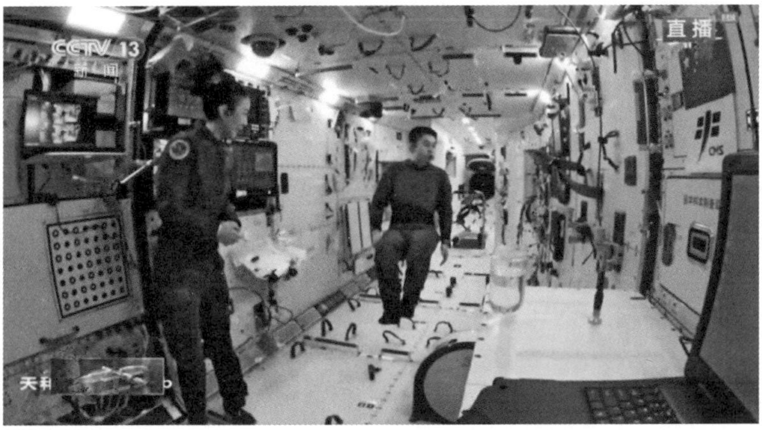

航天员叶光富试图用力吹气来旋转身子(央视截屏)
图 18-13

王老师最后机智地请叶老师伸出右手不断地画大圈,并越画越快,不妨来试一下。

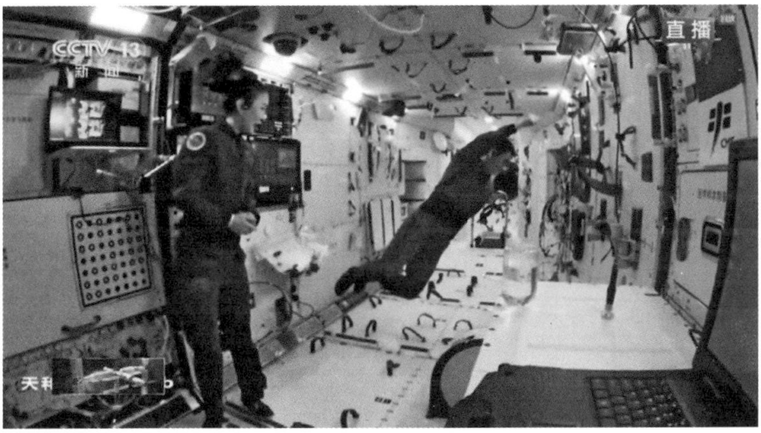

航天员叶光富右手上举后不断画圈,成功实现转身(央视截屏)
图 18-14

叶老师的转身动作居然成功了！

王老师胸有成竹地解释：其实，帮助叶老师完成转身的这个动作是与物理学中角动量守恒有关。生活中还有很多类似的现象。

接着请叶老师再来尝试另外一个动作。那就是让叶老师伸开双臂并持平，开始旋转。可以发现：手臂展开的时候，旋转的速度比较慢，一旦手臂收拢，旋转速度立即加快。

从叶老师的动作中，大家是不是想到了花样滑冰运动员转身的魅力动作？王亚平老师风趣地提醒同学们："北京冬奥会就要举办了，到时候同学们可要认真看一下花样滑冰运动员的精彩表现哦！"

这其实是有关角动量守恒的演示。所谓"角动量"是指刚体绕轴(或质心)转动时的惯性与角速度的乘积，这个知识点一般要到有关刚体力学的物理课程中才会研究，但由于它与日常生活紧密相关，大家还是比较容易理解的。简言之，物体绕轴线(或质心)做旋转运动时，其旋转速度是与自身到轴线(或质心)的距离有关，如正在展开双臂转身的花样滑冰运动员，若突然抱紧双臂，其身体的转速会立即加快。地球绕太阳转动、太阳系和银河系自转，也都拥有大小不一的角动量。

角动量是一个既有大小又有方向的矢量。在一个孤立系统(即不受任何外力作用)中，角动量是守恒的。航天员叶光富处于微重力的空间实验舱，可以近似看作不受任何外力影响，符合"孤立系统"的条件，其转身动作也符合角动量守恒条件。当他的上身右转时，下身却会绕身体质心左转；当他双臂作"游泳"姿势以及作"吹气"动作时，对身体前行或后仰(转动)的改变量很小，基本无望实现转身。可当他抡起整条右臂做画圈转动时，身体右侧拥有了一个角动量，那么身体的左侧就产生了相反的角动量，整个身体也就会绕着其自身的纵向轴线转动，实现了转身。在太空舱中，要改变身体的角动量，可使身体跟外界接触(借力)，譬如扔出一个重的物体会使身体后仰(或后移)，或用手脚去触碰实验舱壁上固定的触点，来帮助身体移动。这也就是在整个太空舱壁要安装那么多把手的缘由了。

浮力消失演示实验

大家都知道水在地表是有浮力作用的，万吨巨轮就是靠着浮力才能够在海洋中航行。

王老师要求地面课堂的同学们拿起各自桌面上的乒乓球，放到水杯里，看看会有什么现

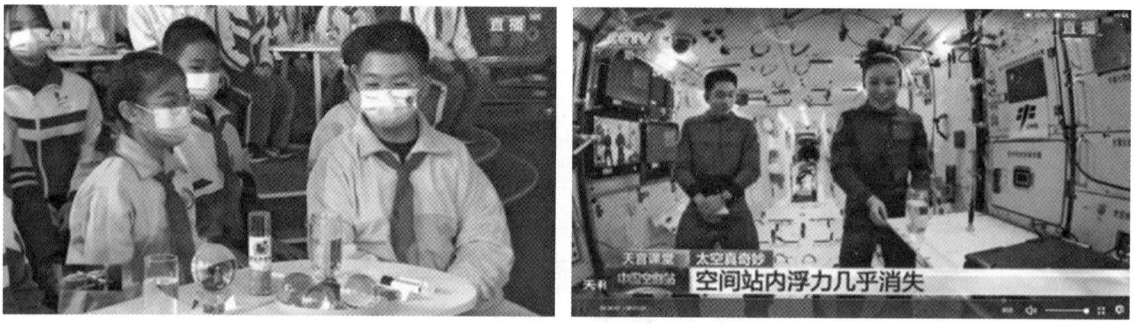

太空课堂与地面课堂同时做乒乓球浸入水杯的实验，产生的结果大相径庭(央视截屏)

图 18－15

象？同学们的乒乓球都不约而同地浮在了水面上了。对这个现象大家肯定不会感到意外，毕竟太熟视无睹了。那么，航天员在太空中做同样的实验会产生什么现象呢？

现在，王老师把乒乓球也放入水里，同学们看到乒乓球并没有像在地面一样急急地浮出水面，而是很安逸地停留在了水中间，这跟地面上的实验现象是完全不一样的。

这是因为浮力是由于重力产生的，在太空失重的环境下，浮力几乎消失了，所以乒乓球不能像在地面一样被浮起来了。

王老师意味深长地提醒道：“现在是不是对浮力有了更加深刻的认识了呢？”她的话语激发了同学们的自我思考。

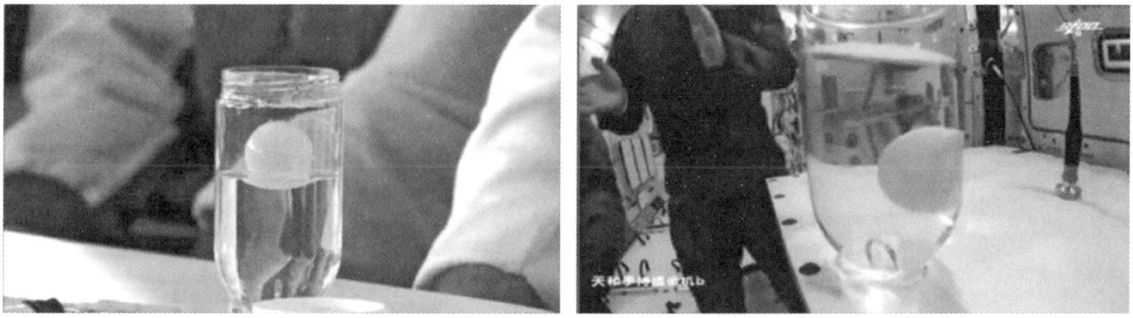

乒乓球在水中，地面与太空产生了不同的结果(央视截屏)
图 18－16

说完，她顺手让水杯在空间翻着跟斗传递给叶老师，并俏皮地对水杯嚷道“走你的吧！”

浸入水瓶中的乒乓球与整瓶水在空间传递(央视截屏)
图 18－17

叶光富抓住了从空中飘来的水杯，并胸有成竹地回应：“抓到你了。”多逗！

从微重力环境下“浮力”的演示，我们认识到：地面上对浸入液体中的物体会产生浮力，源自该物体上、下表面所受液体的压力差，而这种压力正是重力的体现。因此，重力会使浸入液体中的物体受到浮力。在失去重力的空间站，液体是靠分子间的作用力才聚集在一起的，其内部各处几乎没有压力差。或者也可以这么理解：在微重力环境下，水杯内部液体的压强(单位面积所受到的压力)几乎处处为零,向水杯内放入一个物体,由于该物体各个方向压强都没有了,宏观上就根本没有受力差异,也就让浮力完全消失了。因此,当王亚平老师把乒乓球放入水中,乒乓球是不会浮到水面上的,而是在水体中随遇而安。

我们也可以用浮力定律来解释:物体所受浮力的大小等于它所排开液体重力的大小。在微重力环境下,乒乓球排开的水的重力几乎为零,那么水对它的浮力也就消失了。因此,乒乓球当然可以处于水体的任意位置了。也因为微重力,当王老师把水杯"倾斜"着抛给叶光富老师时,水杯会翻着跟斗前行,但水并不会被洒出来。但是,假若水杯总是开口放置的话,由于随机扰动,水滴还是有可能"溜出"水杯的。因此,当叶光富接到水杯后随即用杯盖把他的口给盖上了。

水膜张力实验演示

处于失重环境,水在太空中会变得非常有趣。王老师熟练地给大家展示制作水膜的演示。她将水环缓缓插入水袋,再慢慢抽出就成功地做成了一张水膜了。

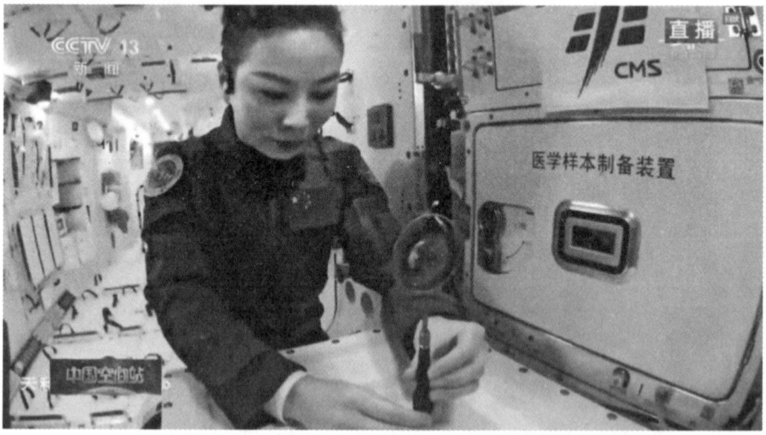

将做成的水膜架小心翼翼地固定于实验桌上(央视截屏)
图 18 - 18

接着,她再小心翼翼地往水膜里加水,让它变成一个厚水膜,并逐渐形成一个凸透镜。她取出与女儿在地面上一起做的花朵折纸。现在,把它贴到水膜上,看到花朵慢慢地绽开了,"我们得到了一朵在太空中盛开的花,非常美丽。看到这朵花,我就想到了我可爱的女儿"。

王老师深情地表述:"同学们,你们都是祖国的花朵,含苞待放,未来是你们的,希望你们的梦想都能在这广袤的宇宙中绽放。"

这个关于水的表面张力的演示告诉我们:水球、水膜的形成是源于液体有一种被称为"表面张力"的物理属性。形象地说,液体分子间存在相互吸引的力,即分子间总会"手拉着手",这种"拉力"的效果会导致液体的表面积尽可能缩小,从而有了形成水膜或水球的本事。从微观机理上看,水分子是由一个氧原子和两个氢原子构成的,当两个水分子靠近时,其中一个分子中的氢原子会被另一个分子中的氧原子吸引,从而形成氢键。水里的每一个水分子都与其附

贴在水膜上的花朵慢慢绽放了(央视截屏)
图 18－19

近另外四个水分子靠着氢键相互联系。这就表现出水分子间的相互引力。但在液体与气体的界面处,水分子彼此之间的角度被扭转了,导致产生了平行于液体表面的切向力。由于切向力的作用,水的表面就像是覆盖了一层被拉伸的弹性薄膜一般,这就是水体表面张力来源的微观机理。在地面上,由于重力的干扰,是很难形成水膜或水球的,其自身的表面张力也表现得并不明显。

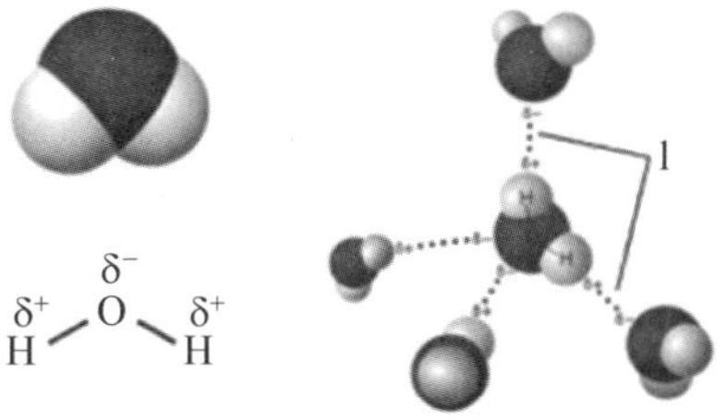

水分子因电极性导致相互吸引
图 18－20

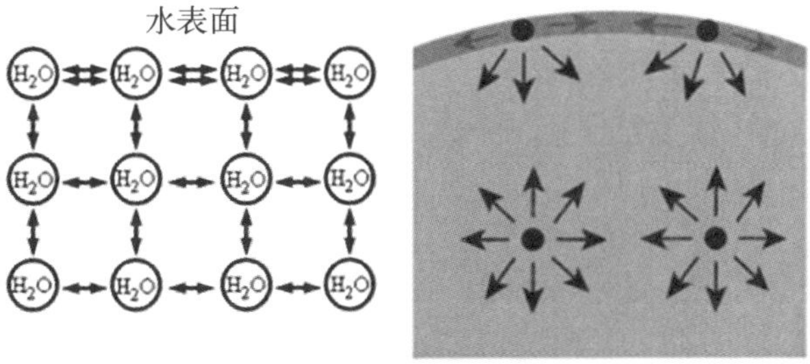

水的表面张力的微观机理示意图
图 18－21

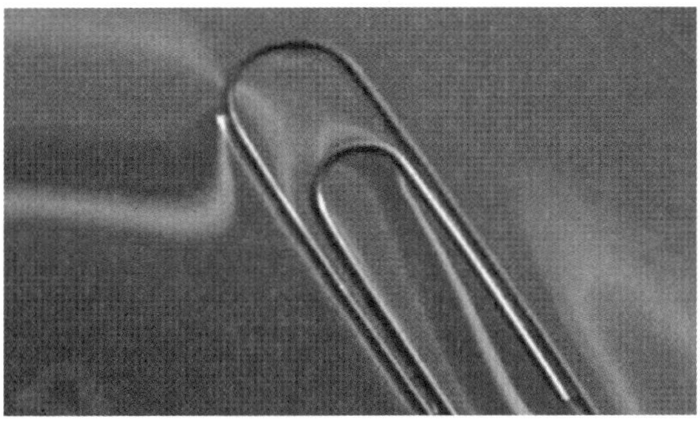

在地面上用浮在水面的回形针可体现水的表面张力
图 18－22

在地面上儿童吹出的中空的肥皂泡
图 18－23

平时常能见到地面上儿童们玩吹泡泡游戏，他们所使用的溶液往往是加了甘油、肥皂液（或洗洁精）的，这样做是为了减弱水的表面张力，才能克服重力影响而吹出较大的“肥皂泡”。太空授课中，王亚平老师把一个带柄圆环伸入水袋中，再小心翼翼地拉出来时，圆环上就附着了薄薄一层水膜。因为水跟圆环的物质分子间也是有吸引力的，所以水没能径自形成水膜，而且所形成的水膜几乎是等厚度的平面，毕竟处于微重力环境，水膜不会下垂，其垂直剖面应该是等厚度的。这是因为在离地面近400千米的太空，由于空间站在近圆轨道上绕着地球高速飞行，重力消失了，水的表面张力也就凸显出来了。当王亚平老师继续向水膜中慢慢加注水量来进一步演示时，水膜会逐渐变厚，最后还能形成一个完美的水球，这也是水的表面张力在起作用。当王亚平将所折的纸花贴入水膜时，同样是水的表面张力起了作用，才让纸花慢慢绽放了。

水球光学演示实验

现在，王亚平老师往水膜上注水，让它变成一个大水球。因为在失重环境下水的表面张力会“大显神威”，所以做出一个地面上根本无法做出来的水球。随着注入的水量增多，水膜渐渐成了更大、更圆、更漂亮的水球。

王老师站在水球后，大家能看见清晰的王老师倒立的头像：“这个演示，在上一次太空授课时我也做过，大家知道这是凸透镜成像的结果。同学们，你们也可以拿起桌面上的水晶球来观察一下身边的同学，看是不是也有同样的现象？”

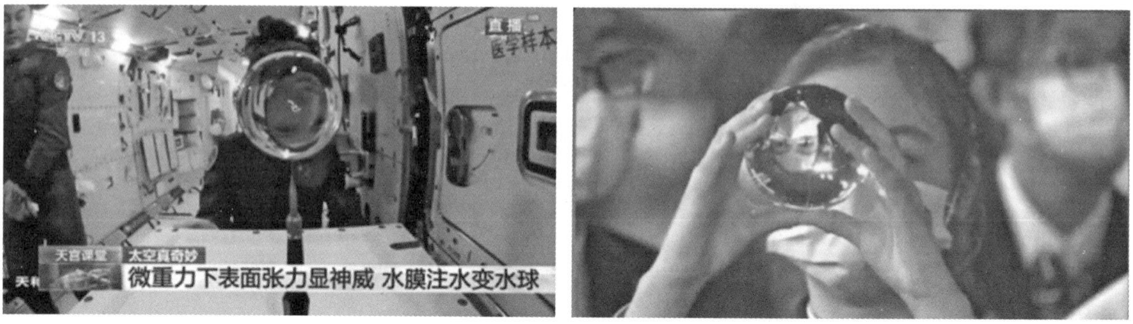

“天宫课堂”上的水球与地面课堂上的水晶球成像实验对照（央视截屏）
图 18 - 24

待叶光富老师把水球中一大串小气泡抽出来后，王老师往水球里再注入一个大气泡。

同学们就能通过大水球看到王老师一正一反两个像。这个令人惊喜的现象在地面上可是很难见到的！

王老师接着说：“同学们也可以想一下，为什么会有一正一反两个像呢？感兴趣的同学可以深入研究一下，这里我可以给大家一点小的提示，这是因为气泡将水球分割成了两部分，是它们分别成像的结果。”王老师引而不发的授课技艺，给同学们留下思考的空间。

这是水和空气的透镜折射成像演示。其实，水球是一个球面镜，俗称“凸透镜”或“放大

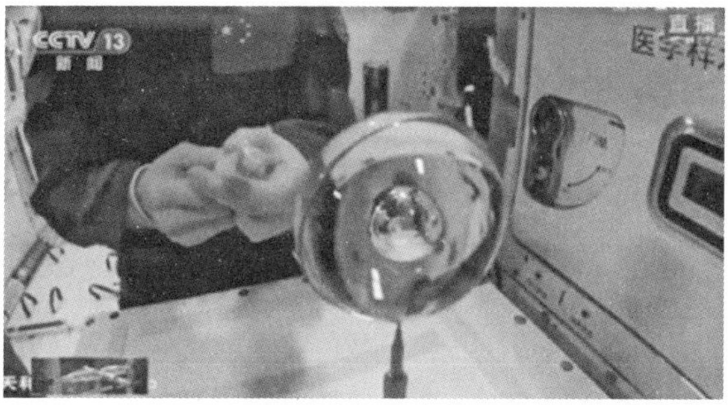

往水球中注入空气形成小气泡球(央视截屏)
图 18－25

含气泡的水球形成一正立一倒立两个像(央视截屏)
图 18－26

镜”。当我们跟随摄像机镜头观察水球另一侧的王亚平时,根据透镜成像规律,就会看到她在水球里呈现倒立的像。我们知道,光线在同种均匀介质里是直线传播的,但处于两种介质的界面时,由于媒质疏密不同,光线会发生折射或全反射现象,这会令物体看起来改变了位置和大小,并由此产生很多有趣的光学现象。

当王亚平老师再往水球中注入一个较大的气泡后,由于处于微重力环境,这个气泡是不会“浮出”水球表面的。根据透镜成像规律,我们可以看到气泡中又呈现一个较小的航天员王亚平的正立的像。之所以会同时存在倒立像和正立像,一是因为水球可以看作是一个凸透镜,就呈现了外圈的倒立像;二是水球内的大气泡,它的外围是水,内中是气,就形成了两个气与水的界面,这就相当于构成了由两面对称放置的凹透镜所组成的透镜组,按照透镜成像规律,就呈现了航天员王亚平的正立的像了。

其实,上述水球的光学实验在地面也可以做,只是需要把水球换成水晶球。由于地面上存在重力,只能形成直径很小的小水球,它其实就是小露珠,只有小露珠才能保持近似的圆球形水珠。可惜露珠太小了,人们是很难透过露珠观察到清晰影像的。

水晶球折射光线形成倒影
图 18－27

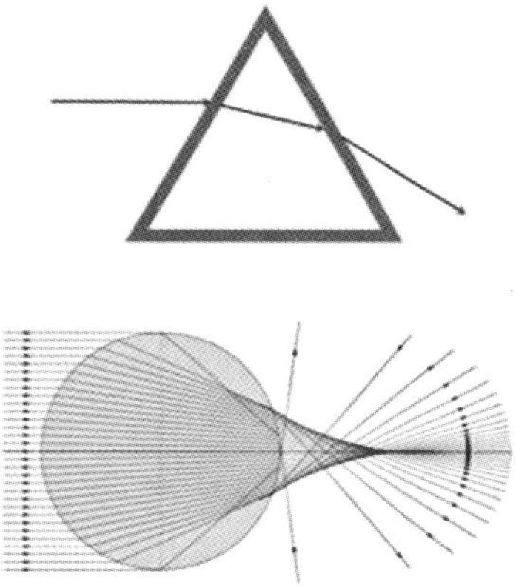

水晶球成像光路图
图 18－28

泡腾片入水球的演示

课程最后，航天员老师们为了轻松一下“天宫课堂”的气氛，给大家做一个太空欢乐球。

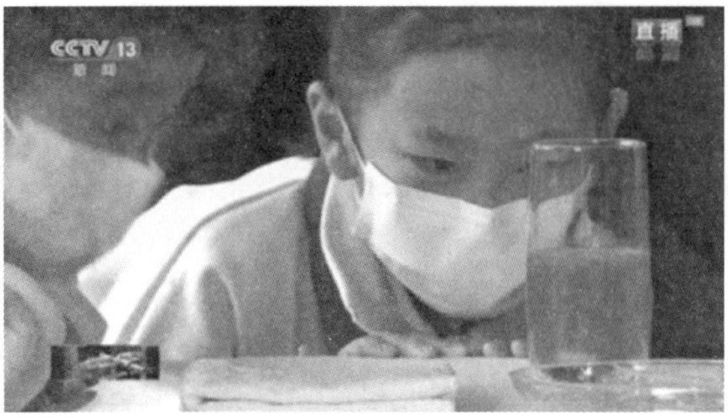

地面课堂同学们往水杯内注入蓝色颜料（央视截屏）
图 18－29

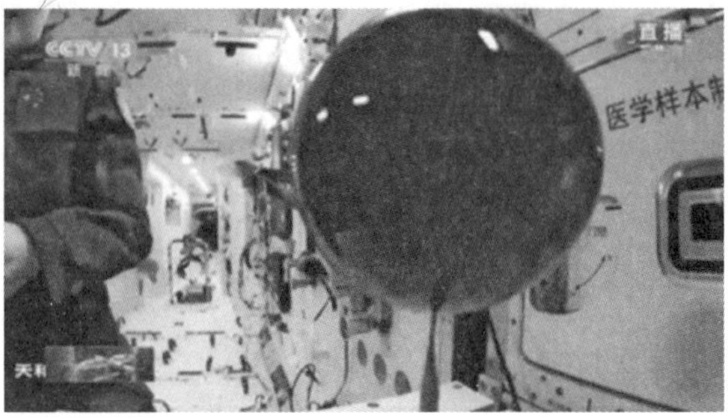

航天员王亚平往水球内注入蓝颜料水（央视截屏）
图 18－30

待水球中的气泡被抽干净后，王老师就说：“这个大水球看起来晶莹剔透，非常美丽。同学们看，这是我们在地面补充维生素用的泡腾片。大家知道，泡腾片遇到水之后会产生很多气泡……”

为了让演示更引人注目，王老师把准备好的蓝色颜料注入水球中。蓝色颜料分子慢慢扩散，水球渐渐变成了一个蓝色的大水球，宛如一颗蓝色星球。接着，她把半片泡腾片放入水球里，并提醒：“看看它会产生什么现象？大家要认真看哦。”

地面课堂的同学们注视着王亚平老师制作的蓝色水球（央视截屏）
图 18－31

同学们目不转睛地注视着泡腾片在水球里不断地泡腾，产生了很多欢乐的小气泡。但是，在失重环境下，尽管小气泡在不断地产生，但并没有离开水球表面而逃逸出来，随着气泡的不断增多，水球逐渐变大，成了一个充满欢乐小气泡的大气泡球。而且，伴随着气泡的产生，还有阵阵香气。她让同学们思考：为什么气泡没有离开水球呢？

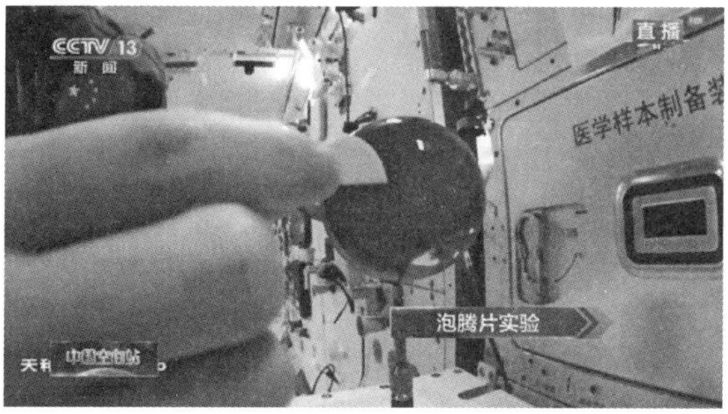

往蓝色水球里塞入半片泡腾片(央视截屏)
图 18 - 32

泡腾片让蓝色水球变得更大，但泡而不腾(央视截屏)
图 18 - 33

这是泡而不腾、水球“长胖”的演示实验。众所周知，泡腾片里有碳酸氢钠和柠檬酸或者其他弱酸，它在溶解过程中会释放二氧化碳，形成许多小气泡。在地面上用水杯做这个实验时，我们可以看到气泡会纷纷从水杯中逃逸，那是浮力的缘故。当王亚平老师往水球内放入了半片泡腾片后，由于空间站处于微重力环境，水球内由泡腾片释放出的小气泡感受不到浮力作用，它们便会“安逸”地待在水球里。但随着泡腾片和水的接触与溶解，会形成了越来越多的小气泡。在微重力状态下，各处都没有压力，小气泡既不会溢出，也不会集中，当然也会有少量气泡随机地挣破大水球壁。只是随着气体的释放，小气泡在整个水球中占了不少空间，使水球的体积被撑开而胀大，最终变成一个越来越“胖”的大水球了。

王亚平老师深情地说：“这个蓝色的小球像不像我们居住的地球？地球是我们人类在宇宙中的摇篮。但是，人类不可能永远生活在摇篮里。如今，我们已经拥有了自己的空间站，将来中国人的脚步一定会踏入月球、火星和更远深空……”

同学们，读了上面的文字和图片，你们能设计出什么实验，今后也带到“中国空间站”上去？

当然，对于上述内容感兴趣，不妨直接上网搜索 CCTV 13 的完整视频尽情欣赏。

•知识巩固•

想想练练

1. 在空间站内，一个土壤做的正方体的六个面都种上种子，发芽后，根和芽都会朝什么方向生长？

2. 在空间站内，用茶壶向杯子里倒水，会看到什么样的现象？

3. 如果空间站内有一个敞口的玻璃鱼缸，鱼缸里的金鱼可以像地球上一样自由游动吗？如果金鱼试图跃出水面，会发生什么现象？

4. 航天员站在舱外机械臂上，一只手拿着一个小钢球，另一只手拿着一根羽毛，双手用同样的力，向同一个方向抛出，预定距离 2 米，请问小钢球和羽毛哪个先抵达？

5. 太空科学实验涉及各个门类，如材料加工、生物学、失重科学、医学和生命科学、对地观测，等等。迄今为止，“国际空间站”已完成了几十项由同学们设计的科研项目，在太空开展了教学实验活动。我国也曾从全国各地征集了上万份提案，从中评选出五项由中小学同学们提出的上天方案。它们分别是：用胶粘法控制航天飞机舱内垃圾、液态混合物的凝固、微重力环境对草履虫生长和繁殖的影响、失重环境中固—液表面间的相互作用、蚕吐丝织茧实验。眼下，我国有关部门也正组织青少年设计太空实验方案，并定期请专家评审。优秀的青少年科学实验方案有望陆续在“中国空间站”上实施。那么，请问你有什么实验构想吗？

1. 植物的根会扎入土壤，向着土壤方向生长，且在土壤中呈发散性的形态。根在发散过程中会有一些盘须，并不是沿直线发散出去，但根会依然保持寻找土壤的特性。枝和叶是朝着有光源的地方生长的，但在空间站感受不到阳光的时候，就会去找一些人造光源——各个方向的灯光，这些灯会对植物的生长方向会有影响。

2. 水是倒不出来的。我们可以设想一下，在地面上当你去倾斜茶壶的时候，为什么水可以倒出来。本来茶壶壁支撑着水，支撑力和水的重力是相平衡的。倾斜茶壶的时候，没有壶壁的支撑，水就会流下来，并在出口处有一点速度，表现出一个弧形的、抛物线形状。但如果把这件事放到空间站舱内去做，因为这是一个微重力环境，所以当你倾斜茶壶的时候，水是根本流不出来的。那么，有什么办法让它流出来呢？一个很简单的方式就是，我们晃动一下茶壶，我们手往前推的话，那么水也跟着往前走。手往后拉的时候，因为水没有了阻挡，在惯性作用下，它就会自己飞出来。但同时这个时候因为没有了重力向下的牵引，所以就不会表现出弧形或者抛物线形，而是像直线一样飞出去了。与其说是在倒水，更应该说是在拖水。

3. 这道题其实是没有标准答案的。希望大家发挥自己的想象力。我觉得短时间的话大概是可以，长时间恐怕不行。我们想象一下这个鱼缸如果放在地面的时候，鱼为什么会悬浮着？当然是重力和浮力来平衡，那么鱼又为什么会前进呢？我们说得简单一点，鱼尾巴摆动把水往后推，因为力的作用是相互的，那么鱼就会被水推着向前进了。我们把这个场景搬到我们的空间站舱内。首先，空间站舱内重力和浮力都消失了，那么，鱼其实还是可以浮在那里的，不光是鱼，人都可以，所以它还是可以浮住的。那么，鱼能不能游动前进呢？鱼的尾巴还是可以摆动的，摆的时候还是可以推动水的，所以这种机制依然存在，所以鱼还是可以通过把水往后推，自己往前进。可以想象一下，鱼缸里的水会怎么样？大家知道李白有一句诗“抽刀断水水更流”。就是在地表试图拿一把刀去把水劈断时，在重力的作用下水会回流，甚至能流得更剧烈一些。但是，在空间站中，我们把鱼的尾巴也想象成一把刀，鱼尾巴拨动水后，因为没有了重力的作用，水很难能快速回流，而是先向四面八方飞散开。因此，估计不到五分钟，就会形成“缸是缸，水是水，鱼是鱼”的状态。但水毕竟是液体，也许有部分变成水珠飞散，它们相互间还是会粘连在一起，慢慢顺着缸壁往外移动，最后流到缸的外表面，直到缸的内侧和外侧变成一体。

4. 应该是羽毛先抵达。这里最主要的原理，就是“牛顿第二定律”，也就是物体运动的加速度是等于物体受到的作用力除以物体的质量。题目里说的是，羽毛和小钢球受到的力是一样的，在太空中看似物体都是漂浮着的，但它们还是有质量的。很显然，小钢球的质量和羽毛的质量是不一样的。钢球质量大，羽毛质量小，所以羽毛的加速度就比钢球大，经过相同时间的积累后，羽毛就会获得更大的速度，毕竟路程都是 2 米，相比钢球具有较大加速度的羽毛，就会更先到达终点。

5.（略）